Ludger Helms

Regierungsorganisation und politische Führung in Deutschland

Grundwissen Politik
Band 38

Begründet von Ulrich von Alemann

Herausgegeben von
Arthur Benz
Susanne Lütz
Georg Simonis

Ludger Helms

Regierungs- organisation und politische Führung in Deutschland

VS VERLAG FÜR SOZIALWISSENSCHAFTEN

Bibliografische Information Der Deutschen Bibliothek
Die Deutsche Bibliothek verzeichnet diese Publikation in der Deutschen Nationalbibliografie;
detaillierte bibliografische Daten sind im Internet über <http://dnb.ddb.de> abrufbar.

1. Auflage November 2005

Alle Rechte vorbehalten
© VS Verlag für Sozialwissenschaften/GWV Fachverlage GmbH, Wiesbaden 2005
Softcover reprint of the hardcover 1st edition 2005

Lektorat: Frank Schindler

Der VS Verlag für Sozialwissenschaften ist ein Unternehmen von Springer Science+Business Media.
www.vs-verlag.de

Das Werk einschließlich aller seiner Teile ist urheberrechtlich geschützt. Jede Verwertung außerhalb der engen Grenzen des Urheberrechtsgesetzes ist ohne Zustimmung des Verlags unzulässig und strafbar. Das gilt insbesondere für Vervielfältigungen, Übersetzungen, Mikroverfilmungen und die Einspeicherung und Verarbeitung in elektronischen Systemen.

Die Wiedergabe von Gebrauchsnamen, Handelsnamen, Warenbezeichnungen usw. in diesem Werk berechtigt auch ohne besondere Kennzeichnung nicht zu der Annahme, dass solche Namen im Sinne der Warenzeichen- und Markenschutz-Gesetzgebung als frei zu betrachten wären und daher von jedermann benutzt werden dürften.

Umschlaggestaltung: KünkelLopka Medienentwicklung, Heidelberg

Gedruckt auf säurefreiem und chlorfrei gebleichtem Papier

ISBN-13:978-3-322-80798-4   e-ISBN-13:978-3-322-80797-7
DOI: 10.1007/978-3-322-80797-7

Vorwort der Herausgeber

Der vorliegende Band behandelt die Regierung und Verwaltung im deutschen Bundesstaat in einer Perspektive, die man in Lehrbüchern zum deutschen Regierungssystem nicht findet. Ludger Helms stellt die politische Führung als Kernfunktion des Regierens in den Mittelpunkt und untersucht deren historischen und institutionellen Prägungen in der Bundesrepublik Deutschland.

Der Autor vermittelt zunächst einen Überblick über verschiedene Theorien zur Stellung der Exekutive im politischen System. Danach widmet er sich schwerpunktmäßig – und unter verschiedenen Aspekten – der Rolle des deutschen Bundeskanzlers. Nach dieser Hervorhebung der politischen Führung im deutschen Regierungssystem eröffnet der Autor abschließend eine vergleichende Perspektive, indem er die Länderebene einbezieht und die Bundesrepublik Deutschland in den Kontext der komparativen Regierungsforschung stellt. Ludger Helms leistet mit diesem Band einen wichtigen Beitrag zur Regierungslehre, welcher die Bedeutung von Akteuren, Institutionen und historischen Kontexten gleichermaßen deutlich macht.

Wir betrachten das Buch von Ludger Helms, das zunächst als Lehrbrief an der Fern-Universität in Hagen entstanden ist, als eine wichtige Ergänzung unserer Schriftenreihe. Für die Bereitschaft, diesen Band zu verfassen, und für die immer reibungslose Zusammenarbeit sind wir dem Autor dankbar.

Hagen, im Juli 2005

Arthur Benz
Susanne Lütz
Georg Simonis

Inhalt

Vorwort der Herausgeber	5
1 Einleitung	11
1.1 Politische und politikwissenschaftliche Relevanz des Themas	11
1.2 Die Rolle der Exekutive im Wandel der Staatlichkeit: vom Absolutismus zum demokratischen Verfassungsstaat	16
1.3 Die Position der Exekutive in unterschiedlichen Grundmodellen liberaler Demokratie	19
1.3.1 Parlamentarismus, Präsidentialismus und „Semi-Präsidentialismus"	19
1.3.2 „Souveräne" und „semi-souveräne" Demokratien	24
1.4 Regierungsorganisation und politische Führung in der Bundesrepublik: zum Aufbau der Untersuchung	27
2 Die Exekutive als Gegenstand politikwissenschaftlicher Forschung: Forschungsfragen und -ansätze	29
2.1 Dimensionen des Forschungsbereichs im Überblick	29
2.2 Ansätze zum Studium von politischer Führung („executive leadership")	32
2.2.1 Normative Ansätze	32
2.2.2 Empirische Ansätze	34
2.2.2.1 Personenzentrierte Ansätze	34
2.2.2.2 Strukturzentrierte Ansätze	37
2.2.2.3 Interaktionistische Ansätze	39
2.3 Exkurs: Theoretisch-konzeptionelle Charakteristika der Literatur über Regierungsorganisation und politische Führung in der Bundesrepublik	44
2.4 Zusammenfassung und eigener Ansatz	46
3 Die historischen, verfassungsrechtlichen und politisch-kulturellen Grundlagen des Regierens in der Bundesrepublik Deutschland	50
3.1 Die historische Dimension	50
3.1.1 Konstitutionalismus und Kanzlerprinzip: Regierungsorganisation und politische Führung im Kaiserreich	50
3.1.2 Koalitionsdemokratie und Präsidialdominanz: Regierungsorganisation und politische Führung in der Weimarer Republik	53
3.1.3 Totalitarismus und Führerprinzip: Regierungsorganisation und politische Führung im Dritten Reich	56
3.1.4 Zwischenbilanz: Das historische Erbe der Bundesrepublik im Bereich der Regierung	59

*3.2 Die verfassungsrechtliche Dimension: Regierungsbildung,
Regierungsorganisation und der Regierungsprozess nach dem
Grundgesetz* 60
*3.3 Die politisch-kulturelle Dimension: Die Bundesrepublik als
harmonieorientierter Typus westeuropäischer Gesellschaften* 66
3.4 Bilanz 68

4 Das politische Profil und die Karrierewege deutscher Kanzler 70
*4.1 Lebenswege und politische Erfahrungsprofile von Adenauer bis
Schröder* 70
    4.1.1 Konrad Adenauer 70
    4.1.2 Ludwig Erhard 71
    4.1.3 Kurt Georg Kiesinger 72
    4.1.4 Willy Brandt 73
    4.1.5 Helmut Schmidt 74
    4.1.6 Helmut Kohl 74
    4.1.7 Gerhard Schröder 76
*4.2 Amtsverweildauer, Parteiverankerung, Parlaments- und
Regierungserfahrung im Vergleich* 77
*4.3 Der Sprung ins Kanzleramt: Merkmale des Kanzlerwechsels in
der Bundesrepublik* 80
4.4 Die Kanzlerwahlen im Bundestag 81
4.5 Bilanz 83

5 Politische Führung im Bereich der Kernexekutive 85
*5.1 Regierungsbildung und Regierungsorganisation I: eine
chronologische Perspektive* 85
*5.2 Regierungsbildung und Regierungsorganisation II: eine
systematische Perspektive* 95
    5.2.1 Koalitionsformen 95
    5.2.2 Kabinettsgröße und Ressortstruktur 97
    5.2.3 Parteipolitische Machtverteilungsmuster auf der Ebene
des Kabinetts 101
    5.2.4 Kerncharakteristika des Kabinettspersonals 102
    5.2.5 Parlamentarische Staatssekretäre und politische Beamte 104
    5.2.6 Exkurs: Die „Europäisierung" der deutschen Exekutive
und der politischen Führung in der Bundesrepublik 107
5.3 Der intra-gouvernementale Entscheidungsprozess 109
    5.3.1 Die christdemokratische Nachkriegsära 110
    5.3.1.1 Die Regierung Adenauer (1949-1963) 110
    5.3.1.2 Die Regierung Erhard (1963-1966) 113
    5.3.1.3 Die Regierung Kiesinger (1966-1969) 115
    5.3.2 Die Jahre der sozial-liberalen Koalition 117
    5.3.2.1 Die Regierung Brandt (1969-1974) 117
    5.3.2.2 Die Regierung Schmidt (1974-1982) 119
    5.3.3 Die Ära Kohl (1982-1998) 122
    5.3.4 Gerhard Schröder und Rot-Grün (seit 1998) 124
5.4 Bilanz: Kontinuität und Wandel 130

6 Politische Führung auf der Ebene des politischen Systems — 135
- 6.1 Die parlamentarische Arena: Kanzler und der Bundestag — 135
- 6.2 Die parteipolitische Arena: Kanzler und ihre Parteien — 145
- 6.3 Die mediale Arena: Bedeutung und Wandel von „public leadership" — 148
- 6.4 Regieren unter den Bedingungen innenpolitischer „Semi-Souveränität": die Rolle von „Vetospielern" — 153
  - 6.4.1 Der Bundesrat — 153
  - 6.4.2 Das Bundesverfassungsgericht — 157
  - 6.4.3 Die Bundesbank — 160
  - 6.4.4 Interessengruppen — 162
  - 6.4.5 Exkurs: Das Innenleben der „doppelköpfigen Exekutive" – zum Verhältnis zwischen Bundesregierung und Bundespräsident — 164
- 6.5 Bilanz: Kontinuität und Wandel — 169

7 Exkurs: Regierungsorganisation und politische Führung in den Ländern — 174
- 7.1 Grundmerkmale des landespolitischen Exekutivpersonals — 174
- 7.2 Kerncharakteristika der Regierungsorganisation in den Ländern — 176
- 7.3 Kerncharakteristika politischer Führung in den Ländern — 179
- 7.4 Bilanz — 182

8 Schlussbetrachtung: Das Modell politischer Führung in der Bundesrepublik im internationalen Vergleich — 184
- 8.1 Das deutsche Modell politischer Führung im Vergleich I: eine „cross-country"-Perspektive — 184
  - 8.1.1 Elitenprofile im Bereich der Exekutive — 184
  - 8.1.2 Regierungsbildung, Kabinettstypen und Kabinettstabilität — 186
  - 8.1.3 Kernprinzipien der Regierungsorganisation — 188
  - 8.1.4 Regierung und Parlament — 190
  - 8.1.5 Die Bedeutung von „Vetospielern" und die Reichweite politischer Führung durch Regierung und Regierungschef auf der Ebene des politischen Systems — 191
- 8.2 Das deutsche Modell politischer Führung im Vergleich II: eine „country-by-country"-Perspektive — 193
  - 8.2.1 Großbritannien — 194
  - 8.2.2 Frankreich — 199
  - 8.2.3 USA — 205
- 8.3 Bilanz: Die Besonderheiten des deutschen Modells aus international vergleichender Perspektive — 210

Literaturverzeichnis — 215

Abbildungen

Abbildung 1:	Ansätze zum Studium der Kernexekutive (nach Elgie/Thompson)	29
Abbildung 2:	Vier Bilder der Exekutive (nach Goetz)	30
Abbildung 3:	Überblick über Ansätze zum Studium der Regierung (nach Andeweg)	31

Tabellen

Tabelle 1:	Kerncharakteristika des politischen Erfahrungsprofils deutscher Kanzler	78
Tabelle 2:	Ergebnisse der Kanzlerwahlen im Bundestag (1949-2002)	82
Tabelle 3:	Kanzler, Regierungsparteien und Regierungsformen/ Koalitionstypen seit 1949	96
Tabelle 4:	Kontinuität und Wandel von Kabinettsressorts (nach Kanzlerschaften)	98
Tabelle 5:	Kabinettsausschüsse seit 1974	100
Tabelle 6:	Die Chefs des Kanzleramts seit 1949	106
Tabelle 7:	Kanzler und ihre Parteien	146
Tabelle 8:	Präsidenten und Kanzler seit 1949	166

1 Einleitung

1.1 Politische und politikwissenschaftliche Relevanz des Themas

Regierungen gehören zu den zentralen Einrichtungen bzw. Akteuren moderner Demokratien – diese These ist unter den Bürgern der westlichen Länder so unumstritten wie wenige andere Aussagen aus dem Bereich des öffentlichen Zusammenlebens. Unübersehbaren Ausdruck findet diese Überzeugung in den üblicherweise hohen Erwartungen der Bevölkerung an die Problemlösungsfähigkeit regierender Parteien und deren Repräsentanten in Regierungsämtern. Der „natürliche" Adressat von Forderungen nach Lösung öffentlicher Probleme ist die Regierung, genauer gesagt „the government of the day".[1]

Regierungen als zentrale Einrichtungen moderner Demokratien

Die Annahme, dass sowohl die parteipolitische Zusammensetzung der Regierung als auch das konkrete Regierungspersonal von großer Relevanz sind, bildet die Basis für einige der grundlegendsten Strukturmerkmale der modernen Demokratie. Dazu gehört ganz besonders die massenhafte Beteiligung der Bürger an Wahlen, durch die die (zeitlich befristete) Zuweisung von Regierungsmacht an Bewerber um politische Führungsämter in der repräsentativen Demokratie auf direkte oder indirekte Weise erfolgt. Wahlen in der Demokratie sind freilich multifunktional (Nohlen 2000: 21-31); prinzipiell eröffnet die Teilnahme an Wahlen auch die Gelegenheit, Protest bzw. grundsätzliche Kritik an einem politischen System als Ganzem zu artikulieren. Die große Mehrheit der Bürger in den konsolidierten Demokratien beteiligt sich jedoch nicht nur an Wahlen, sondern entscheidet sich dabei zugleich für Kandidaten und Parteien, die das jeweilige System unterstützen und danach streben, Regierungsverantwortung zu übernehmen. Mit der Beteiligung an kompetitiven Wahlen wird somit mehrheitlich der Überzeugung Ausdruck verliehen, dass sowohl kollektive Akteure (Parteien) als auch individuelle Akteure (Amtsinhaber) einen maßgeblichen Einfluss auf das Regierungshandeln und die Inhalte und Ergebnisse staatlicher Politik besitzen. Dass diese Erwartung – mit gewichtigen landesspezifischen Unterschieden im Detail – gerechtfertigt ist, konnte die Politikwissenschaft vor allem in Bezug auf den Einfluss der parteipolitischen Zusammensetzung von Regierungen auf die Staatstätigkeit in aufwendigen empirischen Analysen zeigen (von Beyme 1984; Schmidt 1996, 2002a).

Gründe für das Interesse von Bürger an der Regierung

Der wesentliche Grund, warum sich Bürger und Politikwissenschaftler für die Regierung eines Landes interessieren, liegt also in der begründeten Vermutung bezüglich deren Einfluss auf die politisch-materielle Dimension öffentlicher Politik. Dieser Aspekt bildet jedoch nicht die einzige Messlatte „guten Regierens" in der Demokratie. Während der empirische Leistungsvergleich von libera-

---

1 Die Existenz entsprechender Erwartungen kann sich – mit negativem Vorzeichen – freilich auch in einer seitens der Politikwissenschaft vielfach konstatierten „Erwartungslücke" (Raichur/Waterman 1993) zwischen den Leistungen der Regierung und dem Erwartungshorizont der Bürger manifestieren.

len Demokratien und nicht-demokratischen bzw. illiberalen Systemen hinsichtlich der Effektivität des öffentlichen Sektors durchaus zu dem Ergebnis gelangen kann, dass die liberalen Demokratien den vielfältigen Ausprägungen nicht-demokratischer und/oder illiberaler Regime keineswegs unter allen Bedingungen und in jeder Hinsicht überlegen sind (Schmidt 1999), würde ein Vergleich der demokratischen Qualität des Regierungsprozesses bzw. der politischen Führung durch die Regierungselite in Systemen dieses und jenen Typs stets eine eindeutige Überlegenheit der liberalen Demokratien zutage fördern.

Kennzeichen des Regierens in der liberalen Demokratie

Regieren unter den Bedingungen der liberalen Demokratie geht weit über die Aufgabe der Herbeiführung und Durchsetzung gesellschaftlich verbindlicher Entscheidungen hinaus. Von zentraler Bedeutung ist ferner zum einen die Einhaltung der rechtlichen bzw. rechtsstaatlichen Regeln, gegen die in autoritären oder totalitären Regimen regelmäßig verstoßen wird. Hinzu kommen zahlreiche weitere Anforderungen, die das Regieren in demokratischen Systemen in politischer Hinsicht wesentlich ausmachen. Dazu gehören insbesondere das beständige Werben um öffentliche Unterstützung eines verfolgten politischen Kurses sowie das Streben nach Erhöhung von Akzeptanz und Legitimität einer Maßnahme durch die Gewährleistung größtmöglicher Transparenz und Nachvollziehbarkeit des Entscheidungsprozesses. In der jüngeren Literatur wird, unter stärkerer Betonung normativer Aspekte, immer häufiger auch die Responsivität der Regierenden gegenüber den Regierten – die Fähigkeit und Bereitschaft, gesellschaftliche Forderungen aufzunehmen – als Kernkriterium von „good government" bzw. „good governance" genannt (Norris 2003: 135; Munshi/Abraham 2004).[2]

Konzentration der Studie auf die prozessuale Dimension des Regierens

Im Mittelpunkt dieser Studie steht die prozessuale Dimension des Regierens. Zentraler Gegenstand der Untersuchung sind die institutionellen, organisatorischen, historischen, politischen und personellen Grundlagen des Regierens in der Bundesrepublik Deutschland und, ganz besonders, die konkreten Handlungsstrategien der mit dem Ziel politischer Führung beauftragten Akteure auf Bundesebene seit 1949. Dies macht eine Reihe von Vorklärungen erforderlich, aus denen sich zugleich eine thematische Konkretisierung der Arbeit ergibt.

Zum Begriff der Regierung

Unverzichtbar ist, erstens, eine Verständigung über den hier zugrunde gelegten Begriff der Regierung. Gemeint ist damit im Folgenden stets die „politische Exekutive" eines Gemeinwesens – d.h. in der Regel der Regierungschef und die Kabinettsminister, wobei zu den faktischen Mitgliedern der politischen Exekutive auch parlamentarische Staatssekretäre oder „Juniorminister" unterhalb der Ebene des Kabinetts gezählt werden können. Zumindest im Kontext der parlamentarischen Demokratien, für die eine institutionelle und personelle Trennung zwischen dem Amt des Regierungschefs und demjenigen des Staatsoberhauptes konstitutiv ist, grenzt die Bezeichnung „politische Exekutive" als Synonym für „Regierung" diese nach zwei Seiten hin ab: einerseits gegenüber dem Staats-

---

2 Der Bedeutungsgehalt des Responsivitätsbegriffs bleibt jedoch umstritten. In den Augen einiger Autoren, wie etwa Claus Offe (2003: 16), erscheinen „responsiveness" und „responsive government" eher als negativ besetzte Gegenbegriffe zu „responsible government" als dem zentralen normativen Konzept verantwortlichen politischen Handelns in der repräsentativen Demokratie. Nach dieser Lesart bezeichnet „responsive government" eine im Kern unverantwortliche, konfliktscheue und populistische Art des Regierens.

oberhaupt, welches in der Terminologie Harold Laskis (1925: 340-356) eben nicht die „political executive", sondern die „constitutional executive" verkörpert; andererseits gegenüber der Verwaltung, welche den klassischen Konzepten der Gewaltenteilung zufolge zwar ebenfalls Teil der Exekutive ist, jedoch nicht mit Aufgaben der politischen Führung im engeren Sinne betraut ist. Mit der zuletzt gemachten Unterscheidung soll nicht bestritten sein, dass die Ministerialbürokratie über ein potentiell erhebliches politisches Einflusspotential verfügt. In der Literatur wurden „bürokratisches Agenda-Setting", „strategische Interaktion" und „Politikbeeinflussung im Implementationsstadium von Gesetzen" als die drei Hauptarten der Einflussnahme der Ministerialverwaltung identifiziert (Schnapp 2001: 15-16). Außer Frage steht vor allem die mächtige Position der Regierungsbürokratie in den frühen Stadien des Gesetzgebungsprozesses, ganz besonders bei der Formulierung des so genannten „Referentenentwurfs". Ihr Einfluss auf die Ausgestaltung der legislativen Agenda ist in den meisten westeuropäischen Ländern so beträchtlich[3], dass die Bezeichnung „parlamentarische Demokratie" im Hinblick auf die Struktur des legislativen Entscheidungsprozesses von einigen Autoren geradezu als irreführend betrachtet wird (Tsebelis 2002: 82). Entscheidend aus der hier entwickelten Perspektive ist jedoch der Umstand, dass in der Bundesrepublik (wie in den übrigen parlamentarischen Demokratien Westeuropas) die politische Verantwortung für das Handeln ressortspezifischer Abteilungen der Ministerialverwaltung in den Händen des leitenden Ressortministers als Repräsentant der politischen Exekutive liegt (Mehde 2001).

Wie steht es, zweitens, aus Sicht dieser Studie um das Verhältnis der beiden im Titel genannten Untersuchungsgegenstände „Regierungsorganisation" und „politische Führung" zueinander? Die zentrale zu erklärende Variable in den meisten der nachfolgenden Kapitel bildet die politische Führungstätigkeit des Regierungschefs. Zu deren Prägefaktoren gehören zahlreiche unterschiedliche erklärende Variablen, welche persönlichkeitsbezogene Aspekte ebenso einschließen wie die bestehenden Verfassungsregeln und die politischen Rahmenbedingungen einer Amtszeit. Die Regierungsorganisation – der zweite Begriff aus dem Titel der Studie – wird, sofern es sich um grundlegende verfassungsrechtliche Dimensionen derselben handelt, als Teil der Rahmenbedingungen politischer Führung (d.h. als unabhängige Variable) behandelt. Kurzfristig veränderbare, in der Entscheidungsgewalt des Kanzlers liegende Komponenten der Regierungsorganisation (wie beispielsweise die ministerielle Ressortstruktur) werden demgegenüber als abhängige Variable betrachtet.

Bei dieser Differenzierung handelt es sich indes nur um eine vereinfachende Rekonstruktion des hier gewählten analytischen Zugriffs auf die genannten Gegenstände. Ansonsten liegt der Studie die mit unterschiedlicher Akzentuierung von Derlien (1991) und König (1991) formulierte Überzeugung zugrunde, dass sich Regierungsorganisation und politische Führung gegenseitig bedingen und

Zum Verhältnis von Regierungsorganisation und politischer Führung

---

3   Als zentrale Bestimmungsfaktoren der Einflussstärke der Ministerialverwaltung auf dieser Ebene gelten der jeweils existente Ressourcenvorsprung der Bürokratie gegenüber den politischen Akteuren in Regierung und Parlament sowie der Spezifikationsgrad der politischen Zielvorstellungen der politischen Exekutive (Schnapp 2001: 20-22). Ein „Klassiker" zum politischen Einfluss der Ministerialverwaltung in der Bundesrepublik ist die Studie von Mayntz und Scharpf (1975).

beeinflussen. Einerseits gilt, dass politische Führung ohne Organisation in der modernen Demokratie nicht möglich ist. Organisation ermöglicht Rationalität und Effizienz, die nicht dauerhaft aus improvisierten Strukturen heraus erzeugt werden können. Andererseits ist die Regierungsorganisation nicht nur ermöglichendes Instrumentarium politischer Führung; sie wirkt zugleich als institutionelle Begrenzung der Möglichkeiten politischer Führung. Die Funktionalität bestehender Strukturen der Regierungsorganisation muss sich in der Praxis des Entscheidungsprozesses bewähren. Ebenso wie sich dabei eine besondere Befähigung auf der Ebene politischer Führung in effizienten Organisationsstrukturen und einer optimalen Ausnutzung der verfügbaren organisatorischen bzw. administrativen Ressourcen manifestieren kann, gilt, dass „möglicherweise Persönlichkeitsstrukturen die formale organisationale Rationalität des Regierungsapparates policy-ineffizient werden lassen können" (Derlien 1991: 100-101).

Differenzierung zwischen politischer Führung, Regieren und politischer Steuerung

Drittens ist schließlich das Verhältnis zwischen den verwandten Begriffen „politische Führung", „Regieren" und „politische Steuerung" anzusprechen. Die meisten Forschungsagenden im Bereich der politikwissenschaftlichen „leadership"-Forschung weisen offensichtliche Berührungspunkte zu jenen über politische Steuerung und Regieren auf, ohne allerdings mit diesen identisch zu sein. „Politische Führung" ist in mancher Hinsicht der breiteste der drei Begriffe. Politische Führung im umfassenden Wortsinn ist in praktisch allen politisch-sozialen Zusammenhängen denkbar, auf der Ebene von Staatsorganen ebenso wie in stärker gesellschaftlich-privaten Bereichen. Führung in diesem allgemeinen Sinne ist nicht an den Besitz irgendeines Amtes gebunden. Besonders enge Berührungspunkte weist die Beschäftigung mit „politischer Führung" einerseits und „Regieren" andererseits dann auf, wenn die Bedingungen und Manifestationen politischer Führung innerhalb des Exekutivbereichs politischer Systeme studiert werden. „Regieren" meint dann im Wesentlichen politisches Führen und Entscheiden innerhalb der Regierung bzw. im Namen der Regierung.

Gleichwohl sind das Erkenntnisprogramm der „leadership"-Forschung und der Regierungsforschung nicht deckungsgleich. Während der Schwerpunkt der meisten Arbeiten über politische Führung im Exekutivbereich auf der Analyse der Performanz individueller Akteure bzw. Amtsinhaber und in der Regel auf der „politics"-Dimension liegt, kann die Regierungsforschung gegebenenfalls stark auf Aspekte der Staatsorganisation konzentriert sein oder aber den gesamten Bereich der Staatstätigkeit einschließen. Je nach gewählter Ausrichtung befindet sich die politikwissenschaftliche Beschäftigung mit Regierungen und Regieren dann in größerer Nähe zur Verwaltungswissenschaft oder zur Policy-Forschung.

Bleibt der Begriff „politische Steuerung". Angesichts seiner gleichsam vorausgesetzten Orientierung auf den Staat bzw. das Handeln des Staates steht er dem Bedeutungsgehalt des Begriffs „Regieren" deutlich näher als jenem der „politischen Führung". Nach einem weiten Verständnis meint politische Steuerung „die positive (Daseins-)Risiken vermeidende oder kompensierende und Wohlstand mehrende Gestaltungsaufgabe moderner Staaten" (Schubert 2004: 732). Nicht lediglich die stärkere Policy-Orientierung, sondern auch der ausgeprägte „Problemlösungs-Bias" (Mayntz 2004: 7-8) unterscheiden die Steuerungsliteratur von der „leadership"-Forschung. Zwar geht auch diese davon aus, dass Regierungen daran interessiert sind, gesellschaftliche Probleme zu lösen; gleichzeitig wird aber in viel stärkerem Maße in Rechnung gestellt, dass Regierungen ein „egoistisches" Interesse an der Machterhaltung haben können bzw. müssen (so schon Hennis 1964).[4] Unterschiedlich beschaffen ist schließlich auch der theoretische Referenzrahmen von Arbeiten aus der Steuerungsliteratur: Der typischerweise akteurs- bzw. handlungstheoretischen Verwurzelung von Arbeiten über politische Führung entspricht eine stärkere Beeinflussung der Steuerungsliteratur durch die Systemtheorie.

Zusätzlich zu diesen begrifflichen Klärungsversuchen ist zumindest ein grundlegender inhaltlicher Aspekt des Themas ebenfalls gleich zu Beginn dieser Studie anzusprechen. Gemeint ist die oft gestellte Frage nach der Bedeutung nationalstaatlicher Strukturen der Regierungsorganisation und der politischen Führung im Zeitalter der „Europäisierung" und „Globalisierung": Eine historisch ausgerichtete Studie wie die vorliegende könnte sich mit dem Hinweis begnügen, dass die speziellen Effekte des internationalisierten Regierens während des Großteils des hier gewählten Untersuchungszeitraums selbst nach Meinung führender Protagonisten der Europäisierungs- und Globalisierungsdebatte viel zu bescheiden ausgeprägt waren, um von einer faktischen Irrelevanz nationalstaatlicher Regierungen zu sprechen. Dies wäre jedoch kaum überzeugend, zumal der zeitliche Rahmen der Studie bis in die unmittelbare Gegenwart heranreicht. Unbestreitbar ist, dass die supranationale Entscheidungsebene – im Falle der Bundesrepublik vor allem die Europäische Union – in den vergangenen Jahren und Jahrzehnten erheblich an Bedeutung gewonnen hat. Damit ist jedoch weder ein fundamentaler Bedeutungsverlust der nationalstaatlichen politischen Systeme noch ein dramatischer Verlust der Handlungsfähigkeit nationalstaatlicher Regierungen verbunden.

Fortgesetzte Bedeutung nationalstaatlicher Strukturen der Regierungsorganisation und politischen Führung

Die fortgesetzte Bedeutung nationaler Entscheidungssysteme und Politikstile zeigt sich an der weitgehenden Persistenz der hochgradig unterschiedlichen Politik- und Gesellschaftsmodelle in den einzelnen Mitgliedstaaten der Europäischen Union (Menon 2003: 421-423). Über grundlegende Fragen in zahlreichen Politikfeldern, die das Leben der Bürger in hohem Maße prägen, wird noch immer auf der Ebene der Nationalstaaten entschieden. Wie Manfred G. Schmidt betont, hat sich der „Nettohandlungsspielraum" nationalstaatlicher Regierungen im Innern aufgrund des Ausbaus des Wohlfahrts- und Steuerstaates in den meisten westlichen Demokratien im Vergleich etwa mit der frühen Nachkriegszeit keineswegs dramatisch verknappt, sondern im Einzelfall tendenziell sogar noch erweitert (Schmidt 2000: 306).

Was die Rolle der nationalstaatlichen Exekutiven im Kontext internationalisierten Regierens betrifft, ließe sich gar argumentieren, dass die Regierungen die eigentlichen Gewinner des Prozesses der europäischen Integration sind (Moravcsik 1997). Die Regierungen bzw. einzelne Regierungsvertreter fungieren nicht nur als die maßgeblichen Repräsentanten der einzelnen EU-Mitgliedstaaten

Regierungen als die Gewinner der europäischen Integration

---

4   Immerhin bildet das erfolgreiche Streben regierender Mehrheiten nach Machterhaltung die Grundlage für die Ausübung von staatlicher Macht im Dienste politischer Problemlösung. Freilich können die Ziele Machterhaltung und Problemlösung gegebenenfalls, zumindest zeitweilig, auseinanderfallen. So gehört zum Strategiearsenal von Regierungen bzw. Regierungschefs in allen entwickelten Demokratien zweifelsohne auch symbolisches Handeln ohne unmittelbar erkennbare tatsächliche Problemlösungsleistung.

auf internationalem Parkett. Von den Sekundäreffekten der europäischen „Gipfeldiplomatie" – wie dem ausgeprägten Informationsvorsprung und einem hohen öffentlichen Bekanntheitsgrad – profitieren sie zugleich bei innenpolitischen Auseinandersetzungen mit Parlamentariern aus dem eigenen politischen „Lager" und den unterschiedlichen Kräften der politischen Opposition. Dadurch hat sich die vereinzelt bereits seit den siebziger Jahren identifizierte Tendenz zu einer immer stärkeren Akkumulation von Entscheidungsmacht beim Regierungschef – für die sich von der Personalisierung der Politik bis zum signifikant gestiegenen Koordinationsbedarf moderner Exekutivsysteme zahlreiche unterschiedliche Gründe anführen lassen (Ellwein 1976: 115; Peters u.a. 2000: 9-10) – in der jüngeren Vergangenheit weiter intensiviert.

Zusammenfassend lässt sich deshalb festhalten, dass an der Relevanz der Beschäftigung mit den nationalstaatlichen Regierungen aus politischer und politikwissenschaftlicher Perspektive – insbesondere angesichts des Untersuchungszeitraums dieser Studie – kein hinreichend begründbarer Zweifel besteht.

Vorschau auf die weiteren Abschnitte des Kapitels

Der nächste Abschnitt zeichnet zunächst die historischen Veränderungen hinsichtlich der Position der Exekutive in unterschiedlichen Regimetypen – vom Absolutismus über die konstitutionelle Monarchie bis zum demokratischen Verfassungsstaat – nach. Im Anschluss daran wird die Stellung der Exekutive in den unterschiedlichen institutionellen Ausprägungen der liberalen Demokratie – dem Parlamentarismus, dem Präsidentialismus und dem so genannten „Semi-Präsidentialismus" – näher beleuchtet. Der Schlussabschnitt des Kapitels gibt einen kurzen Ausblick auf die nachfolgenden Teile der Untersuchung.

1.2 Die Rolle der Exekutive im Wandel der Staatlichkeit: vom Absolutismus zum demokratischen Verfassungsstaat

Die Exekutive im Absolutismus

Die Exekutive bildete bereits lange vor der Entstehung des demokratischen Verfassungsstaates am Ausgang des 18. Jahrhunderts das Machtzentrum politischer Gemeinwesen. Geradezu zur institutionalisierten Verkörperung des Prinzips der Vorherrschaft der Exekutive wurde die Staats- und Herrschaftsform des Absolutismus. Die beeindruckendsten Manifestationen des absolutistischen Staates während des 17. Jahrhunderts gab es im Habsburgischen Spanien und im Frankreich Louis' XIV. Im Laufe des 17. und 18. Jahrhunderts wurde der ursprünglich in hohem Maße konfessionelle Charakter des Absolutismus schrittweise in ein Regime umgeformt, in dem die Rolle des Monarchen durch nun entstehende große Bürokratien und stehende Heere in signifikanter Weise gestärkt wurde (Anderson 1974). Die absolutistischen Regime waren von ihrem Anspruch her auf das Prinzip ungeteilter Souveränität des absolutistischen Herrschers gegründet. Das bedeutete jedoch nicht, dass alle diese Regime in der Praxis durch ein lückenloses System hierarchischer Befehlsstrukturen gekennzeichnet waren. In vielen Fällen wurde der Souverän durch einen mit ausgewählten Persönlichkeiten besetzten Rat unterstützt; zuweilen gab es eine ganze Reihe von unterschiedlichen Räten. Entscheidungspolitisch waren sie vor allem im außenpolitischen Bereich von großer Bedeutung (Blondel 1982: 45-46; Ribalta 1996).

Die heutigen westlichen Demokratien überwanden das historische Stadium des Absolutismus auf sehr unterschiedlichen Wegen. In Amerika und Frankreich wurde das „ancient regime" durch blutige Revolutionen hinweggefegt, durch die der Weg zur Begründung konstitutionell verankerter Herrschaftssysteme frei wurde. Den wichtigsten alternativen Pfad hin zum frühen Verfassungsstaat bildete die Variante einer evolutionären Einhegung der Macht des Monarchen, wie sie vor allem in England zu beobachten war. Die Machtvollkommenheit des Monarchen wurde hier bereits zu Beginn des 13. Jahrhunderts durch die Unterzeichnung der „Magna Carta" (1215) ansatzweise eingeschränkt. Es dauerte jedoch bis 1689, bevor England durch den „Habeas Corpus Act" zu einer konstitutionellen Monarchie wurde. Ähnliche historische Entwicklungsmuster wie in England gab es später in den Niederlanden und in Skandinavien.

Unterschiedliche Wege zur Überwindung absolutistischer Regime

In Deutschland bildete sich ein dritter historischer Entwicklungspfad zum liberalen Verfassungsstaat heraus, dessen Besonderheit darin bestand, dass die bis dahin absolutistischen Herrscher sich durch einen Willkürakt gleichsam selbst eine Verfassung auferlegten. Samuel Finer (1997: 1589) sprach diesbezüglich treffend von „self-limited absolutism". Anders als man vermuten könnte, bedeutete dies nicht, dass die vom (nunmehr konstitutionellen) Monarchen einmal etablierten Selbstbeschränkungsrechte ohne weiteres wieder zurückgenommen werden konnten. Sie waren politisch wie rechtlich bindend und konnten nur im Rahmen des formalrechtlich fixierten Verfahrens unter Zustimmung der Volksvertretung geändert werden (Böckenförde 1992: 34). Als weitere historische Besonderheit des deutschen Weges kam die territoriale Dimension des Konstitutionalisierungsprozesses hinzu. Anders als in den meisten übrigen großen westlichen Ländern vollzog sich dieser nicht auf nationalstaatlicher Ebene, sondern in den zahlreichen kleinen und nicht selten winzigen territorialen Subeinheiten souveräner Einzelstaaten.

Die spezifischen historisch-politischen Bedingungen, unter denen es zur Herausbildung konstitutioneller bzw. konstitutionalisierter Formen von Herrschaft kam, stellen indes nur eine wichtige Dimension dar, anhand derer die größeren westlichen Länder unterschieden werden können. Sie ist zu ergänzen durch eine Differenzierung der verwirklichten institutionellen Grundausprägungen konstitutioneller Herrschaft selbst. In der modernen Politikwissenschaft wird diesbezüglich vor allem zwischen parlamentarischen und präsidentiellen Systemen unterschieden (vgl. Abschnitt 1.3.1). Die Ursprünge dieser Typologie reichen zurück bis zu den Arbeiten einzelner großer Verfassungsgelehrter des 19. Jahrhunderts wie Robert von Mohl in Deutschland und Walter Bagehot in England. Die ältere Lehre vom liberalen Verfassungsstaat unterschied zwischen der konstitutionellen Monarchie einerseits und dem präsidentiellen Republikanismus andererseits (Lane 1996: 63-86).

Grundausprägungen konstitutioneller Herrschaft

Die als solche erkannten beiden Hauptmodelle des frühen Verfassungsstaates – zuerst verwirklicht in Frankreich (1791) und den Vereinigten Staaten (1787) – unterschieden sich nicht zuletzt hinsichtlich des Charakters der Exekutive. Stand an der Spitze der Exekutive im französischen Modell ein Monarch, dem konstitutionelle Fesseln angelegt worden waren, so handelte es sich beim amerikanischen Präsidenten um einen (formal indirekt) gewählten „chief executive" eines republikanischen Gemeinwesens. Eine Kombination der monarchi-

Konstitutionelle Monarchie, präsidentieller Republikanismus und Parlamentarismus

schen Staatstradition mit demokratischen Elementen bildete sich zuerst in England heraus, wo die konstitutionelle Monarchie schrittweise in eine parlamentarische Demokratie mit monarchischem Staatsoberhaupt überführt wurde. Dabei ging die Parlamentarisierung des Systems in ihren unterschiedlichen Ausprägungen der Demokratisierung des Systems um beinahe ein ganzes Jahrhundert voraus. Die ersten Versuche zu einer Parlamentarisierung der traditionell durch die Vorherrschaft der Krone geprägten Verfassungskonstruktion lassen sich bis in die ersten Jahrzehnte des 18. Jahrhunderts zurückverfolgen. Während dieser etablierte Sir Robert Walpole – gemeinhin als erster britischer Premierminister (1721-1742) bezeichnet – ein Regime, das unter der Bezeichnung „government by corruption" in die Geschichte einging. Dies führte innerhalb des Parlaments zu einer Bipolarisierung, welche bereits Züge des später üblich werdenden Gegenübers von Regierung und Opposition erkennen ließ. Zu einem Wechsel zwischen einer de facto Regierungsmehrheit und der Opposition als Folge eines Wahlergebnisses kam es erstmals 1782 – ein Ereignis, das angesichts seiner Bedeutung als Symbol für das Ende der prä-parlamentarischen Monarchie in England bewertet wurde (Lauvaux 1996: 35). Diese frühen Anzeichen der Parlamentarisierung wurden in der Folgezeit durch eine allgemeine Aufwertung des Parlaments als institutionellem Fokus öffentlicher Auseinandersetzungen begleitet, welche im Anschluss an die großen Wahlsystemreformen der Jahre 1832 und 1867 zur Grundlage des britischen Westminster-Parlamentarismus wurden (Tilly 1997). Obwohl die parlamentarische Variante der konstitutionellen Demokratie sowohl mit einem monarchischen als auch mit einem republikanischen Staatsoberhaupt kombinierbar ist, spielte die republikanische Variante in der Praxis der westeuropäischen Länder zunächst keinerlei Rolle. Zum Prototyp einer parlamentarischen Republik in Westeuropa wurde erst die Dritte Französische Republik von 1875. Sie wurde während des frühen 20. Jahrhunderts zu einer fruchtbaren Quelle „konstitutionellen Plagiats" (Lane 1996: 68).

Die Herausbildung von Exekutivstrukturen in den USA und in Westeuropa

Abgesehen von der im Vergleich mit den Vereinigten Staaten vergleichsweise späten Demokratisierung der westeuropäischen Verfassungsstaaten ist aus komparativer Perspektive außerdem bemerkenswert, um wie viel langsamer sich in den parlamentarischen Demokratien Westeuropas die heute bekannten Strukturen der politischen Exekutive herausbildeten. Zwar hat auch die Exekutive im präsidentiellen System der USA im Laufe ihrer Geschichte maßgebliche strukturelle Änderungen erfahren, darunter insbesondere die Schaffung einer „institutional presidency" (Burke 2000; vgl. Abschnitt 8.2.3). Die verfassungsrechtliche Struktur des Präsidentenamtes ist in ihren Grundzügen jedoch noch immer jene der Verfassung von 1787. Während sich das amerikanische Kabinett ohne jede verfassungsrechtliche Grundlage gleichsam im Schatten des Präsidentenamtes entwickelte und von diesem in politischer Hinsicht abhängig blieb, folgte die Herausbildung des Amtes des Regierungschefs in den parlamentarischen Demokratien einer genau entgegengesetzten Entwicklungsrichtung. In allen westeuropäischen Ländern konnte das Amt des Premierministers erst Gestalt gewinnen, nachdem das Kabinett als politisches Steuerungsgremium etabliert worden war. Der historische Aufstieg der Kabinette wiederum bildete gleichsam einen Reflex der wachsenden Macht der Parlamente, welche in immer geringerem Maße gewillt waren, die ursprünglich bestehende Vormachtstellung des Monarchen zu akzeptieren. Greifbarster Ausdruck der schleichenden Machtverschiebung von der Krone auf das zunehmend mehr vom Parlament als vom Monarchen getragene Kabinett war die wachsende Zahl monarchischer Entscheidungen, für die die Gegenzeichnung des „ersten Ministers" erforderlich war. Bevor das Amt des Premierministers als Regierungschef ohne eigenes Kabinettsressort schließlich formalrechtlich etabliert wurde, war es nicht unüblich, dass der „erste Minister" gleich mehrere Portefeuilles in seinen Händen vereinte. Umgekehrt war die Führung der Kabinettsgeschäfte, wie in Frankreich oder Italien, zuweilen mehreren Ministern gleichzeitig anvertraut (vgl. von Beyme 1999a: 439-456).

Die spezielleren historischen Vorläufer des Regierungsmodells unter dem Grundgesetz – vom Bismarck-Reich über die Weimarer Republik bis zum Dritten Reich – werden in Kapitel 3 unter Berücksichtigung nicht nur der verfassungsrechtlichen, sondern auch der im engeren Sinne politischen Parameter des Regierens und der politischen Führung beleuchtet. Im nächsten Abschnitt soll es zunächst darum gehen, die Exekutive in den unterschiedlichen Grundmodellen liberaler Demokratie zu verorten.

1.3 Die Position der Exekutive in unterschiedlichen Grundmodellen liberaler Demokratie

1.3.1 Parlamentarismus, Präsidentialismus und „Semi-Präsidentialismus"

In den vorausgehenden Abschnitten wurden einige der zentralen Unterscheidungsmerkmale hinsichtlich der Position der Exekutive in den unterschiedlichen Grundformen des modernen demokratischen Verfassungsstaates bereits implizit angesprochen. Die diesbezüglichen Unterschiede sind für das Verständnis des Regierungsprozesses in der Bundesrepublik jedoch so zentral, dass sie hier noch einmal explizit und mit größerer Detailgenauigkeit thematisiert werden sollen. Mit der Mehrheit relevanter Autoren gehen wir davon aus, dass die parlamentarische und die präsidentielle Demokratie die beiden institutionellen Grundausprägungen liberal-demokratischer Systeme verkörpern. (Lijphart 1992; Linz/ Valenzuela 1994; Riggs 1997). Im Gegensatz zu einigen anderen, ebenfalls institutionenbezogenen Typologien liberal-demokratischer Systeme, die im nächsten Teilabschnitt behandelt werden, steht im Zentrum der Unterscheidung von parlamentarischen und präsidentiellen Demokratien das Verhältnis zwischen Exekutive und Legislative.

<small>Parlamentarismus und Präsidentialismus als institutionelle Grundausprägungen liberal-demokratischer Systeme</small>

Das entscheidende Bestimmungsmerkmal parlamentarischer Demokratien, zu denen die Bundesrepublik gehört, bildet das Recht einer parlamentarischen Mehrheit, die Regierung abzuberufen. Regierungen können sich nur so lange im Amt halten, wie sie von einer Mehrheit des Parlaments „getragen" werden. Ein „Regierungssturz" durch das Parlament setzt dabei keine revolutionären Tumulte voraus. Stattdessen ist das parlamentarische Abberufungsrecht in allen parlamentarischen Demokratien verfassungsrechtlich kodifiziert. Unabhängig von landesspezifischen Regelungen und Bezeichnungen kann man die entsprechende Regel als parlamentarisches „Misstrauensvotum" bezeichnen. Präsidentielle Demokratien nach dem Muster der USA sind demgegenüber dadurch gekennzeichnet,

<small>Parlamentarische Verantwortlichkeit der Regierung als primäres Unterscheidungsmerkmal parlamentarischer und präsidentieller Systeme</small>

dass die Exekutive unabhängig vom Vertrauen der Legislative ist. Zwar sind Präsident und Kongress im legislativen Entscheidungsprozess in hohem Grade voneinander abhängig. Das ändert aber nichts daran, dass der Präsident im Anschluss an die Erringung seines Amtes durch quasi-direkte Wahl dieses unabhängig vom Vertrauen des Kongresses für eine feste Amtszeit von vier Jahren (mit der Möglichkeit einmaliger Wiederwahl) innehat. Beim „impeachment" – einer Anklage des Präsidenten durch den Kongress – handelt es sich keineswegs um ein Pendant zu einem parlamentarischen Misstrauensvotum in parlamentarischen Demokratien. Letzteres ist Ausdruck politischen Misstrauens; beim „impeachment" geht es dagegen um die rechtliche Kontrolle der Exekutive im Falle eines vermuteten Verstoßes des Präsidenten gegen die Verfassung. Damit ist – wie das „impeachment" Präsident Clintons 1998/99 gezeigt hat (Kassop 2000) – freilich nicht ausgeschlossen, dass auch die Entscheidung über die Initiierung eines rechtlichen Anklageverfahrens gegen den Präsidenten politisch motiviert ist bzw. von politischen Motiven zumindest beeinflusst wird.

Großbritannien und die USA als „Prototypen" des parlamentarischen bzw. präsidentiellen Systems

Aus dem genannten Strukturunterschied ergeben sich zahlreiche weitere Charakteristika parlamentarischer und präsidentieller Systeme, die ebenfalls einen entscheidenden Einfluss auf die institutionellen Bedingungen des Regierens haben. Die „idealtypischen" Kataloge zur Unterscheidung parlamentarischer und präsidentieller Demokratien sind von jeher an den jeweiligen „Prototypen" Großbritannien (Parlamentarismus) und USA (Präsidentialismus) orientiert. In diesen beiden Ländern, denen auch historisch eine Vorbildfunktion für die Ausbildung des jeweiligen Typs zukam, finden sich die entsprechenden institutionellen Eigenschaften parlamentarischer und präsidentieller Demokratien in besonders reiner Form. Die institutionellen Kernmerkmale des Parlamentarismus und des Präsidentialismus in Großbritannien und den USA seien im Folgenden kurz benannt. Sie sollen als Grundlage für die anschließend vorzunehmende Verortung der Bundesrepublik dienen.

Institutionelle Kernmerkmale des parlamentarischen Systems am Beispiel Großbritanniens

(1) Das für alle parlamentarischen Demokratien zentrale Prinzip der parlamentarischen Abberufbarkeit der Regierung ist in Großbritannien an keine weiteren speziellen Bedingungen geknüpft. Allerdings ist es in den vergangenen Jahrzehnten zu einem Wandel der diesbezüglich relevanten Konventionen gekommen. Bis in die siebziger Jahre hinein galt es als selbstverständlich, dass die Regierung unverzüglich zurückzutreten habe, nachdem sie eine Abstimmung im House of Commons verloren hatte, d.h. für eine (geplante) Maßnahme nicht die Unterstützung einer Mehrheit der Abgeordneten erhalten hatte. Seit den siebziger Jahren gilt als „echtes" Misstrauensvotum nach britischem Parlamentarismusverständnis nur noch eine Abstimmungsniederlage, die die Regierung zuvor ausdrücklich als „Vertrauensabstimmung" deklariert hat.

(2) Dem Prinzip der parlamentarischen Abberufbarkeit der Regierung entspricht in Großbritannien das Recht der Regierung, das Parlament zu einem ihr genehmen Zeitpunkt aufzulösen und Neuwahlen auszuschreiben. Handelte es sich dabei bis zum Ersten Weltkrieg um eine Entscheidung des Gesamtkabinetts, so liegt die diesbezügliche Entscheidungsgewalt seither allein in den Händen des Premierministers. Dieser muss die Parlamentsauflösung jedoch formal durch die Krone ausführen lassen.

(3) Die Existenz einer „doppelköpfigen Exekutive" – im britischen Fall von Premierminister(in) und Monarch(in) – ist für alle parlamentarischen Demokratien konstitutiv. An die Stelle des Monarchen in der parlamentarischen Monarchie tritt, wie oben erwähnt, in der parlamentarischen Republik ein gewählter Präsident.

(4) Kennzeichnend für die parlamentarische Demokratie ist ferner die Vereinbarkeit von Regierungsamt und parlamentarischem Mandat. Bei der Regierungselite parlamentarischer Systeme handelt es sich üblicherweise um langgediente und besonders angesehene Parlamentarier aus den Reihen der Regierungsparteien. Im britischen Fall kommt dies schon durch die Sitzordnung im Unterhaus zum Ausdruck. Anders als im Deutschen Bundestag sitzen Minister der Krone nicht getrennt von den (übrigen) Parlamentariern, sondern in der vordersten Reihe ihrer Fraktion.

(5) Ein zentrales Charakteristikum parlamentarischer Demokratien ist schließlich in der stark ausgeprägten „Parteidisziplin" innerhalb (und weitgehend auch außerhalb) des Parlaments zu sehen. Dies ist wesentlich als funktionslogische Konsequenz der parlamentarischen Verantwortlichkeit der Regierung zu bewerten. Eine stabile parlamentarische Mehrheit garantiert nicht nur Regierungsstabilität (im Sinne der politischen „Überlebensfähigkeit" der Regierung), sondern ist zugleich unabdingbare Voraussetzung für Regieren im Sinne der Herbeiführung verbindlicher Entscheidungen. Ein angemessenes Maß an Geschlossenheit der Reihen einer Partei bildet überdies eine wichtige Voraussetzung für deren politische Wettbewerbsfähigkeit in der elektoralen Arena. Regierung und parlamentarische Mehrheit in der parlamentarischen Demokratie bilden deshalb eine politische Aktionseinheit – die Regierungsmehrheit –, wodurch interne Auseinandersetzungen zwischen beiden Seiten freilich nicht ausgeschlossen sind. Die außerhalb dieser Einheit verbleibenden Abgeordneten bzw. Parteien bilden die Opposition. Im britischen Modell ist die Rolle der Opposition als „Alternativregierung im Wartestand" durch verschiedene institutionelle Einrichtungen, wie das Amt eines staatlich besoldeten Oppositionsführers, besonders deutlich ausgestaltet.

Die zentralen Merkmale der präsidentiellen Demokratie verhalten sich weitgehend spiegelbildlich zu den Definitionskriterien des parlamentarischen Systems:

(1) In der präsidentiellen Demokratie nach dem Muster der USA gibt es, wie bereits erwähnt, keine politische Verantwortlichkeit des Präsidenten gegenüber dem Kongress.

Institutionelle Kernmerkmale des präsidentiellen Systems am Beispiel der USA

(2) Dafür besitzt der Präsident umgekehrt nicht das Recht, den Kongress aufzulösen; er verfügt jedoch über ein Veto gegenüber den meisten legislativen Entscheidungen des Kongresses.

(3) Wie ebenfalls bereits angesprochen wurde, fallen die in der parlamentarischen Demokratie getrennten Ämter von Regierungschef und Staatsoberhaupt in der präsidentiellen Demokratie im Amt des Präsidenten zusammen und werden von ein und derselben Person ausgefüllt („geschlossene Exekutive").

(4) Anders als in der idealtypischen parlamentarischen Demokratie existiert im präsidentiellen System ein Inkompatibilitätsgebot, d.h. Inhaber eines Regierungsamtes dürfen nicht zugleich ein Mandat in der Volksvertretung besitzen.

(5) Schließlich gibt es in der präsidentiellen Demokratie auch kein annähernd vergleichbar ausgeprägtes Maß an „Abstimmungsdisziplin" unter den Abgeordneten derselben Kongresspartei und folglich keinen institutionalisierten Gegensatz zwischen Regierungs- und Oppositionsparteien. Eine strikte „Parteidisziplin" ist unter den Bedingungen der präsidentiellen Demokratie schlicht entbehrlich. Die Absenz fest gefügter Mehrheiten bedroht weder den Bestand der Regierung noch gefährdet sie die Entscheidungsfähigkeit der Legislative. Der gesamte legislative Entscheidungsprozess vollzieht sich auf der Grundlage wechselnder ad hoc-Mehrheiten für einzelne Maßnahmen.

Institutionelle Kernmerkmale des parlamentarischen Systems in der Bundesrepublik

Die Bundesrepublik ist zweifelsfrei eine parlamentarische Demokratie. Dies gilt, obwohl es hinsichtlich der meisten oben genannten Charakteristika des parlamentarischen Systems mehr oder minder deutliche Abweichungen vom britischen „Prototyp" gibt. Auf entsprechende Einzelheiten ist im Lichte der Verfassungspraxis in den nachfolgenden Kapiteln detaillierter einzugehen. Die wichtigsten Aspekte seien hier gleichwohl zumindest stichwortartig genannt:

(1) Die Möglichkeit der parlamentarischen Abberufbarkeit der Regierung ist gemäß Art. 67 GG als „konstruktives Misstrauensvotum" ausgestaltet; der Kanzler kann nur gestürzt werden, wenn gleichzeitig ein Nachfolger gewählt wird. Dadurch wird der Handlungsspielraum rein „destruktiv" motivierter Mehrheiten deutlich eingeschränkt und die Chance eines parlamentarisch herbeigeführten Regierungswechsels entsprechend vermindert.
(2) In der Bundesrepublik gibt es kein Äquivalent für das Parlamentsauflösungsrecht der Regierung in Großbritannien. Art. 68 GG gestattet eine Auflösung des Parlaments vor Ablauf der regulären Legislaturperiode nur im Anschluss an eine vom Bundestag negativ beantwortete Vertrauensfrage des Bundeskanzlers. Selbst in diesem Fall bestimmen nicht Kanzler oder Kabinett über die Auflösung des Bundestages, sondern der Bundespräsident.
(3) Damit ist auch bereits gesagt, dass die Bundesrepublik das für parlamentarische Demokratien typische Kriterium einer „doppelköpfigen Exekutive" – in diesem Falle ausgestaltet als Nebeneinander von Bundeskanzler und Bundespräsident – erfüllt.
(4) Wie in Großbritannien und der Mehrzahl der westeuropäischen Demokratien ist es in der Bundesrepublik möglich und üblich, ein Regierungsamt mit einem parlamentarischen Mandat zu verknüpfen.
(5) Schließlich kennzeichnet die Bundesrepublik ein hohes Maß an „Parteidisziplin" bzw. „Fraktionsdisziplin". Da hierzulande, von Ausnahmen abgesehen, Koalitionen regieren, lässt sich zugleich von einem hohen Maß an parlamentarischer „Koalitionsdisziplin" sprechen. Die auch für die Bundesrepublik typische Erscheinung eines organisierten Gegenübers und Gegeneinanders von Regierungsmehrheit und Opposition nimmt dadurch in der öffentlichen Wahrnehmung den Charakter einer Konfrontation zwischen Koalition und Opposition an.

Die „semi-präsidentielle" Demokratie

Der Vollständigkeit halber sei eine kurze Bemerkung über die so genannte „semi-präsidentielle" Demokratie hinzugefügt, über die sich in den vergangenen Jahren eine intensive Forschungsdiskussion entsponnen hat. Sinn und Berechtigung – selbst der konkrete Bedeutungsgehalt – der Bezeichnung „semi-präsidentielle" Demokratie bleiben indes umstritten.

Es lassen sich mindestens drei Definitionen der „semi-präsidentiellen" Demokratie unterscheiden (Elgie 2004: 316-317): (1) Nach dem ersten Verständnis handelt es sich bei „semi-präsidentiellen" Systemen um solche Systeme, in denen die Exekutivmacht zwischen einem Präsidenten und einem Premierminister aufgeteilt ist und in denen der Präsident über substantielle Machtbefugnisse verfügt (O'Neill 1993: 197). (2) Eine zweite Definition ist dadurch gekennzeichnet, dass sie formale verfassungsrechtliche und tatsächliche Machtbefugnisse und Kompetenzen bzw. dispositionale und relationale Eigenschaften von Systemen berücksichtigt und (im Gegensatz zum ersten Verständnis) die Direktwahl des Präsidenten als notwendige, wenngleich nicht hinreichende, Bedingung erachtet. Danach gilt ein System als „semi-präsidentiell", wenn es (a) einen direkt vom Volk gewählten Präsidenten gibt, welcher (b) über beträchtliche Machtbefugnisse verfügt und der sich (c) einem Premierminister und Ministern gegenübersieht, die Regierungsmacht besitzen, aber nur so lange im Amt bleiben können, solange eine Mehrheit des Parlaments nicht dagegen opponiert (Duverger 1980: 166). Wie im Falle der ersten Definition setzt auch eine Klassifikation eines Systems auf der Grundlage der zweiten „Semi-Präsidentialismus"-Definition ein beträchtliches Maß an subjektiver Bewertung durch den Betrachter voraus. In der empirischen Forschung hat dies dazu geführt, dass auch einige jener Systeme, die in verfassungsrechtlicher Hinsicht alle geforderten Merkmale aufweisen, ausdrücklich nicht als „semi-präsidentiell" klassifiziert wurden. In diesem Sinne werden etwa bei Stepan und Skach (1993: 9) Österreich, Island und Irland ausdrücklich nicht dem „semi-präsidentiellen" Typ zugeordnet. (3) Die dritte Definition hebt ausschließlich auf die dispositionalen Eigenschaften von Systemen ab. Als „semi-präsidentiell" betrachtet sie Systeme, in denen (a) ein direkt gewählter Präsident (b) mit fester Amtszeit (c) neben einem Premierminister und einem Kabinett existiert, welche dem Parlament gegenüber verantwortlich sind (Elgie 1999: 13). Die dritte Definition weist einen höheren Spezifizierungsgrad als die erste Definition auf und vermeidet zugleich die Notwendigkeit, Teile der Klassifikation von Systemen auf der Grundlage subjektiver Bewertungen vorzunehmen. Entgegenzuhalten ist dem dritten Definitionsversuch jedoch, dass er lediglich eine rein formale Klassifikation ermöglicht, die potentiell nur bedingt im Dienste eine „realistischen" klassifikatorischen Unterscheidung der institutionellen Profile liberaler Demokratien steht. Zum einen bleibt etwa der kaum zu leugnende grundverschiedene Charakter eines Systems wie der V. Republik Frankreich zu Zeiten einheitlicher Mehrheitskontrolle von Parlament und Präsidentenamt und in Phasen geteilter Macht („cohabitation") vollständig unberücksichtigt. Zum anderen werden institutionelle Unterschiede etwa zwischen dem deutschen und dem österreichischen Regierungssystem in das Zentrum einer Typologie liberaler Demokratien gerückt, die in der Verfassungspraxis beider Länder nahezu bedeutungslos sind.

In der jüngeren internationalen Literatur haben, einen Vorschlag Winfried Steffanis (1983) aufgreifend, Stimmen an Einfluß gewonnen, die für die Beibehaltung der dualen Typologie (Parlamentarismus vs. Präsidentialismus) und die Konzentration auf ein Primärkriterium – die parlamentarische Verantwortlichkeit der Regierung – plädieren (Siaroff 2003). Dieser Position wird hier gefolgt. Danach erscheint das, was einige Autoren als „semi-präsidentielles" System bezeichnen, lediglich als „Unterfall des parlamentarischen Systems" (von Beyme 1999a: 52) oder, so die begriffliche Differenzierung bei Steffani (1983: 396), als „parlamentarische Demokratie mit Präsidialdominanz bzw. -hegemonie".

Weitere institutionelle Unterschiede liberaler Demokratie

Die Handlungsbedingungen der Exekutive in einem Land hängen freilich nicht nur von der jeweiligen verfassungsrechtlichen Konstruktion des Verhältnisses zwischen Exekutive und Legislative ab. Von nicht minder großer Bedeutung, insbesondere bezüglich der Reichweite politischer Führung jenseits der legislativen Arena im engeren Sinne, sind zahlreiche weitere Komponenten der institutionellen Ausstattung politischer Systeme. Auf diese ist, wiederum mit dem Ziel einer Verortung der Bundesrepublik, im nächsten Abschnitt einzugehen.

1.3.2 „Souveräne" und „semi-souveräne" Demokratien

Bundesstaatlichkeit vs. Einheitsstaatlichkeit

Die klassische Gewaltenteilungslehre unterschied neben der Trias horizontal geteilter Gewalten (Exekutive, Legislative und Judikative) in der Regel lediglich Formen der vertikalen Gewaltenteilung. Im Rahmen dieses bis heute relevanten Konzepts erscheinen die Einheitsstaatlichkeit und die Bundesstaatlichkeit als zwei gegensätzliche Grundoptionen der territorialen Herrschaftsorganisation. Von der Existenz föderativer Strukturen innerhalb eines Systems lässt sich sprechen, wenn es jenseits der zentralstaatlichen Entscheidungsebene weitere Entscheidungsebenen und -zentren gibt, die über ein bestimmtes Maß an autonomer Entscheidungs- und Gestaltungsmacht verfügen. Kennzeichnend für föderative (nicht lediglich dezentralisierte) Systeme ist also die „interdependente Gleichzeitigkeit einer zentralen und regionalen Entscheidungsebene" (Mayntz 1990: 235).

Unter sonst gleichen Bedingungen besitzen Regierungen der zentralstaatlichen Ebene in – wie auch immer exakt beschaffenen – föderativen Systemen stets ein weniger weit reichendes Steuerungspotential als Regierungen in Einheitsstaaten. Geringer ist jedoch nicht nur das Steuerungspotential der zentralstaatlichen Regierung im Sinne der territorialen Reichweite politischer Entscheidungen, sondern in aller Regel auch deren Durchsetzungspotential im politischen Entscheidungsprozess auf der zentralstaatlichen Ebene selbst. Dies hat seinen Grund darin, dass föderative Systeme nicht nur als Mehrebenensysteme ausgestaltet sind, sondern stets auch durch die Existenz spezieller politischer Versammlungen – „zweite Kammern" – gekennzeichnet sind, deren Aufgabe es ist, die Interessen der sub-nationalen Ebene auf zentralstaatlicher Ebene zur Geltung zu bringen. Das bedeutet, dass auch im zentralstaatlichen Entscheidungsprozess auf zentralstaatlicher Ebene selbst mit den Interessen und gegebenenfalls mit dem Widerstand von Akteuren der sub-nationalen Ebene zu rechnen ist. Allerdings gibt es „zweite Kammern" nicht nur in föderativen Systemen, und einige der von ihren Kompetenzen her stärksten „zweiten Kammern" Westeuropas finden sich ausgerechnet in Ländern wie Italien, in denen es keine echten föderativen Strukturen gibt. Unabhängig von der (möglicherweise fehlenden) föderativen Komponente kann es also Institutionen geben, die der Regierung das Regieren im Zweifelsfalle erschweren können.

Diese Feststellung mag als „Brücke" zu der jüngeren politikwissenschaftlichen Diskussion über die institutionellen „Mitregenten", „kontra-majoritären Institutionen" oder „Vetospieler" von Regierungen bzw. regierenden Mehrheiten in den liberalen Demokratien dienen. Angetrieben von unterschiedlichen theoretischen und empirischen Erkenntnisinteressen, gibt es seit etwa zwei Jahrzehnten zahlreiche Versuche, liberal-demokratische Systeme nach der Anzahl und Stärke der in ihnen vorzufindenden institutionellen Barrieren gegen Mehrheitsherrschaft zu differenzieren. Viele einschlägige Arbeiten entstammen der Public Policy-Forschung, der es darum geht, den Einfluss institutioneller Strukturen auf die Staatstätigkeit zu bestimmen (Schmidt 2002a). Diese von ihrem Charakter her „neo-institutionalistischen" Arbeiten ergänzen zunehmend die großen Arbeiten aus dem Bereich der traditionellen Beschäftigung mit politischen Institutionen und institutionellen Arrangements (Lijphart 1984, 1999).

Institutionelle „Mitregenten", „kontra-majoritäre Institutionen" und „Vetospieler"

Ein jüngerer, theoretisch anspruchsvoller und international außergewöhnlich einflussreicher Ansatz entstammt der Rational Choice-Theorie. Ihm geht es – jenseits der klassischen Kategorien der politikwissenschaftlichen Verfassungslehre – um die modellhafte Erklärung der Struktur legislativer Entscheidungsprozesse im Kontext variabler Konfigurationen von „Vetospielern" (Tsebelis 2002). Differenziert wird zwischen „institutional veto players", welche durch die Verfassung eines Landes spezifiziert werden (wie das Staatsoberhaupt oder das Parlament), und „partisan veto players", welche ihre Besonderheiten dem politischen System verdanken (etwa die an einer Regierungskoalition beteiligten Parteien). Des Weiteren wird unterschieden nach individuellen und kollektiven „Vetospielern". Die zentrale zu erklärende Variable in Tsebelis' Konzept bildet das in einem System bestehende Ausmaß an politischer Stabilität („policy stability") bzw. das innerhalb dieses Systems mögliche Maß an Veränderung des politischen Status Quo. Als entscheidend für das Ergebnis des legislativen Entscheidungsprozesses wird die spezifische Konfiguration von „Vetospielern" – insbesondere deren Anzahl und ihr jeweiliges institutionelles und positionsbezogenes Vetopotential – innerhalb eines Systems angesehen. Dabei wird die relative Positionierung eines „Vetospielers" als wichtiger erachtet als die bloße Anzahl von „Vetospielern" innerhalb eines Systems, denn die Vetomacht institutioneller „Vetospieler" kann gegebenenfalls durch präferenzstrukturierende Einflüsse, wie insbesondere die Existenz übereinstimmender parteipolitischer Mehrheiten, „absorbiert" werden. Insgesamt wird also davon ausgegangen, dass sowohl die Institutionen als auch die Präferenzen der involvierten Akteure die Ergebnisse politischer Entscheidungsprozesse mitbestimmen.

Das „Vetospieler"-Theorem des George Tsebelis

An dem von Tsebelis entwickelten Theorem lässt sich weit reichende Kritik üben, die vor allem von Vertretern qualitativer Forschungsansätze formuliert wurde. Zu den wichtigsten Kritikpunkten gehören die Nichtberücksichtigung der dynamischen Veränderbarkeit des faktischen Vetopotentials unterschiedlicher Akteure und die Ausblendung der strategisch motivierten Dimensionen des Verhaltens von „Vetospielern" (Benz 2003: 210, 230). Dem beeindruckenden internationalen Siegeszug nicht nur des „Vetospieler"-Theorems im engeren Sinne, sondern mehr noch des Begriffs des „Vetospielers", haben die genannten konzeptionellen „Defizite" nicht im Wege gestanden. Dies hat jedoch zweifelsohne auch etwas damit zu tun, dass viele der außerhalb des Rational Choice-

Kritik an Tsebelis' „Vetospieler"-Theorem

Paradigmas arbeitenden Autoren den Begriff des „Vetospielers" mehr oder minder vollständig losgelöst von den spezielleren Prämissen des Theorems verwenden.

„Souveräne" und „semi-souveräne" Demokratien

Ungeachtet der Einsicht, dass ähnliche institutionelle Arrangements angesichts zahlreicher intervenierender Variablen (wie insbesondere der variablen parteipolitischen Machtverteilungsmuster innerhalb eines Systems) nicht zwingend zu identischen Effekten bezüglich der Handlungs- und Durchsetzungsfähigkeit von (zentralstaatlichen) Regierungen führen müssen, ist es sinnvoll, liberale Demokratien nach der Anzahl und Stärke von potentiellen institutionellen „Vetospielern" und machtdistributiven Strukturen zu differenzieren. Als besonders wichtige Komponenten können dabei gelten: die Existenz föderativer Strukturen, „zweiter Kammern", starker Verfassungsgerichte, unabhängiger Zentralbanken sowie von Referenden, sofern sie entweder von einer parlamentarischen Minderheit bzw. direkt von der Bevölkerung initiiert werden können. Auf der Grundlage dieser und ähnlicher Kriterienkataloge hat Manfred G. Schmidt jüngst „souveräne" und „semi-souveräne" Demokratien unterschieden (Schmidt 2002a: 178, Tab. 8.2). Dabei geht es um den institutionell bestimmten Handlungs- und Gestaltungsspielraum demokratisch legitimierter Mehrheiten in einem System. Werden diese durch nur wenige institutionelle Hemmnisse eingeschränkt, lässt sich ein System als „souveräne Demokratie" bezeichnen; gibt es hingegen zahlreiche institutionelle Einrichtungen, die die Handlungs- und Gestaltungsfähigkeit regierender Mehrheiten strukturell einschränken, so wird dieses System dem Typus der „semi-souveränen Demokratie" zugerechnet. In diesem Sinne lässt sich die Bundesrepublik – im Gegensatz etwa zu Großbritannien und Frankreich, aber grundsätzlich ähnlich wie die Vereinigten Staaten – als „semi-souverän" bezeichnen.

Die Bundesrepublik als „Prototyp" der „semi-souveränen Demokratie"

Tatsächlich war die Bundesrepublik das erste der großen westlichen Länder, auf das die – an innerstaatlichen Machtstrukturen orientierte – politikwissenschaftliche Klassifikation eines Systems als „semi-souverän" angewendet wurde. In einer international vielbeachteten Studie beschrieb Peter Katzenstein bereits in den achtziger Jahren die Bundesrepublik als einen „semi-souveränen" Staat, in dem das Regieren im Sinne einer Herbeiführung verbindlicher politischer Entscheidungen angesichts der vorherrschenden institutionellen Bedingungen besonders schwer sei (Katzenstein 1987). Dabei lag Katzensteins Augenmerk jedoch nicht nur auf den oben genannten Faktoren. Zusätzlich zu den erwähnten institutionellen Strukturen wurden auch jene Beschränkungen berücksichtigt, die sich aus der Vorherrschaft von Koalitionsregierungen sowie – und insbesondere – aus dem Einflusspotential der mächtigen Interessenverbände ergeben. Wie jüngere Bestandsaufnahmen auf den Spuren Katzensteins zeigen, haben sich die entsprechenden institutionellen Parameter des Regierens in den vergangenen Jahren verschoben; insgesamt war es um die innenpolitische Handlungs- und Durchsetzungsfähigkeit der deutschen Bundesregierung zu Beginn des 21. Jahrhunderts eher (noch ein wenig) schlechter bestellt als während der achtziger Jahre (Helms 2003a). Eine in diesem Sinne verstandene Klassifikation der Bundesrepublik als „semi-souveräner Staat" macht also nach wie vor Sinn und bringt treffend die Existenz solcher strukturellen Einschränkungen zum Ausdruck, die es in vielen anderen westlichen Ländern – von Großbritannien und Frankreich bis nach Schweden und Spanien – nicht in vergleichbarem Maße gibt.

1.4 Regierungsorganisation und politische Führung in der Bundesrepublik: zum Aufbau der Untersuchung

Das nächste Kapitel bietet einen Überblick über die Konturen der politikwissenschaftlichen Exekutivforschung. Dabei geht es konkret um die Darstellung und Diskussion unterschiedlicher Ansätze der politikwissenschaftlichen Beschäftigung mit politischer Führung im oben beschriebenen Sinne. Anschließend wird der dieser Studie zugrunde liegende Ansatz näher bestimmt.

Vorschau auf die weiteren Teile der Studie

Kapitel 3 ist den historischen, verfassungsrechtlichen und politisch-kulturellen Voraussetzungen bzw. Grundlagen von Regierungsorganisation und politischer Führung in der Bundesrepublik gewidmet. Dabei wird zunächst auf das jüngere historische Erbe der Bundesrepublik – vom Bismarck-Reich über die Weimarer Republik bis zum Dritten Reich – zurückgeblickt. Im Anschluss daran werden die verfassungsrechtlichen Parameter des Regierens in der Bundesrepublik – die Vorgaben des Grundgesetzes bezüglich der Regierungsbildung, der Regierungsorganisation und des Regierungsprozesses – eingehender beleuchtet. Schließlich ist auf die politisch-kulturellen Rahmenbedingungen des Regierens in der Bundesrepublik einzugehen.

Kapitel 4 behandelt das politische Profil der Spitzenrepräsentanten deutscher Bundesregierungen. Dazu gehört neben der Vorstellung der Lebenswege und politischen Qualifikationsprofile der bislang sieben Kanzler von Konrad Adenauer bis Gerhard Schröder eine systematisch-vergleichende Analyse der wichtigsten Komponenten des politischen Hintergrunds, Aufstiegs und Profils der unterschiedlichen Amtsinhaber.

Die Kapitel 5 und 6 sind der ausführlichen Analyse der Regierungsorganisation und politischen Führung in der Verfassungspraxis der Bundesrepublik seit 1949 gewidmet. In Kapitel 5 geht es zunächst um zentrale personelle und institutionelle Aspekte der Regierungsorganisation, welche zuerst chronologisch und anschließend aus systematischer Perspektive beleuchtet werden. In diesem Zusammenhang ist auch ein Blick auf die „Europäisierungseffekte" im Bereich der Bundesregierung zu werfen. Im Zentrum der weiteren Teile des Kapitels 5 steht die Analyse der Führungsstile deutscher Kanzler und der Struktur des politischen Willensbildungs- und Entscheidungsprozesses im engeren Bereich der Regierung.

Kapitel 6 wendet sich den unterschiedlichen Dimensionen politischer Führung auf der Ebene des politischen Systems zu. Hier gilt unsere Aufmerksamkeit zunächst den Prozessen innerhalb der parlamentarischen Arena: der Rolle des Kanzlers im Bundestag, dem Verhältnis zwischen Bundesregierung und Mehrheitsfraktionen sowie dem Verhältnis zwischen Regierung und Opposition. Anschließend werden die parteipolitische Arena (konkret das Verhältnis zwischen Kanzlern und ihren Parteien) und die mediale Arena (die Rolle von Kanzlern in der öffentlichen Wahrnehmung medienvermittelter staatlicher Politik und deren Stile auf der Ebene von „public leadership") in den Blick genommen. Schließlich werden die wichtigsten potentiellen „Vetospieler" deutscher Bundesregierungen, vom Bundesrat über das Bundesverfassungsgericht und die Bundesbank bis zu den Interessengruppen, in ihren strukturellen und funktionalen Bezügen untersucht.

Kapitel 7 bietet als Ergänzung zu der vorausgehenden Analyse der Regierungsorganisation und politischen Führung auf Bundesebene einen Blick in die deutsche Landespolitik. Der thematische Fokus dieses Teils der Untersuchung ist an der Struktur der Kapitel 5 und 6 orientiert. Im Zentrum stehen mithin das Amt des Ministerpräsidenten, dessen Inhaber und die Bedingungen politischer Führung in den deutschen Ländern und an der Schnittstelle zur Bundespolitik.

Kapitel 8 rückt die Befunde der Studie schließlich in ein internationalvergleichendes Licht. Dabei geht es auf der Grundlage zweier unterschiedlicher Zugänge der ländervergleichenden Forschung zum einen um die Verortung des deutschen Modells politischer Führung in der Familie der konsolidierten liberalen Demokratien, zum anderen um die Vorstellung und Diskussion ausgewählter alternativer Modelle der Regierungsorganisation und politischen Führung.

2 Die Exekutive als Gegenstand politikwissenschaftlicher Forschung: Forschungsfragen und -ansätze

Wie andere Kernbereiche der Vergleichenden Regierungslehre bildet die Exekutivforschung einen Forschungsbereich, der in seinen Begrenzungen und Differenzierungen zunehmend schwerer zu überschauen ist. Im ersten Teil dieses Kapitels wird ein Kurzüberblick über die „Topographie" des Forschungsfeldes geboten. Gegenstand des zweiten Abschnitts ist eine etwas ausführlichere Darstellung und Diskussion der unterschiedlichen Ansätze aus dem spezielleren Bereich der Beschäftigung mit politischer Führung im Sinne von „executive leadership". Darauf folgt eine theoretisch-konzeptionelle Selbstverortung der vorliegenden Studie im Kreise konkurrierender Ansätze der politikwissenschaftlichen Exekutiv- bzw. „leadership"-Forschung. Eingewoben ist ein Exkurs über die theoretisch-konzeptionellen Charakteristika der Literatur über Regierungsorganisation und politische Führung in der Bundesrepublik.

Gegenstände des Kapitels

2.1 Dimensionen des Forschungsbereichs im Überblick

Die Beleuchtung der Schwerpunkte der politikwissenschaftlichen Exekutivforschung ist in diesem Abschnitt auf die Vorstellung ausgewählter Forschungs- bzw. Literaturberichte beschränkt, in denen unterschiedlich akzentuierte Vorschläge zur Systematisierung des Forschungsfeldes unterbreitet werden.

Unterschiedliche Versuche der Rekonstruktion des Forschungsfeldes:

Robert Elgie und Helen Thompson (1998: 3-8) unterscheiden vier unterschiedliche Typen von „core executive studies". Dabei wird einerseits inhaltlich nach dem Gegenstandsbereich (interner Bereich der Exekutive vs. Außenbeziehungen der Exekutive), andererseits nach dem theoretisch-methodischen Zugang einschlägiger Arbeiten (qualitativ vs. quantitativ) differenziert. Daraus resultiert die nachstehende Vierfelder-Matrix.

– Elgie und Thompson

Abbildung 1: Ansätze zum Studium der Kernexekutive (nach Elgie/Thompson)

	Qualitativ	*Quantitativ*
Intern	qualitatives Studium von Machtbeziehungen innerhalb der Kernexekutive	quantitatives Studium von Machtbeziehungen innerhalb der Kernexekutive
Extern	qualitatives Studium von Machtbeziehungen zwischen der Kernexekutive und den anderen Akteuren des politischen Systems	quantitatives Studium von Machtbeziehungen zwischen der Kernexekutive und den anderen Akteuren des politischen Systems

Quelle: Elgie/Thompson (1998: 3).

Im ersten Feld finden Arbeiten ihren Platz, die sich unter Inanspruchnahme qualitativer Untersuchungsmethoden mit den Machtstrukturen und -beziehungen zwischen Akteuren innerhalb des engeren Bereichs der Regierung beschäftigen. Das zweite Feld versammelt Arbeiten, die sich wiederum aus qualitativer Perspektive mit den Machtstrukturen und -beziehungen zwischen der Regierung und anderen Akteuren des politischen Systems (wie Parlamenten, Interessengruppen usw.) auseinandersetzen. Die Felder 3 und 4 entsprechen inhaltlich den Feldern 1 und 2, wobei die Analyse der entsprechenden Beziehungsstrukturen hier nun jeweils unter Verwendung quantitativ-statistischer Untersuchungsmethoden erfolgt.

– Goetz   Von Klaus Goetz (2004), der zusätzlich zu der hier interessierenden politischen Dimension der Exekutive zugleich deren administrative Komponente im Blickfeld hat, stammt eine thematisch-inhaltlich begründete Vierfelder-Matrix zur Verortung des einschlägigen Schrifttums. Diese resultiert aus der Differenzierung nach Perspektiven auf das Amt einerseits und den bzw. die Amtsinhaber andererseits, welche entweder auf politisch-gouvernementaler Ebene oder auf bürokratisch-verwaltender Ebene angesiedelt sein können.

Abbildung 2:   Vier Bilder der Exekutive (nach Goetz)

Dimension der Institutionalisierung	*Amtsinhaber*	*Amt*
politisch-gouvernemental	Bild 1: Politische Führung	Bild 2: Regierungskunst
bürokratisch-verwaltend	Bild 3: Bürokratische Führung	Bild 4: Verwaltungskunst

Quelle: Goetz (2004: 82).

Andeweg   Die in inhaltlicher und theoretischer Hinsicht am weitesten ausgreifende Typologie des internationalen Schrifttums stammt von Rudy Andeweg (2003). Andewegs Neunfelder-Matrix greift zum einen zurück auf einen älteren inhaltlich-thematischen Differenzierungsvorschlag Anthony Kings (1975); dieser wird (in erweiterter Form) verbunden mit einer Unterscheidung grundlegender theoretischer Zugänge, wie sie zuerst von Colin Campbell (1993) vorgeschlagen wurde. In inhaltlich-thematischer Hinsicht wird bei Andeweg unterschieden zwischen den Bereichen Regierungszusammensetzung (womit sowohl die parteipolitische als auch die personelle Zusammensetzung gemeint ist), den Prozessen innerhalb des engeren Bereichs der Regierung sowie den externen Beziehungen der Exekutive. Bei den unterschiedenen grundlegenden theoretischen Perspektiven handelt es sich um institutionelle Ansätze, Rational Choice-Ansätze und Ansätze aus dem Bereich der politischen Soziologie bzw. der politischen Psychologie. Ein wesentliches Ergebnis der Literaturanalyse bei Andeweg besteht in der Feststellung, dass es – von seltenen Ausnahmen abgesehen – eindeutige inhaltlich-thematische Schwerpunktsetzungen der unterschiedlichen theoretischen Zugänge und vergleichsweise wenig Austausch zwischen den unterschiedlichen Ansätzen gibt. Für jeden theoretischen Ansatz gibt es auf der inhaltlich-thematischen Ebene jeweils einen Bereich, zu dem sich die Vertreter der betreffenden Richtung bislang auffallend wenig geäußert haben.

Der Institutionalismus hat wichtige Beiträge zu Aspekten der internen Dynamik von Regierungen und deren externen Beziehungen zu anderen Akteuren des Systems geleistet, sich jedoch bislang kaum zu Fragen der Regierungszusammensetzung geäußert. Vertreter von Rational Choice-Ansätzen sind vor allem in den Themenbereichen Regierungszusammensetzung (besonders Aspekte der Koalitionsbildung) und externe Beziehungen der Regierung (insbesondere Fragen der Kontrolle der Verwaltung durch die politische Exekutive) durch wichtige Arbeiten hervorgetreten; in deutlich geringerem Maße hingegen durch Beiträge zur Erforschung der internen Dynamik von Regierungen. Studien aus der politischen Soziologie und der politischen Psychologie schließlich haben vergleichsweise viel über die sozialen und psychologischen Faktoren im Kontext der Regierungsbildung (wie insbesondere die sozialen Rekrutierungsmechanismen und die psychologische Motivation von Mitgliedern der Exekutivelite) und über Prozesse innerhalb des Exekutivbereichs (etwa aus rollentheoretischer Perspektive) zu sagen; dafür finden sich auf dem Gebiet der externen Beziehungsstrukturen von Regierungen kaum erwähnenswerte Arbeiten dieser theoretischen Richtungen bzw. Disziplinen.

Abbildung 3: Überblick über Ansätze zum Studium der Regierung (nach Andeweg)

THEORETISCHE PERSPEKTIVE	FOKUS DER FORSCHUNGSFRAGE		
	Zusammensetzung	*Interne Dynamik*	*Externe Beziehungen*
Institutionalismus	–	Prime-ministerial vs. Cabinet government	Beziehungen zwischen Exekutive und Legislative
Rational Choice	Koalitionsbildung	–	Kontrolle über die Verwaltung
Politische Soziologie/ Politische Psychologie	Rekrutierung/ Motivation	politische Rollen/ 'groupthink'	–

Quelle: Andeweg (2003: 42).

Der nachfolgend, in Anknüpfung an eine frühere Arbeit des Verfassers (Helms 2000a), realisierte Systematisierungsversuch für das speziellere Gebiet der „leadership"-Forschung baut auf der Unterscheidung zwischen normativen und empirischen Ansätzen auf. Thematisch ist er auf die politische Führung durch den Regierungschef demokratischer Systeme konzentriert. Sofern es nicht um grundlegende verfassungsrechtliche Systemparameter geht, werden Fragen der Regierungsorganisation hier als eine von mehreren Manifestationen von Führungsstilen unterschiedlicher, mit dem Amt des Regierungschefs betrauter Persönlichkeiten betrachtet.

2.2 Ansätze zum Studium von politischer Führung („executive leadership")

2.2.1 Normative Ansätze

Von der platonischen Philosophie zu den „Fürstenspiegeln", und der radikale Gegenentwurf Machiavellis

Das moderne Studium politischer Führung baut auf einer großen normativen Tradition auf, deren Wurzeln sich mindestens bis zur platonischen Philosophie zurückverfolgen lassen. Der normativ orientierte Strang der Beschäftigung mit politischer Führung vor Beginn der politischen Moderne hat seine vielleicht eindrucksvollsten Zeugnisse im Kontext der mittelalterlichen „Fürstenspiegel", nach dem Muster Thomas von Aquins „De regimine principum", hervorgebracht. Kennzeichnend für die Fürstenspiegelliteratur ist die „politisch-pädagogisch motivierte Konfrontation von Vorbild und Abbild, von Realbild und Idealbild des Herrschers" (Mühleisen/Stammen 1997: 12). Dabei ist das normative Idealbild typischerweise nicht vollständig jenseits des Erreichbaren angesiedelt. Die frühneuzeitliche Beschäftigung mit den Voraussetzungen, Formen und Inhalten des „guten Regierens" wurde in ideengeschichtlicher Perspektive durch den radikalen Gegenentwurf Niccolò Machiavellis unterbrochen bzw. überlagert. In Machiavellis „Principe" wurde erstmals die Politik als eigenständiges Subsystem anerkannt und über Politik – und politische Führung im Besonderen – im Rahmen einer systematisch angelegten, rationalen Handlungslehre reflektiert. Machiavelli ging es um die Beschäftigung mit der „verità effettuale", mit der „wirklichen Wirklichkeit", und dabei speziell um die Erfordernisse des Machterwerbs und der Machtsicherung („mantenere lo stato"). Eine normativ-moralische Begründung politischen Handelns wurde dabei bewusst abgelehnt, wobei in Abgrenzung zu späteren „machiavellistischen" Handlungslehren zu berücksichtigen bleibt, dass Machiavellis Lehre historisch als Handlungsanleitung zu einem in zeitlicher Hinsicht befristeten „Krisenmanagement" zu verstehen ist (Münkler 1982).

Gewaltenteilungslehren

Die Beschäftigung mit Fragen des „guten Regierens" und der „guten Regierung" fand mit dem radikal rationalistischen Gegenentwurf Machiavellis jedoch keineswegs ihr Ende. Alleine die zahlreichen Erwiderungen auf Machiavelli, in denen die Notwendigkeit normativ-moralischer Grundlagen des Regierens umso vehementer beschworen wurde, belegen dies. Das Gros der bis heute gelesenen politischen Schriften, die nach der Wende zum politischen Denken der Neuzeit entstanden, ist jedoch dadurch gekennzeichnet, dass es in ihnen primär um die institutionellen Voraussetzungen des „guten Regierens" geht. Gemeint sind konkret die unterschiedlich beschaffenen Gewaltenteilungslehren von und im Gefolge von John Locke und Charles-Louis de Secondat, Baron de la Brède et de Montesquieu. Ihnen zufolge war der Missbrauch politischer Macht eher durch eine institutionelle Einhegung des Herrschers zu erreichen als durch Appelle an die politisch-moralische Redlichkeit der Machtelite.

Die Ausformung des modernen demokratischen Verfassungsstaates war in ideengeschichtlicher Hinsicht gekennzeichnet durch eine Erweiterung der traditionellen Orientierung auf die Stabilität des Gemeinwesens auf Fragen der Demokratie. Damit einher ging eine Verlagerung der Aufmerksamkeit von der Struktur des Systems auf den politischen Prozess. „Good government" wurde mehr und mehr als beständige Forderung nach demokratischer Qualität des politischen Prozesses denn als Begriff für die als geeignet erachtete institutionelle Regierungsform verstanden. Sofern der Blick dabei auf dem Regierungsprozess als Ganzem lag, ging es etwa um die Forderung nach Transparenz und demokratischer Offenheit des Entscheidungsprozesses.

Hinwendung zu Fragen der Demokratie

Stark normativ geprägt blieben daneben vor allem viele Arbeiten, in denen es um die Aufgabe der politischen Führung durch die einzelne Führungspersönlichkeit ging. In den USA kristallisierte sich stärker als in den meisten westeuropäischen Ländern eine normative Präferenz für einen ganz bestimmten Führungsstil – denjenigen Präsident Franklin D. Roosevelts (1933-1945) – heraus, dem unverhohlen eine Vorbildfunktion zugewiesen wurde (Rockman 1984). In Deutschland wurden normative Aspekte politischer Führung zunächst vor allem im Rahmen konzeptioneller Reflexionen über den „politischen Stil" diskutiert (Morkel 1966; Hennis 1968). In der jüngeren Literatur stößt man vergleichsweise selten auf explizit normativ orientierte Ansätze der Beschäftigung mit politischer Führung. Eine der wenigen Ausnahmen bilden die Reflexionen von Ellwein und Hesse, die dazu ermahnen, „staatliche Politik als Führungsaufgabe zu definieren und ihr eine Orientierungsfunktion (zur Bestimmung und Definition von Problemen, zur Festlegung von 'Fluchtlinien' des Handelns und zur Präzisierung erwartbarer Handlungsergebnisse), eine Organisationsfunktion (die sicherstellen sollte, dass alle wichtigen Handlungsträger für eine Aufgabe mobilisiert und zu gemeinsamer Handlung zusammengeführt werden) und eine Vermittlungsfunktion (die zur Aufgabe hat, Konsens und Akzeptanz für gemeinsame Handlungswege zu schaffen und die verschiedenen Handlungsträger entsprechend zu motivieren) zuzurechnen" (Ellwein/Hesse 1992: 390; Hervorhebung im Original). In diesem Zusammenhang erinnern die Autoren außerdem an „die nie ernst genommene ethische Rolle von Politikern" und „die aus der Mode gekommene 'Vorbildfunktion'" (ebd.: 388 und 399). Üblicher als solche explizit normativ geprägten Entwürfe sind in der jüngeren Literatur konzeptionelle Ansätze zur Beschäftigung mit politischer Führung, in denen gewisse normative Erwartungen, wie die Wünschbarkeit einer demokratischen Responsivitätsleistung des politischen Führungspersonals, mehr oder minder stillschweigend vorausgesetzt werden (Derlien 1990: 87-88; Fagagnini 2000: 283-286).

Normative Ansätze in der jüngeren Literatur

Zusammenfassend lässt sich festhalten, dass normative Elemente im Rahmen der Beschäftigung mit Regieren und politischer Führung in den liberalen Demokratien zweifelsohne ihren Platz haben. Rein normative oder gar normativ-moralische Perspektiven – im Stile einer Arbeit Peter Rinderles (2003) – stellen heute jedoch die große Ausnahme dar. Typischer ist die Kombination eines empirisch orientierten Zugangs mit gewissen, zuweilen unausgesprochenen normativen Aspekten, ohne die die politikwissenschaftliche Beschäftigung mit Fragen des Regierens „undemokratisch" und szientistisch bliebe.

Stellenwert normativer Ansätze

2.2.2 Empirische Ansätze

Die Bandbreite empirischer Ansätze

Arbeiten auf dem Feld der empirisch orientierten „leadership"-Forschung lassen sich in einer ersten Annäherung danach differenzieren, welche der beiden zentralen Faktoren(bündel) – Personen einerseits und politisch-gesellschaftliche oder institutionelle Strukturen andererseits – als maßgeblich für die Prägung des politischen Prozesses erachtet werden. Daneben gibt es Ansätze, die speziell an der Interaktion beider Faktoren interessiert sind. Im Folgenden werden die zum Teil sehr unterschiedlichen ausgerichteten empirischen Perspektiven auf das Phänomen der politischen Führung zu drei Gruppen zusammengefasst: personenzentrierte Ansätze, strukturzentrierte Ansätze und interaktionistische Ansätze.

2.2.2.1   Personenzentrierte Ansätze

Stellenwert personenzentrierter Ansätze

Personenzentrierte Ansätze zur Erklärung politischer Prozesse haben in der deutschen Politik- und Geschichtswissenschaft seit jeher einen auffallend prominenten Platz inne (Schmidt 1992: 15; Oberreuter 1992: 159-160). Allerdings bildet die deutsche Politikwissenschaft und Geschichtsschreibung damit keinen Einzelfall. Nicht unerheblich beeinflusst von den verfassungsrechtlichen Strukturen im Bereich der Exekutive und der politischen Kultur des Landes, ist eine starke Fokussierung auf die Persönlichkeit unterschiedlicher Präsidenten vor allem für die US-amerikanische Literatur charakteristisch (Greenstein 2000). In den USA entstanden auch die ersten methodisch anspruchsvolleren Arbeiten über den Zusammenhang von Persönlichkeit und politischem Verhalten bzw. politischer Führung. In einer radikalen Weiterentwicklung der traditionellen politischen Biographie wurden psychoanalytisch inspirierte Studien vor allem im Gefolge der problematischen Präsidentschaft Richard Nixons populär. Die bahnbrechende Studie in diesem Bereich stammt von James D. Barber (1977). Sie wurde zum Referenzwerk einer ganzen Generation politischer „Psychobiographien" (vgl. mit zahlreichen weiteren Nachweisen: Post 2003a).

Historische Wurzeln personenzentrierter Ansätze

Die konkret auf die Persönlichkeit des Amtsinhabers konzentrierte Erforschung politischer Führung ist weniger alt, als man vermuten möchte. Obwohl politische Schriften seit der griechischen Antike stets reich an Beispielen für individuellen Heroismus waren, reichen die Wurzeln einer systematischen Beschäftigung mit dem Einfluss der Persönlichkeit des Amtsinhabers nicht weiter als bis in die Mitte des 19. Jahrhunderts zurück. Als Meilenstein des „great man"-Paradigmas gilt die klassische Arbeit Thomas Carlyles (1840) „On Heroes, Hero-Worship, and the Heroic in History". Hier wird die Größe und Führungsqualität des Einzelnen als die wichtigste Variable zur Erklärung des politischen Prozesses bzw. des Geschichtsverlaufs in das Zentrum gerückt. Eine solch deterministisch geprägte, auf einzelne Personen konzentrierte Perspektive auf den politischen Prozess gilt heute zu Recht als reduktionistisch. Gleichwohl gibt es bis in die jüngste Vergangenheit hinein Zeugnisse einer starken Konzentration auf die einzelne politische Führungspersönlichkeit. Am einflussreichsten blieb dieser Ansatz in Fallstudien über Formen undemokratischer, totalitärer politischer Führung, etwa in Bezug auf die Rolle Stalins und Hitlers für die Weltgeschichte des 20. Jahrhunderts (Bullock 1997). Das große Einflusspotential einzelner politischer Führungspersönlichkeiten ist jedoch gelegentlich auch in Studien über den Zusammenhang von Personen und den materiellen Ergebnissen des politischen Prozesses oder die Rolle einzelner politischer Führungspersönlichkeiten in Regimegründungsprozessen hervorgehoben worden (Bunce 1981; Moon 1993; Riddell-Dixon 1997).

Zu den als wichtig oder gar entscheidend erachteten persönlichen Eigenschaften politischer „Führer" werden zunächst sehr allgemeine Persönlichkeitsmerkmale wie Mut, Entschlossenheit oder mentales und körperliches Durchhaltevermögen gerechnet. Hinzu kommen speziellere Eigenschaften wie politisches Verhandlungsgeschick oder Sachkenntnis in einem oder in mehreren Politikbereichen – Qualitäten, die nicht zuletzt durch langjährige professionelle Tätigkeiten in der Politik erworben werden. Als eine weitere Kernvariable gilt die Fähigkeit, bei öffentlichen Auftritten in Rede und Habitus sowohl Anhänger als auch eine größtmögliche Zahl Unentschiedener und Opponenten überzeugen zu können.

Wichtige persönliche Eigenschaften politischer „Führer"

Seit Max Webers einschlägigen Reflexionen gehört es zu den zentralen Grundannahmen über das Befähigungsprofil politischer Führungspersönlichkeiten, dass diesen ein charismatischer Zug eigen sein müsse, welcher den „cäsaristischen" Einschlag der Massendemokratie zu voller Blüte treibe. Für Weber selbst gab es – jenseits der Trias rationaler, traditionaler und charismatischer Herrschaft[5] – unter den Bedingungen der Massendemokratie nur die eine Wahl: „Führerdemokratie mit 'Maschine' (im Sinne von 'party machine', L.H.) oder führerlose Demokratie, das heißt: die Herrschaft der Berufspolitiker ohne Beruf, ohne die inneren, charismatischen Qualitäten, die eben zum Führer machen" (Weber 1980: 850).

Charisma und charismatische Herrschaft bei Max Weber und in der öffentlichen Diskussion

Die inflationäre und häufig unreflektierte Verwendung des Begriffs „charismatisch" im Rahmen der Beschäftigung mit den Regierungschefs der westlichen Länder ist zu Recht kritisiert worden (Rose 2001: 60). Die alltagssprachliche Verwendung des Begriffs „charismatisch", die auch in das politikwissenschaftliche Schrifttum Einzug gehalten hat, deckt sich mit dem Begriffsverständnis Webers bestenfalls ansatzweise. Tatsächlich meint „charismatisch" im Sinne Webers bedeutend mehr als eine besondere persönliche Ausstrahlung eines Amtsinhabers oder schlicht ein hohes Maß an Telegenität. „Charismatische Herrschaft" bedeutet bei Weber Herrschaft, die sich konkret aus der Persönlichkeit des Amtsinhabers legitimiert. „Charismatische" Führungspersönlichkeiten trachten deshalb häufig danach, bestehende Institutionen der Herrschaftsausübung zu zerstören bzw. außer Kraft zu setzen. Glaubt man der Literatur über die Regierungschefs der großen westlichen Demokratien, gibt es gerade in solchen Ländern zahlreiche „charismatische" Führungspersönlichkeiten, in denen die Verfassung – wie in Großbritannien – das Amt des Regierungschefs mit weitreichenden

---

5 Bei diesen Unterscheidungen handelt es sich um die drei reinen Formen legitimer Herrschaft gemäß der bis heute einflussreichen Herrschaftssoziologie Max Webers. Rationale Herrschaft beruht auf legalen Prozeduren von Herrschaft; die traditionale Herrschaft gilt bei den Beherrschten als rechtmäßig aufgrund der Autorität des Hergebrachten, der geheiligten Sitte; charismatische Herrschaft schließlich basiert auf der Autorität außeralltäglicher persönlicher Gnadengabe des Herrschenden.

Kompetenzen ausstattet. Churchill, Thatcher, Blair – sie alle gelten nicht nur in Großbritannien selbst geradezu als symbolhafte Verkörperung des „charismatischen" Regierungschefs. Tatsächlich ist „Charisma" im Weberschen Sinne in einem institutionellen Kontext wie dem britischen indes gerade vergleichsweise entbehrlich, wie Richard Rose treffend anmerkt: „Prime ministers are the opposite of charismatic; they do not want to destroy the institutions of Westminster, because these institutions give them power" (ebd.).

„Noncharismatic personalism"

Die jüngere Forschung hat mit Konzentration auf die parteipolitische Verankerung der Exekutivelite in der modernen parlamentarischen Demokratie, von deren Notwendigkeit schon Weber überzeugt war, einen neuen Grundtyp politischer Herrschaft identifiziert. Christopher Ansell und Steven Fish (1999) bezeichnen diesen als „noncharismatic personalism". Das Konzept wurde von seinen Schöpfern wie folgt definiert: „Noncharismatic personalism shares with rational-legal authority a substitution of transcendent means for transcendent ends. The noncharismatic personalist leader represents the party himself. At the same time, however, as in the case of charismatic leadership but in contrast with rational-legal authority, the basis for the leader's legitimacy is personal. Members of the organization identify with the leader as a person more than as an officeholder. In this regard, noncharismatic personalism resembles traditional authority. However, noncharismatic personalist authority does not appeal primarily to historical precedent and the force of habit as the basis for legitimacy. Thus, noncharismatic personalism differs clearly from traditional authority" (Ansell/ Fish 1999: 284-285).

Unterschiedliche theoretische Konzepte zur Analyse politischer Führungsstile

Die Konzentration auf den Einfluss einzelner Führungspersönlichkeiten ging indes nur selten mit der Entwicklung anspruchsvollerer theoretischer Konzepte zur Analyse politischer Führungsstile einher. Soweit dies geschah, kam – wie auf dem Felde der politischen „Psychobiographie" – auch hier amerikanischen Autoren eine unbestrittene Pionierfunktion zu. Das Spektrum einschlägiger Arbeiten reicht von anspruchsvollen „traditionellen" Analysekonzepten bis zu theoretisch hoch abstrakten Modellen, in denen unterschiedliche Führungsstile nur mehr im Kontext spieltheoretischer Annahmen diskutiert werden (Edwards u.a. 1993). Die meisten der speziell zur Analyse präsidentieller Führungsstile im Regierungssystem der USA entwickelten Konzepte eignen sich für das Studium politischer Führung in parlamentarischen Demokratien Westeuropas nur sehr bedingt. Sie wurden deshalb mit guten Gründen nur sporadisch rezipiert.

Viele der mit Blick auf die parlamentarischen Systeme Westeuropas entwickelten Konzepte zum Studium politischer Führungsstile beschränken sich indessen auf Typologien, die eine Klassifikation unterschiedlicher Führungspersönlichkeiten (zumeist im Amt des Regierungschefs) und der Effekte unterschiedlicher Führungsstile ermöglichen sollen. Eine einschlägige, denkbar schlichte Dichotomie unterschiedlicher Führungsstile (in die jedoch zugleich Aussagen über die systemischen Wirkungen unterschiedlicher Führungskonzepte einfließen) stammt von Dennis Kavanagh (1990: 63), der am Beispiel britischer Premierminister „reconcilers" und „mobilisers" unterscheidet. Mit Blick auf den Führungsstil des Regierungschefs gegenüber dem Kabinett unterscheidet Simon James (1999: 114) „co-ordinators", „arbitrators", „protagonists" und „strategists". In detaillierteren Klassifizierungsversuchen von Führungsstilen wurden etwa die folgenden Elemente berücksichtigt (Kaarbo 1997: 570): der dominante Interessenfokus des Regierungschefs (generell vs. politikfeldbezogen); der Stellenwert von „policy"- und „politics"-Aspekten innerhalb der jeweiligen „leadership"-Konzeption; der Charakter des Konfliktmanagements, insbesondere auf der Ebene des Kabinetts (konsens- vs. konfliktorientiert); der Grad, in dem Entscheidungen an andere Akteure des politischen Entscheidungssystems delegiert werden; die vorherrschende Art und Weise der Informationsgewinnung unter Berücksichtigung des Abhängigkeitsgrades von anderen Akteuren innerhalb der politischen Exekutive; schließlich die vorherrschende Strategie im Umgang mit der eigenen Partei. Die für einen Amtsinhaber spezifische Kombination dieser (sowie möglicher weiterer) Komponenten des persönlichen Führungsstils lässt sich in Anknüpfung an Wilhelm Hennis (1964) auch als „Regierungstechnik" bezeichnen.

Noch auf einen weiteren Aspekt der primär auf die Persönlichkeit von Amtsinhabern konzentrierten „leadership"-Literatur ist hinzuweisen. Viele Autoren, die die Bedeutung der einzelnen Führungspersönlichkeit betonen, gehen mit großer Selbstverständlichkeit davon aus, dass Führungsstil und Führungsverhalten eines einzelnen Amtsinhabers auch über längere Zeiträume hinweg im Wesentlichen stabil bleiben. Wie wiederum Richard Rose (2000) im britischen Kontext kritisch angemerkt und zugleich systematisch ausgeführt hat, gibt es jedoch sehr wohl Beispiele für im Zeitvergleich außerordentlich stark verändertes Führungsverhalten einzelner Regierungschefs. Dies lässt sich zum Teil auf veränderte Rahmenbedingungen zurückführen, wie sie strukturzentrierte und interaktionistische Ansätze betonen würden. Wie im Falle Winston Churchills oder Harold Wilsons in Großbritannien oder Willy Brandts in der Bundesrepublik können aber auch primär persönliche Gründe – sei es auf der Ebene veränderter politischer Ambitionen oder körperlich-mentaler Befindlichkeiten – deutliche Wandlungen des Führungsverhaltens zeitigen.

Die Wandelbarkeit politischer Führungsstile

2.2.2.2 Strukturzentrierte Ansätze

Strukturzentrierte Ansätze zur Erklärung des politischen Prozesses einschließlich dessen materieller Ergebnisse bilden den exakten Gegenpol zu den soeben diskutierten personenzentrierten Ansätzen. Aus einer radikal auf die jeweils bestehenden strukturellen Parameter konzentrierten Perspektive auf den politischen Entscheidungsprozess besteht für politische Führungsleistungen individueller Akteure kein nennenswerter Raum. Dies kann für eine Position, die selbst signifikante Veränderungen in der parteipolitischen Zusammensetzung der Regierung – sprich „Machtwechsel" – hinsichtlich ihres potentiellen Veränderungspotentials als gering veranschlagt, kaum verwundern (Schmidt 1991: 184-185). Unüberwindbare, in der Grundstruktur der politisch-gesellschaftlichen Ordnung westlicher Systeme angelegte „Sachzwänge" stehen einer individuell geprägten Gestaltungsleistung heute vor allem aus Sicht neo-marxistischer Autoren entgegen. Die historischen Wurzeln dieser Sichtweise auf den politischen Prozess reichen bis in das frühe 19. Jahrhundert zurück. Die dazugehörigen, unterschiedlich akzentuierten Ansätze markierten dabei für lange Zeit sogar die Mehrheitsmeinung. Wie

Grundannahmen strukturzentrierter Ansätze

Jean Blondel (1987: 47) diesbezüglich festgestellt hat: „Hegel, Ricardo, Comte and later Marx, among many others, had attempted to divest political leaders of their real decision-making capabilities and turn them increasingly into mere mouthpieces for the deeper developments that were transforming the social and economic fabric of the nations of the world. Whatever 'romantic' views some literary figures may have had about the role of Napoleon or other great 'heroes', the 'scientific' analysis of society seemed to suggest – and, indeed, in the eyes of some to prove – that in reality leaders scarcely mattered and that they were replaceable or interchangeable: they were symbols of historical trends, not the engines of history".

Autopoietische Varianten

Eine ausgeprägte Skepsis gegenüber der Steuerbarkeit politischer Gemeinwesen und der Steuerungsfähigkeit derselben durch einzelne Akteure begegnet einem seit den achtziger Jahren vor allem in Arbeiten aus der politischen Soziologie. Aus Sicht der Steuerungsskeptiker im Gefolge Niklas Luhmanns erscheinen die Institutionen selbst als untergeordnete Stellgrößen in einem sich zunehmend selbst steuernden System, welches als lose verkoppeltes Geflecht unterschiedlicher Subsysteme organisiert ist. Dies führt zu einer „Entzauberung des Regierens"; „sowohl expansiv-direkte als auch restriktiv-kausale Steuerung scheitern an der basalen Selbstreferenz systemspezifischer Prozesse" (Willke 1991: 47-48). Entsprechend radikale Diagnosen blieben auf eine einflussreiche, aber vergleichsweise kleine Gruppe von Autoren beschränkt. Auch Beobachter ohne autopoietischen Hintergrund konstatieren jedoch seit Jahren einen stetigen Zuwachs der in das politische Entscheidungsverfahren (konkret: das Gesetzgebungsverfahren) involvierten gesellschaftlichen Akteure, die die „Regierbarkeit" eines Gemeinwesens im klassisch-hierarchischen Sinne tendenziell vermindern. Der Entscheidungsprozess selbst erscheint mehr und mehr als „Relation von Machtkonfigurationen staatlich-gesellschaftlicher Kräfte" (Nullmeier/Rüb 1993: 340). Im Gegensatz zum Selbststeuerungsparadigma impliziert die These vom „verhandelnden Staat" (Scharpf 1993) jedoch die Überzeugung, dass politische Führung zumindest in Form verhandelnder Steuerung mit begrenzter Reichweite als reale Möglichkeit bestehen bleibt.

Institutionenzentrierte Varianten

In der gegenwärtigen Politikwissenschaft kommt strukturzentrierten Perspektiven auf den politischen Entscheidungsprozess vor allem in Form (neo-) institutionalistischer Ansätze eine große Bedeutung zu. Dies gilt ganz besonders für die vergleichende Forschung. Die institutionelle Perspektive steht im Zentrum der international geführten – in Kapitel 1 umrissenen – Parlamentarismus/Präsidentialismus-Debatte. Sie besitzt wichtige Ausläufer auch in den Bereich der Exekutivforschung im engeren Sinne. Allerdings herrscht dort die Tendenz vor, einschlägige Forschungsagenden entweder eindeutig auf das präsidentielle System (Barrilleaux 1984) oder aber auf die parlamentarische Regierungsform (Norton 1987; Elgie 1997) zu beziehen. Generalisierende Strukturvergleiche der institutionellen Voraussetzungen politischer Führung in der parlamentarischen Demokratie und der Präsidialdemokratie bilden eine große Seltenheit. Typischer sind vergleichend angelegte Fallstudien unter Einschluss eines parlamentarischen und eines präsidentiellen Systems, wie etwa von Dittgen (1999), in denen vom studierten Einzelfall aus ansatzweise auf generellere Charakteristika des Parlamentarismus und des Präsidentialismus geschlossen wird. Eine Reihe grundlegender Systemunterschiede – etwa die Rolle des Regierungschefs gegenüber dem Kabinett, dessen Position in der legislativen Arena oder die Bedeutung der politischen Parteien innerhalb und außerhalb des Kernbereichs der Exekutive – sind im Rahmen einer direkten Gegenüberstellung zweifelsohne erkennbar. Die Tendenz der auf die zentralen institutionellen Bedingungen des Regierens konzentrierten politikwissenschaftlichen Regierungsforschung geht jedoch insgesamt eher dahin, deterministischen Annahmen bezüglich der Prägkraft institutioneller Faktoren eine Absage zu erteilen. Wie Bert Rockman (1997: 55) diesbezüglich festgestellt hat: „Institutions shape much but, in the end, determine little".

Zusammenfassend lässt sich festhalten, dass strukturzentrierte Erklärungsansätze des politischen Entscheidungsprozesses mit deterministischem Anspruch heute kaum mehr ernsthaft vertreten werden. Die Anerkennung von und prinzipielle Offenheit gegenüber anderen (potenziellen) Einflussfaktoren teilen gemäßigte Varianten strukturzentrierter Ansätze mit den maßgeblichen Zugängen aus dem Bereich der akteurs- bzw. personenorientierten „leadership"-Forschung. Über die Jahrzehnte hinweg hat sich ein Konvergenztrend herausgebildet, welcher zu einem Bedeutungsgewinn vermittelnder, interaktionistischer Ansätze der Exekutivforschung geführt hat. Diese stehen im Zentrum des folgenden Abschnitts.

Stellenwert strukturzentrierter Ansätze

2.2.2.3 Interaktionistische Ansätze

Interaktionistische Ansätze zum Studium des Phänomens der politischen Führung – vereinzelt bereits seit Ende der sechziger Jahre anempfohlen (Gibbs 1969: 273) – wurden seit den achtziger Jahren zur dominanten theoretisch-konzeptionellen Variante der Beschäftigung mit politischer Führung durch die Exekutivelite der westlichen Länder. Ansätze dieser Richtung sind darum bemüht, sowohl personelle als auch systemische Faktoren angemessen zu berücksichtigen und der Interdependenz und Dynamik ihres Verhältnisses gerecht zu werden. Nach dem diesen Ansätzen zugrunde liegenden Verständnis operieren politische Amtsinhaber und Führungspersönlichkeiten zwar innerhalb eines bestimmten (institutionellen, politischen und historischen) Kontextes, der ihre Handlungsmöglichkeiten nachhaltig beeinflußt; gleichwohl werden handelnde Personen nicht vollständig von den äußeren Rahmenbedingungen determiniert. Sie können sich unter Umständen nicht nur ein Stück weit von den strukturellen Rahmenbedingungen emanzipieren, sondern prägen diese zugleich in bestimmten Grenzen mit (Greenstein 1992; Sinclair 1993: 216-217; Woshinsky 1995: 183-184). Nicht zufällig steht im Zentrum des Studiums politischer Führung aus einer interaktionistischen Perspektive die Erforschung von Beziehungsstrukturen zwischen unterschiedlichen Akteuren einerseits und zwischen Akteuren und den vielfältigen Rahmenbedingungen des Regierungsprozesses andererseits (vgl. Cavalli 1992: 113-114).

Grundannahmen interaktionistischer Ansätze

Zu den vielfältigen Komponenten der komplexen Rahmenbedingungen, die es aus dieser Forschungsperspektive zu berücksichtigen gilt, zählen so unterschiedliche Aspekte wie das historische Erbe eines Landes, die Eigenheiten der

Komponenten der Rahmenbedingungen politischer Führung:

politischen Kultur, die verfassungsrechtlichen Parameter und insbesondere die sehr viel kurzfristiger veränderlichen genuin politischen Faktoren. Auf den potentiellen Einfluss der verfassungsrechtlichen Rahmenbedingungen wurde in der Einleitung und im vorausgehenden Abschnitt bereits hingewiesen. Der nachfolgende Überblick beschränkt sich deshalb auf die Diskussion der übrigen genannten Aspekte.

– Historisches Erbe

Das historische Erbe eines Landes hat einen nicht zu unterschätzenden Einfluss auf die Funktionsweise des politischen Systems, keineswegs nur auf den spezielleren Ausschnitt der politischen Führung. Auf die Wichtigkeit entsprechender politisch-kultureller „legacies" wurde außerhalb der Exekutivforschung vor allem seitens der politikwissenschaftlichen Transformationsforschung hingewiesen (Crawford/Lijphart 1995). Das Phänomen ist jedoch keineswegs auf die „jungen Demokratien" und auf „undemokratische" Komponenten des historischen Erbes beschränkt. Historische Erfahrungen prägen die gesellschaftlichen Werte und politisch relevanten Wahrnehmungen in jedem Gemeinwesen. Das gilt nicht zuletzt für historische Erfahrungen mit bestimmten Formen politischer Führung. So hatte der „Thatcher -Effekt" in Großbritannien zweifelsohne einen beträchtlichen Einfluss auf die Vorstellung davon, wie effektiv zu regieren sei. Dieser reichte weit über die Amtszeit Margaret Thatchers hinaus und bildete eine wichtige Komponente der gesellschaftlichen Rahmenbedingungen des Regierens für ihre Nachfolger im Amt des britischen Premierministers. Entsprechende Wirkungen wurden in Deutschland vor allem in Bezug auf das historische Erbe Konrad Adenauers diskutiert. Gerade ausländische Beobachter haben jedoch wenig Scheu gezeigt, die Wurzeln der (vermeintlichen) Vorliebe der Deutschen für eine Regierung der „starken Hand" bis zur Bismarck-Ära zurückzuverfolgen (King 1994: 160).

Politisch-kulturelle Grundwerte

Die politische Kultur eines Landes erschöpft sich freilich nicht in den Vorstellungen über die Idealfigur im Amt des Regierungschefs. Die politisch-kulturellen Grundwerte der Bevölkerung in den westlichen Ländern unterscheiden sich in vielerlei Hinsicht (Almond/Verba 1980; Eatwell 1997). Für unser Thema kann dabei vor allem als wichtig gelten, ob eine politische Kultur insgesamt eher konfliktfreudig und „majoritär" (wie die britische oder auch die französische) oder eher harmonieorientiert und auf Konsens hin orientiert ist (wie die österreichische oder schweizerische). Ist letzteres der Fall, gehört es gleichsam zu den „Pflichten" des erfolgreichen Regierens, die Opposition großzügig in wichtige Entscheidungen einzubinden, um die Wähler nicht mit allzu forschen Mehrheitsentscheidungen vor den Kopf zu stoßen. Häufig decken sich solche grundlegenden Bedürfnisse der politischen Kultur eines Landes mit den verfassungsrechtlichen Anforderungen, d.h. insbesondere mit der Existenz oder Absenz von Regeln über qualifizierte Mehrheitserfordernisse im legislativen Entscheidungsverfahren. Das kann nicht verwundern, denn am Ende ist auch und gerade das verfassungsrechtliche Regelwerk selbst Ausdruck der in einem Gemeinwesen vorherrschenden politisch-gesellschaftlichen Werte. Ebenfalls eine Rolle spielen jene weniger prinzipiellen gesellschaftlichen Werthaltungen, die gemeinhin als der „Zeitgeist" einer bestimmten historischen Periode bezeichnet werden. Markant sind vor allem tiefere Umbruchphasen auf dieser Ebene politischer Werte, im Stile der „Tendenzwende" in der Bundesrepublik der siebziger

Jahre oder der „konservativen Revolution" in den Vereinigten Staaten seit Mitte der neunziger Jahre. Ebenso wenig wie andere gesellschaftliche Veränderungsprozesse erfolgen Wandlungen auf dieser Ebene freilich kaum exakt im Takt von Wahlperioden und Machtwechseln, so dass sich die politischen Ziele regierender Mehrheiten keineswegs immer im Einklang mit dem „Zeitgeist" befinden. Gerät das Regierungsprogramm einer Administration in Widerspruch zu der vorherrschenden gesellschaftlichen Grundstimmung, dann wird erfolgreiches Regieren zu einer besonders schwierigen Aufgabe.

Die Gruppe der oben als „genuin politisch" bezeichneten Faktoren umfasst eine ganze Reihe sehr unterschiedlicher Aspekte, deren Gewicht wiederum sowohl im historischen als auch im internationalen Vergleich stark schwanken kann. In allen westlichen Demokratien spielen die während einer bestimmten Periode vorherrschenden Mehrheitsverhältnisse – und das bedeutet zumindest in den parlamentarischen Demokratien: die parteipolitischen Mehrheitsverhältnisse auf parlamentarischer Ebene – eine zentrale Rolle. Minderheitsregierungen befinden sich in einer chronisch schwachen Position, da sie stets der Unterstützung von nicht formal an der Regierung beteiligten Akteuren bedürfen, um die von ihnen gewünschten Entscheidungen umsetzen zu können (Strøm 1990). Aber auch die Unterstützungsbasis von Mehrheitsregierungen kann sehr unterschiedlich groß ausfallen. Als Daumenregel kann gelten, dass eine Regierung (in den parlamentarischen Demokratien) umso fester im Sattel sitzt, je größer ihre parlamentarische Mehrheitsbasis ist. Hinsichtlich der Durchsetzungsfähigkeit und der „Erfolgsquote" der Exekutive in der legislativen Arena gilt dies trotz der vom Kongress unabhängigen Amtszeit des Präsidenten im wesentlichen auch für den politischen Entscheidungsprozess im Regierungssystem der USA (Helms 1999a: 851-852). Die Erklärungskraft dieser Daumenregel hat allerdings Grenzen. So gibt es aus der Geschichte der westeuropäischen Demokratien mehrere Beispiele dafür, dass die Existenz „übergroßer" Mehrheiten zu einer gefährlichen Aufweichung des ansonsten üblichen Maßes an „Fraktions-", bzw. „Parteidisziplin" führen kann. Wenn praktisch kein Abgeordneter mehr denkt, dass es bei einer Abstimmung im Zweifelsfall gerade auf seine Stimme ankommen könnte, steigt zumindest die Gefahr von parlamentarischen „Überraschungsniederlagen" der Regierung. Unter sonst gleichen Bedingungen erscheint es zudem wahrscheinlicher, dass es mittelfristig zur Herausbildung und Verfestigung einer innerparteilichen Opposition innerhalb der Regierungsmehrheit kommt. Die vielleicht beeindruckendsten jüngeren Beispiele für diese potentiellen Effekte besonders großer parlamentarischer Mehrheiten betrafen innerhalb Westeuropas Großbritannien während der zweiten Amtszeit Tony Blairs (Cowley/Stuart 2005).

Die politischen Bedingungen des Regierens umfassen freilich mehr als die wichtigsten Stellgrößen der parlamentarischen Arena im engeren Sinne. Gerade in Systemen mit einer großen Anzahl starker institutioneller „Vetospieler" ist es von zentraler Bedeutung, welche politische Gruppe über die Entscheidungsgewalt bezüglich des Einsatzes von institutioneller Vetomacht verfügt. Vor allem in den parlamentarischen Demokratien kommt dabei den parteipolitischen Machtverteilungsmustern, der parteipolitischen „Lagerzugehörigkeit" von Ent-

– Politische Faktoren: parlamentarische Mehrheitsverhältnisse

– Parteipolitische Mehrheitsverhältnisse jenseits der parlamentarischen Arena

scheidungsträgern, eine herausragende Bedeutung zu.[6] Unter sonst gleichen Bedingungen ist die Wahrscheinlichkeit, dass institutionelle „Vetospieler" von ihrem Veto(droh)potential gegenüber der Regierung Gebrauch machen, am größten, wenn die Entscheidung über die Einlegung eines Vetos in den Händen von, aus Sicht der Regierung, gegnerischen Parteien liegt. Umgekehrt kann die Macht institutioneller „Vetospieler" der Regierung durch – gemessen an der parteipolitischen Zusammensetzung der Regierung – gleichgerichtete Mehrheiten weitgehend neutralisiert bzw. „absorbiert" werden.

– Finanzielle Spielräume von Regierungen

Zu den politischen Kontextbedingungen des Regierens gehören zahlreiche weitere Komponenten, darunter im innenpolitischen Bereich vor allem der fiskalische Gestaltungsspielraum einer Regierung. Zwar gibt es eine ganze Reihe von Maßnahmen, etwa aus dem Bereich restriktiver, expansiver oder protektiver Regelungen, die sich auch unter schwierigsten finanziellen Bedingungen durchsetzen lassen. Für die meisten Entscheidungen (keineswegs nur rein distributiven Charakters) gilt jedoch, dass sie an die Voraussetzung der Verfügbarkeit beträchtlicher finanzieller Ressourcen gebunden sind. Die finanziellen Bedingungen, unter denen eine Regierung agiert, sind dabei nicht ausschließlich als Ergebnis des finanziellen Erbes der Vorgängerregierung und des eigenen Managements der Staatseinnahmen und -ausgaben zu betrachten; zumindest indirekt beeinflusst werden sie von den während ihrer Amtszeit vorherrschenden globalen ökonomischen Parametern.

– Politische „Großwetterlage"

Hinzu kommt die im engeren Sinne politische „Großwetterlage". Durch sie kann die Verfolgung und Umsetzung einzelner politischer Vorhaben einer Regierung entweder begünstigt oder erschwert werden. Lässt sich beispielsweise auf Erfolge einer bestimmten Politik im Ausland verweisen, fällt die Verfolgung eines vergleichbaren Kurses im Innern oftmals leichter. Andererseits kann aus den politischen Entwicklungen in benachbarten Ländern auch ein beträchtlicher Handlungsdruck für Regierungen entstehen. Die in der angelsächsischen Literatur als „lesson drawing" oder „policy transfer" bezeichnete grenzüberschreitende Befruchtung unterschiedlicher politischer Lösungsansätze (Rose 1993; Dolowitz/ Marsh 2000) hat durch die fortschreitende europäische Integration in der jüngeren Vergangenheit vor allem für die Mitgliedstaaten der Europäischen Union eine neue Dimension erhalten.

– Strukturelle Parameter des Handlungsspielraums des Regierungschefs

Sofern der Blick spezieller auf dem Handlungsspielraum des Regierungschefs liegt, ist – unabhängig von seiner persönlichen politischen Befähigung und den verfassungsrechtlichen Parametern innerhalb eines Systems – zunächst danach zu differenzieren, ob es sich bei einer Regierung um eine Einparteienregierung oder eine Koalitionsregierung handelt. Zwar ließe sich argumentieren, dass

---

6 Bestenfalls mit großen Einschränkungen gilt die „parties-do-matter"-These für das Verhalten von institutionellen „Vetospielern" wie Gerichten oder Zentralbanken, zu deren Auftrag und Selbstverständnis es – unabhängig von den zumeist stark durch den Parteienwettbewerb geprägten Rekrutierungsmechanismen – ausdrücklich gehört, sich von jedweder parteipolitisch definierten Entscheidungslogik freizuhalten.

eine intern tief zerstrittene Einparteienregierung mindestens so schwer zu dirigieren sein kann wie eine friedlich arbeitende Koalitionsregierung; generell gilt jedoch, dass der Regierungschef einer Einparteienregierung unter vergleichsweise günstigeren Bedingungen operiert als der Chef einer Koalitionsregierung (Weller 1997). Unabhängig von der Existenz einer Mehrheits- oder Minderheits-, Einparteien- oder Koalitionsregierung ist ferner von Bedeutung, ob ein Regierungschef mächtige Widersacher außerhalb oder auch innerhalb seiner eigenen Partei oder der Regierung hat. Des weiteren gilt, dass lange Amtszeiten häufig zu einem Machtzuwachs in den Händen des Regierungschefs führen; dies gilt insbesondere dann, wenn der oder die Betreffende die Möglichkeit besitzt, auf umfassende verfassungsrechtliche und politische Ressourcen der Personalrekrutierung und des Personalaustausches zurückzugreifen. In der zweiten oder dritten „Ministermannschaft" eines Regierungschefs finden sich häufig, wenngleich keineswegs immer, mehr politisch Gleichgesinnte als in der Anfangsformation, bei deren Zusammenstellung es oftmals vorrangig um die ausgewogene Berücksichtigung unterschiedlicher Parteiflügel geht. Umstritten, nicht nur in Bezug auf die Bundesrepublik, bleibt die Frage, wie hoch der strukturelle Machtgewinn zu veranschlagen ist, der dem Regierungschef aus der Personalunion zwischen Regierungsamt und Parteivorsitz erwachsen kann. Durch vielfältige internationale Erfahrungen als weitgehend bestätigt gelten kann hingegen die Tendenz, dass unvermittelt über ein Land hereinbrechende Krisen – von Naturkatastrophen bis zu Terroranschlägen – die Position des Regierungschefs im politischen Entscheidungsprozess unter sonst gleichen Bedingungen eher stärken.

Im Gegensatz zu personenzentrierten Ansätzen gehen interaktionistische Ansätze davon aus, dass alle diese Faktoren einen potentiell bedeutenden Einfluss auf die Gesamtperformanz einer Regierung besitzen, welcher schwerlich vollständig durch besondere persönliche Befähigungen von Mitgliedern der Exekutivelite neutralisiert werden kann. Im Unterschied zu strukturzentrierten Ansätzen, welche die Macht dieser Rahmenbedingungen als geradezu „erdrückend" betrachten würden, gehen interaktionistische Ansätze aber davon aus, dass Persönlichkeitsfaktoren in ihrer Gesamtheit sehr wohl einen Unterschied machen können. Gerade in schwierigen Entscheidungskonstellationen können sich Entschlossenheit, Beharrlichkeit, die Fähigkeit zu langfristigem und strategischem Denken und persönliche Überzeugungsfähigkeit auszahlen. Als die größten Führungspersönlichkeiten in der Geschichte der westlichen Demokratien gelten – unabhängig von spezielleren Kriterien – nicht zufällig solche Politiker, die es trotz beträchtlicher Widerstände geschafft haben, ihrer Zeit ihren Stempel aufzudrücken und die Geschicke des Landes in eine bestimmte Richtung zu lenken. In der internationalen „leadership"-Literatur hat sich für diese Form der politischen Führung die Bezeichnung „transforming leadership" (Burns 2003) durchgesetzt.

Zusammenfassung

2.3 Exkurs: Theoretisch-konzeptionelle Charakteristika der Literatur über Regierungsorganisation und politische Führung in der Bundesrepublik

Multidisziplinarität und Aufgabenteilung

Die politikwissenschaftliche Literatur über den spezielleren Gegenstand dieses Bandes – Regierungsorganisation und politische Führung in der Bundesrepublik – war bis in die achtziger Jahre hinein durch eine auffallende Tendenz zur Aufgabenteilung gekennzeichnet. Dies gilt sowohl in thematischer Hinsicht als auch in Bezug auf die Zugehörigkeit der maßgeblichen Autoren zu unterschiedlichen akademischen Disziplinen. Viele der wichtigsten Arbeiten nicht nur über verfassungsrechtliche, sondern auch über organisatorische Aspekte des Regierens stammten aus der Feder von Rechtswissenschaftlern. Erwähnenswert ist diesbezüglich vor allem die einflussreiche, 1964 erstveröffentlichte Untersuchung Ernst-Wolfgang Böckenfördes (1998) über die Organisationsgewalt im Bereich der Regierung. Wie in anderen Ländern auch, blieb dagegen die Beschäftigung mit einzelnen Führungspersönlichkeiten im Rahmen politischer Biographien in hohem Maße ein natürlicher Hoheitsbereich von Zeithistorikern und Journalisten. Als ein frühes Beispiel der politischen Biographie über einen deutschen Kanzler nach 1945 kann die Arbeit von Paul Weymar (1955) über Konrad Adenauer gelten. Wo es, wie bei Wilhelm Hennis (1964), um den Regierungsprozess im engeren Sinne ging, herrschte lange Zeit eine Konzentration auf die formalen, verfassungsrechtlichen Aspekte des Regierens und Führens vor.

„Modernisierungsschub" der Exekutivforschung seit den achtziger Jahren

Arbeiten wie von Caro (1965), Brauswetter (1976) oder Küpper (1985), in denen mit unterschiedlicher Tiefenschärfe auch die informellen Komponenten des Regierens während der Amtszeit eines Kanzlers gebührend berücksichtigt wurden, verkörperten lange Zeit die große Ausnahme. Erst ab der zweiten Hälfte der achtziger Jahre kam es zu einem „Modernisierungsschub" der Exekutivforschung in der Bundesrepublik. In den nun entstehenden, bis heute einflussreichen Arbeiten von Wolfgang Jäger (1988) und Karlheinz Niclauß (1988, 2004) wurden – ganz im Sinne des interaktionistischen Ansatzes – erstmals verfassungsrechtliche, politische und personelle Faktoren konsequent in ihrem Zusammenspiel erfasst und mit Gespür für langfristigere historische Veränderungen diskutiert. Dabei konnte an bereits seit Beginn der achtziger Jahre entstehende zeitgeschichtliche Arbeiten über die Bundesrepublik angeknüpft werden, in denen der Analyse des gouvernementalen Entscheidungsprozesses ein deutlich großzügigerer Raum als bis dahin üblich zugestanden wurde (Bracher 1981 f.).

Nur wenige Jahre später wurde die Sektion „Regieren und Regierungssystem in der Bundesrepublik" unter dem Dach der Deutschen Vereinigung für Politische Wissenschaft ins Leben gerufen. Aus ihr ging ein hinsichtlich seiner Bandbreite einzigartiges fünfbändiges Sammelwerk (Hartwich/Wewer 1990 f.) hervor, in dem von normativen Fragen des Regierens, über verfassungsrechtliche Aspekte bis hin zu den politisch-materiellen Ergebnissen des Regierens zahlreiche unterschiedliche Teilkomponenten des Themas berücksichtigt wurden. Es folgten in nicht ganz regelmäßigen Abständen weitere Veröffentlichungen der Sektion (etwa Murswieck 1996; Derlien/Murswieck 1999, 2001), welche durch weitere wichtige monographische Arbeiten, wie von Schmidt (1992), ergänzt wurden. Für die jüngere Vergangenheit lässt sich eine neuerliche Intensivierung des Interesses an Fragen politischer Führung in der Bundesrepublik konstatieren. Das von seinem thematischen Fokus bislang umfangreichste Werk dieses Forschungsbereichs stellt die Studie von Korte und Fröhlich (2004) über „Politik und Regieren in Deutschland" dar. Mit der Begründung einer „Forschungsgruppe Regieren" an der Universität Duisburg-Essen, unter Leitung von Karl-Rudolf Korte, ist unlängst auch eine institutionelle Einrichtung der deutschen „leadership"-Forschung hinzugekommen.

In der jüngeren Literatur über einzelne Kanzler bzw. Administrationen wurde die für zahlreiche frühere Arbeiten charakteristische (implizite oder explizite) Orientierung auf einen Vergleich mit Konrad Adenauer weitestgehend aufgegeben. Wo nun historisch verglichen wird, geht es eher um die Bestimmung von Gemeinsamkeiten und Unterschieden zwischen allen möglichen Kanzlern und Regierungen und die Identifikation historischer Entwicklungstrends. Dabei fungiert – neben der geläufigen Kontrastierung zweier unmittelbarer Amtsnachfolger – die Parteizugehörigkeit unterschiedlicher Kanzler bzw. die Parteicouleur der Regierung häufig als Leitmotiv des Vergleichs. Parallel zu den sich wandelnden Bedingungen des Regierens in der Bundesrepublik und den anderen westlichen Demokratien hat sich auch der thematische Fokus politikwissenschaftlicher Studien gewandelt bzw. erweitert. Stärkere Berücksichtigung als in der älteren Literatur finden Aspekte des Verhältnisses zwischen Regierungen und den Medien, von „public leadership" und „image management" (Korte/Hirscher 2000). Gewachsenes Interesse wird seit einiger Zeit daneben vor allem den unterschiedlichen Dimensionen der „Informalisierung" des Regierungshandelns zu Teil (mit weiteren Nachweisen: Helms 2005a). Nicht zu übersehen ist, dass die Beschäftigung mit den unterschiedlichen Aspekten der politischen Führung und des Regierens in der Bundesrepublik – zumindest was die „politics"-Dimension betrifft – von seltenen Ausnahmen abgesehen (vgl. etwa König u.a. 1999; König u.a. 2003) in methodischer Hinsicht weiterhin beinahe ausschließlich durch qualitative Zugänge geprägt ist. Ein Desiderat bildet unabhängig davon der internationale Vergleich, welcher nicht durch die Veröffentlichung von Einzelfallstudien zu unterschiedlichen Ländern ersetzbar ist.

Ausdifferenzierung des Forschungsbereichs

Es wäre nicht redlich, diesen Kurzüberblick über die Literatur zum Thema Regierungsorganisation und politische Führung in der Bundesrepublik ohne einen Hinweis darauf zu beschließen, dass es stets wichtige Beiträge zum Thema auch aus der Feder ausländischer Autoren gab. Die vielleicht wichtigste englischsprachige Arbeit über den engeren Bereich der deutschen Exekutive stammt aus der Feder Nevil Johnsons (1983). Ebenfalls in den Kernbereich des Forschungsbereichs schlägt ein von Stephen Padgett (1994a) herausgegebener Sammelband, eine deutsch-britische Koproduktion, über die Entwicklung der deutschen Kanzlerschaft von Adenauer bis Kohl. Stellvertretend für einschlägige Arbeiten jüngerer angelsächsischer Autoren sei schließlich die monographische Untersuchung von Charles Lees (2000) über die Anfänge der Regierung Schröder genannt.

Beiträge der internationalen Forschung

Ganz generell gilt, dass eine ernsthafte Bestandsaufnahme der Forschungsliteratur heute mehr denn je die Auswertung internationaler Fachzeitschriften einschließen muss. Bezüglich der Themen Regierungsorganisation und politische Führung kommt innerhalb der Politikwissenschaft Zeitschriften wie „Public

Administration" und „Governance" eine besondere Bedeutung zu. Einen prominenten Stellenwert als internationales Diskussionsforum unterschiedlichster Aspekte deutscher Politik hat in den vergangenen Jahren die Zeitschrift „German Politics" erlangt.

2.4 Zusammenfassung und eigener Ansatz

Bekenntnis zum „Interaktionismus"

Aus der vorstehenden Übersicht über unterschiedliche Zugänge der Exekutivforschung geht klar hervor, dass interaktionistische Ansätze das größte Potential zur Erfassung des komplexen Phänomens des Regierens und der politischen Führung in der Demokratie aufweisen. Im Vergleich dazu erscheinen sowohl auf die Persönlichkeit von Amtsinhabern fokussierte als auch auf die institutionellen und andere strukturelle Bedingungen des Regierungsprozesses konzentrierte Zugänge als einseitig und reduktionistisch. Die weiteren Teile dieser Studie sind deshalb an den Prämissen der interaktionistischen Forschungsrichtung orientiert. Das bedeutet, dass sowohl personelle Faktoren als auch die vielfältigen Komponenten der Rahmenbedingungen des Regierens (von den verfassungsrechtlichen Bestimmungen bis zu den deutlich weniger stabilen politischen Variablen) gebührend zu berücksichtigen und in ihrem Zusammenspiel zu untersuchen sind.

Anknüpfung an den „akteurzentrierten Institutionalismus"

Dieses sehr allgemeine Bekenntnis zum „Interaktionismus" bedarf jedoch der Spezifizierung in Form eines Ansatzes, der die nachfolgenden Betrachtungen in theoretisch-konzeptioneller Hinsicht anleitet und strukturiert. Angeknüpft wird an den von Renate Mayntz und Fritz Scharpf (1995) entwickelten und später von Scharpf (2000) weiter entwickelten Ansatz des „akteurzentrierten Institutionalismus". Als konkreter Anknüpfungspunkt dient dabei eine, wie es scheint, häufig überlesene „Nebenlinie" der Definition des „akteurzentrierten Institutionalismus", die nicht einseitig auf die bestimmende Wirkung von Institutionen abhebt. Danach ist für den Ansatz kennzeichnend, „dass er den strategischen Handlungen und Interaktionen zweckgerichteter und intelligenter individueller und korporativer Akteure *dieselbe Bedeutung* zumisst wie den ermöglichenden, beschränkenden und prägenden Effekten gegebener (aber veränderbarer) institutioneller Strukturen und institutionalisierter Normen" (Scharpf 2000: 72; Hervorhebung hinzugefügt).

Grundannahmen des „akteurzentrierten Institutionalismus"

Unter Institutionen werden dabei „Regelsysteme" verstanden, „die einer Gruppe von Akteuren offenstehende Handlungsverläufe strukturieren" (Scharpf 2000: 77). Sie werden durch menschliches Handeln geschaffen und sind durch diese veränderbar (ebd.: 82). Wie bei Scharpf (ebd.: 77, 241) immerhin angedeutet wird, erscheint es notwendig, die „klassische" Vorstellung von Institutionen als formalen Regelsystemen zu ergänzen durch die ausdrückliche Einbeziehung von informalen Institutionen. Anders als in einem Großteil der Demokratisierungsforschung, die unter den Begriff der „informalen Institution" primär problematische Phänomene wie Klientelismus oder Korruption fasst (Merkel/Croissant 2000: 16-24), lassen sich darunter ganz allgemein begreifen, „socially shared rules, usually unwritten, that are created, communicated, and enforced outside of officially sanctioned channels" (Helmke/Levitzky 2003: 9). Die Kreation und Einhaltung der Spielregeln „informaler Politik" ist nach vorherrschender Auffassung nicht, wie im Falle geschriebener rechtlicher Regeln, in die Hände eines Dritten gelegt, sondern vielmehr in jene der beteiligten Akteure selbst (Farrell/Héritier 2003: 583). Ebenso wie für formale Institutionen gilt auch für informale Institutionen, dass sie den konkreten Handlungsspielraum eines politischen Akteurs grundsätzlich entweder begrenzen oder erweitern können. Unter sonst gleichen Bedingungen sind sie deutlich leichter zu verändern als formale Institutionen. Als Beispiele für (zumeist in beträchtlichem Maße formalisierte) informale Institutionen im Bereich der Regierung ließe sich auf „Koalitionsrunden" oder „Koalitionsgespräche" verweisen.

Soweit zu den Institutionen. Nicht minder relevant sind die theoretisch-konzeptionellen Vorstellungen bezüglich der handelnden Akteure. Mit Scharpf (2000: 86) ist zunächst zwischen individuellen und kollektiven Akteuren zu unterscheiden. Während etwa Kanzler, Minister und andere Amtsinhaber innerhalb des politisch-administrativen Systems individuelle Akteure verkörpern, handelt es sich bei Parteien, Fraktionen oder auch Kabinetten um kollektive Akteure. Nach Scharpf zeichnen sich diese Akteure durch bestimmte Fähigkeiten, Präferenzen und Wahrnehmungen aus. Besonders erörterungswürdig ist die Dimension der Fähigkeiten von Akteuren, die bei Scharpf zusammenfassend als „Handlungsressourcen" (ebd.) bezeichnet werden. Diese lassen sich unterteilen in „persönliche Merkmale" (etwa Intelligenz, physische Stärke etc.) und „institutionelle Regeln, durch die Kompetenzen zugewiesen und Partizipationsrechte, Vetorechte oder das Recht zur autonomen Entscheidung für bestimmte Fragen verliehen oder beschränkt werden" (ebd.). Theoretisch kann davon ausgegangen werden, dass es zu einer optimalen Ausnutzung der jeweils bestehenden institutionellen Handlungsressourcen bestimmter Fähigkeiten auf der Ebene „persönlicher Merkmale" eines politischen Akteurs bedarf.

Über die tatsächliche Zielerreichung eines handelnden Akteurs ist damit jedoch noch nichts ausgesagt, denn personale und positionale Ressourcen sind grundsätzlich analytisch abzugrenzen – und im Kontext zu betrachten – von „opportunities" und „constraints" auf der Ebene der weiteren politischen, gesellschaftlichen und ökonomischen Umwelt eines Akteurs (Cole 1994: 456). Sofern – wie in Teilen dieser Studie – tatsächlich die politische Führungsleistung durch individuelle Akteure ins Zentrum gerückt werden soll, muss unterschieden werden zwischen (1) der Ressourcenstruktur und -ausnutzung durch einen Akteur, (2) den während einer Amtszeit vorherrschenden internen und externen Opportunitätsstrukturen und (3) dem im Kontext dieser Bedingungen erzielten Leistungsbilanz einer Administration. Dabei sind in der politischen Realität vielfältige Kombinationen möglich. Denkbar sind bemerkenswerte Führungsleistungen, denen angesichts einer ungünstigen Opportunitätsstruktur insgesamt nur moderate Erfolge korrespondieren ebenso wie wenig spektakuläre Führungsleistungen individueller Akteure, die dank günstiger Rahmenbedingungen noch immer vergleichsweise ansehnliche Ergebnisse zeitigen (Lammers/Genovese 2000).

Ressourcen, „opportunities" und „constraints"

Auch eine politikwissenschaftliche Arbeit, welche die idiosynkratischen Handlungsorientierungen individueller Akteure als wichtige Komponente ihres Gegenstandes ansieht, muss ihre Grenzen dort finden, wo es um eine psychologische Ausdeutung der „innersten" Motivationen politischen Handelns von Akteuren geht. Schon professionell geschulte Beobachter aus dem Metier der Psycho-

Grenzen der politikwissenschaftlichen „leadership"-Forschung

logie sehen sich bei dem Versuch der Tiefenanalyse mentaler Beweggründe politischen Handelns individueller Akteure, die sie nur aus der Distanz kennen, vor beträchtliche methodische Probleme gestellt (Post 2003b; Renshon 2003). Entsprechende Interpretationsversuche eines „nur" politikwissenschaftlich geschulten Autors wären nicht nur anmaßend, sondern auch im Ergebnis wenig überzeugend. Redlicher erscheint deshalb das freimütige Eingeständnis, dass es „blinde Flecken" der politikwissenschaftlichen Analyse politischer Führung gibt, die sich nur im Zusammenwirken unterschiedlicher Disziplinen (ein Stück weit) beseitigen ließen.

Die „government"- und „governance"- Perspektive

Eine letzte Komponente der theoretischen Selbstverortung dieser Studie bezieht sich auf den in der jüngeren Literatur vieldiskutierten „government"/„governance"-Gegensatz. Mit „government" und „governance" sind nach vorherrschender Auffassung zwei deutlich voneinander unterschiedene theoretische Perspektiven auf den politischen Prozess in demokratischen Systemen bezeichnet (Rhodes 2003; Benz 2004). Arbeiten der „governance"-Richtung betrachten den Staat ebenso wie den Markt und soziale Netzwerke als „institutionelle Regelungsmechanismen, die in variablen Kombinationen genutzt werden" (Benz 2004: 20). Im Vergleich zur „government"-Perspektive ist die „governance"-Perspektive also zunächst weniger staatszentriert, obwohl der Staat nach wie vor als eine wichtige Größe (neben anderen) gesehen wird. Im Zentrum des Interesses von Arbeiten der „governance"-Literatur stehen „die Steuerungs- und Koordinierungsfunktion dieser institutionellen Strukturen, in denen Elemente von Hierarchie, Wettbewerb [...] und Verhandlungssystemen verbunden sein können" (ebd.). Ihre zentrale Erkenntniskategorie ist die „Problemlösungsfähigkeit" unterschiedlicher Akteure aus dem Kreise der Teilnehmer am Regierungsprozesses (Mayntz 2004: 7-8). Typisch für Arbeiten der „governance"-Richtung ist die Formulierung auffallend „offener" und „weicher", dabei zugleich besonders komplexer Begriffe des Regierens, ohne die eine Beschäftigung mit Regieren insbesondere auf supranationaler Ebene schon in terminologischer Hinsicht kaum möglich wäre. So verstehen etwa Markus Jachtenfuchs und Beate Kohler-Koch (2004: 78) unter Regieren den „fortwährende[n] Prozess bewusster politischer Zielbestimmung und Eingriffe zur Gestaltung gesellschaftlicher Zustände".

Bekenntnis zu einer aufgeklärten „government"- Perspektive

Weniger selbstverständlich und zwingend erscheint es indes, eine Studie über Regierungsorganisation und politische Führung innerhalb eines nationalstaatlich definierten politischen Systems auf die Basis dieses Ansatzes zu stellen. Der dieser Arbeit zugrunde liegende Ansatz schließt zwar die Überzeugung ein, dass sich der politische Prozess in der Bundesrepublik nicht ohne Berücksichtigung verhandlungsdemokratischer Phänomene realistisch rekonstruieren und erfassen lässt. Er greift, wie oben dargelegt, ferner zentrale Ideen des „akteurzentrierten Institutionalismus" auf, welcher seinerseits als ein besonders prominenter Ansatz innerhalb des „governance"-Paradigmas gelten kann. Im Übrigen ist der hier gewählte Zugang jedoch – ganz bewusst und in hohem Maße – der „government"-Perspektive verpflichtet. Zu deren zentralen Kennzeichen gehören das Denken in den Kategorien von Macht und Einfluss und die Konzentration auf den Herrschaftsaspekt. Besondere Aufmerksamkeit gebührt auf der Ebene politischer Entscheidungsprozesse („politics") dabei dem Handeln der Inhaber politischer Führungsämter, den nach Machterwerb und Machterhalt strebenden

Parteien, den um Einfluss ringenden Interessengruppen und dem Verhalten der übrigen institutionellen „Vetospieler" von Regierungen in der Bundesrepublik. Dem korrespondiert im Hinblick auf die „policy"-Ebene die Überzeugung, dass Parlamentsgesetze und Regierungsverordnungen bis auf weiteres nicht nur in normativer, sondern auch in empirischer Hinsicht die wichtigsten politischen Steuerungsinstrumente in repräsentativdemokratischen Systemen darstellen. Die vermeintliche Fixierung auf die reine „Mehrheitsregel" hingegen bildet kein konstitutives Kernmerkmal der „government"-Perspektive. Sie wurde den Vertretern dieses Ansatzes lediglich von einigen Verfechtern des „governance"-Paradigmas „angedichtet". Kooperation und Verhandlung in formalen und informalen Entscheidungskontexten, zwischen Akteuren des politischen Entscheidungssystems wie auch zwischen Vertretern des Entscheidungs- und Einflusssystems – alles das sind Komponenten der Beschäftigung mit politischen Entscheidungsprozessen, ohne die Studien über hochgradig gewaltenteilig angelegte Systeme wie die Bundesrepublik schon Jahrzehnte vor der „Entdeckung" des „governance"-Paradigmas nicht auskamen bzw. ausgekommen wären. An diese Tradition wird – mit den genannten Einschränkungen bzw. Erweiterungen – mit dieser Arbeit angeknüpft.

3 Die historischen, verfassungsrechtlichen und politisch-kulturellen Grundlagen des Regierens in der Bundesrepublik Deutschland

Gegenstände des Kapitels

Die folgenden Abschnitte geben einen Überblick über die historischen, verfassungsrechtlichen und politisch-kulturellen Rahmenbedingungen des Regierens in der Bundesrepublik. Damit sind die längerfristig stabilen Parameter des gouvernementalen Willensbildungs- und Entscheidungsprozesses angesprochen. Der politische Erfahrungshintergrund und die in unserem Kontext relevanten Dimensionen des Persönlichkeitsprofils einzelner Spitzenrepräsentanten der politischen Exekutive werden nicht in diesem Kapitel, sondern im Zusammenhang mit der Analyse von Entscheidungsprozessen in den Kapiteln 5 und 6 beleuchtet. Entsprechendes gilt für die weniger stabilen, im engeren Sinne politischen Parameter des Regierungsprozesses (wie die Existenz und Struktur parlamentarischer Mehrheiten und dergleichen).

3.1 Die historische Dimension

Periodische Eingrenzung der historischen Bestandsaufnahme

Die Bundesrepublik gilt im Kreise der westlichen Demokratien seit langem als Hort politischer Stabilität. Diese Stabilität steht in einem auffallenden Gegensatz zu der ungewöhnlich großen Anzahl von Regimewechseln, die die deutsche Geschichte seit der Mitte des 19. Jahrhunderts kennzeichneten. Die Erfahrung von Instabilität des politischen Systems wie insbesondere der Demokratie prägten den verfassungsrechtlichen und politischen Neubeginn in Deutschland nach 1945 maßgeblich. Die meisten historischen Rückblicke in politikwissenschaftlichen Studien über die Bundesrepublik reichen lediglich bis zur Konstituierung der Weimarer Republik 1918/19 zurück und lassen zudem das Dritte Reich vollständig aus. Der nachfolgende Abriss beginnt hingegen mit einer kurzen Bestandsaufnahme des Phänomens der politischen Führung und der Regierungsorganisation im Bismarck-Reich und zeichnet die Entwicklungen bis zum Zusammenbruch des NS-Regimes nach.

3.1.1 Konstitutionalismus und Kanzlerprinzip: Regierungsorganisation und politische Führung im Kaiserreich

Das Deutsche Reich als konstitutionelle Monarchie

Das 1871 aus dem Norddeutschen Bund hervorgegangene Deutsche Reich war trotz verschiedener Besonderheiten – wie der Vorstellung, dass der Bundesrat als Versammlung der deutschen Fürsten formal Sitz der Souveränität des Reiches und der Kaiser lediglich „primus inter pares" im Kreise der deutschen Fürsten war – eine konstitutionelle Monarchie. Die Stellung des Kanzlers, vor allem des ersten Amtsinhabers, Otto von Bismarck, war so stark, dass man in der Literatur über das letzte Drittel des 19. Jahrhunderts häufig auf Begriffe wie „Kanzlerdiktatur" und ähnliches trifft. Zumindest aus verfassungsrechtlicher, aber auch aus historisch-politischer Perspektive, wurden zu Recht Zweifel an dieser Interpretation angemeldet (Huber 1994: 131-132).

Eine Reichsregierung im Sinne einer kollegialen Regierung gab es bis zum Untergang des Reiches 1918 in formaler Hinsicht nicht. Nach der Verfassung war der Reichskanzler der einzige verantwortliche Minister des gesamten Systems. Verantwortung für die Anordnungen und Verfügungen des Kaisers übernahm er durch deren Gegenzeichnung gemäß Art. 17 der Reichsverfassung. Das konstitutionelle Denken der Zeit ging zum Teil bereits davon aus, dass weniger dem Kaiser als vielmehr dem Kanzler die Aufgabe der konkreten Politikgestaltung zukam. Seine Entscheidungen blieben jedoch an die Zustimmung des Kaisers gebunden. Den de facto wichtigsten Kontrollmechanismus des Monarchen gegenüber „seinem" Reichskanzler bildete die Möglichkeit, diesen entlassen zu können (Fenske 1991: 20).

_{Die Stellung des Reichskanzlers}

Die „Keimzelle" der späteren quasi-ministeriellen Ressortstruktur war das Bundeskanzleramt, welches seit 1871 Reichskanzleramt hieß. Es wurde 1878 in das Reichsamt des Inneren und die fortan als Reichskanzlei bezeichnete politisch-administrative Kernressource des Kanzlers aufgeteilt. Die Reichskanzlei war Amts- und Wohnsitz des Kanzlers. Ihre personellen Ressourcen blieben bescheiden; zu einer funktionalen Untergliederung der Reichskanzlei kam es erst während des Ersten Weltkrieges (Schöne 1968: 59-77). Bereits ab 1872 entstanden in unregelmäßigen Abständen jedoch weitere Reichsämter, darunter das Reichseisenbahnamt und das Reichsjustizamt. An der Spitze dieser Ämter standen Staatssekretäre, bei denen es sich um weisungsgebundene Reichsbeamte handelte. Von der ihm formal zustehenden Weisungsbefugnis gegenüber den Staatssekretären in den Reichsämtern machte Bismarck insgesamt nur bescheidenen Gebrauch (obwohl es mehrfach zu Entlassungen einzelner Staatssekretäre kam, welche ihren Grund in politischen Differenzen hatten). Eine wichtige Ausnahme bildete lediglich die Außenpolitik, in der der Kanzler eindeutig eine führende Stellung beanspruchte und behauptete.

Vom Bundeskanzleramt zur Reichskanzlei

Bedeutend für die schrittweise Herausbildung des Ressortprinzips und der faktischen „Kollegialisierung" der Reichsleitung war die Verabschiedung des so genannten Stellvertretergesetzes von 1878. Darin wurde den Staatssekretären in den einzelnen Reichsämtern für ihren jeweiligen Geschäftsbereich das Recht der Gegenzeichnung zugestanden, wobei dem Kanzler allerdings die Möglichkeit belassen wurde, im Zweifelsfalle jede Amtshandlung aus dem Bereich eines seiner Stellvertreter selbst wahrzunehmen. Das Recht zur Gegenzeichnung bedeutete für die Staatssekretäre, dass sie gegenüber dem Reichstag parlamentarische Verantwortung für ihre Handlungen übernehmen konnten. Dazu mussten sie allerdings zuvor formal zu preußischen Bundesratsbevollmächtigten ernannt werden. Wichtig für die „Kollegialisierung" der Reichsleitung war auch die Ernennung eines Vizekanzlers im Jahre 1878. Dieser war nicht ressortgebunden und konnte folglich als Generalstellvertreter des Kanzlers schwerlich als dessen Untergebener angesehen werden (Huber 1994: 144).

Stufen der „Kollegialisierung" der Reichsleitung

Bevor es ab 1914 auf Reichsebene zur Etablierung regelmäßiger Treffen der Ressortchefs unter dem Vorsitz des Reichskanzlers kam, gab es zwischen den

51

einzelnen Reichsämtern lediglich kommissarische Besprechungen und ausgedehnten Schriftverkehr. Unterdessen erfüllte der preußische Regierungsapparat gleichsam eine Ersatzfunktion für die auf Reichsebene nicht existenten Kabinettsstrukturen. Im preußischen Kabinett saßen neben dem Ministerpräsidenten und Reichskanzler immer wieder einzelne Fachminister, die zugleich Leiter eines der Reichsämter waren. Hinzu kam eine weitere Variante: Reichsstaatssekretäre konnten als Staatsminister ohne Geschäftsbereich zu Mitgliedern des preußischen Ministerkollegiums ernannt werden.

Die Stellung des Reichstags

Der Reichstag besaß zwar noch nicht das für parlamentarische Systeme konstitutive Recht der Abberufung des Reichskanzlers und der einzelnen Ressortchefs. Ungeachtet dessen verfügte er über eine starke Stellung und bildete neben der Reichsleitung die wichtigste politische Größe im Kaiserreich. Letzteres resultierte auch aus der vergleichsweise schwachen Stellung des Bundesrates im Gesetzgebungsverfahren. Ihm stand lediglich ein suspensives Vetorecht zu, welches er häufig zugunsten der konservativen Bewahrung des verfassungsrechtlichen und sozialen Status Quo einsetzte. Der Reichstag konnte Opposition gegenüber der Reichsleitung am wirkungsvollsten dadurch artikulieren, indem er deren politischen Vorhaben die erforderliche Zustimmung versagte. Dafür bot sich insbesondere der gesamte budgetäre Bereich an. Daneben wurde das Prinzip der parlamentarischen Kanzlerverantwortlichkeit vor allem in Form der freien parlamentarischen Diskussion realisiert.

Politische Führung in der parlamentarischen Arena

Die Reichsleitung hatte ihrerseits das Recht, den Reichstag aufzulösen. Dies geschah mehrfach – so nach der Ablehnung des ersten Sozialistengesetzes und im Anschluss an die Nichtverlängerung des Sozialistengesetzes 1890 – als direkte Reaktion auf die Opposition der Volksvertretung. Zu den nicht verfassungsrechtlich vorgezeichneten, aber von Bismarck gleichwohl schon früh und mit großer Wirkung angewandten Instrumenten politischer Führung gehörte die „plebiszitäre Führung" (Stürmer 1974: 322-333) – das gezielte Streben nach Mobilisierung öffentlicher Zustimmung über die Köpfe der Volksvertretung hinweg, für das sich in der jüngeren politikwissenschaftlichen Literatur die Bezeichnung „going public" (Kernell 1997) durchgesetzt hat.

Ein noch weitaus wichtigeres Kennzeichen der grundlegenden Bedingungen politischer Führung im Kaiserreich bestand darin, dass häufig ohne stabile parlamentarische Mehrheiten regiert werden musste. Als exemplarisch können dabei die Jahre 1881 bis 1887 gelten, während derer Bismarck die Kunst des „Regierens mit wechselnden Mehrheiten" zu hoher Virtuosität entwickelte (Huber 1994: 149-151). Mehrheitsentscheidungen des Reichstags im Sinne der Reichsleitung kamen während dieser Phase praktisch ausschließlich als Ergebnis erfolgreichen Werbens des Kanzlers um ad hoc-Unterstützung durch „an sich" oppositionell eingestellte Parteien zustande. Bismarcks Nachfolger im Amt des Reichskanzlers stießen später auf ähnliche Probleme der Zusammenarbeit mit dem Reichstag, die ihren wichtigsten Grund wiederum in der Absenz hinreichend stabiler parlamentarischer Mehrheiten hatten.

Ersetzung der „Kanzlerregierung" durch das „persönliche Regiment" Wilhelms II.

Die Zeit nach Bismarcks Ausscheiden 1890 war insgesamt kaum durch besondere Leistungen im Bereich der „Kanzlerregierung" gekennzeichnet. Ursächlich hierfür war nicht allein die relativ hohe Frequenz personeller Wechsel im Amt des Reichskanzlers; hinzu kam der spezifische Charakter späterer Amtsinhaber. In der Rückschau erscheinen Bismarcks Nachfolger als (noch) weniger „politisch" im Sinne einer gezielten Ausrichtung ihres Handelns an der Durchsetzung bestimmter (partei)politisch definierbarer Positionen und Interessen als der erste Reichskanzler, obwohl sie im Vergleich zu den späteren Kanzlern der Weimarer Republik über zumeist beachtliche Exekutiverfahrungen verfügten (März 2002: 43). Zum bemerkenswertesten Kennzeichen der Nach-Bismarck-Ära wurde indes das eigentümliche Bestreben Kaiser Wilhelms II., ein stark auf den Monarchen hin orientiertes Entscheidungssystem zu etablieren. Die Geschichtswissenschaft hat diesbezüglich von einem krypto-absolutistischen „persönlichen Regiment" Wilhelms II. gesprochen (Eyck 1948). Als „Einübung" in das demokratische Regieren taugte dieser Rückfall in quasi-präkonstitutionelle Formen der Herrschaftsausübung freilich nicht. Zu einem Durchbruch der parlamentarischen Regierungsform in Deutschland kam es auch deshalb erst spät, während der letzten Monate des Ersten Weltkriegs.

Die langen Jahre zwischen Bismarcks Abschied aus dem Amt und dem Zusammenbruch des Kaiserreichs wurden jedoch nicht nur mit Blick auf das Gebaren Wilhelms II. als problematisch bewertet. Viele Autoren konstatierten ein verfassungsrechtliches und organisatorisches Strukturproblem, nach dem der Reichskanzler „einen Führungsauftrag ohne Entscheidungsbefugnis" (Schöne 1968: 89) besaß. Verschärft wurde das verfassungsrechtliche Kernproblem einer ohne die Rückendeckung des Kaisers nicht handlungsfähigen Regierung durch die mangelhafte Ausstattung des Reichskanzlers mit adäquaten administrativen Ressourcen politischer Führung. Zu einer echten Regierungszentrale mit der Aufgabe einer systematischen Koordination der wichtigsten innen- und außenpolitischen Entscheidungen der Regierung wurde die Reichskanzlei bis zum Ende der Kriegsregierung Bethmann Hollweg (1914-1917) nicht.

Verfassungsrechtliche und organisatorische Grenzen der „Kanzlerregierung"

3.1.2 Koalitionsdemokratie und Präsidialdominanz: Regierungsorganisation und politische Führung in der Weimarer Republik

Die Weimarer Reichsverfassung schuf die erste parlamentarische Demokratie auf deutschem Boden. Die Regierung (Reichskanzler und Reichsminister) benötigte nun das Vertrauen einer parlamentarischen Mehrheit, und zwar nicht nur, um von ihr gewünschte Gesetzesvorhaben verabschieden zu können. Vielmehr konnte eine Mehrheit der Mitglieder des Reichstages die Regierung durch ein parlamentarisches Misstrauensvotum aus dem Amt treiben. Ein Misstrauensvotum konnte sich sowohl gegen den Kanzler als auch gegen einzelne Mitglieder der Regierung richten; in der Praxis konnte der Sturz eines einzelnen Ministers bisweilen zur Zerstörung des komplexen Gleichgewichts innerhalb einer Koalitionsregierung führen und damit den Sturz der gesamten Regierung nach sich ziehen.

Die Weimarer Republik als erste parlamentarische Demokratie auf deutschem Boden

Ungeachtet der deutlichen Aufwertung des Parlaments hatte das – nun aus demokratischen Wahlen hervorgehende, republikanische – Staatsoberhaupt, der Reichspräsident, eine nach wie vor außerordentlich starke Stellung inne. Diese zeigte sich nicht nur auf dem Feld spezieller Notstandsbefugnisse (Art. 48 WRV), welche vor allem in der Schlussphase der Weimarer Republik bedeutend werden sollten. Nach Art. 53 WRV wurde der Kanzler durch den Reichspräsi-

Starke Stellung des Reichspräsidenten

denten ernannt. Einem parlamentarischen Billigungsbeschluss stellte die Verfassung nichts in den Weg; von ausdrücklichen parlamentarischen Vertrauensabstimmungen über neu gebildete Regierungen sah man in der Verfassungspraxis gleichwohl schon früh ab. Die politische Bedeutung des präsidialen Ernennungsrechts wuchs in dem Maße, in dem aus den Reichstagswahlen und den anschließenden Parteiverhandlungen kein „natürlicher" Kandidat im Sinne eines unumstrittenen Mehrheitsführers hervorging. Letzteres wurde bald die Regel. Nur fünf der insgesamt 18 nach 1920 gebildeten Regierungen verfügten über eindeutige parlamentarische Mehrheiten.

Die bedeutende Machtposition des Reichspräsidenten gegenüber dem Parlament zeigte sich überdies in dessen Recht zur Auflösung des Reichstages gemäß Art. 25 WRV, worin eine „geradezu monarchische Funktion" (Siebert 1978: 109, Anm. 39) des Präsidenten gesehen wurde. Da die Reichsregierung ebenfalls vom Präsidenten entlassen werden konnte, resultierte aus dem Erfordernis der Gegenzeichnung des Auflösungsbeschlusses durch den Kanzler keine echte Einschränkung der präsidialen Auflösungsgewalt. Geradezu zum „Kampfinstrument" gegen das (zur Mehrheitsbildung unfähige) Parlament gerieten die weit reichenden Machtbefugnisse des Präsidenten ab 1930, während der Zeit der so genannten „Präsidialkabinette" (unter Brüning, Papen und Schleicher), welche ihre Existenz ausschließlich der politischen Unterstützung durch den Reichspräsidenten verdankten. Ab dem Sommer 1930 wurde Deutschland in den Worten Hans Fenskes „ein gänzlich von der Exekutive beherrschter Staat" (Fenske 1991: 60). Von der kunstvollen Verfassungskonstruktion nach dem Muster des so genannten „echten Parlamentarismus" (Robert Redslob), in dem sich Präsident und Parlament in einem Gleichgewicht zueinander befinden sollten, mit der parlamentarischen Regierung als beweglichem Bindeglied, blieb in der Verfassungspraxis wenig übrig.

Verhältnis zwischen Reichskanzler und Reichspräsident

Nach dem Text der Weimarer Reichsverfassung bestimmte der Reichskanzler, nicht der Reichspräsident, die Richtlinien der Politik. Der Richtlinienkompetenz wurde – wie im späteren Art. 65 des Grundgesetzes – die eigenständige Ressortverantwortlichkeit der Reichsminister sowie das Kollegialprinzip der Kabinettsarbeit an die Seite gestellt (Art. 56 u. 57 WRV). Wie im Falle des Verhältnisses von Präsident und Parlament folgte freilich auch die Funktionsweise der Regierung weniger den formalen Verfassungsregeln als dem politischen Kräftespiel. Gleichwohl wurde bereits im Hinblick auf die verfassungsrechtliche Ausgestaltung der Position des Kanzlers im Weimarer System kritisch argumentiert, dass dieser von seiner Richtlinienkompetenz mangels ergänzender Entscheidungsbefugnisse (wie insbesondere dasjenige der Parlamentsauflösung) praktisch keinen effektiven Gebrauch machen konnte: „Die Unfähigkeit des Kanzlers zur Führung der Staatsgeschäfte wurde gewissermaßen verfassungsrechtlich verankert" (Schöne 1968: 99).

Chronische Absenz parlamentarischer Mehrheiten

Jenseits verfassungsrechtlicher Regeln bildete das wichtigste Merkmal auch der Weimarer Republik wiederum die Abwesenheit hinreichend großer bzw. stabiler parlamentarischer Mehrheiten. Allein die Wahl zur Nationalversammlung im Januar 1919 brachte eine arbeitsfähige Mehrheitsregierung unter Einschluss von SPD, Zentrum und DDP hervor. Angesichts der fortschreitenden Zersplitterung der parteipolitischen Kräfte im Reichstag hätte es von Mai 1920 bis Juni 1932 für die Bildung einer Mehrheitsregierung jeweils einer Vierparteien-Koalition bedurft. Dabei sind die kleinen bürgerlichen Parteien (wie die Bayerische Volkspartei oder die Wirtschaftspartei) noch nicht einmal als selbständige Kräfte mitgezählt. Erschwerend hinzu kam die Stärke extremistischer Parteien, von der KPD bis hin zu den unterschiedlichen rechtsradikalen Gruppierungen. Selbst die Zusammenarbeit zwischen den potentiell „staatstragenden" Parteien stellte sich angesichts politikfeldspezifischer Gegensätze innerhalb und zwischen den Parteien, von kürzeren Ausnahmephasen abgesehen, jedoch als unmöglich heraus. „Im Deutschen Reichstag existierte seit 1920 keine parlamentarische Mehrheit, die zu längerfristiger Zusammenarbeit und gemeinsamer politischer Willensbildung *sowohl* im Bereich der Außenpolitik *als auch* im Bereich der Innenpolitik in der Lage war" (Kolb 1984: 72-73; Hervorhebung im Original). Entscheidend für die Weimarer Misere war indes nicht das breite Spektrum von Parteien mit unterschiedlicher programmatischer Ausrichtung an sich. Die Bildung stabiler Mehrheitskoalitionen scheiterte vielmehr vor allem an der strukturellen „Regierungsunlust" und Kompromissunfähigkeit der relevanten Parteien, welche ihrerseits Ausfluss einer mangelnden Verinnerlichung der Logik des parlamentarischen Regierungssystems und einer Fixierung auf weltanschauliche Grundpositionen waren (Lösche 1997: 148-153).

Im Hinblick auf die Regierungsorganisation und die vorherrschenden Muster politischer Führung während der Weimarer Republik ist eine Reihe anderer Aspekte noch bemerkenswerter. Dazu gehört zunächst die auffallend schwache Rolle des Kabinetts im gouvernementalen Entscheidungsprozess und im Bewusstsein der politischen Eliten. Noch im Sommer 1922 musste der Kanzler die Minister ausdrücklich darauf hinweisen, dass sie an den Kabinettssitzungen persönlich teilzunehmen hätten und sich nicht durch die Staatssekretäre oder andere Mitarbeiter ihres Hauses vertreten lassen sollten (Schöne 1968: 120). Zu einem politischen Entscheidungszentrum konnte das Kabinett auf dieser Grundlage schwerlich werden. Bedeutend einflussreicher waren praktisch von Beginn an die unterschiedlichen informellen Gremien, welche von den Partei- bzw. Fraktionsführungen der an der Regierung beteiligten Gruppen kontrolliert wurden. Ihnen gegenüber hatte das Kabinett in der Regel lediglich die Funktion, mehr oder minder unverbindliche Kompromissvorschläge auszuarbeiten, die anschließend von den interfraktionellen Gremien bestätigt oder verworfen wurden. Mitte der zwanziger Jahre wurde eigens ein „interfraktioneller Ausschuss" als zentrales Steuerungsgremium konstituiert, mit dem man an eine entsprechende Einrichtung aus der Spätphase des Ersten Weltkrieges anknüpfte. Darin trafen sich Mitglieder der Fraktionsvorstände der Regierungskoalitionen, Minister und hohe Ministerialbeamte in wechselnder Zusammensetzung. Zu den Besonderheiten des „interfraktionellen Ausschusses" zählte der hohe Grad an Formalisierung, der sich in schriftlich fixierten Richtlinien der Zusammenarbeit und gedruckten Einladungsformularen manifestierte (Haungs 1968: 161-174). Selbst dieses Gremium vermochte es indes nicht, das erforderliche Maß an Kommunikations- und Koordinationseffizienz zwischen den beteiligten Kräften zu gewährleisten. Seine Arbeit wurde deshalb ergänzt durch zusätzliche regelmäßige Gespräche zwischen dem Kanzler und den Partei- und Fraktionsführungen der Koalitionspartner. Noch nach dem Ende der Phase „parlamentarischer Regierungen", zur

Schwächung des Kabinetts durch informelle Gremien

Zeit der sogenannten „Präsidialkabinette" ab dem Sommer 1930, fanden Gespräche in dieser Zusammensetzung statt. Dies hatte seinen Grund nicht zuletzt darin, dass die Regierung – wenngleich sie nicht mehr vom Reichstag gestürzt werden konnte – gleichwohl auf die Unterstützung des Parlaments angewiesen blieb, da die durch die „Präsidialkabinette" umgesetzten Notverordnungen des Präsidenten gemäß Art. 48 WRV vom Reichstag aufgehoben werden konnten.

Grenzen der „Kanzlerdemokratie" in der Weimarer Republik
Die Kombination aus vergleichsweise bescheidenen verfassungsrechtlichen Ressourcen und ungünstigen politischen Bedingungen führte dazu, dass die zahlreichen Kanzler der Republik kaum ansatzweise in der Lage waren, als energische Führungspersönlichkeiten aufzutreten. Ebenfalls eine Rolle gespielt haben mag die – nicht nur im Vergleich mit den Kanzlern der Bundesrepublik, sondern auch mit jenen des Kaiserreichs – auffallende Unerfahrenheit der Weimarer Kanzler als Regierungschefs auf subnationaler Ebene (März 2002: 52-64). Auch umfangreichere Erfahrungen mit dem Regieren hätten freilich kaum eine Wiederbelebung der „Kanzlerregierung" im Bismarckschen Stil ermöglicht. Zur „natürlichen" Rolle des Kanzlers im Weimarer System wurde praktisch von Beginn an die eines Vermittlers und Schlichters zwischen den zahlreichen Mitgliedern chronisch instabiler Regierungskoalitionen. Am ehesten in der Lage, ihren persönlichen Regierungsstil im Rahmen der existierenden Bedingungen zu entfalten, waren deshalb jene Kanzler – wie etwa Hermann Müller (SPD) oder Wilhelm Marx (Zentrum) –, deren besondere Stärke in der Fähigkeit zur Vermittlung widerstrebender Positionen lag (Huber 1981: 326).

Die Rolle der Reichskanzlei
Diesem Modell politischer Führung entsprach auch die Stellung und Rolle der Reichskanzlei, welche nach der Geschäftsordnung der Reichsregierung das Zentrum der Regierung bilden sollte. Anders als im Kaiserreich handelte es sich beim Spitzenpersonal der Reichskanzlei nun eindeutig um einen Teil der politischen Elite, die den Regierungsparteien entweder formal oder zumindest informal verbunden war. Der Chef der Reichskanzlei wuchs rasch in die Position des wichtigsten Beraters des Kanzlers hinein, wofür er sich als Leiter des zentralen „Umschlagsplatzes" relevanter Informationen nicht zuletzt angesichts seines überlegenen Informationsstandes empfahl. Insgesamt blieb die Reichskanzlei im Wesentlichen eine politische Ausgleichsinstanz der Regierungskoalition, die sich nicht zu einem administrativen Führungsinstrument des Kanzlers fortentwickelte. Die eigentümliche Rolle der Reichskanzlei im Weimarer Koalitionsregime kam symbolisch darin zum Ausdruck, dass eine ihrer wichtigsten politisch-administrativen Dienstleistungen für den Kanzler darin bestand, Informationen über das öffentliche Auftreten „seiner" Minister zu sammeln (Schöne 1968: 123-139).

3.1.3 Totalitarismus und Führerprinzip: Regierungsorganisation und politische Führung im Dritten Reich

Die graduelle Ersetzung des Kabinettssystems durch das „Führersystem"
Obwohl die politischen Zielsetzungen der Nationalsozialisten von Beginn mit jeder Form freiheitlicher Demokratie unvereinbar waren, existierten einige der äußeren Merkmale der Weimarer Republik – deren Verfassung nie offiziell abgeschafft wurde – während der ersten Jahre des Regimes gerade im Bereich der

Regierungsorganisation fort. Dies galt etwa für das Kabinett, in dem sich die neu ernannten NS-Minister gegenüber den konservativen Fachministern zunächst in der Minderheit befanden. Tatsächlich fanden während der ersten Jahre noch mehr oder minder regelmäßig Kabinettssitzungen statt. Unter der Oberfläche dieser teilweisen Kontinuität begann indes bereits im ersten Jahr der Nazi-Herrschaft das „Führersystem" zu wuchern, welches bis zum Ausbruch des Zweiten Weltkrieges die bis dahin bekannten Strukturen der Regierungsorganisation schließlich nahezu vollständig verdrängte.

Das Ermächtigungsgesetz vom 23. März 1933 enthielt die Bestimmung, dass alle von der Reichsregierung beschlossenen Gesetze vom Reichskanzler (anstatt wie bisher vom Reichspräsidenten) auszufertigen seien. Damit war die Vormachtstellung Hitlers im Kabinett von vornherein unbestritten. Entsprechend gestalteten sich die Treffen des Kabinetts. Abstimmungen über geplante Vorhaben fanden grundsätzlich nicht statt, obwohl es in den ersten Monaten des Regimes durchaus noch Ansätze zu ernsthaften Beratungen über ausgewählte Materien gab. Eine Klärung zwischen widerstrebenden Positionen der einzelnen Fachressorts sollte nach Hitlers Wunsch jedoch nach Möglichkeit bereits im Vorfeld der Zusammenkünfte des Kabinetts erfolgen, um die Entstehung offener Entscheidungssituationen zu vermeiden. Zum weiteren Bedeutungsverlust des Kabinetts trug wesentlich die Einführung eines verkürzten Gesetzgebungsverfahrens im Jahre 1936 bei. Dieses schuf die Möglichkeit, über Vorlagen im Umlaufverfahren zu entscheiden, was seit 1938 auch praktisch ausnahmslos geschah.

Eine grundlegende verfassungsrechtliche Absicherung hatte die Position Hitlers bereits durch die Übernahme des Reichspräsidentenamts im August 1934 erfahren. Das entsprechende Gesetz legte als offizielle Amtsbezeichnung Hitlers die Formel „Führer und Reichskanzler" fest. In den Äußerungen und der Wahrnehmung von Vertretern des Regimes sank das Kabinett damit zu einem bloßen „Führerrat" herab (Rebentisch 1989: 43-44). Die letzte reguläre Kabinettssitzung fand am 9. Dezember 1937 statt.

Trotz – oder gerade wegen – dieser Entwicklungen grassierte praktisch von Beginn der Nazi-Herrschaft an ein ausgeprägter Ressortpartikularismus. Tatsächlich war das Gewicht einzelner Ministerien deutlich größer als während der Weimarer Republik. Die Fragmentierung des gouvernementalen Entscheidungssystems bildete jedoch nur eine Komponente des bedeutend weiter dimensionierten Prozesses der Auflösung klarer Kompetenzabgrenzungen. Praktisch von der Geburtsstunde des NS-Regimes an wurden einzelne Personen und Institutionen mit Sondervollmachten ausgestattet, die quer zu den übrigen Kompetenzstrukturen lagen (Broszat 1969: 328-346). Zum Kerncharakteristikum der späteren Jahre des Regimes wurde vor allem ein vielgestaltiges „Kanzleisystem". Dieses umfasste zunächst die Reichskanzlei, die direkte Nachfolgerin der Weimarer Reichskanzlei. Sie blieb mit insgesamt nur rund 75 Beschäftigten (einschließlich Sekretariatspersonal) gerade im Vergleich mit zahlreichen anderen Organisationen eine in personeller Hinsicht erstaunlich konzentrierte Einrichtung. Der administrative Einfluss der Reichskanzlei gegenüber den Ressorts war beträchtlich, ihr Einfluss auf politische Grundsatzentscheidungen Hitlers hingegen ausgesprochen gering. Von Beginn an vergleichsweise unbedeutend waren die Präsidialkanzlei und die Ende 1934 geschaffene „Kanzlei des Führers". Während erstere

Ressortpartikularismus und „Kanzleiregierung"

im Wesentlichen auf repräsentative Aufgaben beschränkt war, fungierte letztere vor allem als Sammel- und Bearbeitungsstelle von Eingaben aus der Bevölkerung an den „Führer".

Von herausragender Bedeutung war hingegen die Parteikanzlei, welche 1933 zunächst als Dienststelle des „Stellvertreters des Führers" gegründet und 1941 in „Parteikanzlei" umbenannt wurde. Bereits die Dienststelle verfügte über eine bezüglich ihrer Reichweite kaum zu überschätzende Kontrollfunktion gegenüber den staatlichen Regierungsressorts. Deren Leiter, Rudolf Hess, erhielt das Recht zugesprochen, bei der Bearbeitung aller Gesetzentwürfe (später auch aller im Reichsgesetzblatt veröffentlichten Ausführungs- und Durchführungsbestimmungen) sämtlicher Ressorts als grundsätzlich beteiligter Reichsminister im Sinne der NSDAP zu intervenieren. In den vierziger Jahren wurde die Parteikanzlei zur wichtigsten Schaltstelle der Macht, hinter der der Einfluss der Reichskanzlei deutlich zurückblieb. Sichtbarstes äußeres Anzeichen dieser Entwicklung war die Verleihung des Titels „Sekretär des Führers" an den Leiter der Parteikanzlei, Martin Bormann, im April 1943, welcher in der Endphase des Regimes gleichsam zum „Super- und Kontrollminister der Reichsregierung" (Broszat 1969: 394) avancierte.

Höhepunkt und Krise der „Kanzleiregierung"

Im selben Jahr erreichte die „Kanzleiregierung" mit einem letzten Koordinierungsversuch ihren Höhepunkt. Im Januar 1943 wurde der so genannte „Dreierausschuss" gegründet. Dabei handelte es sich um ein Arbeitsbündnis der Behördenchefs der Reichskanzlei, der Parteikanzlei und des Oberkommandos der Wehrmacht. Der „Dreierausschuss" kam bis Ende August 1943 insgesamt elfmal zusammen, ohne allerdings zu durchschlagenden Ergebnissen zu gelangen. Maßgeblich mitverantwortlich dafür war dessen mangelhafte politische Durchsetzungsfähigkeit gegenüber anderen mächtigen Akteuren des Systems wie insbesondere Reichspropagandaminister Goebbels und dem Oberkommandanten der Luftwaffe, Reichstagspräsidenten und preußischen Ministerpräsidenten Göring. Hinzu kam die halbherzige politische Unterstützung Hitlers selbst. Das Scheitern dieses Projekts wurde in der Literatur als Beweis dafür gewertet, „dass irgendeine Form des rationalen Regierens mit Hitlers Diktatur unvereinbar war und jede institutionalisierte Koordination von Ressort- und Sachinteressen an Hitlers Willkürregiment zerbrach und zerbrechen musste" (Rebentisch 1989: 498; Kershaw 1993).

Loslösung Hitlers von der Reichsregierung ...

Zu den in unserem Zusammenhang besonders bemerkenswerten Aspekten von Hitlers Führungsstil gehört neben den bekannten Charakteristika nationalsozialistischer Terrorherrschaft – wie der Aufhebung der Gewaltenteilung, der Unterdrückung jedweder freien Meinungsbildung, des virtuosen Einsatzes einer hochgradig professionellen Propagandamaschinerie usw. – die graduelle Loslösung des „Führers" von der Reichsregierung. Diese Neigung wurde seit dem Ausbruch des Zweiten Weltkrieges, zusätzlich zu den zahlreichen anderen Formen der Machtdelegation, mit der Übersiedlung Hitlers an die unterschiedlichen Plätze des „Führerhauptquartiers" auch in räumlicher Hinsicht greifbar. Ende August 1939 wurde ein „Ministerrat für Reichsverteidigung" unter dem Vorsitz Görings eingerichtet, der jedoch zu keinem neuen kollegialen Entscheidungsgremium wurde. Gleichwohl stellte Martin Broszat durchaus zutreffend fest:

„Mit Kriegsbeginn hörte Hitler im Grunde auf, Reichskanzler, d.h. persönlich leitender Chef der Reichsregierung, zu sein" (Broszat 1969: 382).

Dieses Urteil verdeutlicht, dass mit der schrittweise erfolgenden Loslösung Hitlers von der Reichsregierung nicht exakt dasselbe Phänomen gemeint ist, das innerhalb der modernen Exekutivforschung gelegentlich als „spatial leadership" (Foley 1993: 264) bezeichnet wurde. Der Begriff „spatial leadership" soll die Beobachtung auf den Begriff bringen, dass die Regierungschefs der etablierten Demokratien aus strategischen Motiven heraus zeitweilig eine Position erstreben, die in der öffentlichen Wahrnehmung seitens der Wähler von der Regierung unterschieden ist. Damit ist – so die These – die Hoffnung verbunden, sich gegenüber möglichen politischen Fehlschlägen der Regierung zu immunisieren und zudem die gesellschaftliche Unterstützungsbasis über Parteigrenzen hinweg auszuweiten. Die zuletzt genannten Aspekte lassen sich – trotz der mit den Spielregeln demokratischer Politik gänzlich unvereinbaren Herrschaftsstrukturen des Dritten Reiches – in modifizierter Form jedoch zweifelsohne auch in Hitlers Fall beobachten. So konstatierte der britische Historiker David Welch: „By appearing to stand above the day-to-day realities of the regime, Hitler acted like a kind of medieval monarch, as a positive symbol, a focus of loyalty and of national unity. Hitler was presented not just as another party leader, but as the leader for whom Germany had been waiting – a leader who would place the nation before any particularist cause. The nature of Hitler's position as charismatic leader, as the Führer of the German people, rested on his continuing ability to detach himself from day-to-day politics, with the result that he was never personally associated with the worst extremes of the regime" (Welch 1993: 86).

Diese Erscheinung der Abgehobenheit, der ein weitgehender Rückzug aus den traditionellen Regierungsinstitutionen entsprach, ist indes nicht gleichzusetzen mit einem grundsätzlichen Verlust der Entscheidungsmacht. Detailstudien über die innere Struktur des nationalsozialistischen Herrschaftsapparates zeigen vielmehr, dass Hitler selbst noch nach Einsetzen des körperlichen Verfalls die wesentlichen Entscheidungen (und Fehlentscheidungen) tatsächlich überwiegend persönlich traf (Rebentisch 1989: 401-402, 550-551).

... aber Konzentration der Entscheidungsmacht beim „Führer"

3.1.4 Zwischenbilanz: Das historische Erbe der Bundesrepublik im Bereich der Regierung

Die geschilderten Entwicklungen führten dazu, dass sich die demokratische Nachkriegselite in Deutschland keineswegs nur, aber auch in Fragen der Regierungsorganisation und der politischen Führung mit einem denkbar schwierigen Erbe konfrontiert sah. Während das NS-Regime in jeder Hinsicht zu verurteilen war, gab es auf der Ebene demokratischer politischer Führung vor 1933 wenige historische Errungenschaften, an denen man hätte anknüpfen können. Dies galt zum einen für die institutionellen Grundlagen der politischen Führung: Aus der unmittelbaren Nachkriegsperspektive erschien die Weimarer Republik wenigen der zeitgenössischen Akteure als positives Gegenmodell zum NS-Regime; sie galt vielmehr als weitgehend mitdiskreditiert, da sie den Weg in den nationalsozialistischen Terrorstaat nicht zu verhindern vermocht hatte. Entsprechende De-

Schwieriges historisches Erbe der Bundesrepublik

fizite kennzeichneten die persönlichen Führungsstile und -leistungen einzelner Amtsinhaber: Vielen erschien in der Rückschau am ehesten Bismarck – dessen Führungsstil aus heutiger Perspektive gewiss als autoritär und „vordemokratisch" zu klassifizieren wäre – als Verkörperung politischer Führungstugenden.

Herausforderungen ...

Das Problem bestand folglich darin, ein Modell politischer Führung zu kreieren, dass – im Sinne eines energischen „Gegenentwurfs" zum nationalsozialistisch-totalitären System – einerseits durch das Prinzip größtmöglicher demokratischer Machtteilung und Einhegung von Exekutivgewalt gekennzeichnet sein sollte, andererseits die Position des Regierungschefs im Verfassungsgefüge (und dabei nicht zuletzt innerhalb der Regierung) so stark machte, dass dieser dem verbreiteten Wunsch nach einer starken politischen „Identifikationsfigur" zumindest potentiell gerecht zu werden vermochte.

... und Antworten

Die grundlegenden Antworten auf diese spezifische Herausforderung wurden durch das am 23. Mai 1949 in Kraft getretene Grundgesetz gegeben. Untergeordnete Aspekte der Regierungsorganisation wurden auf der Ebene von Geschäftsordnungen der Bundesregierung und der Bundesministerien geregelt. Das für die Bundesrepublik charakteristische Modell politischer Führung bildete sich freilich im Zusammenspiel dieses rechtlichen Regelwerks mit zahlreichen weiteren Faktoren heraus. In den nachfolgenden Abschnitten wird neben den grundlegenden rechtlichen Bestimmungen nur eine weitere, ebenfalls durch ein vergleichsweise hohes Maß an Stabilität gekennzeichnete Dimension der grundlegenden Rahmenbedingungen – die politische Kultur – berücksichtigt. Die vergleichende Verortung der jeweiligen Befunde bleibt in diesem Teil der Untersuchung auf die historische Dimension beschränkt. Eine international vergleichende Betrachtung und Bewertung ist dem Schlusskapitel der Studie vorbehalten.

3.2 Die verfassungsrechtliche Dimension: Regierungsbildung, Regierungsorganisation und der Regierungsprozess nach dem Grundgesetz

Die Regierungsbildung: Abkehr von den Weimarer Regeln

Die Bundesrepublik gehört zu jenen westlichen Demokratien, in denen Fragen der Regierungsbildung und -organisation vergleichsweise detailliert in der Verfassung geregelt sind. Erwähnenswert ist zunächst die in Art. 63 GG vorgeschriebene Wahl des Kanzlers durch den Bundestag. Die Weimarer Verfassung kannte weder eine formale Wahl des Kanzlers durch den Reichstag noch ein nachträgliches Vertrauensvotum desselben im Anschluss an die erfolgte Regierungsbildung. Nur die Kabinette der Transitionsphase (Scheidemann und Bauer) wurden durch formale Inaugurationsabstimmungen des Reichstags im Amt bestätigt, ohne damit ein entsprechendes Verfahren als Konventionalregel etablieren zu können. Die Nicht-Existenz einer formalen Wahlfunktion des Reichstags und die starke Rolle des Reichspräsidenten im Prozess der Regierungsbildung veranlasste Wilhelm Hennis zu der Feststellung, dass die Weimarer Republik zwar eine „parlamentarisierte", aber noch keine „parlamentarische Regierung" gekannt habe (Hennis 1974: 215).

Art. 63 GG schreibt die Wahl eines vom Bundespräsidenten zu nominierenden Kandidaten durch den Bundestag vor. Um gewählt zu sein, benötigt ein vom Bundespräsidenten vorgeschlagener Kandidat – welcher selbst nicht Mitglied des Bundestages sein muss – eine absolute Mehrheit der Stimmen des Bundestages. Erlangt er diese nicht, kann der Bundestag einen alternativen Kandidaten vorschlagen. Nur, wenn kein Bewerber innerhalb von 14 Tagen nach dem ersten Wahlgang eine absolute Mehrheit der Stimmen auf sich vereinigt hat, kann ein Kandidat mit einer relativen Mehrheit ins Amt gewählt werden. Während der Präsident jeden mit absoluter Mehrheit gewählten Kandidaten ernennen muss, steht es ihm frei, einem mit relativer Mehrheit gewählten Kandidaten die Ernennung zu verweigern und stattdessen den Bundestag aufzulösen, um Neuwahlen zu ermöglichen.

Nominierung und Wahl des Kanzlers gemäß Art. 63 GG

Die Tatsache, dass bislang mit nur einer Ausnahme – Helmut Kohl, der 1982 durch ein erfolgreiches parlamentarisches Misstrauensvotum gegen Helmut Schmidt ins Amt gelangte – sämtliche „Neukanzler" der Bundesrepublik im ersten Wahlgang mit absoluter Mehrheit gemäß Art. 63 GG gewählt wurden, sagt vor allem etwas über die vergleichsweise übersichtliche Struktur des Parteiensystems aus. Zugleich wird daran deutlich, dass die Präsidenten der Bundesrepublik ihre Rolle im Regierungsbildungsprozess angemessen zurückhaltend interpretiert und ihr Vorschlagsrecht mit Gespür für die parlamentarischen bzw. parteipolitischen Mehrheitsverhältnisse ausgeübt haben. Allerdings zeigt ein genauerer Blick auf die Ergebnisse bei Kanzlerwahlen im Bundestag auch, dass besonders großzügige Mehrheiten eine Ausnahme bildeten (vgl. Abschnitt 4.4). Im Oktober 1998 wurde Gerhard Schröder zum ersten Kandidaten, der nicht nur die Unterstützung sämtlicher anwesender Abgeordneter aus den Reihen der künftigen Koalitionsparteien, sondern zugleich mehrere Stimmen aus dem Oppositionslager erhielt.

Art. 64 GG gibt dem Kanzler das Recht, die Mitglieder seiner Regierung (dazu zählen neben dem Kanzler formal sämtliche Minister, nicht aber die parlamentarischen Staatssekretäre) auszuwählen und zugleich die Anzahl und den Geschäftsbereich der einzurichtenden Ministerien zu bestimmen. Die einzige nennenswerte verfassungsrechtliche Einschränkung der Organisationsgewalt des Kanzlers besteht in der impliziten Vorschrift, dass es einen Finanzminister, einen Justizminister und einen Verteidigungsminister geben muss (Böckenförde 1998: 200-201). Eine weitere indirekte Einschränkung der Organisationsgewalt des Bundeskanzlers ergibt sich aus dem Recht des Bundestages, über das der Bundesregierung zu gewährende Budget zu entscheiden (Badura 1996: 444). Sie ist unter den Bedingungen des Mehrheitsparlamentarismus in der Praxis jedoch ebenfalls kaum von Bedeutung. Aus historisch-vergleichender Perspektive wurde die Neubemessung der verfassungsrechtlichen Ressourcen des Kanzlers bei der Regierungsbildung als der wichtigste Schritt zur Stärkung der Position des Regierungschefs unter dem Grundgesetz bewertet (Niclauß 1999: 31).

Die Regierungsbildung gemäß Art. 64 GG ...

Während Verfassungsrechtler gelegentlich der Ansicht waren, dass der Präsident das Recht besitze, einem vom Kanzler nominierten Kandidaten für ein Ministeramt die Ernennung zu verweigern (Menzel 1965), finden sich in der Verfassungspraxis nur sehr wenige Beispiele für eine erfolgreiche Einflussnahme des Präsidenten auf die Ministerauswahl. Gänzlich unbestritten blieb aus juristischer Warte das Recht des Kanzlers zur Ministerentlassung, wobei das formale Verfahren wiederum eine Beteiligung des Bundespräsidenten vorsieht (Achterberg 1987: 651).

... und die Praxis der Regierungsbildung in der „Koalitionsdemokratie"

In der Verfassungspraxis der Bundesrepublik erfolgt die Regierungsbildung in aller Regel im Rahmen eines oftmals langwierigen Aushandlungsprozesses zwischen den künftigen Regierungsparteien. Hierdurch wird der nach dem Grundgesetz bemerkenswert große Handlungsspielraum des Kanzlers unweigerlich eingeschränkt. Seit 1961 ist es – mit Unterbrechungen während der Regierungszeit der sozial-liberalen Koalition – üblich, dass ein entsprechender Konsens über Programm- und Personalfragen im Rahmen von schriftlichen Koalitionsverträgen erzielt wird. Als Funktion von Koalitionsverträgen wurde, zusätzlich zu der Dokumentation der in den Koalitionsverhandlungen vereinbarten politischen Positionen und der Schaffung einer „Arbeitsgrundlage" für die Regierungsarbeit, in der Spezialliteratur vor allem deren Bedeutung für die innerparteiliche Vermittlung von Verhandlungsergebnissen durch die Parteieliten genannt (Saalfeld 2000: 65). Der Umfang entsprechender Vereinbarungen hat seit Beginn der neunziger Jahre deutlich zugenommen (ebd.: 56, Tab. 2.5). Von Verfassungsrechtlern lange Zeit mit großem Misstrauen betrachtet, finden sich in der jüngeren rechtswissenschaftlichen Literatur Vorschläge zu einer verfassungsrechtlichen Kodifizierung der in der Verfassungspraxis seit Jahrzehnten zu beobachtenden zentralen Rolle der Parteien (Zuck 1998).

Organisationsprinzipien der Regierung:

Kehren wir jedoch zurück zur Betrachtung der zentralen verfassungsrechtlichen Grundlagen des Regierens in der Bundesrepublik: Art. 65 GG vereinigt die drei grundlegenden Organisationsprinzipien im Bereich der Regierung: das „Kanzlerprinzip", das „Kabinettsprinzip" und das „Ressortprinzip".

– Kanzlerprinzip

Das so genannte Kanzlerprinzip, welches das Recht des Kanzlers zur Ministerauswahl und zur Bestimmung der Ressortstruktur einschließt, findet seinen deutlichsten Ausdruck in der verfassungsrechtlichen Zuweisung der Richtlinienkompetenz (Art. 65, Satz 1 GG), welche sich auch schon in Art. 56 WRV fand. Vor allem in der Rechtswissenschaft hat sich eine weit verzweigte Diskussion über die Natur der Richtlinienkompetenz entwickelt, welche hier nicht im Detail nachzuzeichnen ist (vgl. für entsprechende Nachweise Schuett-Wetschky 2003, 2004). Die Adressaten der Richtlinienkompetenz sind die Kabinettsminister, d.h. weder die führenden Ministerialbeamten in den einzelnen Ressorts noch irgendwelche anderen Verfassungsorgane wie etwa der Bundestag. Auch die Minister sind durch die Richtlinien des Kanzlers ausschließlich in ihrer Funktion als Ressortchefs, nicht als Mitglieder des Kabinetts gebunden. Im Übrigen gilt, wie Heinrich Oberreuter (1990: 226) pointiert formuliert hat: „Die Richtlinienkompetenz ist zwar eine Verfassungsnorm. Aber sie ist ein politisches, kein rechtliches Schwert". In der jüngeren Literatur räumen mittlerweile selbst Verfassungsrechtler ein, dass der Richtlinienkompetenz letztlich nur eine „Reservefunktion" zukomme, die dem Kanzler in politisch schwierigen Situationen eine zusätzliche verfassungsrechtliche Autorität verleihen könne (Maurer 1993: 126-127). Die Richtlinienkompetenz ist eingebettet in bzw. wird gestützt durch eine Reihe weiterer verfassungsrechtlicher Bestimmungen (Art. 64, 65 Satz 4, 67 und 68 GG). Andererseits fehlen dem Kanzler einige verfassungsrechtliche Ressourcen – wie insbesondere das Recht zur Parlamentsauflösung oder die Kommandogewalt über das Militär –, welche in vielen anderen westlichen Demokratien zum Kompetenzprofil des Regierungschefs gehören. Die Kommandogewalt über die Streitkräfte geht nur im Konfliktfall vom Verteidigungsminister auf den Kanzler über. Gemäß Art. 68 GG darf der Kanzler den Bundespräsidenten nur im Anschluss an eine negativ beantwortete Vertrauensfrage an den Bundestag um eine vorzeitige Auflösung desselben ersuchen. In diesem Fall kann der Bundespräsident den Bundestag auflösen, muss dies jedoch nicht tun. Zu den wesentlichen institutionellen Stützen der Richtlinienkompetenz und des Kanzlerprinzips gehört neben den genannten verfassungsrechtlichen Bestimmungen nicht zuletzt das – im Grundgesetz nicht erwähnte – Bundeskanzleramt (vgl. Kap. 5).

Das Ressortprinzip beinhaltet die Vorstellung, dass jeder Minister für Entscheidungen, die im Rahmen seines Geschäftsbereichs liegen, die volle Verantwortung trägt. Dabei ist verfassungsrechtlich nicht genau spezifiziert, in welchem Maße die ressortbezogene Entscheidungsgewalt durch die Richtlinienkompetenz des Kanzlers eingeschränkt wird, obwohl Art. 65, Satz 2 GG feststellt, dass die Ausübung der ministeriellen Entscheidungsgewalt „innerhalb dieser Richtlinien" zu erfolgen habe. Das Ressortprinzip wird jedoch nicht ausschließlich von seinem Verhältnis zum Kanzlerprinzip her definiert. Für die jüngere Vergangenheit lässt sich von einer moderaten Tendenz zur (geschäftsordnungs-)rechtlichen Stärkung der Rolle der Bundesregierung als Kollegialorgan sprechen, welche der Tendenz nach auf Kosten des Ressortprinzips erfolgte. Die revidierte Gemeinsame Geschäftsordnung der Bundesministerien vom 1. September 2000 führte mit § 3,3 eine Bestimmung ein, nach der die einzelnen Ministerien dazu angehalten sind, „ihre Aufgaben so wahrzunehmen, dass die Funktionsfähigkeit der Bundesregierung gewährleistet ist und nach außen ein einheitliches Erscheinungsbild ergibt".

– Ressortprinzip

Durch das Kabinettsprinzip gemäß Art. 65, Satz 3 GG wird der Vorstellung, dass das Kabinett als kollektives Entscheidungsorgan zu handeln habe, verfassungsrechtlicher Ausdruck verliehen. Sämtliche Regierungsvorlagen (wie auch Regierungsverordnungen), die dem Bundestag zugeleitet werden sollen, bedürfen der formalen Zustimmung des Kabinetts. Auseinandersetzungen zwischen einzelnen Ministern sind, wie das Grundgesetz ausdrücklich hervorhebt, nicht durch den Bundeskanzler, sondern durch das Bundeskabinett zu entscheiden. Die „kollegiale" Komponente der Regierungsorganisation wird durch Regeln auf Geschäftsordnungsebene weiter untermauert. Gemäß § 28,2 der Geschäftsordnung der Bundesregierung ist es den Mitgliedern der Bundesregierung untersagt, im Bundestag öffentlich gegen Regierungsvorlagen Stellung zu beziehen. Nach Auffassung einiger Autoren lässt sich ein ganzes Geflecht verfassungsrechtlicher Regeln erkennen, welches in seiner Gesamtheit eine „Pflicht zur Geschlossenheit der kollegialen Regierung (Regierungszwang)" (Schmidt-Jortzig 1973: 23-30) normiere.

– Kabinettsprinzip

Dem Grundgesetz ist kaum zu entnehmen, in welchem Hierarchieverhältnis die genannten drei Grundprinzipien der Regierungsorganisation zueinander stehen. Die meisten Verfassungsrechtler neigen dazu, das Kanzlerprinzip als dominante Komponente der Trias anzusehen. Klaus Stern (1980: 299) spricht von einem „moderierten Kanzlersystem". Für Wolfgang Böckenförde (1998: 147, 173), der auf die Reihenfolge der Anordnung der drei Organisationsprinzipien in

Rechtliches und politisches Spannungsverhältnis zwischen den drei Organisationsprinzipien

Art. 65 GG verweist, bildet das Kabinettsprinzip das schwächste Glied der Reihe. Es gibt andere Interpretationsansätze, denen zufolge das Kabinettsprinzip als eigentlicher Dreh- und Angelpunkt der Gesamtkonstruktion der Regierungsorganisation nach dem Grundgesetz zu betrachten sei (Schmidt-Preuss 1988). Diese Position hat jedoch innerhalb der politikwissenschaftlichen Literatur – welche das Kabinettsprinzip übereinstimmend als das in der Praxis unbedeutendste Prinzip der Regierungsorganisation bewertet (von Beyme 1997: 139) – so gut wie keine Unterstützung erfahren. Eine vermittelnde Interpretation stammt von Martin Oldiges (1983: 468), der von einem „Kanzlerkabinett" spricht, in dem sowohl der Kanzler als auch das Kabinett zentrale Bestandteile des organisatorischen Führungsmodells bilden. Im Gegensatz dazu gibt es in der einschlägigen Literatur kaum Versuche, das Ressortprinzip als die dominante Komponente der Regierungsorganisation in der Bundesrepublik herauszustellen.

Tendenzieller Vorrang des Kanzlerprinzips

Die Höherrangigkeit des Kanzlerprinzips gegenüber dem Kabinetts- und Ressortprinzip, von der die Mehrzahl relevanter Autoren überzeugt ist, wurde auf unterschiedliche Weise begründet. Während einige Autoren vor allem auf entsprechende Geschäftsordnungsregeln hinweisen, durch die die Rolle des Kanzlers innerhalb der Exekutive weiter gestärkt werde, tendieren die meisten übrigen Kommentatoren dazu, die verfassungsrechtliche Einbettung von Art. 65, Satz 1 GG in die übrigen Bestimmungen des Grundgesetzes zu betonen. Dazu gehört insbesondere die Rolle des Kanzlers und der Regierung gegenüber dem Bundestag. Wie eine Reihe anderer verfassungsrechtlicher Bestimmungen ist auch und insbesondere Art. 67 GG – das konstruktive Misstrauensvotum, über das bereits zu Zeiten der Weimarer Republik diskutiert wurde (Berthold 1997) – Ausdruck des Bestrebens des Verfassungsgebers nach größtmöglicher Stabilität. Dieser ermöglicht die parlamentarische Abwahl eines Kanzlers (und damit der gesamten Regierung) nur unter der Bedingung, dass gleichzeitig ein Nachfolger gewählt wird. Hierzu ist die absolute Mehrheit der Mitglieder des Bundestages erforderlich. Obwohl sich gerade in der jüngeren Literatur Stimmen finden, die auf die zentrale Bedeutung des Prinzips individueller Ministerverantwortlichkeit für das Konzept der parlamentarischen Demokratie hinweisen (Mehde 2001), gestattet das Grundgesetz – im Gegensatz zu den einschlägigen Bestimmungen der Weimarer Reichsverfassung – keine parlamentarische Abwahl einzelner Minister. Der Bundestag besitzt lediglich die Möglichkeit, einen Minister zu tadeln, womit in verfassungsrechtlicher Hinsicht kein Rücktrittserfordernis des betreffenden Ministers verbunden ist. Selbst Art. 68 GG – die Vertrauensfrage – kann in funktioneller Hinsicht als wichtiges „Disziplinierungsinstrument" in den Händen des Kanzlers gegenüber einer widerspenstigen parlamentarischen Mehrheit, und damit als verfassungsrechtliche Machtressource des Regierungschefs, bezeichnet werden.[7] Mit Blick auf die grundlegenden konstitutionellen Rahmenbedingungen erscheint es deshalb als gerechtfertigt, mit Hans-Peter Schneider (1989: 363) von einem „System parlamentarischer Kanzlerregierung" zu sprechen.

---

7   Wie die Ereignisse aus dem Dezember 1982 und dem Juli 2005 lehren, bei denen die jeweilige Kanzlermehrheit dem Kanzler nach Absprache das Vertrauen verweigerte, um vorgezogene Neuwahlen zu ermöglichen, gibt es jedoch gute Gründe, den Art. 68 GG außerdem als „Funktionsäquivalent für das fehlende Selbstauflösungsrecht des Bundestages" (Schneider/Zeh 1989: 1309) zu bewerten.

Im Zusammenhang mit den verfassungsrechtlichen Parametern der Regierungsorganisation in der Bundesrepublik ist ferner auf eine Reihe schriftlich kodifizierter Bestimmungen und Konventionalregeln hinzuweisen, die die interne Hierarchie zwischen unterschiedlichen Ministerien bzw. Ministerämtern betreffen. Eine herausgehobene Stellung besitzt zunächst der Finanzminister. Er verfügt über ein Veto bezüglich der geplanten Ausgaben der einzelnen Ressorts (Art. 108, 112 und 114 GG), welches gemäß § 26,1 der Geschäftsordnung der Bundesregierung (GOB) nur durch eine absolute Mehrheit der Kabinettsmitglieder unter Einschluss des Kanzlers überstimmt werden kann. Eine herausgehobene Stellung besitzen auch der Justizminister und der Innenminister, denen ähnliche Vetorechte zu Gebote stehen wie dem Finanzminister (Böckenförde 1998: 182-186). Die im November 2002 novellierte GOB gesteht eine spezielle Position auch der Bundesministerin für Familie, Senioren, Frauen und Jugend sowie der Bundesministerin für Verbraucherschutz, Ernährung und Landwirtschaft zu. In Bezug auf die zuerst genannte gilt, dass diese gemäß § 15a GBO „im Einvernehmen mit dem Bundeskanzler [...] verlangen [kann], dass Angelegenheiten von frauenpolitischer Bedeutung der Bundesregierung zur Beratung und Beschlussfassung unterbreitet werden, auch wenn diese zum Geschäftsbereich eines anderen Bundesministers gehören". Erweitert wird diese Kompetenz durch den Hinweis, dass die Ministerin „im Benehmen mit dem federführenden Bundesminister Gesetzesvorhaben vor Bundestag und Bundesrat einschließlich deren Ausschüsse neben dem federführenden Bundesminister vertreten" kann. Über entsprechende Möglichkeiten verfügt die Bundesministerin für Verbraucherschutz, Ernährung und Landwirtschaft gemäß § 15a, 3 GOB in verbraucherschutzpolitischen Angelegenheiten. § 21,4 gesteht der Bundesministerin für Familie, Senioren, Frauen und Jugend in Bezug auf die Beratung von Kabinettsvorlagen des weiteren das Recht zu, „die Absetzung von der Tagesordnung zu verlangen, wenn es sich um eine frauenpolitische Angelegenheit von besonderer Tragweite handelt und er [sic] bei der Vorbereitung der Kabinettsvorlage nicht hinreichend beteiligt worden ist, es sei denn, dass der Bundeskanzler die sofortige Beratung für notwendig hält".

Das interne Hierarchieverhältnis zwischen den Bundesministerien bzw. Bundesministern

Anders als der politische Journalismus, kennt das Verfassungsrecht die Bezeichnung „Vizekanzler" nicht. Das Grundgesetz (Art. 69) wie auch die Geschäftsordnung der Bundesregierung (§ 8) sprechen vom einem „Stellvertreter" des Kanzlers, welcher über kein unabhängiges Mandat verfügt. Es ist gänzlich unbestritten, dass das Recht, die Richtlinien der Politik zu bestimmen, im Falle der Abwesenheit des Kanzlers nicht an den Stellvertreter übergeht. Umso weniger ist der Stellvertreter befugt, während der Abwesenheit des Kanzlers die Vertrauensfrage gemäß Art. 68 GG zu stellen; ebenfalls ausgeschlossen ist der Sturz des Stellvertreters durch ein parlamentarisches Misstrauensvotum (Beckmann 1967; Kröger 1969: 45-48). Im Übrigen gibt es wenige verfassungsrechtliche Hinweise darauf, wie der Stellvertreter zu bestimmen sei. Art. 69 (1) GG schreibt lediglich vor, dass die Position des Stellvertreters des Bundeskanzlers nur an einen Bundesminister vergeben werden kann, womit die Ernennung eines parlamentarischen Staatssekretärs im Bundeskanzleramt – nicht aber eines Ministers ohne Geschäftsbereich im Kanzleramt – zum Stellvertreter ausgeschlossen ist. Gelegentlich wurde argumentiert, dass es verfassungsrechtliche Inkompatibilitä-

Das Profil des „Vizekanzlers" gemäß Art. 69 GG ...

65

ten zwischen bestimmten Ministerämtern und der Position des Stellvertreters des Bundeskanzlers gäbe, so insbesondere zwischen dem zuletzt genannten und dem Bundesminister der Finanzen (Plaum 1958). Entsprechende Argumentationsmuster markieren jedoch eine Ausnahme und haben insbesondere in der Praxis keinerlei Relevanz erlangt.

... und in der Verfassungspraxis

Trotz der durch einschlägige Regeln theoretisch wenig eingeschränkten Entscheidungsfreiheit der politisch Verantwortlichen lassen sich in der Verfassungspraxis leicht gewisse Konventionen bei der Auswahl des Stellvertreters des Kanzlers erkennen: Seit langem üblich ist die Rekrutierung des „Vizekanzlers" aus den Reihen des kleineren Koalitionspartners. Typisch ist darüber hinaus die Personalunion zwischen dem Amt des Außenministers und der Position des Stellvertreters des Bundeskanzlers. Vor allem während der ersten beiden Jahrzehnte der Bundesrepublik gab es eine Reihe von Abweichungen gegenüber diesem heute weitgehend etablierten Muster. Dazu zählt insbesondere die Phase von 1961 und 1963, während derer die Position des Stellvertreters in den Händen des Wirtschaftsministers aus der Kanzlerpartei, Ludwig Erhard, ruhte. Als einzige Ausnahme von der ansonsten seither befolgten „Konventionalregel" zu erwähnen ist die „Vizekanzlerschaft" Jürgen Möllemanns (FDP) zwischen Mitte 1992 und Januar 1993.

3.3 Die politisch-kulturelle Dimension: Die Bundesrepublik als harmonieorientierter Typus westeuropäischer Gesellschaften

Die Notwendigkeit zur Erweiterung der verfassungsrechtlichen Perspektive

Bei den beschriebenen verfassungsrechtlichen Parametern handelt es sich freilich nur um die grundlegendsten Markierungen, innerhalb derer sich der gouvernementale Willensbildungs- und Entscheidungsprozess nder Bundesrepublik zu bewegen hat. Allein auf der Basis der zentralen verfassungsrechtlichen Bestimmungen ließe sich die Verfassungspraxis in der Bundesrepublik kaum erahnen, geschweige denn begreifen. Sie wird durch zahlreiche weitere Bedingungsfaktoren des Regierens modifiziert. Im Rahmen dieses kurzen Unterabschnittes geht es lediglich darum, die neben den verfassungsrechtlichen Bestimmungen ebenfalls durch ein vergleichsweise hohes Maß an Stabilität gekennzeichneten politisch-kulturellen Parameter zu skizzieren. Alle übrigen Aspekte werden im Rahmen einer chronologisch strukturierten Bestandsaufnahme einzelner Kanzlerschaften in den Kapiteln 5 und 6 behandelt.

Merkmale der frühen politischen Kultur in der Bundesrepublik

Ob es sich bei der politischen Kultur eines Landes überhaupt um eine mehr oder minder stabile Komponente der Rahmenbedingungen des gouvernementalen Willensbildungs- und Entscheidungsprozesses handelt, ist nicht unumstritten. Ein wesentliches Merkmal der politischen Geschichte der deutschen Nachkriegsdemokratie wurde zu Recht gerade in der langfristigen Umwandlung einer in hohem Maße durch obrigkeitsstaatliche Aspekte geprägten „Untertanenkultur" zu einer deutlich stärker durch Kritikbereitschaft und ein erhöhtes Partizipationsbedürfnis geprägten demokratischen politischen Kultur gesehen (Conradt 1980). Viele gesellschaftlich-politische Konflikte der sechziger Jahre wurzelten nicht zuletzt in einem politisch-kulturellen Generationenkonflikt, in dem grundlegend unterschiedliche Auffassungen über Führung, Autorität und Demokratie aufeinander stießen. Dieser Wandlungsprozess wurde auch im Rahmen der Exekutivforschung als wichtige Variable für die Bestimmung des Handlungsspielraums deutscher Regierungen im Allgemeinen und des Kanzlers im Besonderen erkannt (Jäger 1988: 18-19).

Zu den Triebfedern jüngerer Wandlungsprozesse auf der Ebene der politischen Kultur zählte allem voran die deutsche Vereinigung. Die regionalen Unterschiede in den grundlegenden politischen Wertvorstellungen der Bürger im vereinigten Deutschland sind deutlich stärker ausgeprägt als zu irgendeinem Zeitpunkt innerhalb der Geschichte der alten Bundesrepublik. Im Vergleich zu den Bürgern im westlichen Teil Deutschlands bewerten ostdeutsche Bürger „Gleichheit" höher als „Freiheit"; sie haben eine stärker formale als prozessuale Vorstellung von Demokratie; sie sind deutlich weniger Stolz auf die demokratischen Institutionen in Deutschland; und sie sind im Schnitt unzufriedener mit der Demokratie im vereinigten Deutschland (Conradt 2002). Angesichts dieser Befunde stellt es kaum eine Übertreibung dar, wenn Autoren international vergleichender Arbeiten zur politischen Kultur in den westlichen Ländern, wie Jan van Deth (2001: 30), von einem „neuen deutschen Sonderweg" sprechen, der die frühen und mittlerweile überwundenen Probleme der „Republik zweier Generationen" durch neue Probleme einer „Republik zweier Kulturen" ersetzte.
 Regionale Differenzierung der politischen Kultur im Gefolge der deutschen Vereinigung

Neben so viel Dynamik gibt es auf der Ebene der politischen Kultur jedoch auch Kontinuität, welche sich vor allem im Vergleich mit dem politisch-kulturellen Profil anderer weslicher Gesellschaften zeigt. So sind etwa, insbesondere im Vergleich mit den angelsächsischen Ländern, die entsprechenden Einstellungen in Deutschland nach wie vor auffallend staats- und wohlfahrtsbezogen (Berg-Schlosser 2003: 190). Deutliche Unterschiede zu den meisten übrigen westeuropäischen Ländern gibt es auch etwa hinsichtlich des Nationalstolzes, der in Deutschland nach 1945 gering blieb (ebd.: 199). Kennzeichnend sind ferner eine ausgeprägte „Sehnsucht nach Sicherheit" und ausgeprägte Stabilitätserwartungen sowie „Innovationskritik" (Korte/Fröhlich 2004: 112). Die in unserem Zusammenhang vielleicht wichtigste Komponente bildet der auffallend starke gesellschaftliche Wunsch nach Harmonie (im Sinne einer gewissen Konfliktscheu), der in unterschiedlichen Untersuchungen immer wieder herausgestellt wurde (Grosser 1975; Leggewie 1990).
 „Konfliktscheu" und „Harmoniebedürfnis" als zentrale Komponenten der deutschen politischen Kultur

Ohne gebührende Berücksichtigung der nach wie vor weit verbreiteten Wertschätzung von Kompromiss und Kooperation lässt sich in Deutschland weder erfolgreich regieren noch gegen die Regierung opponieren. In einer vor wenigen Jahren durchgeführten Bevölkerungsumfrage (zit. bei Helms 2000b: 438, FN 25), erklärten nicht weniger als 64 Prozent der Befragten, dass sie von der Opposition eine effektive Unterstützung der Regierung erwarteten – eine Position, die freilich impliziert, dass umgekehrt auch die Regierung zur Kooperation mit der Opposition bereit sein möge. Ganz abgesehen von den zahlreichen institutionellen Hemmnissen gegenüber radikal mehrheitsdemokratischen Varianten von staatlicher Politik fehlt entsprechenden politischen Vorgehensweisen, die in einigen anderen Ländern als „beherzt" oder „entschlossen" bewertet würden, hierzulande in aller Regel auch das erforderliche Maß an gesellschaftlicher Unterstützung.

3.4 Bilanz

Schwere historische Hypothek

Am Beginn der Geschichte des Regierens und der politischen Führung in der Bundesrepublik stand eine denkbar schwere historische Hypothek. Verglichen mit dem historischen Erfahrungsschatz der meisten anderen großen westlichen Demokratien bot die deutsche Geschichte seit der Mitte des 19. Jahrhunderts kaum irgendwelche Anknüpfungspunkte für ein stabiles Modell demokratischer politischer Führung. Als diskreditiert galten nicht nur einzelne Inhaber politischer Führungsämter der jüngeren deutschen Geschichte – darunter freilich die gesamte Führungsriege des Dritten Reiches –, sondern auch die meisten Institutionen, auf deren Grundlage politische Herrschaft seit dem letzten Drittel des 19. Jahrhunderts in Deutschland ausgeübt worden war. Dies betraf nicht nur das Dritte Reich, sondern aus unterschiedlichen Gründen auch das Bismarck-Reich und die Weimarer Republik. Das Bismarck-Reich kannte das Prinzip einer dem Parlament und damit letztlich dem Wähler verantwortlichen Regierung noch nicht, ja hatte sich dessen Einführung bis zuletzt entgegengestemmt, und besaß von daher praktisch keinerlei Orientierungswert für die Schaffung eines demokratischen bzw. demokratisierten Modells politischer Herrschaft. Die Weimarer Verfassungsordnung hatte sich ihrerseits in der praktischen Handhabung durch die politischen Parteien als so anspruchsvoll und schwierig – und damit letztlich krisenanfällig – erwiesen, dass in der Summe der Erfahrungen auch sie schwerlich als nachahmenswertes Vorbild galt.

Das Grundgesetz als Gegenentwurf zur Weimarer Reichsverfassung

Wie die Verfassung der V. Republik Frankreich (1958) gehört deshalb nicht zufällig auch das Grundgesetz zu jenen Nachkriegsverfassungen Westeuropas, in denen eine radikale Abkehr von den Prämissen der Vorgänger-Verfassung vollzogen wurde (Fromme 1999). Dabei zählen die verfassungsrechtlichen Organisationsprinzipien im Bereich der Regierung zu jenen wenigen Elementen, die – gemessen an den Bestimmungen der Weimarer Reichsverfassung – mehr das Signum der Kontinuität als der Diskontinuität tragen. Radikal verändert wurde jedoch die verfassungsrechtliche Einbettung der politischen Exekutive, der Bundesregierung, in die konstitutionelle Gesamtkonstruktion. Vor allem die Umgestaltung des Amtes des Staatsoberhaupts hätte kaum deutlicher ausfallen können. Der Bundestag wurde im Vergleich zum Weimarer Reichstag zwar einerseits symbolisch aufgewertet, so insbesondere durch die parlamentarische Wahl des Kanzlers, andererseits jedoch zugunsten einer stark am übergeordneten Ziel der Regierungsstabilität orientierten Verfassungskonstruktion auf verschiedene Weise in seinen Handlungsoptionen beschränkt. Andere wichtige Lehren aus den Weimarer Erfahrungen betrafen die Ausgestaltung des Prinzips der Verfassungsgerichtsbarkeit oder die Ergreifung institutioneller Maßnahmen zum Schutz der Währungsstabilität, welche nicht direkt den Bereich der Regierung betrafen, jedoch gleichwohl einen kaum zu überschätzenden Einfluss auf die grundlegenden Bedingungen des Regierens in der Bundesrepublik entfalteten (vgl. Kap. 6).

Starker Einfluss der politischen Institutionen auf die politische Kultur

Wie einschlägige Studien zeigen konnten, leisteten die verfassungsrechtlichen und sonstigen institutionellen Weichenstellungen der unmittelbaren Nachkriegszeit (im Zusammenwirken mit einer günstigen Wirtschaftsentwicklung) einen maßgeblichen Beitrag zur Herausbildung einer politischen Kultur, die mehr und mehr dem demokratischen Prozess die friedliche und erfolgreiche

Lösung politischer Konflikte zutraute (Lepsius 1990). Damit verkörpert die Bundesrepublik eines der beeindruckendsten Beispiele des „constitutional engineering" in der jüngeren Geschichte der liberalen Demokratie, bei dem es gelang, durch institutionelle Reformen eine bis dahin sowohl auf Eliten- wie auf Bevölkerungsebene weitgehend fehlende Wertschätzung für den demokratischen Prozess und das Prinzip „verantwortlicher Parteienregierung" auf breiter Basis hervorzurufen.

In unserem Zusammenhang und für den weiteren Fortgang der Untersuchung noch entscheidender ist ein anderer Aspekt, nämlich das auffallend hohe Maß an Stabilität, welches gerade die Regeln des Grundgesetzes im Bereich der Regierungsorganisation kennzeichnet – und zwar nicht nur im Vergleich zu der Verfassungsentwicklung anderer Länder, sondern auch im Gegensatz zu den häufigen Änderungen des Grundgesetzes in anderen Bereichen (Busch 1999). Das bietet günstige Voraussetzungen, um die Wirkung anderer Faktoren auf das Gesamtphänomen des Regierens in der Bundesrepublik im Zeitverlauf zu studieren. Die Analyse des Zusammenspiels dieser Faktoren steht im Zentrum der Kapitel 5 und 6. Gegenstand des nächsten Kapitels ist ein knapper Überblick über die unterschiedlichen persönlichen und politischen Profile der höchsten Amtsinhaber im Bereich der politischen Exekutive, ohne die eine Studie, die von der Relevanz einzelner Führungspersönlichkeiten im gouvernementalen Entscheidungsprozess überzeugt ist, unvollständig bliebe.

Auffallende Stabilität der verfassungsrechtlichen Komponenten der Regierungsorganisation

4 Das politische Profil und die Karrierewege deutscher Kanzler

Gegenstände des Kapitels

Unter den Kanzlern der Bundesrepublik finden sich, trotz deren geringer Zahl, Amtsinhaber mit sehr unterschiedlichen persönlichen und politischen Profilen. Diese zu beleuchten ist Gegenstand dieses Kapitels. Am Beginn stehen biographische Kurzporträts der bislang sieben Kanzler. Darauf folgt ein systematischer Überblick über das politische Erfahrungsprofil der bisherigen Amtsinhaber. Dabei werden sowohl die Dauer der Amtszeit, die Parteiverankerung, die Parlaments- und Regierungserfahrung als auch die Charakteristika der Kanzlerwahlen im Bundestag berücksichtigt.

4.1 Lebenswege und politische Erfahrungsprofile von Adenauer bis Schröder

4.1.1 Konrad Adenauer

Persönlichkeit „aus einer anderen Zeit"

Konrad Adenauer erschien vielen, nicht erst gegen Ende seiner vierzehnjährigen Kanzlerschaft, als eine Persönlichkeit aus einer anderen Zeit, ja einem anderen Zeitalter. Mit 73 Jahren war Adenauer zum Zeitpunkt seiner Ernennung zum Bundeskanzler im Herbst 1949 bereits älter als sämtliche seiner bisherigen Nachfolger beim Abschied aus dem Amt. Als in Deutschland nach 1945 die wirtschaftlichen und politischen Wiederaufbauarbeiten begannen, hätte es kaum jemand gewagt, dem geborenen Rheinländer eine große politische Zukunft im Nachkriegsdeutschland vorauszusagen. Zumindest unmittelbar nach Kriegsende, 1945, schien Adenauers berufliche und politische Karriere vielmehr definitiv beendet zu sein, nachdem er von amerikanischer Seite zwar vorübergehend in sein altes Amt als Oberbürgermeister der Stadt Köln eingesetzt worden war, dieser Position nach Gründung der britischen Zone jedoch wenige Monate später von den Briten wieder enthoben wurde.

Regionaler politischer Aufstieg und „Zwangspause"

Adenauer war gelernter Jurist und ging zunächst auch einer entsprechenden Beschäftigung nach (zuerst bei der Staatsanwaltschaft des Landgerichts Köln, später in einem Kölner Anwaltsbüro). 1901 trat er der Zentrumspartei bei. Den Beginn seiner politischen Karriere kann man mit dem Jahr 1906 veranschlagen, als Adenauer zum Beigeordneten der Stadt Köln gewählt wurde. Bereits wenige Jahre später wurde er Erster Beigeordneter und schließlich ab 1917 Oberbürgermeister von Köln. Allerdings vereinigte er in jenen Jahren gleich mehrere politische Ämter in seinen Händen wie insbesondere eine Mitgliedschaft im Preußischen Herrenhaus und im Preußischen Staatsrat. Mitte der zwanziger Jahre wurde sein Name sogar mehrfach – wenngleich letzten Endes folgenlos – im Zusammenhang mit einer möglichen Kandidatur für das Amt des Reichskanzlers genannt. Im März 1933 wurde er von den Nationalsozialisten aus sämtlichen

Ämtern entlassen. Die Zeit der Nazi-Herrschaft überstand er als unfreiwilliger Frühpensionär ohne Gefahr für Leib und Leben. Dem organisierten Widerstand gegen Hitler gehörte er trotz ausgeprägter Gegnerschaft gegenüber dem Nationalsozialismus nicht an.

Adenauers eigentliche politische Nachkriegstätigkeit begann Anfang 1946 mit seiner Mitwirkung am Aufbau der CDU in der Westzone. Im Februar desselben Jahres übernahm er den rheinischen Landesvorsitz der Partei. Ebenfalls 1946 wurde er Mitglied des Zonenbeirates für die britische Besatzungszone und des Landtages von Nordrhein-Westfalen. Zwischen 1946 und 1949 war er außerdem Vorsitzender der nordrhein-westfälischen CDU-Landtagsfraktion. Von maßgeblicher Bedeutung für seine spätere bundespolitische Karriere wurde seine Wahl zum Präsidenten des Parlamentarischen Rates im August 1948. An der Formulierung der verfassungsrechtlichen Grundlagen der westdeutschen Nachkriegsdemokratie hatte er, nicht zuletzt dank seiner Position, maßgeblichen Anteil. Noch entscheidender waren freilich die vielfältigen Prägungen, die von seinem Handeln als erster Inhaber des neu geschaffenen Amtes des Bundeskanzlers der Bundesrepublik ausgingen.

Neubeginn in der Westzone

4.1.2 Ludwig Erhard

Während der ersten knapp fünf Lebensjahrzehnte des zweiten Kanzlers – Ludwig Erhard, geboren 1897 in Fürth – deutete kaum etwas auf eine hochrangige politische Karriere hin. Aus eher kleinbürgerlichen Verhältnissen stammend, gelang es Erhard durch Vermittlung einflussreicher Förderer (trotz fehlenden Abiturs) ein Studium zunächst an der Handelshochschule Nürnberg, später an der Universität Frankfurt abzuschließen und im Jahre 1925 gar durch eine Promotion zum Dr. rer. pol. zu krönen. Die meisten Biographen neigen dazu, die Wurzeln der später vielbeachteten Neigung Erhards, ökonomische Vernunft über politische Macht zu stellen, in der akademischen Lehrzeit bei seinem Doktorvater Franz Oppenheimer anzusiedeln. Nach kurzer geschäftlicher Tätigkeit im elterlichen Textilbetrieb verschrieb sich Erhard seit Ende der zwanziger Jahre bis Kriegsende unterschiedlichen Aufgaben als Wissenschaftler, so zunächst an einem Nürnberger Wirtschaftsinstitut, in den vierziger Jahren dann als Leiter des von ihm selbst begründeten „Instituts für Industrieforschung".

Akademischer Aufstieg aus kleinbürgerlichen Verhältnissen

Sein erstes politisches Amt – als (parteiloser) Minister für Handel und Gewerbe des Freistaates Bayern – trat er im September 1945 an. Er hielt sich darin jedoch nur bis zum Januar 1947. Nachdem es zunächst so aussah, als wenn sein Weg in die Wissenschaft zurückführen sollte, folgte eine Position als Leiter der „Sonderstelle Geldwirtschaft" bei der Verwaltung für Finanzen der britisch-amerikanischen Bi-Zone in Bad Homburg und schließlich die Ernennung zum Direktor der Verwaltung für Wirtschaft in Frankfurt am Main. Handelte es sich dabei bereits um Positionen, die eine Mitwirkung am Aufbau des wirtschaftspolitischen Fundaments der späteren Bundesrepublik erlaubten, so begann Erhards bundespolitische Karriere mit seiner Kandidatur für die Wahl zum 1. Deutschen Bundestag, die er (wiederum als Parteiloser) über die Landesliste der CDU Nordwürttemberg-Baden anstrebte. Die folgenden 14 Jahre (1949-1963) seiner

Hinwendung zur Politik

politischen Laufbahn standen im Zeichen einer ununterbrochenen Amtszeit als Bundeswirtschaftsminister (und Mitglied der CDU/CSU-Fraktion). Damit war Erhard einer von nicht einmal fünf Prozent der Ressortminister in der Geschichte deutscher Bundesregierungen, die ein und dieselbe Position für mehr als zehn Jahre hielten. 1961 wurde er überdies „Vizekanzler" – eine Position, deren politische Bedeutung im Sinne eines „Nachfolgeranspruchs" er indes grundlegend anders deutete als Kanzler Adenauer.

4.1.3 Kurt Georg Kiesinger

„Hommes de lettres"

Für viele verkörperte Kurt Georg Kiesinger unter den deutschen Kanzlern der Nachkriegszeit die Figur des „homme de lettres", der umfassend in den humanistischen Wissenschaften gebildeten Persönlichkeit, wie es sie in der deutschen Politik nicht gerade häufig gibt. Kiesinger, geboren 1904 im württembergischen Ebingen, studierte Geschichte und Philosophie in Tübingen und anschließend Rechtswissenschaft in Berlin. 1931 nahm er eine langjährige private juristische Lehrtätigkeit auf, war daneben aber auch als Rechtsanwalt beim Kammergericht Berlin und während der Jahre 1940 bis 1945 als „Wissenschaftlicher Hilfsarbeiter" im von den Nationalsozialisten dirigierten Auswärtigen Amt tätig. Im Gegensatz zur Studentengeneration der sechziger Jahre, die den dritten Kanzler der Bundesrepublik insbesondere wegen seiner Vergangenheit regelrecht bekämpfte, neigt die jüngere Zeitgeschichte verbreitet der Einschätzung zu, dass Kiesingers Tätigkeit im Außenministerium des Dritten Reiches dem Bestreben entsprang, Schlimmeres zu verhüten.

Bundes- und landespolitische Karriere

Wie Adenauer und Erhard war auch Kiesinger ein „Parlamentarier der ersten Stunde". Zwischen 1949 und 1958 (und dann später noch einmal im Anschluss an seine Kanzlerschaft von 1969 bis 1980) war er Mitglied des Deutschen Bundestages und Mitglied der Fraktionsführung der CDU/CSU. In den Jahren 1950 bis 1958 war er Vorsitzender des Vermittlungsausschusses, zwischen 1954 und 1958 außerdem Vorsitzender des Auswärtigen Ausschusses des Bundestages. Während dieser Jahre machte er sich einen Namen als glänzender Redner, nicht zuletzt in außenpolitischen Debatten des Bundestages. Nachdem Kiesinger unter jenen war, die Adenauer 1955 auf seine spektakuläre Moskau-Reise begleiten durften, schien das von ihm ersehnte Außenministerium in greifbare Nähe zu rücken. Diese Hoffnungen zerschlugen sich jedoch bei der Regierungsumbildung 1957 rasch, da Adenauer sich entschied, das Amt in den Händen Heinrich von Brentanos zu belassen. Seine „Bestimmung" schien Kiesinger im Amt des Ministerpräsidenten von Baden-Württemberg zu finden, das er im Dezember 1958 übernahm und bis zu seinem Einzug ins Kanzleramt 1966 hielt. Wie schon das Amt des baden-württembergischen Ministerpräsidenten kam auch das des Bundeskanzlers eher auf ihn zu, als dass er aktiv darum gekämpft hatte.

4.1.4 Willy Brandt

Entsprechendes ließe sich über den dreimaligen Kanzlerkandidaten Willy Brandt schwerlich sagen. Willy Brandt, geboren 1913 als Herbert Frahm in Lübeck, war von frühester Jugend an politisch aktiv, vor allem im Rahmen der Lübecker Arbeiterbewegung und der Sozialistischen Arbeiterjugend. 1930, lange vor Erreichen der Volljährigkeit, trat er zunächst der SPD bei, wechselte jedoch bereits ein Jahr darauf in die Sozialistische Arbeiterpartei. Die Jahre Brandts zwischen 1933 und 1949 gehören zu den wechselvollsten, die je ein späterer Spitzenpolitiker der Bundesrepublik erlebt hat. Nachdem er im April 1933 Deutschland in Richtung Norwegen verlassen muss, wo er Exil findet und als Journalist arbeitet, verliert er 1938 zunächst seine deutsche Staatsbürgerschaft. Nach dem deutschen Überfall auf Norwegen 1940 gerät er vorübergehend als vermeintlicher norwegischer Soldat in deutsche Kriegsgefangenschaft. Es folgen Jahre des schwedischen Exils, während derer er, nunmehr mit norwegischer Staatsbürgerschaft ausgestattet, wiederum einer Tätigkeit als Journalist nachgeht. Erst Ende 1946 kehrt Brandt, nach einer Reihe gescheiterter Versuche, nach Deutschland zurück. Er arbeitet zunächst als Presseattaché bei der norwegischen Vertretung beim Alliierten Kontrollrat; Anfang 1948 wird er Beauftragter des SPD-Parteivorstandes in Berlin und bei den Kontrollbehörden der Alliierten. Kurz darauf erfolgt seine Wiedereinbürgerung, und noch vor Gründung der Bundesrepublik erhält Willy Brandt das Recht, diesen Namen (der ihm bislang nur als politischer Deckname diente) auch offiziell zu führen.

Wie die ersten drei christdemokratischen Kanzler der Bundesrepublik gehörte auch Brandt dem Deutschen Bundestag ab der 1. Wahlperiode an; zunächst bis 1957, dann erneut ab 1969, weit über das Ende seiner Kanzlerschaft im Mai 1974 hinaus, bis zu seinem Tode im Oktober 1992. Zwischen 1950 und 1970 war er zudem Mitglied des Berliner Abgeordnetenhauses, von 1955 bis 1957 dessen Präsident. Während der Jahre 1957 bis 1966 war er Regierender Bürgermeister von Berlin, zwischen 1958 und 1962 außerdem SPD-Landesvorsitzender. Als Parteipolitiker hatte er wesentlichen Anteil an der 1959 vollzogenen „Godesberger Wende" der Sozialdemokraten.

Brandts Aufstieg zum ab 1961 mehrfach aufgestellten Kanzlerkandidaten der SPD wäre ohne das weit überregionale Ansehen, das er sich als Regierender Bürgermeister von Berlin erworben hatte, kaum vorstellbar gewesen. Zu einem Wahlsieg für die SPD unter Brandt reichte es jedoch weder bei der Bundestagswahl 1961 noch bei jener des Jahres 1965. 1966 wechselte Brandt gleichwohl nach Bonn über, allerdings nicht gleich als Kanzler, sondern zunächst als Außenminister und „Vizekanzler" der Großen Koalition unter Kanzler Kiesinger. Zur Bundestagswahl 1969 trat Brandt, nunmehr zum dritten Mal, als Kanzlerkandidat der SPD an. Nach einem knappen Wahlausgang wurde er am 21. Oktober 1969 vom Bundestag zum ersten sozialdemokratischen Kanzler der Bundesrepublik gewählt.

Frühe politische Aktivität und Exil

Zwischen Bonn und Berlin

Dreimaliger Anlauf als Kanzlerkandidat

4.1.5 Helmut Schmidt

Fleiß, Leistung und Disziplin

Gemessen an den mehrfachen Anläufen seines unmittelbaren Vorgängers verlief Helmut Schmidts Weg in das Kanzleramt vergleichsweise geradlinig. Geboren 1918 in Hamburg, studierte Schmidt im Anschluss an Wehrdienst, Kriegsteilnahme und britische Kriegsgefangenschaft zwischen 1945 und 1949 Volkswirtschaft. Seiner Kindheits- und Jugenderziehung in seinem norddeutschen Elternhaus verdankte er die Internalisierung grundlegender Werte wie Fleiß und Leistung; wichtige politische Prägungen erfuhr er zunächst im Rahmen seiner Zugehörigkeit zur Hamburger Gruppe des „Sozialistischen Studentenbundes".

Karrieren in Hamburg und Bonn

Seine berufliche Laufbahn führte ihn ab Sommer 1949 zunächst in die Hamburger Behörde für Wirtschaft und Verkehr, wo er in verschiedenen leitenden Verwaltungspositionen bis 1953 tätig war. 1953 wurde Schmidt erstmals in den Bundestag gewählt. Dort verblieb er bis 1961, stets um eine kontinuierliche Verbreiterung seiner Expertise auf unterschiedlichen Politikfeldern bemüht. Seine Zugehörigkeit zur Fraktionsführung der SPD ab 1957 blieb indes ungefestigt; nach einer demonstrativen Teilnahme an einer Reserveübung der Bundeswehr im Jahre 1958, die viele seiner parlamentarischen Mitstreiter nicht recht einzuordnen wussten, verlor er seine Mitgliedschaft im Fraktionsvorstand. Ende 1961 verließ er Bonn, um in Hamburg das Amt des Innensenators anzutreten. Schmidts Leistungen während der Hamburger Sturmflut vom Februar 1962 wurden zur Grundlage seines bundesweiten Ansehens als entschlossene Führungspersönlichkeit – gleichsam ein Äquivalent zu Brandts Leistungen während der Berlinkrise 1958. 1965 kehrte er in den Bundestag zurück, wo er nun zunächst stellvertretender Vorsitzender der SPD-Fraktion, knapp zwei Jahre später Fraktionsvorsitzender wurde. Die Zeit als Fraktionsvorsitzender während der Zeit der Großen Koalition bedeutete beinahe schon so etwas wie Regierungserfahrung in Bonn. Offiziell in den Kreis der Bonner Exekutivelite stieß er im Oktober 1969 vor, als Verteidigungsminister im ersten Kabinett Brandt. Dazu musste er allerdings mehr gedrängt werden, als dass er gezielt darauf hingewirkt hätte. 1972 stand er vorübergehend dem bis dahin von Karl Schiller geleiteten „Superministerium" für Wirtschaft und Finanzen vor. Nach der Wiederwahl der sozialliberalen Koalition 1972 war er bis zum „Stabswechsel" mit Brandt im Frühjahr 1974 schließlich noch einmal Bundesfinanzminister. Mit Erfahrungen als Fraktionsvorsitzender im Bundestag und in drei unterschiedlichen Ressorts auf Bundesebene bleibt Schmidt bis heute der bundespolitisch am mit Abstand gründlichsten „vorgebildete" Kanzler der Bundesrepublik.

4.1.6 Helmut Kohl

Starke regionale Verwurzelung

Der politische Lebensweg Helmut Kohls blieb noch stärker regional eingefärbt als die Karrierewege der meisten übrigen Kanzler. Geboren 1930 in Ludwigshafen, trat Kohl bereits drei Jahre vor Ablegung des Abiturs der CDU bei und wurde zum Mitbegründer der Jungen Union. Ende 1950 nahm er das Studium der Rechtswissenschaften an der Universität Frankfurt auf, wechselte jedoch bereits ein Jahr später sowohl die Universität als auch das Fach und studierte von nun an

Geschichte und Politische Wissenschaft sowie eine ganze Reihe weiterer Fächer an der Universität Heidelberg, wo er 1958 zum Dr. phil. promoviert wurde. Lange vor dem Abschluss des Doktoratsstudiums erlangte er mehrere regionale Parteiämter. So wurde er 1953 Mitglied des geschäftsführenden Vorstandes der pfälzischen CDU und zwei Jahre später Mitglied des CDU-Landesvorstandes. 1959 zog er als jüngster Abgeordneter des Hauses in den rheinland-pfälzischen Landtag ein.

Die regionale Prägung blieb stark. Während der Frühphase seiner Landtagszugehörigkeit war Kohl zugleich Vorsitzender der CDU-Kreispartei Ludwigshafen, Mitglied des Stadtrats und Vorsitzender der CDU-Stadtratsfraktion Ludwigshafen; er gehörte überdies dem engeren Parteivorstand der CDU-Bezirksorganisation Pfalz und dem erweiterten Vorstand der Landespartei an. 1963 wurde er Vorsitzender der CDU-Fraktion im Landtag von Rheinland-Pfalz, drei Jahre später auch Vorsitzender des rheinland-pfälzischen Landesverbandes der Union. Als Nachrücker für ein verstorbenes Vorstandsmitglied gelangte er 1964 in den Bundesvorstand der CDU, in dem er seit 1967 auch als gewähltes Mitglied vertreten war. Die Krönung der landespolitischen Karriere erfolgte im Mai 1969, als Kohl – zunächst ohne Mandat der rheinland-pfälzischen Bevölkerung – als Nachfolger des scheidenden CDU-Ministerpräsidenten Peter Altmeier mit den Stimmen der CDU- und FDP-Fraktion zum Ministerpräsidenten des Landes gewählt wurde.

Parteipolitischer Aufstieg in der Pfalz

Auch in den folgenden Jahren blieb Kohl landespolitisch zunächst erfolgreicher als bei der Verfolgung seiner bundespolitischen Ambitionen. Bei der rheinland-pfälzischen Landtagswahl 1971 erreichte die CDU unter seiner Führung 50 Prozent der Stimmen und eine absolute Mehrheit an Mandaten, die es ihm gestattete, eine CDU-Alleinregierung zu bilden. In der im selben Jahr geführten Auseinandersetzung um die CDU-Kanzlerkandidatur unterlag er dem amtierenden Partei- und Fraktionsvorsitzenden der Union, Rainer Barzel, klar. Weniger als zwei Jahre später, im Juni 1973, wurde Kohl jedoch Bundesvorsitzender der Union, nachdem er bereits vier Jahre die Position des stellvertretenden Vorsitzenden innegehabt hatte. 1976 zog er als Kanzlerkandidat der CDU/CSU in den Bundestagswahlkampf. Mit Kohl gelang es der Union, ihren 1972 verloren gegangenen Status als stärkste Kraft im Deutschen Bundestag zurückzuerobern. Auf dieser Grundlage pochte Kohl öffentlich darauf, damit auch den Anspruch auf die Nominierung durch den Bundespräsidenten für die Kanzlerwahl im Bundestag gewonnen zu haben. Diese blieb freilich aus. Gleichwohl entschied sich Kohl, anders als Brandt in den Jahren 1961 und 1965, sein Bundestagsmandat anzunehmen und von Bonn aus, als Vorsitzender der CDU/CSU-Fraktion, weiter um die Kanzlerschaft zu kämpfen. Der gerne als „klassisch" bezeichnete – wenngleich für das erste halbe Jahrhundert der Bundesrepublik empirisch irrelevante – Fall einer Erringung der Position des Regierungschefs durch einen Wahlsieg des parlamentarischen „Oppositionsführers" ließ sich jedoch auch für Kohl nicht realisieren. Die Kanzlerkandidatur der Union für die Bundestagswahl 1980 fiel an den Vorsitzenden der bayerischen Schwesterpartei, Franz Josef Strauß. Kohls politische Stunde als Spitzenkandidat der Christdemokraten schlug rund zwei Jahre später. Am 1. Oktober 1982 wurde er auf der Grundlage eines erfolgreichen parlamentarischen Misstrauensvotums

Als „Oppositionsführer" ins Kanzleramt

75

gegen Kanzler Schmidt mit den Stimmen der Unionsparteien und mehrheitlicher Unterstützung der FDP zum sechsten Kanzler der Bundesrepublik gewählt. Die „plebiszitäre Weihe" der neuen Regierung musste bis zur vorgezogenen Bundestagswahl 1983 warten, zu der es nach negativ beschiedener Vertrauensfrage und Auflösung des Bundestages durch den Bundespräsidenten in Gestalt eines Wahlsieges der christlich-liberalen Koalition am 6. März 1983 kam.

4.1.7 Gerhard Schröder

Entbehrungsreiche Kindheit und Jugend

Gerhard Schröder, geboren 1944 in Mossenberg, war der erste Kanzler in der Geschichte der Bundesrepublik, dessen Leben nicht maßgeblich durch die Erfahrung des Zweiten Weltkrieges geprägt wurde. Das gilt zumindest für die unmittelbare Betroffenheit. Indirekt betroffen war er insofern, als sein Vater noch im Geburtsjahr des Sohnes im Dienste der Wehrmacht in Rumänien fiel. Kindheit und Jugend standen im Zeichen äußerster materieller Bescheidenheit. Bereits mit 14 Jahren verließ Schröder die Schule. Eine angestrebte Ausbildung als Handwerker bei der Bundesbahn schlug fehl, und so arbeite Schröder zunächst als Lehrling bei einem Haushaltswarenhändler in Lemgo. Im Anschluss an die Lehre holte Schröder, parallel zu seiner aufrechterhaltenen beruflichen Anstellung, die mittlere Reife und schließlich das Abitur nach. Noch bevor er dieses im Frühjahr 1966 erlangte, trat er im Herbst 1963 der SPD bei.

Studium und politischer Aufstieg

Es folgen Jahre der akademischen Ausbildung an der Universität Göttingen, wo Schröder Rechtswissenschaft studiert. In diesen Jahren beginnt auch seine Parteikarriere. Ende der sechziger Jahre wird er Beisitzer im Göttinger Unterbezirksvorstand der SPD, wenig später für die Dauer von zwei Jahren (1969 bis 1970) auch Juso-Vorsitzender in Göttingen. Ab 1971 übernimmt er den Vorsitz des Juso-Bezirks Hannover. Hauptberuflich arbeitet Schröder nach Ablegung des zweiten Staatsexamens als Anwalt in einer angesehenen Hannoveraner Kanzlei. 1979 kommt es mit der Wahl zum Bundesvorsitzenden der Jusos und der damit verbundenen Mitgliedschaft im SPD-Parteirat zum Einstieg in die Bundespolitik. 1980 wird Schröder erstmals in den Bundestag gewählt; mit einem Ergebnis von 50 Prozent der Stimmen gewinnt er sogar das Direktmandat seines Wahlkreises Hannover-Land I. Bei der Wahl 1983 schneidet er weniger glänzend ab, gelangt jedoch über die Landesliste erneut in den Bundestag. Kaum minder wichtig für seine weitere, zunächst erneut vor allem auf Niedersachsen konzentrierte Laufbahn wird die Wahl zum Vorsitzenden des SPD-Bezirks Hannover im selben Jahr; eine Position, die er bis 1993 hält. Der Griff nach dem Amt des niedersächsischen Ministerpräsidenten im Jahre 1986 misslingt. Obwohl sich die SPD unter ihrem Spitzenkandidaten Schröder deutlich verbessern kann, schaffen die Sozialdemokraten es nicht, die amtierende Regierung Albrecht abzulösen. Das im Zuge der Kandidatur erlangte Landtagsmandat nimmt Schröder gleichwohl an. Ebenfalls 1986 wird er Mitglied des Bundesvorstandes der SPD.

Ministerpräsident und Kanzlerkandidat

Der Aufstieg in Niedersachsen bleibt steinig. Ein im Dezember 1988 gestelltes Misstrauensvotum gegen Ministerpräsident Albrecht, das Schröder an die Macht bringen soll, scheitert ebenso wie die versuchte Ablösung der Regierung an der Wahlurne zweieinhalb Jahre zuvor. Im Frühsommer 1990 gelingt Schröder nach einem klaren Wahlsieg jedoch der Sprung in das Amt des niedersächsischen Ministerpräsidenten. 1994 kann er seine Position durch den Gewinn einer absoluten Mehrheit, die den bisherigen grünen Juniorpartner aus dem Kabinett verdrängt, befestigen. Nun übernimmt er auch den Landesvorsitz der SPD in Niedersachsen. Das Amt des SPD-Kanzlerkandidaten für den Bundestagswahlkampf 1994 geht gleichwohl nicht an Schröder, sondern an den kurz zuvor zum SPD-Bundesvorsitzenden gewählten Rudolf Scharping. Erst im Vorfeld der Bundestagswahl 1998 schafft es Schröder, nach harten innerparteilichen Auseinandersetzungen und einem erneuten Wahlsieg in Hannover, die Kanzlerkandidatur zu erringen. Schröders Ergebnis bei der offiziellen Wahl zum Kanzlerkandidaten durch den SPD-Parteitag in Leipzig im April 1998 fällt mit 94 Prozent eher mäßig aus. Bei der Bundestagswahl 1998 gelingt es ihm nichtsdestotrotz, gemeinsam mit den Grünen, die 16jährige Regierungszeit der christlich-liberalen Koalition unter Helmut Kohl zu beenden.

4.2 Amtsverweildauer, Parteiverankerung, Parlaments- und Regierungserfahrung im Vergleich

Als wichtigstes politisches Unterscheidungsmerkmal von Inhabern politischer Führungspositionen in der Parteiendemokratie gilt die Parteizugehörigkeit der Amtsinhaber. Zwischen Herbst 1949 und Sommer 2005 wurde das Amt des Bundeskanzlers insgesamt viermal von Repräsentanten der CDU (Konrad Adenauer, Ludwig Erhard, Kurt Georg Kiesinger und Helmut Kohl), dreimal von Mitgliedern der SPD (Willy Brandt, Helmut Schmidt und Gerhard Schröder) gehalten. Könnte man versucht sein, aus dieser simplen Aufzählung ein annäherndes Gleichgewicht zwischen den beiden großen Parteien der Bundesrepublik abzuleiten, so zeigt ein Blick auf die historische Verteilung christdemokratischer und sozialdemokratischer Kanzlerschaften und die Dauer der jeweiligen Amtszeiten, dass dies nicht der Fall ist. Zwischen Herbst 1949 und Mitte 2005 regierten insgesamt für 36 Jahre lang christdemokratische Kanzler, während sozialdemokratische Kanzler nur auf eine kombinierte Gesamtamtszeit von rund 19 Jahren kamen. *Parteizugehörigkeit der bisherigen Kanzler*

Die Kontrolle des Kanzleramts durch eine der beiden großen Parteien ist im Übrigen in markanter Weise auf unterschiedliche historische Phasen verteilt. Von einem regelmäßigen Wechsel im Kanzleramt zwischen Repräsentanten unterschiedlicher Parteien im Takt einer oder zwei Legislaturperioden, wie er in älteren Lehrfibeln zum Parlamentarismus beschrieben wurde, war die Bundesrepublik von Beginn an weit entfernt. Während der ersten zwanzig Jahre seit Gründung der Bundesrepublik regierten ausschließlich christdemokratische Kanzler (1949-1969). Darauf folgte eine längere Periode, während derer Sozialdemokraten im Kanzleramt saßen (1969-1982). 1982 schlug das Pendel zurück und sicherte den Christdemokraten für rund 16 Jahre die Vorherrschaft über das Kanzleramt (1982-1998). Zu einem erneuten Wechsel kam es im Oktober 1998 mit dem Wahlsieg der rot-grünen Koalition. *Phasen historischer Vorherrschaft einer Partei*

Nicht minder bemerkenswert ist die sehr unterschiedliche Dauer der Amtszeiten deutscher Kanzler: Die mit Abstand längsten Amtzeiten hatten zwei *Amtsverweildauer deutscher Kanzler* christdemokratische Kanzler vorzuweisen. Während Konrad Adenauer für gut 14 Jahre lang regierte (1949-1963), kam Helmut Kohl gar auf 16 Jahre (1982-1998). Im Vergleich mit Adenauer und Kohl waren die Amtszeiten sämtlicher sozialdemokratischer Kanzler eher bescheiden: Mit einer Verweildauer im Kanzleramt von acht Jahren führt Helmut Schmidt (1974-1982) das Feld an, gefolgt von Gerhard Schröder, der Mitte 2005 bereits auf eine Amtszeit von knapp sieben Jahren kam, während der erste sozialdemokratische Bundeskanzler, Willy Brandt, nicht einmal fünf Jahre lang regierte. Der gemessen an den weit überdurchschnittlich langen Amtszeiten Konrad Adenauers und Helmut Kohls wenig spektakuläre Durchschnittswert christdemokratischer Kanzler ist den recht kurzen Amtszeiten des zweiten und dritten Amtsinhabers aus den Reihen der CDU, Ludwig Erhard (1963-1966) und Kurt Georg Kiesinger (1966-1969), zu verdanken. Von allen bisherigen Kanzlern der Bundesrepublik konnte sich Kurt Georg Kiesinger mit zwei Jahren und knapp elf Monaten am wenigsten lang im Amt des Bundeskanzlers halten.

Tabelle 1: Kerncharakteristika des politischen Erfahrungsprofils deutscher Kanzler

Amtsinhaber	Kanzler	Parteivorsitzender	MdB[a] (in Jahren)	Bundesminister[a] (in Jahren)	Ministerpräsident[a] (in Jahren)
Konrad Adenauer (CDU)	09/49-10/63	10/50-03/66	–	–	–
Ludwig Erhard (CDU)	10/63-12/66	03/66-05/67	14	14	–
Kurt G. Kiesinger (CDU)	12/66-10/69	05/67-10/71	9	–	8
Willy Brandt (SPD)	10/69-05/74	02/64-06/87	8	3	9
Helmut Schmidt (SPD)	05/74-10/82	–	17	5	–
Helmut Kohl (CDU)	10/82-10/98	06/73-10/98	6	–	7,5
Gerhard Schröder (SPD)	seit 10/98	04/99-03/04	6	–	8,5

a): vor der Ernennung zum Bundeskanzler; jeweils gerundete Zahlen.

Quelle: Schindler (1999); Aktualisierung durch den Verfasser.

Die bisherigen Kanzler waren weder sämtlich Repräsentanten der stärksten Fraktion ...

Vor dem Hintergrund der in vielen anderen westeuropäischen Ländern üblichen Konventionen der Elitenrekrutierung für die Spitzenposition innerhalb der Exekutive, lassen sich für die Bundesrepublik mindestens drei bemerkenswerte Beobachtungen machen: Erstens waren nicht alle Kanzler der Bundesrepublik zum Zeitpunkt ihrer Ernennung bzw. Wiederernennung Repräsentanten der stärksten Partei bzw. Fraktion. Dies galt zwar für sämtliche christdemokratischen Kanzler und den dritten sozialdemokratischen Amtsinhaber, Gerhard Schröder, nicht aber für die beiden ersten sozialdemokratischen Kanzler der Bundesrepublik. Wie Willy Brandt bei seiner Ersternennung Ende 1969, repräsentierte auch Helmut

Schmidt bei seiner Wiederernennung in den Jahren 1976 und 1982 lediglich die zweitstärkste Fraktion im Bundestag. Dies verweist, auf den Umstand, dass in der Bundesrepublik auch und gerade in Bezug auf die Regierungsbildung eher die Gesetze der „Koalitionsdemokratie" als diejenigen der reinen „Mehrheitsdemokratie" britischer Prägung herrschen.

Zweitens ist hervorhebenswert, dass nicht alle bisherigen Kanzler zugleich die Vorsitzenden ihrer Partei waren. In Studien über den „Parteiencharakter" von Regierungen wird sogar zumeist noch strenger danach differenziert, ob ein Kandidat deutlich *vor* der Übernahme eines Regierungsamtes die Funktion des Parteivorsitzenden innehatte (Müller/Philipp 1987: 288). Dies gilt von den ersten sieben Kanzlern der Bundesrepublik nur für Konrad Adenauer, Willy Brandt und Helmut Kohl. Ob daraus zu folgern ist, dass die genannten Amtsinhaber sich während ihrer Kanzlerschaft auch in besonderer Weise als Parteipolitiker zu erkennen gaben und ob ihnen aus dieser Konstellation eher Vor- oder Nachteile erwuchsen, ist in den nachfolgenden Kapiteln zu erörtern. Hier gilt es zunächst lediglich festzuhalten, dass die Mehrheit der deutschen Kanzler zwischen 1949 und Sommer 2005 dieses Kriterium nicht erfüllte. Ungeachtet dessen kann die Personalunion zwischen dem Amt des Bundeskanzlers und des Parteivorsitzenden der Kanzlerpartei als typisch für die Bundesrepublik gelten. Helmut Schmidt war der bislang einzige von sieben Kanzlern, der zu keinem Zeitpunkt seiner Kanzlerschaft zugleich den Vorsitz seiner Partei innehatte. Alle übrigen Amtsinhaber – Ludwig Erhard, Kurt Georg Kiesinger und Gerhard Schröder – übernahmen das Amt des Parteivorsitzenden nach Beginn ihrer Kanzlerschaft. Besonders zögerlich zeigte sich dabei Ludwig Erhard, der erst im letzten Jahr seiner dreijährigen Kanzlerschaft den Bundesvorsitz der CDU übernahm. Schröder repräsentiert hingegen den bislang einzigen Fall eines Kanzlers, der den Parteivorsitz noch während seiner Kanzlerschaft wieder abgab.

| … noch Vorsitzende ihrer Partei |

Das zuletzt beschriebene Phänomen verweist auf eine dritte Eigentümlichkeit der gouvernementalen Elitenrekrutierung in der Bundesrepublik. Anders als in den meisten Ländern Westeuropas gehört es hierzulande keineswegs zu den etablierten politischen Konventionen, dass der Parteivorsitzende einer der beiden Großparteien CDU und SPD gleichsam „automatisch" auch der offizielle Kandidat der Partei im politischen Kampf um das Amt des Bundeskanzlers ist. Vielmehr existiert seit langem ein spezielles, weitgehend informell gehandhabtes Verfahren zur Bestimmung des „Kanzlerkandidaten" (Niclauß 1995; Schüttemeyer 1998: 113-247). Dafür gibt es vor allem zwei Gründe: Der erste reflektiert die Eigentümlichkeiten des deutschen Parteiensystems, in dem CDU und CSU bei Bundestagswahlen und im Bundestag als vereinte Kraft auftreten, obwohl sie andererseits vollständig selbständige Parteiorganisationen mit eigenständigen Führungsorganen verkörpern. Im Falle der CDU/CSU ist eine zusätzliche Entscheidung über den „Kanzlerkandidaten" somit schon deshalb erforderlich, um aus dem Kreise von mindestens zwei potentiell gleichberechtigten Bewerbern einen gemeinsamen Kandidaten herauszukristallisieren. Allerdings gilt, dass es nicht nur auf Seiten der Christdemokraten, sondern ebenso bei der SPD, eine oftmals lebhafte interne Konkurrenz um die Kanzlerkandidatur gibt. Eine beträchtliche Erklärungskraft für die eigenartige Elitenselektion kommt deshalb einem zweiten Faktor zu: den Besonderheiten der politischen Elitenstruktur in

„Kanzlerkandidaten" als internationale Besonderheit

einem Bundesstaat. Anders als in Einheitsstaaten ist die politische Führungselite eines Landes in einem System wie der Bundesrepublik nicht auf der zentralstaatlichen Ebene konzentriert. In den meisten Bundesstaaten, seien sie parlamentarischer oder auch präsidentieller Natur, besitzen die Regierungschefs der subnationalen Ebene – im deutschen Fall: die Ministerpräsidenten der Länder – ein mindestens vergleichbar großes politisches Gewicht wie hochkarätige Bundesminister. In diesem Sinne wurde die Bundesrepublik von Winfried Steffani (1983b) einmal durchaus zutreffend als „Republik der Landesfürsten" beschrieben.

Großer Einfluss von Persönlichkeiten mit landespolitischer Erfahrung

Der große Einfluss von Persönlichkeiten mit landespolitischer Spitzenkarriere zeigt sich sowohl unter den Kanzlern als auch – und ganz besonders – innerhalb der Gruppe der offiziellen Kanzlerkandidaten der beiden großen Parteien: Rund zwei Drittel aller Kanzlerkandidaten seit 1949 verfügten über Erfahrungen als Ministerpräsident. Besonders markant ausgeprägt war dieses Merkmal in der Gruppe der SPD-Kanzlerkandidaten von 1983 bis zum Wahlsieg Gerhard Schröders im September 1998. In dieser Zeit nominierten die Sozialdemokraten nicht weniger als sechs amtierende oder frühere Ministerpräsidenten zum Kanzlerkandidaten, wobei allerdings nur Schröders Versuch von Erfolg gekrönt war. Auch innerhalb der Gruppe der Kanzler selbst spielten Erfahrungen als Ministerpräsident eine wichtige Rolle: Nicht weniger als vier der bis Mitte 2005 sieben Kanzler (Kiesinger, Brandt, Kohl und Schröder) wirkten vor ihrem Einzug ins Kanzleramt als Ministerpräsidenten in einem der Flächen- oder Stadtstaaten, die meisten von ihnen über viele Jahre hinweg.

Relativ bescheidene Erfahrungen deutscher Kanzler in der Bundesexekutive

Der prominente Stellenwert hochkarätiger landespolitischer Karrieren in den politischen Biographien der späteren Kanzler der Bundesrepublik erklärt ein anderes Charakteristikum im politischen Erfahrungsprofil deutscher Kanzler mit, welches vor allem aus international vergleichender Perspektive ins Auge fällt: die relativ bescheidenen Vorerfahrungen deutscher Kanzler im Bereich der Bundesexekutive. Nur drei der ersten sieben Kanzler (Erhard, Brandt und Schmidt) besaßen Erfahrungen als Mitglied des Bundeskabinetts. Über vorherige Erfahrungen im Bundestag verfügten hingegen sämtliche Kanzler mit Ausnahme Adenauers, der jedoch ein „Parlamentarier der ersten Stunde" war und dem Bundestag von 1949 bis in sein Todesjahr 1967 hinein angehörte. Auf die längsten Parlamentskarrieren vor Beginn ihrer Kanzlerschaft konnten Helmut Schmidt (17 Jahre) und Ludwig Erhard (14 Jahre) zurückblicken – nicht zufällig zwei Amtsinhaber, die über keine Erfahrungen als Ministerpräsident verfügten und ihre politischen Karrieren stärker als alle übrigen Kandidaten auf die bundespolitische Ebene konzentrierten.

4.3 Der Sprung ins Kanzleramt: Merkmale des Kanzlerwechsels in der Bundesrepublik

Wege ins Kanzleramt

Aus der Auszählung und Addition der Erfahrungen in unterschiedlichen politischen Positionen lässt sich noch kein systematisches Bild von den Wegen der einzelnen Kandidaten in das Kanzleramt gewinnen. Uns interessiert hier zunächst nur die unmittelbare „Sprungbrett-Position", von der aus der Wechsel in das Amt des Bundeskanzlers erfolgte. Sieht man einmal vom „Gründungskanzler" der Bundesrepublik, Konrad Adenauer, ab, so lassen sich insgesamt drei unterschiedliche Wege ins Kanzleramt erkennen: Erhard, Brandt und Schmidt waren unmittelbar vor ihrem Wechsel ins Kanzleramt jeweils Bundesminister (und Abgeordnete des Bundestages), Kiesinger und Schröder schafften den Sprung ins Kanzleramt aus der Position des Ministerpräsidenten heraus, während Kohl von der Position des parlamentarischen „Oppositionsführers" (d.h. des Fraktions- und Parteivorsitzenden der späteren Kanzlerpartei) aus zum Kanzler avancierte.

Gerade aus international vergleichender Perspektive ist es hervorhebenswert, dass nicht weniger als vier der ersten sieben Kanzler (Erhard, Kiesinger, Schmidt und Kohl) inmitten einer Wahlperiode des Bundestages, also zwischen zwei Wahlen, ihr Amt antraten. Mit Ausnahme Kiesingers wurden jedoch alle von ihnen mindestens einmal durch Wahlen im Amt bestätigt. Nur Adenauer, Brandt und Schröder erlangten ihr Amt ursprünglich als Ergebnis eines Wahlsieges. Für Brandt gilt dies im Übrigen auch nur mit Einschränkungen. Aus der Bundestagswahl 1969 ging nicht die SPD Brandts, sondern die CDU/CSU als stärkste Kraft hervor; die Ernennung des ersten sozialdemokratischen Kanzlers der Bundesrepublik war wesentlich der erst nach der Wahl vollständig vollzogenen Koalitionsentscheidung der FDP zu verdanken (Jäger 1986: 17-18).

Häufige Kanzlerwechsel inmitten der Wahlperiode

Bemerkenswert ist ferner, dass nur drei der bis Sommer 2005 amtierenden Kanzler (nämlich Brandt, Kohl und Schröder) jeweils einen Vorgänger aus der gegnerischen Partei im Amt ablösten. Trotz der äußerst schmalen statistischen Basis läßt sich deshalb die Feststellung formulieren, dass personelle Wechsel im Kanzleramt bislang eher in Form einer „Stabsübergabe" zwischen Repräsentanten ein und derselben Partei zustande kamen als im Gefolge von „Machtwechseln" zwischen konkurrierenden Parteien. Mindestens so erwähnenswert ist freilich der Umstand, dass es in der Bundesrepublik mehrfach (so 1966, 1969 und 1982) selbst zu signifikanten Veränderungen in der parteipolitischen Zusammensetzung der Bundesregierung kam, ohne dass dabei die Wähler in irgendeiner Hinsicht involviert gewesen wären (Helms 1994). Die vollständige Ablösung einer Koalitionsregierung durch ein anderes Parteienbündnis als direkte Folge eines Bundestagswahlergebnisses im Herbst 1998 markierte ein Novum in der Geschichte der Bundesrepublik, das von einem angelsächsischen Beobachter ohne Ironie als „a celebration of democracy" (Dalton 1998) gewürdigt wurde.

Häufige Wechsel zwischen Kandidaten aus ein- und derselben Partei

4.4 Die Kanzlerwahlen im Bundestag

Den formalen Schlussstein des Weges in das Kanzleramt bildet in der Bundesrepublik die parlamentarische Kanzlerwahl gemäß Art. 63 GG. Dabei handelt es sich um einen genuin politischen Vorgang, dessen Ergebnis trotz im Allgemeinen stark ausgeprägter Fraktionsdisziplin auf Seiten der künftigen Koalitionspartner nicht mit letzter Sicherheit vorausgesagt werden kann.

Die denkbar knappste Mehrheit von einer Stimme erhielt Konrad Adenauer bei der Kanzlerwahl 1949 (50,2 Prozent). Auch 1969, 1976, 1987, 1994 und 2002 wurden Kandidaten mit sehr knappen Mehrheiten von jeweils unter 51 Prozent

Mehrheitsverhältnisse bei Kanzlerwahlen im Bundestag

gewählt. Die satteste Mehrheit gab es demgegenüber bei der Wahl Kiesingers durch die Abgeordneten aus den Reihen von Union und SPD im Spätherbst 1966 (68,5 Prozent); auch im Jahre 1953 bei der erstmaligen Wiederwahl Adenauers wurde eine stattliche Mehrheit von 62,6 Prozent der Gesamtstimmen des Bundestages erreicht (vgl. Tabelle 2).

Tabelle 2: Ergebnisse der Kanzlerwahlen im Bundestag (1949-2002)

Jahr	Kandidat	Mandatsanteil der Koalitionsparteien (in %)	Unterstützung des Kandidaten (in %)[a]
1949	Konrad Adenauer (CDU)	52,0	50,2 / 96,7
1953	Konrad Adenauer (CDU	68,6	62,6 / 91,3
1957	Konrad Adenauer (CDU)	57,7	55,1 / 95,4
1961	Konrad Adenauer (CDU)	61,9	51,7 / 83,4
1963	Ludwig Erhard (CDU)	61,7	55,9 / 90,6
1965	Ludwig Erhard (CDU)	59,3	54,8 / 92,5
1966	Kurt Georg Kiesinger (CDU)	90,1	68,5 / 78,1
1969	Willy Brandt (SPD)	51,2	50,6 / 98,8
1972	Willy Brandt (SPD)	54,6	54,2 / 99,3
1974	Helmut Schmidt (SPD)	54,6	53,8 / 98,5
1976	Helmut Schmidt (SPD)	51,0	50,4 / 98,8
1980	Helmut Schmidt (SPD)	54,5	53,5 / 98,2
1982	Helmut Kohl (CDU)	56,1	51,5 / 91,8[b]
1983	Helmut Kohl (CDU)	55,8	54,4 / 97,5
1987	Helmut Kohl (CDU)	54,1	50,9 / 94,1
1991	Helmut Kohl (CDU)	60,1	57,1 / 95,0
1994	Helmut Kohl (CDU)	50,7	50,3 / 99,1
1998	Gerhard Schröder (SPD)	51,6	52,5 / 99,7[c]
2002	Gerhard Schröder (SPD)	50,7	50,6 / 99,7

a): Die erste genannte Zahl weist den Ja-Stimmen-Anteil für den betreffenden Kandidaten an der Gesamtheit der stimmberechtigten Mitglieder des Bundestages aus; die zweite Zahl bezieht sich auf den prozentualen Anteil der Ja-Stimmen an der Gesamtheit der Stimmen der Koalitionsmehrheit.
b): Ergebnis des parlamentarischen Misstrauensvotums vom 1. Oktober 1982.
c): Prozentualer Stimmenanteil trotz offenbar geschlossener Unterstützung Schröders durch die Koalitionsfraktionen unter 100 wegen Beurlaubung eines Mitglieds der Koalitionsfraktionen; allerdings sieben Ja-Stimmen aus den Reihen der Oppositionsfraktionen.

Quelle: Schindler (1999: 1018-1024, 4359); Aktualisierung durch den Verfasser nach Archiv der Gegenwart.

Die Mehrheiten bei der parlamentarischen Kanzlerwahl spiegeln freilich wesentlich das Abschneiden der (künftigen) Regierungsparteien bei der vorausgegangenen Bundestagswahl wider. Als selbstverständlich vorausgesetzt werden darf es allerdings nicht, dass alle Vertreter der betreffenden Parteien dem zur Wahl stehenden Kandidaten tatsächlich ihre Stimme geben. Sehr hoch war die Geschlossenheit der Koalitionsfraktionen mit jeweils über 99 Prozent der Koalitionsstimmen bei den Kanzlerwahlen 1972, 1994, 1998 und 2002; auffallend gering hingegen 1966 bei der Wahl Kiesingers (78,1 Prozent), aber auch 1961 bei der letztmaligen Wiederwahl Adenauers (83,4 Prozent). Bei der Kanzlerwahl am 27. Oktober 1998 wurde Gerhard Schröder zum ersten Kandidaten in der Geschichte der Bundesrepublik, der mehr Stimmen als die Gesamtheit der Koalitionsstimmen erhielt.

Unterschiede in den Wahlergebnissen von CDU- und SPD-Kanzlern lassen sich zwar erkennen: so erreichten die Kandidaten der CDU im Durchschnitt knapp über 92 Prozent, die Kandidaten der SPD hingegen durchschnittlich 99 Prozent der Stimmen aus dem Lager der jeweiligen Koalitionsparteien. Es ist jedoch fraglich, ob dieser Unterschied tatsächlich der Parteizugehörigkeit der Kandidaten zugeschrieben werden kann. Der schlechtere Durchschnittswert für Kandidaten der Union kommt unter anderem durch die vergleichsweise geringe Geschlossenheit der Koalitionsfraktionen bei der Wahl Kiesingers zustande. Bei dieser offenbarten sich ernsthafte Vorbehalte einiger Fraktionsmitglieder aus den Reihen von CDU/CSU und SPD sowohl gegenüber dem Kandidaten als auch gegenüber dem ungewöhnlichen Koalitionsformat; unabhängig davon ist jedoch die auch aus anderen Zusammenhängen bekannte Tatsache zu berücksichtigen, dass „übergroße" Mehrheiten zum – letztlich nicht entscheidungsrelevanten – Dissens offenbar geradezu einladen. Umgekehrt erscheint der Hinweis wichtig, dass die hohen Unterstützungswerte sozialdemokratischer Kanzler vor dem Hintergrund der Tatsache zu sehen sind, dass – mit nur wenigen Ausnahmen – deren parlamentarische Mehrheitsbasis in der Regel deutlich bescheidener war als diejenige christdemokratisch geführter Bundesregierungen. Oftmals mussten sich von Sozialdemokraten geführte Regierungen mit parlamentarischen Mehrheiten von unter oder nur knapp über 51 Prozent der Mandate begnügen. Christdemokratische Kanzler wurden hingegen mehrfach von Koalitionsmehrheiten in der Größenordnung von über 60 Prozent der Gesamtzahl der Abgeordneten getragen.

Unterschiede zwischen CDU- und SPD-Kandidaten

Auffällig ist allerdings, dass die parlamentarischen Mehrheiten sowohl sozialdemokratisch als auch christdemokratisch geführter Regierungen im Vergleich zu früheren Jahrzehnten insgesamt bescheidener geworden sind. Während es historisch mehrere Bundestagswahlen gab, bei denen die späteren Koalitionspartner über 60 Prozent der Mandate auf sich vereinigen konnten, lag die parlamentarische Mehrheitsbasis deutscher Bundesregierungen im Durchschnitt der drei Wahlen von 1994, 1998 und 2002 bei gerade einmal 51 Prozent.

Tendenz zu schmaleren „Kanzlermehrheiten"

4.5 Bilanz

Trotz der vergleichsweise geringen Anzahl unterschiedlicher Personen, die das Amt des Bundeskanzlers bislang bekleideten, ist das Bild auf der Ebene des persönlichen und beruflichen Werdegangs der einzelnen Amtsinhaber durch eine bemerkenswerte Vielfalt gekennzeichnet. Ein klassisches „Rüstzeug" zum Kanzler scheint es ebenso wenig zu geben wie einen „Königsweg" ins Kanzleramt.

Vielfalt der Persönlichkeiten und Qualifikationen

Die politisch relevanten Unterschiede in den Lebens- und Karrierewegen der bisherigen Kandidaten im Amt des Bundeskanzlers sollte man jedoch nicht überzeichnen. Bei aller Individualität des politischen Profils der Amtsinhaber gibt es auch eine ganze Reihe an Gemeinsamkeiten. Dazu gehört zuallererst die mehr oder minder tiefe Parteiverankerung und die in aller Regel Jahrzehnte lange professionelle Tätigkeit im Bereich der Politik. Im Vergleich mit gänzlich unpolitischen Berufen erscheinen selbst die zweifelsohne grundlegend unterschiedlichen politischen Erfahrungen eines Bundestagsabgeordneten oder eines Ministerpräsidenten, eines Bundesministers oder eines Parteifunktionärs, als einander

Feste „Parteiverankerung" und ausgeprägte Professionalität als gemeinsames Merkmal

verwandt. Die Kanzler der Bundesrepublik lassen sich somit allesamt als „politische Profis" bezeichnen, die zudem eindeutig innerhalb der parteipolitischen Landschaft auf Bundes- und/oder Landesebene zu verorten waren, auch wenn sie nicht alle in gleichem Maße zu den Spitzenfunktionären ihrer Parteien gehörten.

„Blitzkarrieren" gibt es nicht

Ungeachtet dieser und weiterer Unterschiede lässt sich ferner feststellen, dass es wie auch immer geartete „Blitzkarrieren" in das höchste politische Führungsamt hierzulande nicht gibt. Mit 52 Jahren am Tag seiner Vereidigung war Helmut Kohl noch der jüngste der ersten sieben Kanzler der Bundesrepublik, gefolgt von Gerhard Schröder (54) und Willy Brandt bzw. Helmut Schmidt (jeweils 55). Diesen Umstand – ganz gleich, wie man ihn bewerten will – kann man indes nicht allein den Parteien als den karrierepolitischen „Schleusenwärtern" in der parlamentarischen Demokratie zuschreiben. So ist nicht zu vergessen, dass Brandt und Kohl bereits mit 47 bzw. 46 Jahren als Kanzlerkandidaten ihrer Parteien ins Rennen geschickt wurden – um anschließend an der Wahlurne zu scheitern. Vergleichbar jung waren der erfolglose Unionskandidat Rainer Barzel (1972) sowie zwei gescheiterte Kanzlerkandidaten der SPD, Oskar Lafontaine (1990) und Rudolf Scharping (1994), die jeweils keine „zweite Chance" ihrer Partei erhielten.

5 Politische Führung im Bereich der Kernexekutive

Gegenstand dieses Kapitels ist der Regierungsprozess im Bereich der Kernexekutive. Darunter verstehen wir mit Patrick Dunleavy und Rod Rhodes „all those organizations and structures which primarily serve to pull together and integrate central government policies, or act as final arbiters within the executive of conflicts between different elements of the government machine" (Dunleavy/Rhodes 1990: 4). Die historisch-chronologische Perspektive, die den nachfolgenden Betrachtungen zugrunde liegt, soll im Rahmen eines systematischen Zugriffs auf die unterschiedlichen Dimensionen des Regierungsprozesses zur Anwendung kommen. Unter dem Stichwort „Regierungsbildung" werden dabei zunächst berücksichtigt: der Verlauf und die Ergebnisse von Koalitionsverhandlungen, die Charakteristika und Wandlungen der Ressortstruktur sowie der Personalstruktur. Auf der Ebene des gouvernementalen Entscheidungsprozesses im engeren Sinne wird differenziert nach der Rolle des Kabinetts im politischen Entscheidungsprozess, der Struktur und Bedeutung des Kanzleramts als Regierungszentrale sowie des Stellenwertes und der Rolle informeller Gremien nach dem Muster von Koalitionsrunden und Koalitionsgesprächen. In all diesen unterschiedlichen Zusammenhängen soll besonderes Augenmerk auf die Regierungstechnik des Kanzlers gelegt werden.

Gegenstände des Kapitels

Folgende Fragen leiten die Behandlung der genannten Aspekte: Wo innerhalb der Exekutive lag jeweils das tatsächliche Entscheidungszentrum? In welchem Verhältnis stehen Kontinuität und Wandel auf dem Feld der Regierungsorganisation und der politischen Führung? Lassen sich in den unterschiedlichen Bereichen eindeutige historische Entwicklungstrends erkennen? Welches Gewicht darf man einzelnen Amtsinhabern bzw. individuellen Führungsstilen und Regierungstechniken im Lichte der präsentierten Befunde legitimer Weise zumessen? Und schließlich: Machen die Parteizugehörigkeit des Kanzlers, die parteipolitische Couleur von Regierungen und das Koalitionsformat hinsichtlich der Struktur des intra-gouvernementalen Willensbildungs- und Entscheidungsprozesses einen Unterschied?

5.1 Regierungsbildung und Regierungsorganisation I: eine chronologische Perspektive

Gleich die erste Regierungsbildung auf Bundesebene im Herbst 1949 war wegen einer Reihe von Gründen ungewöhnlich. Im Vergleich zu späteren Jahrzehnten war das Parteiensystem der frühen Bundesrepublik durch eine große Anzahl von Parteien und ein vergleichsweise hohes Maß an Polarisierung gekennzeichnet. In den 1. Bundestag zogen Vertreter von nicht weniger als neun Parteien (CDU/CSU als eine Partei gerechnet) ein. Keine Partei erreichte mehr als 31

Die Regierungsbildung von 1949

Prozent der Stimmen, und mit nicht ganz 35 Prozent der Mandate bildete die Union die stärkste Kraft im neuen Parlament.

Die maßgeblichen Verhandlungen über die Regierungsbildung fanden knapp eine Woche nach der Bundestagswahl in Frankfurt und in Adenauers Privathaus in Rhöndorf statt; eingeladen hatte Adenauer die Teilnehmer (die Spitzenrepräsentanten der CDU und der kleineren bürgerlichen Parteien) bemerkenswerter Weise bereits vor der Wahl. Rückblickend bezeichnete er die Bildung der ersten CDU-geführten Koalition als einen der größten Erfolge seiner gesamten politischen Karriere (Schwarz 1981: 32). Allein schon die Schaffung von 13 Kabinettsressorts – fünf mehr als der Organisationsplan für die erste Bundesregierung aus der Feder der Ministerpräsidenten der Länder empfohlen hatte – zeigte, wie hart um ein für alle beteiligten Kräfte akzeptables Koalitionsgleichgewicht gerungen werden musste. In den 13 Ressorts war das Außenministerium, das erst 1951 geschaffen wurde, noch nicht einmal enthalten. Der wahre Gewinner der Regierungsbildung von 1949 war die CSU, welche dafür entschädigt werden musste, dass nicht sie, sondern die FDP den Zugriff auf das Amt des Bundespräsidenten erhalten hatte. Auffällig unterrepräsentiert blieben die linken Kräfte aus der CDU. Ein weiteres Kerncharakteristikum von Adenauers erstem Kabinett bestand darin, dass es praktisch keine Minister mit Kabinettserfahrung aus der Weimarer Republik gab; die einzige Ausnahme bildete Finanzminister Fritz Schäffer, der vor dem Krieg zumindest ein Kabinettsressort auf Landesebene geleitet hatte. Die wenigen Regierungsmitglieder mit nennenswertem öffentlichen Ansehen und Bekanntheitsgrad, wie insbesondere Ludwig Erhard, besaßen keine unabhängige politische Machtbasis innerhalb ihrer Partei. Die politisch brisante Phase der Regierungsbildung war nicht abgeschlossen bevor Adenauer am 15. September 1949 mit einer einzigen Stimme Mehrheit vom Bundestag zum Kanzler gewählt wurde.

Die Bildung der zweiten Regierung Adenauer 1953

Nach der zweiten Bundestagswahl, im Herbst 1953, hatten sich aus Adenauers bzw. christdemokratischer Perspektive die Bedingungen der Regierungsbildung tendenziell verbessert. Von den kleineren Parteien des bürgerlichrechten Spektrums waren einige bereits verschwunden. Eine Rolle dabei spielte, dass die 1949 lediglich auf Landesebene angewendete Fünf-Prozent-Klausel ab 1953 ausdrücklich auf die Bundesebene bezogen wurde. Mindestens so wichtig waren jedoch die politischen, gesellschaftlichen und ökonomischen Integrationserfolge der jungen deutschen Nachkriegsdemokratie, die dafür sorgten, dass viele Protestparteien der Frühphase ihre politische Existenzgrundlage einbüßten. Nutznießer (und zum Teil Urheber) dieser Entwicklungen war vor allem die Union. Ihr Stimmenanteil schnellte gegenüber 1949 um über 14 Prozentpunkte in die Höhe. Mit 244 von insgesamt 487 Sitzen erzielten die Christdemokraten sogar eine denkbar knappe absolute Mehrheit an Mandaten, welche jedoch als nicht ausreichend für die Bildung einer Alleinregierung von CDU/CSU erachtet wurde. Als eine der schwierigsten Schritte erwies sich die Einbindung einer vierten Partei, des Gesamtdeutschen Blocks/Bund der Heimatvertriebenen und Entrechteten (GB/BHE), deren Berücksichtigung Adenauer mit Blick auf die Verbreiterung der parlamentarischen Mehrheitsbasis der Regierung, vor allem angesichts der bevorstehenden außenpolitischen Grundsatzentscheidungen, für wichtig hielt. Die Ausweitung des Kreises der Juniorpartner der CDU/CSU fand ihren Niederschlag in der geringfügigen Erhöhung der Anzahl von Kabinettsmitgliedern, welche nun (den Kanzler eingerechnet) 15 betrug.

Aus der Perspektive der Koalitionstheorie verkörpert die Regierungsbildung des Jahres 1957 ohne Zweifel die bemerkenswerteste Episode der Ära Adenauer. Obwohl die Union aus der Bundestagswahl 1957 eine absolute Mehrheit an Stimmen und Mandaten heimgetragen hatte, bildete Adenauer wiederum eine Koalitionsregierung. Einziger Juniorpartner war diesmal die DP. Wie im vorausgehenden Fall der Bildung einer „oversized coalition" im Gefolge der Wahl von 1953, ging es auch 1957 darum, eine größtmögliche parlamentarische Mehrheitsbasis der Regierung zu kreieren, die selbst unter dem verfassungsrechtlichen Erfordernis einer Zweidrittelmehrheit für verfassungsändernde Gesetze möglichst souverän zu handeln in der Lage war. Die Koalitionsstrategie der Christdemokraten gegenüber der DP zielte ferner darauf ab, der CDU/CSU auch in Gebieten mit einem geringen Anteil katholischer Wähler eine ausreichende Anhängerschaft zu sichern (Saalfeld 2000: 44-45). Insgesamt verlief der Regierungsbildungsprozess des Jahres 1957 vergleichsweise unkompliziert, nicht zuletzt deshalb, da sämtliche politischen „Schwergewichte" bereits vor Beginn der Verhandlungen exakt das Ressort innehatten, das sie beanspruchten. Zu den bemerkenswerten Aspekten der Regierungsbildung bzw. -umbildung im Gefolge der dritten Bundestagswahl gehörte schließlich die Mitte 1960 vollzogene stille Transformation der CDU/CSU-DP-Regierung in eine reine Unionsregierung als Ergebnis des Übertritts des Ministerflügels der DP zur CDU.

Größere Veränderungen auf Kabinettsebene gab es nach der Bundestagswahl von 1961. Der große Wahlverlierer war die Union; die größten Zugewinne erzielte die FDP, deren Stimmenanteil von 7,7 Prozent auf 12,8 Prozent anwuchs. Die Regierungsbildung war schwierig, da die Liberalen unter einem Kanzler Adenauer eigentlich nicht wieder in die Regierung zurückkehren wollten. Schließlich kam es doch zur Bildung einer CDU/CSU-FDP-Koalition unter Adenauer. Die „schwere Geburt" dieser Regierung zeigte sich schon an äußeren Merkmalen: Mit 51 Tagen war die Regierungsbildung von 1961 die bislang (und mit großem Abstand) zeitaufwendigste in der Geschichte der Bundesrepublik. Die grundlegenden Ergebnisse der langwierigen Koalitionsverhandlungen wurden zudem erstmals in einem schriftlichen Koalitionsvertrag fixiert.

Wichtige Veränderungen betrafen nicht nur die parteipolitische Zusammensetzung der Regierung, sondern auch die personelle Ebene. Unübersehbar war das gewachsene Gewicht des Vorsitzenden der CSU, Franz Josef Strauß, der das Verteidigungsministerium übernahm. Bemerkenswert war auch die Ernennung der ersten Bundesministerin in der Geschichte der Bundesrepublik, Elisabeth Schwarzhaupt, die auf Drängen der CDU/CSU-Fraktion das Gesundheitsministerium erhielt. Zu den weiteren personellen Neuerungen zählte die Ernennung des bisherigen Fraktionsvorsitzenden der CDU/CSU, Heinrich Krone, als Bundesminister ohne Geschäftsbereich – eine Entscheidung, die in weiten Kreisen der Partei von großem Misstrauen begleitet wurde, da hierin eine mögliche Vorentscheidung über die Kanzlernachfolge gesehen wurde, wofür es rückblickend freilich keinen Grund gab.

Die Regierungsbildung von 1957

Die Regierungsbildung von 1961

Die „Spiegel-Affäre" und die Bildung der letzten Regierung Adenauer

Trotz der zeitaufwendigen Regierungsbildung sollte sich das 1961 formierte Kabinett als eines der unstabilsten der gesamten Nachkriegsperiode erweisen. Im Anschluss an die „Spiegel-Affäre" im November 1962 (Koerfer 1987: 675-707) demissionierte rund die Hälfte der 1961 ernannten Minister. Die Mehrzahl von ihnen kehrte jedoch kurze Zeit später in die Regierung zurück. Die Bereitschaft der FDP, weiterhin mitzuregieren, musste allerdings mit der Entlassung von Strauß als dem Protagonisten der „Spiegel-Affäre" und dem Versprechen Adenauers, 1963 endgültig sein Amt niederzulegen, erkauft werden.

Strukturmerkmale des Kanzleramts in der Ära Adenauer

Gemessen an der kontinuierlichen Ausdifferenzierung des Kabinetts blieb das Kanzleramt während der Ära Adenauer eine Einrichtung mit vergleichsweise simpler Organisationsstruktur. Bis 1958 gab es innerhalb des Kanzleramts nur eine einzige Abteilung. Die personell am besten ausgestattete und politisch wichtigste Abteilung in den ersten Jahren von Adenauers Kanzlerschaft war das außenpolitische Büro, welches nicht Teil der eigentlichen Organisationsstruktur des Kanzleramtes war. Im Jahre 1958 wurde das Bundespresseamt vom Bundeskanzleramt getrennt und als eigenständige Bundesbehörde institutionalisiert. Ein 1960 geschaffener Planungsstab im Kanzleramt sollte sich als lediglich vorübergehende Einrichtung erweisen. Die gesamte Regierungszeit Adenauers über blieb das Kanzleramt ein „Instrument persönlicher Macht" (Dyson 1974: 365). Dabei stützte sich Adenauer vor allem auf seinen langjährigen Chef des Kanzleramtes, Hans Globke (1953-1963).

Die Bildung der ersten Regierung Erhard 1963

Der Wechsel an der Regierungsspitze von Adenauer zu Erhard im Oktober 1963 war zunächst durch auffallend bescheidene Veränderungen in der Zusammensetzung des Kabinetts gekennzeichnet. Obwohl es ehrgeizige Pläne gegeben hatte, den Wechsel im Kanzleramt für eine deutliche Reduzierung der Anzahl der Kabinettsressorts zu nutzen (Caro 1965: 261-262), blieben strukturelle Reformen noch begrenzter als Veränderungen auf der personellen Ebene. Das hohe Maß an institutioneller Kontinuität wurde von der Union mit dem Hinweis gerechtfertigt, weniger als zwei Jahre vor der nächsten Wahl keine politische Energie für die Umstrukturierung des Regierungsapparates verschwenden zu wollen (Hildebrand 1984: 36). Zu den vollzogenen Veränderungen personeller Natur gehörte der Ausschluss von einigen der profiliertesten Repräsentanten aus den Reihen der CDU und CSU, wie insbesondere Rainer Barzel und Franz Josef Strauß. Die vielleicht wichtigste Neuerung betraf das bislang von Barzel geführte Bundesministerium für gesamtdeutsche Fragen, welches nun an den Vorsitzenden der FDP, Erich Mende, ging, der zugleich „Vizekanzler" wurde.

Die Regierungsbildung 1965

Erhards zweites, im Anschluss an die Bundestagswahl 1965 gebildete Kabinett war das Produkt langwieriger Verhandlungen. Die meisten Beobachter waren sich darin einig, dass Erhard aus diesem Prozess eher geschwächt als gestärkt hervorging. Von den fünf politischen „Schwergewichten" aus den Reihen der Union teilten lediglich zwei (Gerhard Schröder und Hermann Höcherl) die grundlegenden politischen Anschauungen des Kanzlers. Ein größeres Revirement, welches auch die deutliche Reduzierung der Kabinettsressorts hätte einschließen sollen, brachte Erhard nicht mehr zustande. Bereits vier Wochen bevor Erhard das Kanzleramt am 30. November 1966 verließ, traten die vier FDP-Minister von ihren Ämtern zurück und machten dadurch die kleine Koalition zu einer CDU/CSU-Minderheitsregierung (Laitenberger 1986: 211-217).

Hinsichtlich der Organisationsstruktur des Kanzleramts war Erhard darum bemüht, mit der Schaffung einer neuen Abteilung 3 eine Institution zu schaffen, die auf längerfristige Planung und Kontaktpflege zu externen Forschungsinstituten und einzelnen Persönlichkeiten aus dem Bereich der Wissenschaft spezialisiert war. Eine weitere Aufgabe der Abteilung bestand in der Herstellung und Pflege von Beziehungen zu den großen politischen Interessengruppen. Das eigentliche Zentrum des Kanzleramts war, wie schon unter Adenauer, der Chef des Kanzleramtes. Diese Position hielt der Westfale Ludger Westrick, den Erhard gemeinsam mit vielen anderen langjährigen Mitarbeitern aus dem Wirtschaftsministerium mitgebracht hatte. Westrick wurde der erste Chef des Kanzleramts, der dieses Amt (ab Mitte Juni 1964) im Rang eines „Bundesministers für besondere Aufgaben" ausübte. Notwendig wurde Westricks Erhebung in den Ministerrang, da er mit 70 Jahren das zulässige Höchstalter für die Ausübung einer Tätigkeit als Ministerialbeamter überschritten hatte.

Strukturmerkmale des Kanzleramts unter Erhard

Kein anderer der ersten sieben Kanzler der Bundesrepublik sah sich in der Frage der Aufteilung der Kabinettsressorts zwischen den Koalitionsparteien mit annähernd vergleichbar starken Forderungen nach einer möglichst vollständig „symmetrischen" Lösung konfrontiert wie Kurt Georg Kiesinger, der Kanzler der Großen Koalition. Abgesehen vom Amt des Kanzlers, das für weitere drei Jahre in den Händen der Union verblieb, erhielten die Christdemokraten nur ein Ressort mehr als der sozialdemokratische Juniorpartner. Das Kabinett Kiesinger stellte eine Ansammlung der namhaftesten Spitzenvertreter beider Seiten dar, in dem nur Rainer Barzel und Helmut Schmidt fehlten, welche jeweils mit dem Amt des Fraktionsvorsitzenden ihrer Partei im Bundestag betraut waren (Hildebrand 1984: 257-268). Die Außergewöhnlichkeit der Regierungsbildung von 1966 manifestierte sich auch in der für die Geschichte von Koalitionsbildungen auf Bundesebene ungewöhnlichen Tatsache, dass ausführliche parallele Koalitionsverhandlungen zwischen allen in Frage kommenden Parteien (CDU/CSU, SPD und FDP) geführt wurden. Entsprechendes gab es bislang nur noch einmal, im Umfeld der „Spiegel-Krise" 1962 (Saalfeld 2000: 50). Bemerkenswert am Ergebnis der Verhandlungen war insbesondere, dass die „Elefantenhochzeit" nicht zu einer Erhöhung der Anzahl der Kabinettsressorts führte. Mit 19 Ressorts war das Kabinett sogar etwas kleiner als dasjenige der Vorgänger-Regierung.

Die Bildung der Regierung Kiesinger 1966

Im Kanzleramt gab es während der kurzen Kanzlerschaft Kiesingers wenige einschneidende Veränderungen. Die von Erhard geschaffene Abteilung 3 wurde aufgelöst und deren Funktionen auf die beiden anderen Abteilungen verteilt. Die neue Abteilung 3 war nun vor allem mit der Organisation der internen Angelegenheiten des Kanzleramts befasst. Wie schon Erhard war im übrigen auch Kiesinger darum bemüht, Adenauers bzw. Globkes System persönlicher Kontakte zwischen einzelnen Positionsinhabern in den unterschiedlichen Ministerien durch eine rationalere Koordinationsstruktur zu ersetzen. Die vor allem während der Adenauer-Jahre noch stark am konfessionellen und regionalen Proporz orientierte Praxis der Personalrekrutierung wurde unter Kiesinger durch ein System der Kandidatenauswahl abgelöst, das größeren Wert auf professionelle Erfahrungen im Bereich der öffentlichen Verwaltung legte. Das Urteil der Zeitgenossen über die Verwirklichung der hochgesteckten Ziele einer professionalisierten Koordinierungsleistung des Kanzleramtes fiel jedoch überwiegend skeptisch aus.

Strukturmerkmale des Kanzleramts unter Kiesinger

"Machtwechsel" – Die Bildung der Regierung Brandt 1969

Gegen Ende der Amtszeit Kiesingers stand das Kanzleramt in dem verbreiteten Ruf, nicht viel mehr als ein „Postfach" des Kabinetts zu sein.

Die langen Jahre christdemokratischer Vorherrschaft im Kanzleramt fanden im Spätherbst 1969 ihr vorläufiges Ende. Am 21. Oktober 1969 wählte der Deutsche Bundestag mit den Stimmen der neuen Koalitionspartner SPD und FDP den sozialdemokratischen Parteivorsitzenden und Kanzlerkandidaten Willy Brandt zum Kanzler. Das Wahlergebnis von 1969 hätte rein rechnerisch auch eine andere parteipolitische Zusammensetzung der Regierung gestattet. Die Union blieb die stärkste Fraktion, aber wie die FDP mussten auch die Christdemokraten Stimmenverluste hinnehmen. Der Gewinner der Wahl war die SPD, die ihren Stimmenanteil von 42,7 Prozent auf 45,8 Prozent erhöhen konnte. Auch wenn es keine eindeutige Koalitionsaussage der Liberalen gegeben hatte, waren angesichts der programmatischen Neuausrichtung der FDP Ende der sechziger Jahre die Zeichen doch unübersehbar auf eine sozial-liberale Koalition gestellt.

Brandt gelang es, die Anzahl der Ressorts von 19 auf 14 zu reduzieren, wobei ihm allerdings entsprechende Vorschläge eines Kabinettsausschusses zugute kamen, die noch während der Regierungszeit Kiesingers erarbeitet worden waren (Brauswetter 1976: 6). In der ersten sozial-liberalen Koalition erhielt die FDP drei Kabinettssitze, darunter das Innen- und Außenministerium. Die meisten SPD-Minister, die schon unter Kiesinger dem Kabinett angehört hatten, behielten ihre Ressorts. Die Ausnahmen bildeten Carlo Schmid und Herbert Wehner. Der wichtigste Kabinettsneuling war Helmut Schmidt im Amt des Verteidigungsministers. Er musste ebenso zur Übernahme eines Kabinettsressorts überredet werden wie Alex Möller, der sich schließlich zur Führung des Finanzministeriums bereit erklärte. Aufsehen erregender als die ursprüngliche Kabinettsbildung waren einige spätere Entwicklungen: Im Mai 1971 schied Alex Möller aus der Regierung aus, worauf Brandt ein „Superministerium" für Wirtschaft und Finanzen schuf, das er Karl Schiller unterstellte. Als im Juli 1972 auch Schiller zurücktrat, führte Schmidt das „Superministerium" bis zum Ende der Legislaturperiode.

Die Regierungsbildung von 1972

Der Kabinettsbildungsprozess im Gefolge der Bundestagswahl 1972, welche der SPD erstmals in der Geschichte der Bundesrepublik einen Stimmen- und Mandatsvorsprung vor der CDU/CSU bescherte, wurde rückblickend als erstes Anzeichen der Führungsschwäche Brandts gedeutet, die für viele zu einem Kennzeichen seiner beiden letzten Amtsjahre wurde. Eine faire Bewertung wird den schlechten Gesundheitszustand Brandts zum Zeitpunkt der Kabinettsbildung berücksichtigen müssen. Tatsächlich lag Brandt, während die wichtigsten Weichen gestellt wurden, im Krankenhaus. Die meisten Entscheidungen, darunter nicht zuletzt die Anzahl der Ressorts und deren Aufteilung unter den Koalitionspartnern, wurden de facto von Wehner und Schmidt auf Seiten der SPD und von Scheel und Genscher für die Liberalen getroffen und erst anschließend vom Kanzler autorisiert. Mit dem Zugewinn gleich zweier neuer Kabinettsposten – nunmehr insgesamt fünf – ging die FDP als der klare Gewinner aus den Verhandlungen hervor (Jäger 1986: 91-93).

Strukturmerkmale des Kanzleramts in der Ära Brandt

In organisatorischer Hinsicht bemerkenswert waren insbesondere die Veränderungen im Kanzleramt. Die erste Amtszeit Brandts gilt weithin als die „Geburtsstunde" des modernen Kanzleramts (Müller-Rommel 1994: 119). Innerhalb nur eines Jahres verdreifachte sich das Personal. Dabei fiel auf, in welch starkem

Maße Brandt auf SPD-Mitglieder innerhalb der Ministerialbürokratie zurückgriff und diese in führender Stellung positionierte (Berry 1989: 342). Zu den Repräsentanten der SPD zählte nicht zuletzt Brandts erster Kanzleramtschef Horst Ehmke, der zuvor bereits als Justizminister dem Kabinett Kiesinger angehört hatte. Aus diesem Grund wurde er, wie vor ihm Westrick, nicht als Ministerialbeamter, sondern im Rang eines Bundesministers ernannt. Nach der Ablösung des vor allem wegen seiner ausgeprägten Neigung zum „Planungsaktivismus" stark umstrittenen Ehmke wurde das Kanzleramt durch den vergleichsweise unauffälligen Horst F. Grabert geleitet. Er war praktisch die einzige Person in führender Stellung, die über wirkliche Verwaltungserfahrung verfügte. Die eigentliche Modernisierungsleistung im Kanzleramt betraf freilich dessen Organisationsstruktur. Erstmals wurden fünf unterschiedliche Abteilungen geschaffen, darunter eine Abteilung für Innenpolitik und eine weitere für den Bereich der politischen Planung. Letztere, in der 38 Personen arbeiteten, bildete das eigentliche Herzstück der innovativen Organisationsstruktur. Während die Planungserfolge des Kanzleramts höchst umstritten blieben, stand dessen zentrale Rolle als effektive Koordinationsinstanz innerhalb der Kernexekutive vor allem während der ersten Jahre der Kanzlerschaft Brandts außer Frage (Brauswetter 1976: 22-27).

Mit dem im Mai 1974 vollzogenen Wechsel im Kanzleramt von Brandt zu Schmidt gingen verschiedene Veränderungen, zunächst auf Kabinettsebene, einher. Die sozialdemokratische „Intellektuellenriege" (Horst Ehmke, Egon Bahr und Klaus von Dohnanyi) musste ihre Kabinettssessel räumen. Ihre Plätze wurden mit Vertretern aus dem Zentrum der Partei besetzt, dem sich Schmidt politisch am nächsten fühlte. Umbesetzungen auf Seiten der Liberalen blieben weitgehend auf die konkrete Ressortzuständigkeit der betroffenen Vertreter beschränkt. Schmidts Personalpolitik verriet sein Bestreben, spektakuläre Kabinettsauftritte konkurrierender „Stars" am Kabinettstisch nach Möglichkeit zu vermeiden (Jäger 1987: 10-11). Dieser Prämisse blieb Schmidt im Grundsatz auch nach der Bundestagswahl von 1976, durch die die Mehrheit der sozialliberalen Koalition deutlich reduziert wurde, treu. Noch bescheidener waren die Veränderungen nach der Bundestagswahl 1980. Während es lediglich kleinere Umstellungen innerhalb der Ministerriege der SPD gab, blieb die Personal- und Ressortstruktur im Einflussbereich der Liberalen vollständig unverändert. Diese auffallende Stabilität erwies sich freilich als trügerisch: Weniger als zwei Jahre später endete die Regierungszeit der sozial-liberalen Koalition durch den vorzeitigen Koalitionsaustritt der FDP und ein anschließendes parlamentarisches Misstrauensvotum gegen Kanzler Schmidt, bei dem sich die Liberalen mit der CDU/CSU verbündeten und gemeinsam Helmut Kohl zum Kanzler wählten.

Die Bildung der ersten Regierung Schmidt 1974

Im Kanzleramt schlug sich der Wechsel von Brandt zu Schmidt zunächst weniger in umfangreichen Organisationsreformen als in der deutlichen Abschwächung parteipolitisch definierter Rekrutierungskriterien der Kanzleramtselite und einem veränderten Arbeitsstil nieder (Berry 1989: 343). Von den „großen Drei" in Schmidts Mannschaft – dem Chef des Kanzleramts Manfred Schüler, Regierungssprecher Klaus Bölling und Staatsminister Hans-Jürgen Wischnewski – war nur der zuletzt genannte ein Mitglied der SPD. Gemeinsam mit Schmidt selbst bildeten die genannten Akteure eine außerordentlich eng

Strukturmerkmale des Kanzleramts unter Schmidt

kooperierende informelle Arbeitsgruppe, die unter der Bezeichnung „Kleeblatt" bekannt wurde (Carr 1985: 109-113).[8] Zu einem Kerncharakteristikum der Regierungsorganisation während der Amtszeit Schmidts wurde neben der Ausrichtung an den Prinzipien einer hierarchischen Organisations- und Kommunikationsstruktur die starke Einbindung der Spitzenkräfte des Kanzleramts in den Regierungsprozess (Müller-Rommel 2000: 97-98). Täglich stattfindende Zusammentreffen zwischen Mitgliedern der politischen und der Verwaltungselite im Kanzleramt, die so genannte „Lage", wurden etabliert. Auf dem Höhepunkt der Terrorismus-Krise der späten siebziger Jahre wurde ein weiteres Gremium, der „große politische Beratungskreis", geschaffen, dem die Partei- und Fraktionsvorsitzenden der Koalitionspartner sowie die Ministerpräsidenten und Innenminister der Länder angehörten.

Die Bildung und Umbildung der zahlreichen Regierungen Kohl

Das erfolgreiche Misstrauensvotum gegen Kanzler Schmidt im Oktober 1982 leitete eine weitere lange Phase der Vorherrschaft christdemokratisch geführter Regierungen ein. Bei aller Diskontinuität gab es in der ersten Regierung Kohl gleichwohl auch Elemente der Kontinuität. Von den vier Kabinettsposten, die Kohl der FDP in seiner im Herbst gebildeten Regierung zugestand, wurden immerhin drei von denselben Personen besetzt, die das betreffende Ressort schon unter Schmidt gehalten hatten. Mit Barzel, Stoltenberg und Dollinger gab es auf Seiten der Christdemokraten drei Mitglieder des Kabinetts, die bereits über frühere Erfahrungen als Kabinettsminister auf Bundesebene verfügten. Im Falle Barzels und Dollingers reichten diese sogar bis in die Spätphase der Ära Adenauer zurück. Die vorgezogene Bundestagswahl 1983, durch welche die christlich-liberale Koalition im Amt bestätigt wurde, brachte wenige einschneidende Veränderungen. Die wichtigste war die Reduzierung der FDP-Kabinettssitze von vier auf drei, welche auf das relativ schwache Abschneiden der Liberalen an der Wahlurne zurückzuführen war. Die meisten weiteren Veränderungen der Periode 1983-1990 ereigneten sich eher inmitten als zu Beginn der 10. Wahlperiode. Dazu zählten die Ernennung Wolfgang Schäubles zum Innenminister und Theodor Waigels zum Finanzminister ebenso wie die Rekrutierung zweier (wenig erfolgreicher) Nicht-Parlamentarier, Rupert Scholz als Verteidigungsminister und Ursula Lehr als Ministerin für Jugend, Familie, Frauen und Gesundheit sowie schließlich die Ernennung mehrerer „Sonderminister" im unmittelbaren Gefolge der deutschen Vereinigung vom Oktober 1990. Das erste Kabinett Kohls nach der Vereinigungswahl umfasste 19 Minister, von denen drei aus der ehemaligen DDR stammten. Mit dem Ausscheiden Wolfgang Schäubles als Innenminister (Ende 1991) und Hans-Dietrich Genschers als Außenminister (im Mai 1992) kam es zu den mit Abstand wichtigsten personellen Veränderungen wiederum inmitten der Legislaturperiode. Die Entwicklungen nach dem vierten Wahlsieg der christlich-liberalen Koalition 1994 wurden wesentlich durch die schweren Stimmenverluste der FDP bestimmt. Ihre personelle Präsenz am Kabinettstisch fiel von fünf auf drei Minister. Selbst die angestammte „Vizekanzler-

---

8   Ihre Kernfunktionen blieben für außenstehende Beobachter unklar. In der öffentlichen Wahrnehmung kam dem „Kleeblatt" primär die Rolle eines „policy think tanks" zu. Einer jüngeren Untersuchung zufolge, die sich auf Äußerungen ehemaliger Mitglieder dieser Runde stützen kann, war das Gremium hingegen vor allem mit Fragen der Effizienzsteigerung im Bereich der Regierungsorganisation befasst (Merz 2001: 73).

schaft" wäre den Liberalen beinahe abhanden gekommen. Ursprünglich angeboten hatte sie Kohl dem Vorsitzenden der kleineren Schwesterpartei, Waigel, der das Angebot jedoch ablehnte und im Gegenzug einen weiteren Staatssekretär im Finanzministerium erhielt.

Die durch den Wechsel von Schmidt zu Kohl bedingten Veränderungen im Kanzleramt waren nicht minder gravierend als jene auf der Ebene des Kabinetts. Das ausgeprägte hierarchisch-bürokratische Element, das die Organisations- und Funktionsweise des Kanzleramts unter Schmidt gekennzeichnet hatte, wurde unter Kohl deutlich geschwächt. Die einflussreichsten Akteure innerhalb des Kanzleramts waren keineswegs immer die Inhaber der formal bedeutendsten Positionen (Berry 1989: 351). Vor allem während der ersten Jahre der Kanzlerschaft Kohls gab es wenig Kontakt zwischen dem Kanzler und dem Spitzenpersonal im Kanzleramt. Bei den engsten Mitarbeitern Kohls – darunter besonders seine persönliche Referentin, Juliane Weber, und sein außenpolitischer Berater, Horst Teltschik – handelte es sich um langjährige Vertraute. Letzteres galt auch für den ersten Chef des Kanzleramtes, Waldemar Schreckenberger, den Kohl aus gemeinsamen Schultagen kannte. Anders als Juliane Weber, Teltschik oder auch die beiden Spitzenberater aus den Bereichen Öffentlichkeitsarbeit und Kommunikation, Eduard Ackermann und Wolfgang Bergsdorf, hielt Schreckenberger sich jedoch nur kurz im Amt. Bereits im November 1984 trat an seine Stelle als Chef des Kanzleramts Wolfgang Schäuble. Der Effizienz der Arbeit des Kanzleramtes kam dieser Wechsel nachhaltig zugute (Jäger 1994: 55; Müller/Walter 2004: 148-149). Eine wesentliche Komponente der Entscheidung Kohls für Schäuble, wie für dessen Nachfolger Rudolf Seiters (1989-1991) und Friedrich Bohl (1991-1998), war das Bestreben, die Verbindung zwischen dem Kanzleramt und der Unions-Fraktion zu verbessern. Nicht zufällig waren sowohl Schäuble als auch Seiters und Bohl vor ihrem Wechsel ins Kanzleramt Erster Parlamentarischer Geschäftsführer der CDU/CSU-Fraktion im Deutschen Bundestag.

> Strukturmerkmale des Kanzleramts in der Ära Kohl

Die Bundestagswahl 1998 beendete nicht nur die bislang längste Amtszeit eines Kanzlers der Bundesrepublik und die Regierungszeit der christlich-liberalen Koalition, sondern führte zugleich zur erstmaligen Regierungsbeteiligung der Grünen auf Bundesebene. Das im Herbst 1998 gebildete erste Kabinett Schröder war durch eine ganze Reihe von Besonderheiten gekennzeichnet. Die meisten davon betrafen die im übernächsten Abschnitt systematischer beleuchteten Aspekte, wie die auffallend hohen Anteile weiblicher Kabinettsmitglieder und von Ministern ohne Bundestagsmandat. Zu den Besonderheiten des ersten Kabinetts Schröder zählten ferner die Ernennung eines Parteilosen zum Bundeswirtschaftsminister (Werner Müller) und die Tatsache, dass während der ersten Monate der rot-grünen Koalition mit Finanzminister Lafontaine auch der Parteivorsitzende der Kanzlerpartei am Kabinettstisch saß. Dies hatte es bislang nur in solchen Fällen gegeben, in denen der Kanzler dieses Amt in Personalunion ausgeübt hatte. Zu einem vielbeachteten Kennzeichen der ersten Amtszeit Schröders wurden die zahlreichen Ministerrücktritte und -entlassungen. Bis zum Herbst 2002 verließen insgesamt nicht weniger als sieben Minister die Regierung.

> Die Bildung der ersten rot-grünen Bundesregierung

Das nach der Wiederwahl der rot-grünen Regierung im Herbst 2002 gebildete Kabinett umfasste nur 13 Mitglieder und war damit das kleinste seit Beginn

> Die Regierungsbildung von 2002

der Ära Adenauer. Die weitere Reduktion der Anzahl von Ressorts gelang durch die Abschaffung des Ministeriums für Arbeit und die Aufteilung seiner Zuständigkeiten zwischen einem beträchtlich aufgewerteten und vergrößerten „Superministerium" für Wirtschaft und Arbeit und dem Ministerium für Gesundheit und Soziale Sicherheit. Da der einzige parteilose Minister der ersten rot-grünen Regierung ausschied und nicht ersetzt wurde, konnte auch der Verteilungsschlüssel für Ministerposten zwischen den Koalitionspartnern konstant gehalten werden. Als der eigentliche Sieger der Bundestagswahl 2002 wurden die Grünen durch großzügiger bemessene Zuständigkeiten in den betreffenden Ressorts belohnt. In der Presse wurde die neue Ministermannschaft als „rot-grünes All-Star-Team" (Süddeutsche Zeitung, 17. Oktober 2002) und als Symbol des bemerkenswerten Selbstbewusstseins Schröders bewertet. Alle vier der neuen Kabinettsmitglieder entstammten den Reihen der SPD. Mindestens drei von ihnen (Wolfgang Clement, Manfred Stolpe und Renate Schmidt) gehörten zu den einflussreicheren Größen innerhalb der SPD; keiner von ihnen verfügte jedoch über ein Bundestagsmandat. Mit nunmehr insgesamt sechs Bundesministerinnen war der Anteil weiblicher Kabinettsmitglieder höher als jemals zuvor in der Geschichte der Bundesrepublik.

Strukturmerkmale des Kanzleramts unter Schröder

Im Vergleich zu den teils spektakulären Entwicklungen auf der Ebene des Kabinetts, blieben die durch den Regierungswechsel bedingten Veränderungen im Kanzleramt moderat ausgeprägt. Während die Zahl der Mitarbeiter unter Schröder insgesamt geringfügig, auf rund 500, anstieg, war der persönliche Beraterstab des Kanzlers, zumindest anfangs, sogar etwas kleiner als derjenige Kohls. Schröders erster Chef des Kanzleramts, Bodo Hombach, verfügte über keinerlei Erfahrungen im Bereich der Exekutive; seine Kernqualifikationen lagen vielmehr im Bereich der Parteiarbeit. Nach Einschätzung einiger Beobachter verdankte er seine Ernennung nicht zuletzt dem Wunsch Schröders, Finanzminister Lafontaine in Schach zu halten (Walter/Müller 2002: 497). Nichtsdestotrotz sah sich Hombach selbst gerne als Chef-Berater des Kanzlers und als Chef-Planer der Bundesregierung, wodurch bei manchem unangenehme Erinnerungen an die Ehmke-Jahre im Kanzleramt Brandts geweckt wurden. Als Hombach das Kanzleramt Mitte 1999 verließ, wurden auch zwei Arbeitsstäbe aufgelöst, die unmittelbar nach dem Machtwechsel vom Herbst 1998 zur ausschließlichen Verfügung des Kanzleramtschefs eingerichtet worden waren. Ein spezieller Planungsstab, der zusätzlich zu den sechs Hauptabteilungen des Kanzlersamtes ebenfalls Ende 1998 geschaffen worden war, wurde nach der Bundestagswahl 2002 ebenfalls aufgelöst. Bereits lange zuvor war es durch den Wechsel an der Spitze des Kanzleramts, von Hombach zu Frank Walter Steinmeier im Sommer 1999, zu einem „Stilwechsel" in der Regierungszentrale gekommen. Im Gegensatz zu Hombach war Steinmeier in hohem Maße ein „Chef-Verwalter", der eine deutlich geordnetere und hierarchische Organisationsstruktur durchsetzte. Anders als sein Vorgänger, der noch Bundesminister für besondere Aufgaben gewesen war, wurde Steinmeier im Rang eines Staatsministers ernannt, womit er keine formale Kabinettszugehörigkeit genoss. Gleichwohl gelangten viele Beobachter schon früh zu der Einschätzung, dass er eine mächtigere Position innerhalb der Regierung innehabe als irgendein Kabinettsminister (Süddeutsche Zeitung, 19. Juli 2000).

Dabei stieg Steinmeiers Einfluss mit wachsender Dauer seiner Amtszeit, nicht zuletzt im Bereich des Koalitionsmanagements, noch weiter an.

Aus der bisherigen Schilderung lässt sich nur schwer ein Überblick über die zentralen Merkmale der Regierungsorganisation (hier zunächst beschränkt auf deren formale Komponenten) gewinnen. Der nachfolgende Abschnitt ergänzt deshalb die bislang lediglich chronologisch-narrative Darstellung der wichtigsten Entwicklungen durch eine systematische Betrachtung der Charakteristika und Wandlungen der Regierungsorganisation und Personalstruktur.

5.2 Regierungsbildung und Regierungsorganisation II: eine systematische Perspektive

5.2.1 *Koalitionsformen*

Die politikwissenschaftliche Regierungs- und Koalitionsforschung arbeitet mit zahlreichen Kategorien, mithilfe derer der Charakter von Koalitionen exakter bestimmt werden kann als dies durch die schlichte Unterscheidung etwa zwischen „kleiner Koalition" und „großer Koalition" möglich ist. Unterschieden werden innerhalb der Gruppe von Regierungen mit parlamentarischer Mehrheitsbasis in der Regel: „minimum-winning coalitions", „minimal-winning coalitions" und „surplus majority coalitions". Hinzu kommen als weitere mögliche Variante „Minderheitsregierungen", welche weiter differenziert werden können in „Minderheits-Koalitionsregierungen" und „Minderheits-Einparteienregierungen" (Laver/Schofield 1990; Müller 2004). Bei einer „minimal-winning coalition" handelt es sich um eine Mehrheitskoalition, die durch das Ausscheiden eines ihrer Mitglieder ihre Mehrheit einbüßen würde. Unter einer „minimum-winning coalition" wird eine (nach Sitzanteilen) – relativ zur absoluten Mehrheit – kleinstmögliche Gewinnerkoalition verstanden. Daraus ergibt sich, dass eine Koalition zur gleichen Zeit den Charakter einer „minimal-winning" und einer „minimum-winning coalition" besitzen kann. Zwingend ist dies freilich nicht. Denkbar sind „minimal-winning coalitions", die nicht zugleich den Charakter einer „minimum-winning coalition" aufweisen; demgegenüber ist eine „minimum-winning coalition" stets zugleich eine „minimal-winning coalition". Bei einer „surplus majority coalition" schließlich handelt es sich um eine Koalition mit einer „übergroßen" Mehrheit; sie umfasst mehr Mitglieder als zur Bildung einer absoluten Mehrheit nötig wären. Folglich besteht die Möglichkeit, dass eine Koalition dieser Kategorie selbst durch den Austritt eines Koalitionspartners aus der Regierung ihre parlamentarische Mehrheit nicht einbüßt. Tritt indes ein hinreichend starker bzw. großer Partner aus der Koalition aus, kann die Koalition sehr wohl ihren Mehrheitsstatus einbüßen.

Kategorien der Koalitionsforschung

Tabelle 3: Kanzler, Regierungsparteien und Regierungsformen/ Koalitionstypen seit 1949

Kabinetts-Nr.	Kanzler	Beginn der Amtszeit	Regierungsparteien	Regierungsform/ Koalitionstyp
1	Adenauer	15.09.49	CDU/CSU-FDP-DP	ME–K–ml
2	Adenauer	09.10.53	CDU/CSU-FDP-DP-GB/BHE	ME–K–sp
3	Adenauer	23.07.55	CDU/CSU-FDP-DP	ME–K–sp
4	Adenauer	25.02.56	CDU/CSU-DP-DA/FVP	ME–K–sp
5	Adenauer	22.10.57	CDU/CSU-DP	ME–K–sp
6	Adenauer	02.07.60	CDU/CSU	ME–E
7	Adenauer	07.11.61	CDU/CSU-FDP	ME–K–ml
8	Adenauer	19.11.62	CDU/CSU	MI–E
9	Adenauer	13.12.62	CDU/CSU-FDP	ME–K–ml
10	Erhard	16.10.63	CDU/CSU-FDP	ME–K–ml
11	Erhard	20.10.65	CDU/CSU-FDP	ME–K–ml
12	Erhard	28.10.66	CDU/CSU	MI–E
13	Kiesinger	01.12.66	CDU/CSU-SPD	ME–K–ml
14	Brandt	21.10.69	SPD-FDP	ME–K–ml-mm
15	Brandt	14.12.72	SPD-FDP	ME–K–ml
16	Schmidt	16.05.74	SPD-FDP	ME–K–ml
17	Schmidt	15.12.76	SPD-FDP	ME–K–ml-mm
18	Schmidt	05.11.80	SPD-FDP	ME–K–ml-mm
19	Schmidt	17.09.82	SPD	MI–E
20	Kohl	01.10.82	CDU/CSU-FDP	ME–K–ml
21	Kohl	29.03.83	CDU/CSU-FDP	ME–K–ml
22	Kohl	11.03.87	CDU/CSU-FDP	ME–K–ml
23	Kohl	30.10.90	CDU/CSU-FDP-DSU	ME–K–sp
24	Kohl	17.01.91	CDU/CSU-FDP	ME–K–ml
25	Kohl	15.11.94	CDU/CSU-FDP	ME–K–ml-mm
26	Schröder	27.10.98	SPD-Grüne	ME–K–ml
27	Schröder	22.10.02	SPD-Grüne	ME–K–ml

Anm.: ME = Mehrheitsregierung, MI = Minderheitsregierung, E = Einparteienregierung, K = Koalitionsregierung, ml = minimal-winning coalition, mm = minimum-winning coalition, sp = surplus majority coalition.

Quelle: Kolumnen 1-4: aktualisiert nach Saalfeld (2000: 52); Kolumne 5: Klassifikation des Autors anhand der im Text erläuterten Kategorien.

Zur Bestimmung der „Lebensdauer" von Kabinetten

Bezüglich der grundlegenden Kriterien zur Bestimmung der „Lebensdauer" eines Kabinetts besteht in der Literatur kein Einvernehmen. In einer der wichtigsten einschlägigen Studien der vergangenen Jahre werden zu den Kriterien für das Ende eines Kabinetts gerechnet: (1) jeder Wechsel in der parteipolitischen Zusammensetzung des Kabinetts, (2) jeder Wechsel im Amt des Regierungschefs sowie (3) jede Parlamentswahl, durch die eine Legislaturperiode zum Ende kommt (Müller/Strøm 2000a: 12). Auf der Grundlage dieser Kriterien stellen sich die Regierungsformen bzw. Koalitionstypen der Bundesrepublik wie in Tabelle 3 zusammengestellt dar. Auffällig ist insbesondere, wie wenige der zwischen 1949 und Mitte 2005 gebildeten bzw. existierenden Kabinette „minimum-winning"-Charakter besaßen. Im Hinblick auf den Mandatsanteil der jeweiligen Regierungsparteien wären rein rechnerisch, wenn auch kaum politisch, sehr häufig kleinere Koalitionen möglich gewesen. Vor allem im ersten Jahrzehnt der Bundesrepublik gab es zudem häufig Koalitionen, die mehr Parteien umfassten als erforderlich gewesen wären, um die Regierung mit einen parlamentarischen Mehrheitsstatus auszustatten. Einparteienregierungen bildeten die große Ausnahme und traten ausschließlich als Minderheits-Einparteienregierung in Erscheinung.

5.2.2 Kabinettsgröße und Ressortstruktur

Wie in den vorausgehenden Abschnitten bereits mehrfach erwähnt wurde, war die Größe des Kabinetts im Sinne der Anzahl der Kabinettsmitglieder deutlichen Schwankungen unterworfen. Sofern man jeweils den Kanzler mitzählt, variierte die Zahl der Regierungsmitglieder im Zeitraum Herbst 1949 bis Sommer 2005 zwischen 14 (während der ersten Regierung Adenauer und der zweiten Regierung Schröder) und 22 (im letzten Kabinett Erhard, 1965-1966). Durchgehend hoch war die Anzahl der Regierungsmitglieder mit jeweils mindestens 20 zwischen 1961 und 1969 (Schindler 1999: 1152-1153). Ab 1990 schrumpfte die Kabinettsgröße indes kontinuierlich – von 20 Mitgliedern zu Beginn der neunziger Jahre bis auf 14 in der 2002 neu gebildeten rot-grünen Regierung Gerhard Schröders. Entscheidend hierfür waren neben dem Ziel der Effizienzsteigerung des gouvernementalen Entscheidungsapparates nicht zuletzt finanzielle Motive.

Historische Entwicklung der Kabinettsgröße

Diese Zahlen entsprechen jedoch – selbst wenn man den Kanzler, der von Ausnahmen abgesehen (Adenauer 1951-1955 und Schmidt 1982) kein eigenständiges Ressort verwaltete, nicht mitzählt – nicht exakt der Anzahl an Ressorts bzw. Ministerien. In vielen Kabinetten gab es so genannte „Sonderminister" ohne eigenes Ressort. Mehr noch als einige andere Mitglieder des Kabinetts verdankten viele von ihnen ihre Kabinettszugehörigkeit „koalitionsarithmetischen Erwägungen". Zwischen 1949 und Mitte 2005 wurden insgesamt 20 Personen als „Bundesminister für besondere Aufgaben" ernannt. Darunter waren sechs Chefs des Bundeskanzleramts (Westrick, Ehmke, Schäuble, Seiters, Bohl und Hombach). Von den ersten 15 Wahlperioden des Bundestages (1949 bis 2005), gab es nur vier, in denen keine Minister ohne Portefeuille ernannt wurden. Außergewöhnlich groß war ihre Zahl im Herbst 1990, unmittelbar nach der deutschen Vereinigung. Im Oktober/November des Vereinigungsjahres saßen vorübergehend nicht weniger als sieben „Bundesminister für besondere Aufgaben" am Kabinettstisch, darunter fünf Repräsentanten aus den ostdeutschen Ländern.

„Sonderminister"

Tabelle 4: Kontinuität und Wandel von Kabinettsressorts
(nach Kanzlerschaften)

Ressort	Existent seit/bis	Kanzlerschaften
Inneres	seit 1949	sämtliche Kanzler ab Adenauer
Justiz	seit 1949	sämtliche Kanzler ab Adenauer
Finanzen [a]	seit 1949	sämtliche Kanzler ab Adenauer
Wirtschaft	seit 1949	sämtliche Kanzler ab Adenauer
Ernährung, Landwirtschaft, Forsten, Verbraucherschutz	seit 1949	sämtliche Kanzler ab Adenauer
Arbeit [b]	seit 1949	sämtliche Kanzler ab Adenauer
Verkehr [c]	seit 1949	sämtliche Kanzler ab Adenauer
Bau, Wohnungsbau [d]	seit 1949	sämtliche Kanzler ab Adenauer
Marshall Plan/wirtschaftliche Zusammenarbeit [e]	1949-1957	Adenauer
Vertriebene, Flüchtlinge, Kriegsgeschädigte	1949-1969	Adenauer, Erhard, Kiesinger
Bundesrat/Länder	1949-1969	Adenauer, Erhard, Kiesinger
Innerdeutsche Beziehungen/ Gesamtdeutsche Angelegenheiten	1949-1990	Adenauer, Erhard, Kiesinger, Brandt, Schmidt, Kohl
Post und Telekommunikation [c]	1949-1969　1980-1997	Adenauer, Erhard, Kiesinger　Schmidt, Kohl
Äußeres	seit 1951	sämtliche Kanzler ab Adenauer
Familie, Jugend, Frauen, Gesundheit [f]	seit 1953	sämtliche Kanzler ab Adenauer
Verteidigung	seit 1955	sämtliche Kanzler ab Adenauer
Atomkernenergie [g]	1955-1962	Adenauer
Angelegenheiten des Verteidigungsrates	1957-1961	Adenauer
Wirtschaftlicher Besitz des Bundes/Bundesschatz [h]	1957-1969	Adenauer, Erhard, Kiesinger
Entwicklung	seit 1961	sämtliche Kanzler ab Adenauer
Bildung und Wissenschaft [i]	seit 1962	sämtliche Kanzler ab Adenauer
Forschung und Technologie [j]	seit 1972	sämtliche Kanzler ab Brandt
Umwelt, Naturschutz, Reaktorsicherheit	seit 1986	sämtliche Kanzler seit Kohl

a): zwischen Mai 1971 und Dezember 1972 mit dem Wirtschaftsministerium zum Bundesministerium für Wirtschaft und Finanzen vereint;

b): zwischen 1949 und 1957 nur Bundesministerium für Arbeit; ab 1957 Arbeit und Sozialordnung; seit 2002 mit dem Ressort Finanzen zum Bundesministerium für Wirtschaft und Arbeit vereint;

c): Verkehr und Post/Telekommunikation, zwischen 1969 und 1972 und zwischen 1974 und 1980 zusammengelegt; seit 1998 mit dem Ressort Bau und Wohnungswesen zum Bundesministerium für Verkehr, Bau- und Wohnungswesen zusammengelegt;

d): zwischen 1961 und 1965 sowie zwischen 1972 und 1998 unter Einschluss der Raumordnung, 1998 mit dem Ressort Verkehr zum Bundesministerium für Verkehr, Bau- und Wohnungswesen vereint;

e): zunächst Angelegenheiten des Marshallplans, 1953 umbenannt in Bundesministerium für europäische wirtschaftliche Zusammenarbeit;

f): zwischen 1953 und 1957 nur Familienfragen, zwischen 1957 und 1969 Familie und Jugend einerseits und Gesundheit andererseits als getrennte Ressorts, ab 1969 Jugend, Familie und Gesundheit, ab 1986 Jugend, Familie, Frauen und Gesundheit, zwischen 1991 und 1994 Aufteilung in drei Ressorts: Familie und Senioren, Frauen und Jugend, Gesundheit; ab 1994 Aufteilung der Zuständigkeiten auf zwei Ressorts: Familie, Senioren, Frauen und Jugend; Gesundheit;

g): nach Erweiterung der Zuständigkeitsbereiche 1961 um die Gebiete Weltraumforschung, Raumfahrtforschung und Raumfahrttechnik geht das Ressort schließlich 1962 im neu geschaffenen Bundesministerium für wissenschaftliche Forschung auf;

h): ab 1957 zunächst wirtschaftlicher Besitz des Bundes, zwischen 1961 und 1969 Bundesschatz;
i): zwischen 1962 und 1969 zunächst unter der Bezeichnung wissenschaftliche Forschung; 1994 mit dem Bundesministerium für Forschung und Technologie zusammengelegt, seit 1998 unter der Bezeichnung Bundesministerium für Bildung und Forschung
j): zwischen 1994 und 1998 Bildung, Wissenschaft, Forschung und Technologie; 1998 umbenannt in Bundesministerium für Bildung und Forschung.

Quelle: Schindler (1999: 1030-1059); Aktualisierung durch den Verfasser nach Archiv der Gegenwart.

Die historischen Wandlungen der Ressortstruktur sind so komplex, dass sie sich kaum in wenigen Sätzen darstellen lassen. Angesichts der besonderen historischen Rahmenbedingungen der deutschen Nachkriegsdemokratie, welche nicht zuletzt durch grundlegende Vorbehaltsrechte der Alliierten geprägt waren, greift für die Bundesrepublik nicht einmal die Daumenregel, nach der die fünf schon im 19. Jahrhundert als „klassisch" geltenden Ressorts – Inneres, Äußeres, Justiz, Finanzen und Verteidigung – von Beginn an vertreten waren. Dies trifft nur auf die Bereiche Inneres, Justiz und Finanzen zu. Das Außen- und Verteidigungsministerium traten erst später, im März 1951 bzw. im Juni 1955, hinzu.

In allen Bundeskabinetten seit 1949 vertreten waren eine Reihe von aus staatshistorischer Perspektive betrachtet jüngeren Ressorts, die für die Bundesrepublik indes ebenfalls als „klassisch" gelten können. Dazu zählen: Wirtschaft, Verkehr, Wohnungswesen, Arbeit und Sozialordnung sowie Ernährung, Landwirtschaft und Forsten (in der Regierung Schröder unter Einschluss des Verbraucherschutzes). Im Gegensatz zu den oben genannten fünf Ressorts, die so gut wie immer in ihrer reinen Form existierten und weder untereinander noch mit anderen Ressorts kombiniert wurden – Ausnahme: das „Superministerium" für Wirtschaft und Finanzen (Mai 1971 bis Dezember 1972) –, gab es in dieser Gruppe häufige Veränderungen hinsichtlich des exakten Ressortzuschnitts.

Zu den „alten" Ressorts, die seit der zweiten Legislaturperiode, stets in der einen oder anderen Form existierten, gehört die Familienpolitik. Auch der Vorläufer des 1962 geschaffenen Bundesministeriums für wissenschaftliche Forschung, das Bundesministerium für Atomfragen bzw. Atomkernenergie, wurde bereits 1955 geschaffen.

Daneben gibt es mehrere Ministerien, die während der ersten Jahre und Jahrzehnte der Bundesrepublik existierten, später aber abgeschafft wurden. Dazu zählen zunächst das Ministerium für Angelegenheiten des Marshallplans, das Ministerium für Vertriebene, Flüchtlinge und Kriegsgeschädigte sowie das Ministerium für Angelegenheiten des Bundesrates und der Länder. Als eher kurzlebig erwiesen sich auch das Bundesschatzministerium und das Bundesministerium für die Angelegenheiten des Bundesverteidigungsrates. Zu den Ressorts dieser Gruppe gehört – einigungsbedingt – ferner das Bundesministerium für gesamtdeutsche Angelegenheiten bzw. innerdeutsche Beziehungen; schließlich der Bereich Post und Fernmeldewesen, der Ende Dezember 1997 im Zuge der Neuordnung des Postwesens aus der Ressortstruktur herausfiel.

Schließlich gibt es mehrere Politikbereiche, die erst in jüngerer Vergangenheit Anerkennung auf Ressortebene gefunden haben. Als typisches Beispiel dieser Gruppe kann die Umweltpolitik gelten – ein Bereich der seit 1986 stets als Kabinettsressort, in Form des Bundesministeriums für Umwelt, Naturschutz und Reaktorsicherheit existierte. In dieselbe Kategorie gehört die Gesundheitspolitik,

Historische Wandlungen der Ressortstruktur

die bereits seit 1957 als Ressort auf Bundesebene repräsentiert ist, später jedoch häufig mit anderen Politikbereichen (wie der Familien-, Frauen oder Jugendpolitik) zusammengefasst wurde.

Tabelle 5: Kabinettsausschüsse seit 1974

Bezeichnung/Bereich	1974	1980	1986	1991	2004
Bundessicherheitsrat	x	x	x	x	x
Neue Bundesländer [a)]		x	x	x	x
Wirtschaft („Wirtschaftskabinett")	x	x	x	x	x [d)]
Zukunftstechnologien [b)]	x	x	x	x	x
Umwelt und Gesundheit [c)]	x	x	x	x	x
Europapolitik	x	x	x	x	
Mittelfristige Finanzplanung	x	x			
Agrarfragen und Ernährung	x	x			
Soziales und Gesundheit	x	x			
Raumordnung/Städtebau/ Regionalplanung	x	x	x	x	
Vermögensbildung	x	x			
Raumfahrt				x	
Reform von Bundesregierung und -verwaltung		x			
Nutzung der Kernenergie			x		

a):   bis 1986: innerdeutsche Beziehungen, 1986-1991 Deutschland- und Berlinfragen;
b):   bis 1986: Bildung und Wissenschaft/Technologie;
c):   bis 1986: Umweltfragen;
d):   ab 1998: Ausschuss für den Jahreswirtschaftsbericht.

Quelle: Rudzio (2003: 291); Fischer Weltalmanach 2005 (2004: 110).

Kabinettsausschüsse | Zu den Organisationsstrukturen des Kabinetts zählen nicht nur die einzelnen Kabinettsressorts, sondern auch – im Grundgesetz nicht erwähnte – Kabinettsausschüsse und interministerielle Ausschüsse. Anders als in einigen andern Ländern verfügen entsprechende Einrichtungen in der Bundesrepublik nicht über ein formales Beschlussrecht (Böckenförde 1998: 246). Ihnen kommt lediglich die Funktion zu, Entscheidungen vorzubereiten. In dieser Hinsicht konkurrieren sie freilich mit zahlreichen anderen, weniger institutionalisierten Foren der politischen Verhandlung und Entscheidungsfindung. Tabelle 5 zeigt, dass die Anzahl der Kabinettsausschüsse über die Jahrzehnte deutlich abgenommen hat. Dies könnte als ein Hinweis darauf gewertet werden, dass andere Entscheidungsgremien auf Kosten der Kabinettsausschüsse seither an Bedeutung gewonnen haben. In rechtlicher Hinsicht bleibt umstritten, ob dem Kabinett als Ganzem oder dem Kanzler allein das Recht zusteht, Kabinettsausschüsse einzusetzen bzw. aufzulösen (Busse 1993: 414-415). Völlig unbestritten ist hingegen, dass der Kanzler die Sitzungen der unterschiedlichen Kabinettsausschüsse leitet bzw. das Recht hat zu bestimmen, wer den Vorsitz innehaben soll.

Im Gegensatz zu den Kabinettsausschüssen gehören die interministeriellen Ausschüsse nach wie vor zum „Arkanbereich" deutscher Regierungen. Die einzige (dem Verfasser bekannte) umfassendere politikwissenschaftliche Studie über sie stammt aus den sechziger Jahren (Prior 1968). In einer Fallstudie über die erste Regierung Brandt (1969-72) wurden einige der interministeriellen Ausschüsse als „Unterbau" der Kabinettsausschüsse beschrieben (Brauswetter 1976: 109). In den meisten Fällen wurde die Arbeit der interministeriellen Ausschüsse durch das Bundeskanzleramt organisiert, obwohl selbst dieses offenbar keinen genauen Überblick über die Anzahl existierender Ausschüsse besaß. Die Gesamtzahl der Mitte der siebziger Jahre bestehenden Ausschüsse wurde auf 60 bis 70 geschätzt. Viele von ihnen wurden von führenden Beamten aus den einzelnen Ministerien, andere von Mitgliedern des Kabinetts initiiert bzw. kreiert (ebd.: 110). Sowohl für die interministeriellen Ausschüsse als auch für die Kabinettsausschüsse gilt, dass in ihnen Vertreter der Ministerialbürokratie eine entscheidende Rolle spielten.

Interministerielle Ausschüsse

5.2.3 Parteipolitische Machtverteilungsmuster auf der Ebene des Kabinetts

In der international vergleichenden Parteienforschung gibt es die mit entsprechenden Belegen unterfütterte These, dass unterschiedliche Regierungsparteien (etwa sozialdemokratische, christdemokratische, liberale Parteien usw.) eine Präferenz für unterschiedliche Ressorts hegen, deren Besetzung ihnen aus programmatisch-ideologischen Gründen besonders wichtig ist (Budge u.a. 1997: 267-271). So besitzen sozialdemokratische Parteien häufig ein besonderes Interesse daran, ministerielle Verantwortung in den Bereichen Arbeit und Soziales zu übernehmen. Dem entspricht auf christdemokratischer Seite ein traditionell starkes Interesse an ministerieller Kontrolle der Familienpolitik, während liberale Parteien üblicherweise besonders an der Übernahme von Regierungsverantwortung im Bereich des Justizwesens, grüne Parteien hingegen vor allem an der Umweltpolitik interessiert sind.

Präferenz von Parteien für bestimmte Ressorts

Allen Parteien geht es freilich in aller Regel um den Gewinn größtmöglicher Regierungsmacht. Diese lässt sich nicht ausschließlich anhand der Befriedigung gewisser historisch bzw. programmatisch-ideologisch bedingter Präferenzen von Parteien bei der Kabinettsbildung messen. Unterschiedliche Ressorts besitzen häufig auch objektiv ein unterschiedliches Gewicht. So stellt etwa das Finanzministerium in allen westlichen Ländern ein besonders wichtiges und einflussreiches Ressort dar. Auch beim Wirtschafts- und beim Außenministerium handelt es sich nach allen gängigen Bewertungen um besonders bedeutende Ressorts (Laver/Hunt 1992: 196).

Unterschiedliches Gewicht von Ressorts

Detaillierte Statistiken über die entsprechenden parteipolitischen Machtverteilungsmuster auf der Ebene von Kabinettsressorts (Saalfeld 2000: 67-70, Tab. 2.6a) zeigen zum einen, dass die behaupteten Vorlieben der Parteien für bestimmte Ressorts in der Bundesrepublik weniger deutlich ausgeprägt sind als in vielen anderen westeuropäischen Ländern. Das verweist auf den Umstand, dass es sich bei den beiden großen Parteien um „Volksparteien" mit sehr breiter Interessen- und Repräsentationsbasis handelt. Daraus resultieren bemerkenswerte

Ressortbezogene Machtverteilungsmuster in der Bundesrepublik

Überschneidungen an den Rändern der Parteien. Die soziale Flankierung der marktwirtschaftlichen Wirtschaftsordnung, ja die Sozialpolitik überhaupt, ist für viele Vertreter des linken Flügels der Unionsparteien keineswegs prinzipiell weniger wichtig als in den Augen „typischer" Anhänger bzw. Repräsentanten der Sozialdemokratie. Diese Überschneidungen zeigen sich auch bei dem Streben nach Übernahme entsprechender Ressorts. So wurden die Ministerien in den Bereichen, Arbeit und/oder Soziales – unabhängig von der stark unterschiedlichen parteipolitischen Zusammensetzung von Regierungen – ausschließlich von Repräsentanten aus den Reihen der jeweils dominierenden Regierungspartei, d.h. der Partei des Kanzlers, geführt.

Mindestens so auffällig ist der Umstand, dass überproportional viele der als besonders wichtig geltenden Ressorts von der FDP (als dem mit Abstand am häufigsten in Erscheinung tretenden „Juniorpartner" in Koalitionsregierungen auf Bundesebene) gehalten wurden. Dies gilt vor allem für die Zeit seit Ende der sechziger Jahre. Zwischen 1969 und 1998 befand sich das Auswärtige Amt – mit nur wenigen Wochen Unterbrechung – stets in den Händen der Liberalen. Ähnliches gilt für das Wirtschaftsministerium, das seit 1972 – wiederum mit nur vierzehntägiger Unterbrechung – bis 1998 von einem FDP-Vertreter geführt wurde. Hinzu kamen beträchtliche Anteile an der Führung des Justizministeriums und, in geringerem Umfang, des Innen- und Finanzministeriums. Überhaupt gehört es zu den zentralen Kennzeichen der parteipolitischen Machtverteilungsmuster auf Bundesebene, dass die kleineren Parteien bei der Vergabe von Kabinettssitzen überdurchschnittlich gut abschneiden. Die beiden einzigen Ausnahmen von dieser Regel gab es 1949 (im Falle der FDP) und 1955 (auf Seiten der CSU; Rudzio 2002: 53).

Noch ein anderer Aspekt der Aufteilung der Kabinettsressorts zwischen den Koalitionsparteien fällt ins Auge: Offenbar gibt es in der Bundesrepublik (wie in vielen anderen westlichen Ländern auch) ein Bestreben der regierenden Parteien, ihre ministeriellen Einflusssphären so zuzuschneiden, dass keine von ihnen uneingeschränkte Kontrolle über einen ganzen, von mehreren Ministerien repräsentierten Politikbereich erhält (Saalfeld 2000: 66, 70-71). Historisch betrachtet kann es als typisch gelten, dass sachlich benachbarte Ministerien von unterschiedlichen Parteien kontrolliert werden. Dies gilt etwa für die Aufteilung der Ressorts Äußeres einerseits und wirtschaftliche Zusammenarbeit und Entwicklung andererseits, ebenso für die Kontrolle des Finanz- und des Wirtschaftsministeriums sowie für das Innen- und Justizministerium.

5.2.4 Kerncharakteristika des Kabinettspersonals

Unterrepräsentation von Frauen

Zahlreiche interessante Einsichten vermittelt ein Blick auf die sozialen und professionellen Kerncharakteristika der Regierungsmitglieder: Bezüglich der sozialen Charakteristika der Exekutivelite erscheint insbesondere die signifikante Unterrepräsentation von Frauen unter den Kabinettsmitgliedern seit 1949 erwähnenswert. Die erste Bundesministerin (Elisabeth Schwarzhaupt) wurde erst 1961 ernannt, und bis Ende der achtziger Jahre saß in der Regel nur jeweils eine Frau am Kabinettstisch. Im Gesamtzeitraum 1949-2004 lag der Anteil weiblicher

Kabinettsmitglieder bei unter 14 Prozent; demgegenüber waren nicht weniger als 36 Prozent aller rot-grünen Bundesminister der Jahre 1998 bis 2005 Frauen.

Im Gegensatz zu dem deutlichen Ungleichgewicht bezüglich der Repräsentation der Geschlechter bestand – nicht nur im langfristigen Durchschnitt, sondern auch auf der Ebene einzelner Kabinette – lange Zeit ein hohes Maß an Ausgewogenheit hinsichtlich der Konfessionszugehörigkeit von Ministern. Besonders stark ausgeprägt war ein konfessioneller Proporz während der ersten beiden Jahrzehnte der Bundesrepublik. Selbst prominente Vertreter der einzelnen Parteien, wie Kurt Georg Kiesinger oder Richard Stücklen, gehörten zu den „Opfern" des Konfessionsproporzes. Seit 1969 hat sich die Bedeutung der Konfession als Selektionskriterium bei der Ministerrekrutierung deutlich verringert. Bei der SPD und der FDP spielte sie nie eine vergleichbare Rolle wie bei den Christdemokraten. Aber selbst bei der Bildung christdemokratisch geführter Regierungen nach 1982 war das Konfessionskriterium von untergeordneter Bedeutung (Kempf 2000: 12-13).

Konfessionsproporz

Von den für die parlamentarischen Demokratien Westeuropas als grundlegend geltenden politischen Qualifikationen bzw. Voraussetzungen für die Erlangung eines Ministeramtes – langjährige Partei- und Parlamentsmitgliedschaft – spielte in der Bundesrepublik vor allem die Parteimitgliedschaft eine herausragende Rolle. Zwischen 1949 und 2004 waren fast 97 Prozent aller Bundesminister zum Zeitpunkt ihrer Ernennung Mitglied einer Partei. Die Hälfte der insgesamt sechs parteilosen Bundesminister trat überdies nachträglich einer Partei bei. Hans Leussink, Ludger Westrick und Werner Müller waren die einzigen, die bis zum Ende ihrer Amtszeit parteilos blieben.

Parteimitgliedschaft

Größer war die Gruppe jener Minister bzw. Ministerinnen, die zum Zeitpunkt ihrer Ernennung kein Parlamentsmandat innehatten. Während der Periode 1949-2004 waren dies immerhin 35 Personen bzw. 19,2 Prozent. Die 3., 8. und 13. Wahlperiode des Bundestages waren die einzigen, während derer kein Nicht-Parlamentarier ernannt wurde. Eine historische Ausnahme markiert die Regierung Schröder; ihr gehörten zwischen 1998 und Mitte 2005 in unterschiedlichen Konstellationen insgesamt nicht weniger als elf Minister ohne Bundestagsmandat an.

Parlaments-
zugehörigkeit

Nicht minder erhellend ist ein Blick auf die Dauer der Amtszeit von Ministern sowie insbesondere die Anzahl der von einer Person gehaltenen Ressorts. In vielen einschlägigen Studien, so zuletzt bei Kempf (2000: 3-4), wird primär oder ausschließlich auf die Gesamtdauer der Amtszeit von Ministern abgehoben, hingegen nicht weiter nach der Verweildauer in unterschiedlichen Ressorts bzw. Positionen (zu denen auch Ministerämter ohne eigenen Geschäftsbereich gezählt werden können) differenziert. Gerade die Verweildauer eines Ministers innerhalb eines bestimmten Ressorts gilt jedoch sowohl aus theoretischer als auch aus praktischer Perspektive als besonders relevant – im Zweifelsfalle als entscheidender als die kombinierte Gesamtamtszeit in unterschiedlichen Positionen. Wie Richard Rose (1968) schon vor Jahrzehnten argumentiert hat, entscheidet unter anderem die Verweildauer eines (parteipolitisch verantwortlichen) Ministers in einem bestimmten Ressort darüber, ob es in einem Politikfeld eher zur Herausbildung von „party government" oder „administrative government" kommt.

Amtszeiten von
Ministern

In der Bundesrepublik liegen die beiden Durchschnittswerte für den Zeitraum 1949-2000 – Gesamtdauer der Amtszeit eines Ministers (rund 65 Monate) und Verweildauer auf ein und derselben Position (rund 44 Monate) – deutlich, aber nicht dramatisch weit auseinander. Dies verweist auf einen weiteren Umstand, dass nämlich ein großer Teil der Kabinettselite (knapp drei Viertel aller Mitglieder) Erfahrungen ausschließlich auf einer Position besaß. Daraus kann gefolgert werden, dass der „typische" Kabinettsminister in der Bundesrepublik ein spezialisierter Fachminister ist, der seine Position im Übrigen für mehrere Jahre lang ausübt und damit entscheidend zur Stärkung des „party government"-Prinzips beiträgt. Seit 1949 gab es bisher immerhin sieben Bundesminister, die ein und dasselbe Ressort für länger als zehn Jahre hielten (Hans-Dietrich Genscher, Ludwig Erhard, Hans-Christoph Seebohm, Norbert Blüm, Josef Ertl, Egon Franke und Christian Schwarz-Schilling). Die meisten übrigen Minister zwischen 1949 und 2000 hielten während ihrer Zugehörigkeit zum Bundeskabinett zwei unterschiedliche Positionen. Je nach Zählmodus gab es in der Periode 1949-2000 nur einen Anteil von zwischen knapp fünf bzw. knapp sechs Prozent aller Bundesminister, die über Erfahrungen in drei oder mehr als drei Kabinettsressorts bzw. -positionen verfügten. Bei den zehn Ministern mit der höchsten Anzahl unterschiedlicher gehaltener Kabinettspositionen handelt es sich um: Franz Josef Strauß (4), Werner Dollinger (3), Horst Ehmke (3), Ernst Lemmer (3), Hans Matthöfer (3), Hans-Joachim Merkatz (3), Gerhard Schröder (3), Gerhard Stoltenberg (3) sowie Helmut Schmidt (3) und Jürgen Schmude (3), wobei die beiden zuletzt genannten nur dann auf drei unterschiedliche Ressorts kommen, wenn die sehr kurzen Amtszeiten aus dem September 1982 (SPD-Minderheitsregierung nach Auflösung der sozial-liberalen Koalition) voll gezählt werden (sämtliche Daten nach Helms 2001b).

5.2.5 Parlamentarische Staatssekretäre und politische Beamte

Aufgabenbereich der parlamentarischen Staatssekretäre

Einige wichtige Charakteristika der Regierungsorganisation betreffen die Ebene unterhalb des Kabinetts. Seit 1967 gibt es die Institution des parlamentarischen Staatssekretärs. Gemäß den Bestimmungen der Geschäftsordnung der Bundesregierung besteht die Hauptaufgabe der parlamentarischen Staatssekretäre darin, ihren Minister bei offiziellen Stellungnahmen des Ministeriums in Bundestag, Bundesrat und Bundeskabinett zu vertreten. Speziellere Aufgaben werden ihnen vom jeweiligen Minister zugewiesen; die Schwerpunkte ihrer Tätigkeit liegen im Allgemeinen eher im Bereich der Außenbeziehungen eines Ministeriums als auf dem Feld innerministerieller Aufgaben. Parlamentarische Staatssekretäre sind formal keine Regierungsmitglieder; sie gehören jedoch funktional betrachtet gleichwohl zur politisch relevanten Exekutivelite. Mit dem Amt des parlamentarischen Staatssekretärs sollte nach dem Vorbild des britischen „minister of state" eine Position geschaffen werden, deren Hauptaufgabe in der politisch-administrativen Unterstützung und Entlastung des Ressortchefs besteht (Nuscheler 1970). In den siebziger Jahren schien die wichtigste Funktion des neu geschaffenen Amtes darin zu bestehen, dass es seine Inhaber in eine faktische „Minister-Anwärter"-Position brachte. Zwischen 1972 und 1980 waren bis zu zwei Drittel der neu ernannten Bundesminister zuvor als parlamentarischer Staatssekretär tätig (Schindler 1999: 115-116). Diese Tendenz hat sich seither deutlich zurückgebildet, obwohl es auch in der Regierung Schröder vereinzelte Beispiele für diese Karriereschiene gab (Kurt Bodewig, Brigitte Zypries). Zwischen 1982 und 2002 wurden insgesamt nur vier Minister aus der Gruppe der parlamentarischen Staatssekretäre rekrutiert (Goetz 2003b: 29).

Die zahlenmäßige Entwicklung auf der Ebene parlamentarischer Staatssekretäre verlief nicht parallel zu der Veränderung der Anzahl von Kabinettsministern. Während der 5. Wahlperiode des Bundestages, in der erstmals parlamentarische Staatssekretäre ernannt wurden, gab es derer lediglich sieben. Schon in der darauf folgenden Wahlperiode (1969-1972) waren es 15, und seit 1980 lag deren Zahl stets bei mindestens 20. Seit Mitte der achtziger Jahre kann eine Anzahl von 25 parlamentarischen Staatssekretären als üblich gelten (so auch der Wert für die Regierung Schröder Mitte 2005); ungewöhnlich zahlreich (33) waren die Inhaber dieser Position unmittelbar nach der deutschen Vereinigung bis zum Januar 1993. Seit 1969 gibt es in jedem Bundesministerien mindestens einen parlamentarischen Staatssekretär. Heute beherbergt eine Mehrheit der Ministerien zwei parlamentarische Staatssekretäre. Sehr selten ist eine noch größere Anzahl, wie im 2002 geschaffenen Bundesministerium für Wirtschaft und Arbeit, dem drei parlamentarische Staatssekretäre zugeordnet wurden.
Zahlenmäßige Entwicklung

Weitere erwähnenswerte Entwicklungen betreffen die Positionierung der parlamentarischen Staatssekretäre unterschiedlicher parteipolitischer Couleur in den einzelnen Ministerien. Unter Kiesinger und Brandt war es üblich, Ministerien vollständig an einen Koalitionspartner zu vergeben. Die Regierungen Schmidt und Kohl entwickelten demgegenüber die Tendenz, Ministern aus der einen Partei mindestens einen parlamentarischen Staatssekretär aus der anderen Regierungspartei beizugesellen. Schröder kehrte zunächst zum ursprünglichen Modell zurück. Bis Anfang 2001 wurden nur im Auswärtigen Amt und im Bundesministerium für wirtschaftliche Zusammenarbeit und Entwicklung parlamentarische Staatssekretäre ernannt, die eine andere Parteizugehörigkeit aufwiesen als der jeweilige Bundesminister. Später stieg ihre Zahl jedoch an. Mitte 2005 gehörten immerhin die folgenden fünf Ressorts zu dieser Gruppe: Äußeres; Verbraucherschutz, Ernährung und Landwirtschaft; Wirtschaft und Arbeit; wirtschaftliche Zusammenarbeit und Entwicklung; Familie, Senioren, Frauen und Jugend.
Positionierung parlamentarischer Staatssekretäre in den Ministerien

Die Entscheidung über die Auswahl der Kandidaten für das Amt des parlamentarischen Staatssekretärs wie im Übrigen auch für die politischen Beamten im Kanzleramt und in den Bundesministerien – Beamte ab der Besoldungsgruppe A16, welche gemäß § 36 BBG (Bundesbeamtengesetz) jederzeit aus politischen Gründen in den einstweiligen Ruhestand versetzt werden können –, liegt weder formalrechtlich noch politisch allein in den Händen des Kanzlers. Über den möglichen Austausch von politischen Beamten entscheidet gemäß § 15,2 GOB formal das Kabinett, wobei de facto der Wunsch des entsprechenden Ressortchefs ausschlaggebend ist. Zu einem größeren Personalaustausch kommt es jedoch weniger im Rhythmus des Wechsels von Fachministern als vielmehr im Gefolge grundlegender Veränderungen der parteipolitischen Zusammensetzung der Regierung, wie 1969, 1982 und 1998 (Derlien 1989, 2001). Die Aufteilung der
Politische Beamte

parlamentarischen Staatssekretärspositionen zwischen den Koalitionsparteien ist mittlerweile fester Gegenstand der Koalitionsverhandlungen. Die entsprechenden Übereinkünfte werden im Koalitionsvertrag schriftlich fixiert, wobei in der Regel lediglich von einem entsprechenden „Vorschlagsrecht" der Parteien für bestimmte Positionen die Rede ist. Eine uneingeschränkte Entscheidungsgewalt besitzt der Kanzler nur hinsichtlich der Auswahl der parlamentarischen Staatssekretäre und der politischen Beamten im Kanzleramt.[9]

Tabelle 6: Die Chefs des Kanzleramts seit 1949

Kanzler	Chef des Kanzleramts	Rang	Amtszeit
Adenauer	Franz-Josef Würmeling	Staatssekretär	14.10.49-14.01.51
	Otto Lenz	Staatssekretär	15.01.51-19.09.53
	Hans Globke	Staatssekretär	01.11.53-16.10.63
Erhard	Ludger Westrick	Staatssekretär	18.10.63-15.06.64
		Bundesminister	16.06.64-01.12.66
Kiesinger	Werner Knieper	Staatssekretär	13.12.66-31.12.67
	Karl Carstens	Staatssekretär	01.01.68-22.10.69
Brandt	Horst Ehmke	Bundesminister	22.10.69-18.12.72
	Horst F. Grabert	Staatssekretär	18.12.72-15.05.74
Schmidt	Manfred Schüler	Staatssekretär	16.05.74-01.12.80
	Manfred Lahnstein	Staatssekretär	01.12.80-28.04.82
	Gerhard Konow	Staatssekretär	28.04.82-04.10.82
Kohl	Waldemar Schreckenberger	Staatssekretär	04.10.82-15.11.84
	Wolfgang Schäuble	Bundesminister	15.11.84-21.04.89
	Rudolf Seiters	Bundesminister	21.04.89-26.11.91
	Friedrich Bohl	Bundesminister	26.11.91-01.10.98
Schröder	Bodo Hombach	Bundesminister	01.11.98-07.07.99
	Frank Walter Steinmeier	Staatssekretär	07.07.99-

Quelle: Schindler (1999: 1062-1067), Aktualisierung durch den Verfasser nach Archiv der Gegenwart.

Kanzleramtschefs Die Übersicht über die bisherigen Kanzleramtschefs in Tabelle 6 zeigt zusammenfassend, wie die einzelnen Kanzler von ihrer Entscheidungsgewalt über den formalen Status des Chefs des Kanzleramts Gebrauch gemacht haben. Fünf der betreffenden Personen wurden sofort zu „Bundesministern für besondere Aufgaben" ernannt; zehn weitere übten das Amt als politischer Beamter im Rang eines

---

9   Im Zusammenhang mit den parlamentarischen Staatssekretären in Schröders Kanzleramt ist auf einen weiteren Umstand hinzuweisen: Zu Beginn der 14. Wahlperiode wurde erstmals ein Nicht-Parlamentarier zum parlamentarischen Staatssekretär im Bundeskanzleramt (Michael Naumann in der Position des Bundesbeauftragten für Kultur und Medien im Bundeskanzleramt) ernannt. Hierfür musste eigens die gesetzliche Grundlage für die Bestellung von parlamentarischen Staatssekretären geändert werden. Die Ernennung Naumanns blieb kein Einzelfall. Auch dessen Amtsnachfolger, Julian Nida-Rümelin und Christina Weiss, hielten diese Position, ohne zugleich Mitglied im Bundestag zu sein. Gemeinsam mit anderen Personalentscheidungen des Kanzlers wurden diese Ernennungen als Beleg für Schröders unverhohlene Distanz zur Fraktion bewertet.

Staatssekretärs aus. Eine Ausnahme bildete Ludger Westrick; er war zunächst als Staatssekretär tätig und wurde später (wegen altersbezogener bzw. dienstrechtlicher Gründe) zum Bundesminister ernannt.

5.2.6 Exkurs: Die „Europäisierung" der deutschen Exekutive und der politischen Führung in der Bundesrepublik

Wie eingangs dargelegt wurde, basiert diese Studie auf der Überzeugung, dass über zentrale Fragen öffentlicher Politik auch in den Mitgliedstaaten der Europäischen Union nach wie vor in beträchtlichem Maße auf der nationalstaatlichen Ebene entschieden wird. Ungeachtet dessen wäre eine Darstellung über Regierungsorganisation und politische Führung in der Bundesrepublik ohne Berücksichtigung der „Europäisierungseffekte" – hier verstanden als die aufgrund des europäischen Integrationsprozesses zu verzeichnenden Wandlungen auf der Ebene der Regierungssysteme von EU-Mitgliedstaaten – unvollständig.

Dem zentralen Stellenwert des Kanzlerprinzips auf der Ebene des Verfassungsrechts entspricht eine prominente Rolle des Ressortprinzips im Kontext der „Europäisierung" der deutschen Exekutive (Bulmer/Burch 2001: 91). Das bedeutet freilich nicht, dass alle Ressorts einen prinzipiell gleichen oder auch nur annähernd ähnlich großen Einfluss in der Europapolitik zu verzeichnen hätten. Allerdings ist die Geschichte der „Europäisierung" der deutschen Exekutive durch eine schrittweise Ausweitung des Kreises der mit zentralen Koordinationsaufgaben betrauten Bundesministerien sowie signifikante Verschiebungen des Einflussbereichs unterschiedlicher Ressorts gekennzeichnet.

Große Bedeutung des Ressortprinzips

Die Schaffung der Europäischen Gemeinschaft für Kohle und Stahl (EGKS) im Jahre 1951 wurde, was die außenpolitischen Aspekte betrifft, im Wesentlichen durch Kanzler Adenauer begleitet bzw. vorangetrieben, während die Regelung der grundlegenden wirtschaftspolitischen Aspekte eine Angelegenheit des Bundeswirtschaftsministeriums blieb. Bereits im Stadium der Verhandlungen über die EGKS wurde im Kanzleramt ein Schuman-Plan-Sekretariat eingerichtet. Folgenreicher waren die organisatorischen Veränderungen außerhalb des Kanzleramts. Noch im Gründungsjahr der EGKS wurde entschieden, im Bundeswirtschaftsministerium eine auf die Behandlung von EGKS-Aspekten spezialisierte Abteilung einzurichten: der vom Bundeswirtschaftsministerium geführte interministerielle Ausschuss für EGKS-Angelegenheiten. Ihm kam die Aufgabe zu, die Positionen der Ressorts Wirtschaft, Äußeres und Finanzen im Vorfeld von intergouvernementalen Treffen der EGKS in Luxemburg zu koordinieren (Hesse/ Goetz 1992).

Anfängliche Konzentration von Entscheidungsgewalt im Kanzleramt

Der rasche Fortgang der europäischen Integration machte eine weitere Ausdifferenzierung und Formalisierung der europapolitischen Kompetenzen unterschiedlicher Ressorts bald unumgänglich. Im Gefolge der Unterzeichnung der Römischen Verträge von 1957 kam es zunächst zu einer europapolitischen Aufgabenteilung zwischen dem Wirtschafts- und Außenministerium. Während integrationspolitische Aspekte in den Zuständigkeitsbereich des Auswärtigen Amts fielen, blieb der gesamte, für den europäischen Integrationsprozess der nachfolgenden Jahrzehnte in seiner Bedeutung kaum zu überschätzende Bereich der

Aufgabenteilung zwischen dem Bundeswirtschaftsministerium und dem Auswärtigen Amt

107

Wirtschaftspolitik dem Bundeswirtschaftsministerium vorbehalten. Nicht zufällig wurde deshalb auch die erste vollständige Europaabteilung eines Bundesministeriums im Wirtschaftsministerium geschaffen. Allerdings verschoben sich die Gewichte zwischen den Ressorts Wirtschaft und Äußeres – parallel zu den veränderten Schwerpunktsetzungen der europäischen Integration selbst – in den nachfolgenden Jahrzehnten Stück für Stück zugunsten des Auswärtigen Amtes (Sturm/Pehle 2001: 43).

Bedeutungsgewinn des Kanzleramts und des Bundesministeriums der Finanzen

Diese Verschiebung des europapolitischen Gewichts zwischen dem Wirtschafts- und Außenministerium markierte jedoch nicht die einzige erwähnenswerte Veränderung. Ebenfalls relativ an Bedeutung gegenüber dem Wirtschaftsministerium gewannen über die Jahrzehnte hinweg, und insbesondere mit dem Erreichen der Wirtschafts- und Währungsunion 1987, das Bundeskanzleramt und das Bundesministerium der Finanzen. Letzteres verdankt seine beachtliche Positionsverbesserung auf Kosten des Wirtschaftsministeriums vor allem dem hartnäckigen Drängen des ersten Finanzministers der Regierung Schröder, Oskar Lafontaine, nach struktureller Aufwertung seines Ressorts. Das Bestreben, das Auswärtige Amt für die relative Bedeutungseinbuße gegenüber dem Finanzministerium zu entschädigen, führte schließlich dazu, dass das Wirtschaftsministerium auch seine angestammte Position als führender Akteur in den koordinierenden Ausschüssen einbüßte. Als vergleichsweise starker Akteur innerhalb der jüngeren strukturellen Konstellation kann daneben das Kanzleramt gelten, wo unter Schröder erstmals eine ausschließlich mit Europaangelegenheiten befasste Abteilung eingerichtet wurde. Von Bedeutung für den bereits seit Beginn der neunziger Jahre zu beobachtenden Positionsgewinn von Kanzler und Kanzleramt war nicht zuletzt die Herausbildung eines Entscheidungssystems auf EU-Ebene, durch das die faktische Entscheidungsfähigkeit der Staats- und Regierungschefs der Mitgliedstaaten auf Kosten der formal geforderten Fachministerräte deutlich aufwertet wird (Bulmer u.a. 1998: 27; Sturm/Pehle 2001: 46-47).

Weitere Ausdifferenzierung des europapolitischen Entscheidungssystems

Ungeachtet dieser Veränderungen in der Spitzengruppe der Organisationen und Akteure innerhalb der Kernexekutive mit europapolitischem Einfluss gehört zu den zentralen Merkmalen der „Europäisierung" im Bereich der Bundesregierung auch die (allerdings sehr unterschiedlich großzügige) Ausstattung der Mehrheit der Bundesministerien mit speziellen Europaabteilungen. Noch deutlich verbreiteter sind Europareferate, welche sich mit Abstand am zahlreichsten in den Ressorts Äußeres und Finanzen finden (Sturm/Pehle 2001: 45, Tab. 1). Dieser Ausbau der EU-bezogenen Ressourcen in den Ministerien ist umso bemerkenswerter, als die Ministerialverwaltung auf Bundesebene seit Mitte der neunziger Jahre insgesamt geschrumpft ist (Goetz 2003a: 66).

Interministerielles Interessenausgleichssystem

Eine weitere Manifestation der „Europäisierung" im Bereich der Bundesregierung ist in dem strikt nach hierarchischen Prinzipien organisierten interministeriellen Interessenausgleichssystem zu sehen (Derlien 2000: 61). Auf der Hierachieebene sind von oben nach unten angeordnet: ein im Auswärtigen Amt beheimateter Staatssekretärsausschuss (Komitee der Staatssekretäre), welcher direkt unterhalb der Kabinettsebene angesiedelt ist; auf Einladung des Finanzministeriums anberaumte Treffen zwischen so genannten Europabeauftragten der einzelnen Ministerien; sowie schließlich wöchentliche Treffen der Abteilungsleiter aus den einzelnen Ressorts, welche ebenfalls im Bundesfinanzministerium stattfinden.

Wie in der jüngeren Forschungsliteratur argumentiert wurde, gehört zu den bemerkenswertesten Phänomenen der „Europäisierung" des Exekutivbereichs und der politischen Führung am Schnittpunkt von deutscher und europäischer Politik außerdem eine auffallende Auseinanderentwicklung der Entwicklungslogik der Regierungsorganisation und des Handelns der Verwaltungseliten einerseits und der politischen Führung durch die Spitzenrepräsentanten bzw. -akteure der politischen Exekutive andererseits. Klaus Goetz (2003a) spricht diesbezüglich von „bureaucratic fusion" und „governmental bifurcation": Während das Handeln der in den Bundesministerien tätigen Verwaltungselite mittlerweile in hohem Maße durch eine Europaorientierung und eine entsprechende Einbindung in Mehrebenen-Prozesse gekennzeichnet sei, bleibe das Handeln der Spitzenvertreter der politischen Exekutive, d.h. Kanzler und Minister – unabhängig von häufigen Auftritten auf dem Brüsseler Parkett und der Neigung mehrerer Kanzler, gerade in der Europapolitik eine politische Richtlinienkompetenz zu beanspruchen (Goetz 2003b: 32) – im Kern relativ unbeeinflusst von den Prozessen auf supra-nationaler europäischer Ebene. Entscheidend für die Handlungsfähigkeit von Angehörigen der politischen Exekutivelite blieben die „klassischen" Parameter der parlamentarischen Demokratie bzw. der Parteiendemokratie. Insofern nach wie vor das Ansehen innerhalb der eigenen politischen Partei, die Unterstützung in der Fraktion und enge Kontakte zu den relevanten Interessengruppen sowie insbesondere die immer wichtiger werdende Medienpräsenz über das politische Schicksal von Mitgliedern der Regierungselite bestimmten, gebe es handfeste Gründe für die zu beobachtende Zurückhaltung der Betroffenen, sich auf Kosten der anderen Tätigkeiten als „Europäisierer" zu profilieren (Goetz 2003a: 70-71). Ergänzt wird dieser Befund durch die Beobachtung, dass der politische Willensbildungs- und Entscheidungsprozess in der Bundesrepublik in sehr geringem Maße durch etwaige innenpolitische Rückwirkungen der europäischen Integration bestimmt wird. Seinen wichtigsten Grund hat dies in dem starken pro-europäischen Elitenkonsens, der die makro-politischen Strategien von Akteuren sowohl in der Innenpolitik als auch auf der europäischen Ebene prägt und welcher unterstützt wird durch einen entsprechenden Konsens innerhalb der deutschen Bevölkerung (Dyson 2003: 174).

Nationalstaatliche Handlungslogik der politischen Elite trotz „Europäisierung"

5.3 Der intra-gouvernementale Entscheidungsprozess

Die nachfolgenden Abschnitte widmen sich der Beleuchtung der zentralen Charakteristika der politischen Führungsstile und -leistungen von Adenauer bis Schröder, soweit sie den engeren Bereich der Regierung betreffen.

5.3.1 Die christdemokratische Nachkriegsära

5.3.1.1 Die Regierung Adenauer (1949-1963)

Einzigartige Position Adenauers unter den deutschen Nachkriegskanzlern

Obwohl es mehrere westeuropäische Länder gibt, in denen dem ersten Regierungschef nach dem Zweiten Weltkrieg rückblickend eine wegweisende Rolle zukommt, ist die Bedeutung Konrad Adenauers für die politische Entwicklungsgeschichte der Bundesrepublik auch im internationalen Vergleich betrachtet außergewöhnlich groß. Tragfähig erschiene allenfalls ein Vergleich mit dem Einfluss Charles de Gaulles auf die französische Politik seit 1958. Wie de Gaulle prägte auch Adenauer nicht ausschließlich die Politik seiner Zeit und der Zeit nach ihm, sondern auch die politikwissenschaftliche Beschäftigung mit politischer Führung. Adenauers einzigartige Position unter den deutschen Kanzlern der Nachkriegsperiode ist das Resultat einer Kombination von Faktoren, zu denen die Begründung einer vollständig neuen politischen Ordnung, eine weit überdurchschnittlich lange Amtszeit, eine Reihe spektakulärer Erfolge vor allem in der Außenpolitik, aber auch die Farblosigkeit vieler seiner Amtsvorgänger der Zwischenkriegszeit gehören. Der zuletzt genannte Aspekt mag mit erklären, warum rückblickende historische Vergleiche der politischen Führungsleistungen Adenauers sich eher auf Bismarck als auf die Kanzler der Weimarer Republik bezogen (Bracher 1974: 182). In stärker gegenwartsgeschichtlich ausgerichteten Arbeiten über die Regierung und das Regieren in der Bundesrepublik wurde der Ära Adenauer demgegenüber häufig der Status einer gleichsam „natürlichen" Referenzperiode für jüngere Vergleiche von Amt und Amtsinhaber zuerkannt (Haungs 1986, 1989; Niclauß 2004).

Eindeutige Dominanz Adenauers im Kabinett

Das Maß, in dem Adenauer den Entscheidungsprozess innerhalb der Exekutive kontrollierte, kann man als geradezu „legendär" bezeichnen. Einige Beobachter kamen zu dem Ergebnis, dass die Position der Kabinettsminister unter Adenauer mehr Gemeinsamkeiten mit der Rolle der Staatssekretäre unter Bismarck aufwies als mit jener der Kabinettsminister in anderen modernen parlamentarischen Demokratien (Allemann 1956: 350). In weniger ernstgemeinten Urteilen über die Vormachtstellung des Kanzlers gegenüber den übrigen Mitgliedern der Bundesregierung hieß es im Bonn der fünfziger Jahre, Adenauer sei „70 Prozent seines Kabinetts". Die Vormachtstellung des Kanzlers offenbarte sich nicht zuletzt in den bilateralen Beziehungen zu seinen Ministern. Der Zusammenstoß zwischen Adenauer und Gustav Heinemann, dem ersten Innenminister der Bundesrepublik, markierte einen seltenen Fall, bei dem es ein Minister wagte, sich öffentlich gegen den Kanzler zu stellen. Auch diese Episode – Heinemann trat im Oktober 1950 zurück – bestätigt jedoch eher die vorherrschenden Bewertungen, nach denen Adenauer der eindeutig dominante Akteur unter den Mitgliedern des Bundeskabinetts war. Von jenen, die über eine längere Mitgliedschaft zum Kabinett verfügten, genossen Erhard, Schäffer, Strauß und Schröder noch am ehesten eine einigermaßen unabhängige Position (Haungs 1986: 55), obwohl auch sie weit davon entfernt blieben, ernsthafte „Vetospieler"-Qualitäten zu entwickeln.

Wie Hans-Peter Schwarz (1989: 19) betont, wurde Adenauers mehr oder minder unbestrittene Führungsposition in beträchtlichem Maße durch sein hohes

Alter gestützt. Dabei ging es nicht nur um eine „natürliche", altersbezogene Autorität, die besonders im mentalen Kontext der frühen Nachkriegszeit auf großen Respekt zählen durfte. Vielmehr kursierten praktisch von Beginn der Kanzlerschaft Adenauers an Spekulationen über einen möglichen Nachfolger. Just dies aber generierte eine auffallende Zurückhaltung der Aspiranten, da sich keiner von ihnen in die Rolle des „Königsmörders" drängen lassen wollte. Die wichtigste politische Machtressource Adenauers blieb jedoch seine unbestrittene Führungsposition innerhalb der CDU, an deren Spitze er seit deren Gründung als Bundespartei im Oktober 1950 auch formal stand. Völlig zu Recht wurde bei Karlheinz Niclauß (1988: 68) in Anerkennung der großen Bedeutung dieses Aspekts die Beherrschung der eigenen Partei zu einer der zentralen Voraussetzungen der „Kanzlerdemokratie" (nicht nur der Ära Adenauer) erklärt.

Bis heute gilt als eines der zentralen Kennzeichen der Regierungstechnik des ersten Kanzlers der Bundesrepublik seine Neigung zu „einsamen Entschlüssen", durch die sowohl das Kabinett als Ganzes als auch die von einer Entscheidung besonders betroffenen Fachminister praktisch umgangen wurden. Die Bewertung dieses behaupteten Sachverhalts blieb in der Literatur lange Zeit empirisch wie auch normativ umstritten. In der frühen Literatur wurde die unterstellte Neigung Adenauers, selbst Entscheidungen von größter Tragweite ohne Konsultation seiner Kabinettskollegen zu treffen, mit dem Verweis auf die „Richtlinienkompetenz" des Art. 65 GG zumindest indirekt gebilligt (Theodor Eschenburg, zit. in Bracher 1974: 187). Von anderer Seite wurde bezweifelt, dass es so etwas wie „einsame Entschlüsse" des Kanzlers überhaupt gegeben habe. Bei Wilhelm Hennis (1964: 31) wurde gerade die auffallend seltene Inanspruchnahme der „Richtlinienkompetenz" als Kernmerkmal von Adenauers Regierungsstil herausgestellt.

„Einsame Entschlüsse"

Die jüngere Forschung hat ein anderes Bild gezeichnet: Wie Jost Küpper (1985: 203-204, 258-260) gezeigt hat, traf Adenauer tatsächlich eine Reihe von „einsamen Entscheidungen", wobei die meisten von ihnen allerdings von deutlich geringerem politischen Stellenwert waren, als weithin angenommen wurde. Ferner scheint es eine ganze Reihe von Fällen gegeben zu haben, in denen Adenauer sehr wohl Gebrauch von seiner verfassungsrechtlichen „Richtlinienkompetenz" machte. Trotz der kaum zu bestreitenden „autokratischen" Facetten seines Führungsstils gestand Adenauer seinem Kabinett und einzelnen Ministern andererseits durchaus ein eigenständiges Gewicht zu. Wie Hans Buchheim (1976: 346-347) betont, beließ Adenauer seinen Ministern innerhalb von deren Ressorts eigene Entscheidungsspielräume, solange dadurch die politische Richtung der Bundesregierung insgesamt nicht öffentlich unterminiert wurde.

Revision des Adenauer-Bildes durch die jüngere Forschung

Obwohl es nach allem, was die Adenauer-Forschung zutage gefördert hat, offenbar kein „inneres Kabinett" gab (Schwarz 1989: 19), kreierte Adenauer eine Reihe unterschiedlicher informeller Gremien. Diesen gehörten einzelne Minister und Führungspersonal aus den Mehrheitsfraktionen und dem Kanzleramt ebenso an wie ausgewählte externe Politikberater wie Robert Pferdmenges oder Hermann Josef Abs, die eine enge persönliche Beziehung zu Adenauer besaßen. Abgesehen vom „Küchenkabinett" im Kanzleramt (Müller/Walter 2004: 12-49) lassen sich drei unterschiedliche Ebenen informeller Koordination unterscheiden: (1) regelmäßig stattfindende „Koalitionsgespräche", an denen neben dem Kanz-

Entscheidungsgremien

111

ler einzelne Kabinettsminister und Mitglieder der Mehrheitsfraktionen teilnahmen; (2) ebenfalls regelmäßig stattfindende Treffen des „Koalitionsausschusses", einer Einrichtung auf Fraktionsebene; schließlich (3) die gelegentliche Teilnahme von Mitgliedern der Regierungsfraktionen an den Sitzungen und Beratungen des Kabinetts (Küpper 1985: 151-156; Rudzio 1991: 126-129). Bis in die späten fünfziger Jahre hinein gehörten dem engsten Kreis um Adenauer, abgesehen von persönlichen Vertrauten des Kanzlers, ausschließlich Repräsentanten aus den Reihen der Unionsparteien an. Später, endgültig nach der Bundestagswahl 1961, wurden Vertreter der FDP in das Zentrum des Entscheidungssystems kooptiert (Küpper 1985: 472-473). Rückblickend kann darin ein geradezu symbolischer Ausdruck des schleichenden Machtverfalls Adenauers gesehen werden, obwohl die Position des Kanzlers im Entscheidungsprozeß eine stärkere blieb als in vielen späteren Phasen der Geschichte der Bundesrepublik.

Zentrale Rolle des Kanzleramts

Die Vielfalt informeller Entscheidungsgremien, die neben dem Kabinett existierte, änderte nichts an der zentralen Stellung des Kanzleramts im intra-gouvernementalen Entscheidungsprozess. Von unbestreitbar großer Bedeutung für die Funktionsweise der Regierungszentrale war dabei die Rolle von Adenauers langjährigem Kanzleramtschef Globke. Globke versorgte Adenauer mit strategischen Informationen, die er selbst durch ein engverzweigtes Netz von Vertrauten erlangte, bei denen es sich überwiegend um ehemalige Mitarbeiter des Kanzleramts handelte, die nun als Abteilungsleiter oder Staatssekretäre in unterschiedlichen Ministerien saßen. Das außerordentliche Geschick, das Globke bei der Rekrutierung und Positionierung seiner Informanden und bei der Organisation von Entscheidungabläufen an den Tag legte, brachte ihm im Urteil einiger Autoren den Ruf des „Begründer[s] des informellen Regierens in der Bonner Republik" (Müller/Walter 2004: 21) ein. Sein Einfluss wurde als bedeutend weit reichender eingeschätzt als derjenige irgendeines Ministers seiner Zeit. Einzelne Beobachter, wie Wilhelm Hennis (1974: 222), zögerten nicht, von einer „Adenauer/Globke-Ära" zu sprechen – eine Charakterisierung, die vermutlich zu wenig Wert auf den Umstand legt, dass Globke praktisch keinerlei unabhängige, von Adenauer abgekoppelte Entscheidungskompetenz beanspruchte und besaß.

Primat der Außenpolitik

Insgesamt war Adenauers Einfluss als „policy leader" – d.h. als eigentlicher Initiator und treibende Kraft inhaltlicher politischer Entscheidungen – zweifelsohne am stärksten im Bereich der Außenpolitik. Beispiele hierfür finden sich vor allem in der Frühphase der Bundesrepublik, während derer Adenauer (seit 1951 in der offiziellen Funktion als Bundeskanzler und Außenminister) die wesentlichen außenpolitisch relevanten Richtungsentscheidungen mit den Militärgouverneuren der Alliierten verhandelte (Hanrieder 1967; Baring 1969a). Selbst der Wechsel im Außenministerium von Adenauer zu Brentano Anfang Juni 1955 markierte nicht das Ende der „Kanzlerregierung" in der Außenpolitik. Vielmehr schaffte es Adenauer bis zur Ernennung des dritten Außenministers der Bundesrepublik (Gerhard Schröder), Ende 1961, seine Führungsposition in diesem Bereich im Wesentlichen aufrechtzuerhalten (Küpper 1985: 469; Schwarz 1989: 26). Somit trug die gesamte Politik der „Westintegration" als dem internationalen Fundament westdeutscher Nachkriegsdemokratie in denkbar hohem Maße die persönliche Handschrift Adenauers. Auch in der Innenpolitik gab es jedoch kaum einen Bereich, der vollständig außerhalb der Aufmerksamkeit und des prägenden Einflusses Adenauers verblieb. Als größte innenpolitische Errungenschaft Adenauers gilt weithin die Durchsetzung der Rentenreform 1957 (Schwarz 1983: 358; Hockerts 1980: 320-425).

5.3.1.2 Die Regierung Erhard (1963-1966)

Obwohl der erste Kanzlerwechsel in der Geschichte der Bundesrepublik die parteipolitische Zusammensetzung der Regierung vollständig unverändert ließ, war mit ihm gleichwohl ein gravierender Einschnitt auf der Ebene der Regierungstechnik und politischen Führung verbunden. Vielen zeitgenössischen Beobachtern erschien dies wie ein dramatischer Verfall politischer Führungskunst. Wie Heinrich Oberreuter betont, lässt sich der offensichtliche Wandel aber nicht schlicht als Unfähigkeit Erhards bewerten, Adenauers Führungsstil hinlänglich zu kopieren: „Erhard selbst hatte den Anspruch, einen neuen Amtsstil zu prägen. Er suchte den Kontrast zu seinem Vorgänger. Nicht die Kanzlerdemokratie Adenauers schwebte ihm vor, sondern 'die' Demokratie. [...] Die Instrumente, die Adenauer virtuos bescherrschte, akzeptierte Erhard nicht einmal" (Oberreuter 1990: 216, 233).

Kanzler- und Stilwechsel

Galt Adenauer zu Recht als die Verkörperung des genuinen „Machtpolitikers", so wurde gezweifelt, ob man Erhard überhaupt als „echten" Politiker klassifizieren sollte (Hildebrand 1984: 233-234). Vieles von dem, was politische Führung in der Demokratie ausmacht – der hartnäckige Kampf um die Durchsetzung eines umstrittenen Standpunktes, das strategische Umwerben möglicher Gegen- und Mitspieler – schien Erhard zu langweilen. Mitverantwortlich für Erhards „unpolitische" Amtsführung mögen tief verwurzelte moralische Bedenken gegenüber der Ausübung jeglicher politischer Macht gewesen sein. Jedenfalls konnte kein Zweifel daran aufkommen, dass es Erhard primär um das Ersinnen großer theoretischer Konzepte auf dem Feld politischer und sozialer Reformen ging, deren politische Umsetzung den Kanzler deutlich weniger beschäftigte.

„Unpolitisches" Amtsverständnis

Erhards ausgeprägte Vorbehalte gegenüber „Parteiendemokratie" und „Parteienregierung" ließen ihn die Idee eines überparteilichen „Volkskanzlertums" kreieren, für das es in der parlamentarischen Demokratie der Bundesrepublik freilich keinen Raum gab. Zweifelhaft erschien aber nicht nur die offensichtliche Inkompatibilität einer „Volkskanzlerschaft" mit den Gesetzen der Bonner Parteiendemokratie. Darüber hinaus wurde zu Recht auch immanente Kritik an dem Konzept geübt. So vertrug sich die Idee eines überparteilichen „Volkskanzlers" selbst bei wohlwollender Betrachtung offensichtlich schlecht mit Erhards gleichsam bedingungsloser Fixierung auf ein christlich-liberales Regierungsbündnis.

„Volkskanzler"

Kabinettssitzungen unter Erhard waren durch ein bis dahin unbekanntes Ausmaß an Kollegialität geprägt. Die Ressortminister waren geradezu dazu eingeladen, ihre Anschauungen zu den behandelten Gegenständen offen darzulegen. Die meisten Autoren neigen der Einschätzung zu, dass die Beratungen des Kabinetts unter Erhard nicht nur länger dauerten als unter seinem Vorgänger, sondern auch in einer freundlicheren Atmosphäre stattfanden, obwohl die persönlichen Beziehungen zwischen Erhard und seinen Ministern, wie zu seinen Mitarbeitern

Stimmungswechsel im Kabinett

113

im Kanzleramt, insgesamt eher distanziert blieben (Caro 1965: 207-208). Zu der weithin als gut wahrgenommenen Stimmung im Kabinett trug zweifelsohne das deutlich verbesserte Koalitionsklima zwischen CDU/CSU und FDP bei, wofür auf Seiten der Liberalen nicht zuletzt die Zufriedenheit, ja Erleichterung, über die endgültige „Überwindung" Adenauers verantwortlich war.

Revision des Erhard-Bildes in der jüngeren Literatur

Die überwiegend positiven Bewertungen von Erhards Kabinetts- und Koalitionsmanagement, welche die ältere Literatur kennzeichnen, wurden in einer jüngeren Studie grundsätzlich in Frage gestellt. Nach dem Urteil Volker Hentschels (1996: 534-535) deuteten die längeren Kabinettssitzungen unter Erhard eher auf die mangelnde Arbeitsdisziplin des Gremiums und vor allem auf fehlende Führungsqualitäten des Kanzlers hin. Ebenso sei die auffallende Neigung Erhards, im Kabinett mehr Diskussion zuzulassen, primär der Tatsache zuzuschreiben, dass der Kanzler zu der Mehrzahl behandelter Materien schlicht keine entschiedene Meinung hatte. Dies wiederum sei Ergebnis seines insgesamt mehr als bescheidenen Wissens in den meisten Politikfeldern gewesen.[10]

Kabinett und „Küchenkabinett"

Im Vergleich zur Ära Adenauer erfuhr das Kabinett, aus welchen Gründen letztlich auch immer, während der Jahre 1963 bis 1966 ohne Zweifel eine Aufwertung. Die unter Adenauer geschaffenen informellen Entscheidungsstrukturen, wie insbesondere die „Koalitionsgespräche", wurden gleichwohl nicht vollständig abgeschafft (Rudzio 1991: 129). Auch das programmatische Symbol der Kanzlerschaft Erhards – das reichlich utopische Modell der „Formierten Gesellschaft", einer von Partikularinteressen geläuterten korporatistischen Gesellschaftsform – entsprang weder den Beratungen des Kabinetts noch den „Koalitionsgesprächen". Es war vielmehr Ergebnis der Arbeit einer Gruppe externer Experten und Berater Erhards, des so genannten „Sonderkreises" – ein auf Initiative des langjährigen Erhard-Vertrauten Karl Hohmann gebildetes Gremium, das seit dem Oktober 1964 wöchentlich zusammenkam (Laitenberger 1986: 193-194; Hentschel 1996: 561-562). Hohmann spielte nicht nur als zentrale Figur innerhalb des „Sonderkreises" eine herausragende Rolle, sondern gilt vielen zugleich als die neben Westrick mit Abstand einflussreichste – und dabei gewiss loyalste – Figur in Erhards „Küchenkabinett" (Müller/Walter 2004: 50-67).

Konzentration auf die Innenpolitik

In deutlichem Gegensatz zu Adenauer, lagen Erhards Ambitionen primär im Bereich der Innenpolitik. Ein Teil der Gründe für Erhards Scheitern kann in der Tatsache gesehen werden, dass er ein „innenpolitischer Kanzler" war, dessen größten Herausforderungen der außenpolitischen, internationalen Arena entsprangen. Vor allem Erhards Verhalten während der Nahost-Krise Anfang 1965 wurde weithin als „Führungsversagen" wahrgenommen (Hildebrand 1984: 128), obwohl es mehrere ähnlich gelagerte innenpolitische Fälle gab. Auch die innerparteiliche Spaltung der Union – in „Gaullisten", die eine Intensivierung des deutsch-französischen Verhältnisses präferierten, und „Atlantikern", die (wie Erhard selbst) die USA als den wichtigsten Verbündeten der Bundesrepublik ansahen –, hatte ihre sichtbarsten Folgen in der Außenpolitik. Sie verringerten

---

10 Zu dieser skeptischen Interpretation der Führungsleistung Erhards im Kabinett passen die zahlreichen Berichte über die Funktionsweise des Entscheidungssystems im Kanzleramt, das nach einhelliger Auffassung eindeutig von Kanzleramtschef Westrick, und keineswegs von Erhard, dominiert wurde (Laitenberger 1986: 211; Müller/Walter 2004: 58-60).

den Handlungsspielraum Erhards auf diesem Gebiet zusätzlich (Niclauß 1988: 84; Hentschel 1996: 485-486).

Dabei wäre Erhard vermutlich froh gewesen, wenn es bei der vergleichsweise schlichten Polarisierung der Kräfte innerhalb Union und in der Regierung geblieben wäre. Tatsächlich läßt ein genauerer Blick auf die Machtkonstellationen innerhalb der Union während seiner Amtszeit beinahe ein halbes Dutzend von „Nebenzentren", „Nebenmächten" und „Nebenkanzlern" erkennbar werden (Oberreuter 1990: 229-233). Das Scheitern Erhards war somit das Ergebnis eines langen Prozesses der politischen Isolation, nicht zuletzt in den eigenen Reihen. Zum Auslöser seines Endes im Kanzleramt wurde eine aus heutiger Sicht vergleichsweise milde Wirtschaftskrise, die das Ansehen der Regierung endgültig beschädigte und die FDP noch vor dem Rücktritt Erhards zur Aufkündigung des Regierungsbündnisses bewegte (Helms 1994: 231-232).

Von der „Führungsschwäche" zum Machtverlust

Die politische Bilanz der Regierung Erhard fiel bescheiden aus. Zu ihren wichtigsten innenpolitischen Leistungen zählte die Sicherung eines beachtlichen Maßes an ökonomischen Wohlstand und eine Verbesserung der Bedingungen privater Eigentumsbildung – Bereiche, die den Einfluß des Kanzlers zumindest symbolisch repräsentierten. Andere, seit längerem verfolgte Projekte, wie die Lohnfortzahlung im Krankheitsfall oder auch die „Notstandsverfassung", blieben liegen und wurden erst unter der Nachfolgerregierung verwirklicht. Zu den vorzeigbaren außenpolitischen Ergebnissen ließe sich noch am ehesten die „Friedensnote" aus dem März 1966 rechnen, welche unter maßgeblicher Beteiligung der sozialdemokratischen Opposition zustande kam. Mit ihr wurde das Prinzip des Gewaltverzichts zur ausdrücklich anerkannten Basis der Bonner Ostpolitik.

Die Leistungen der Regierung Erhard

5.3.1.3 Die Regierung Kiesinger (1966-1969)

Die Kanzlerschaft Kiesingers war – trotz anhaltender Vorherrschaft der Christdemokraten an der Regierung – durch nachhaltig veränderte Bedingungen und Manifestationen politischer Führung gekennzeichnet. Angesichts des Koalitionsformats und der Präsenz zahlreicher herausragender Persönlichkeiten beider Regierungsparteien im Kabinett war der Handlungsspielraum des Kanzlers innerhalb der Regierung in denkbar hohem Maße eingeschränkt. Als geradezu krisenhaftes Phänomen erschien diese Konstellation vielen zeitgenössischen Beobachtern, die die Ära Adenauer als gleichsam „natürliches" Referenzmodell politischer Führung betrachteten und Erhard eher als einen „Betriebsunfall" im Kanzleramt bewerteten. Selbst ansonsten eher für ihren sorgsam abwägenden Stil bekannte Autoren fanden ungewöhnlich deutliche Worte. In einem gegen Ende der Kanzlerschaft Kiesingers veröffentlichten Beitrag fragte etwa Arnulf Baring barsch, „Gibt es Kiesinger?" und konstatierte zugleich „das Verschwinden des Kanzlers in der deutschen Verfassungspraxis" (Baring 1969b: 21-22).

Strukturelle Schwächung des „Kanzlerprinzips"

In der öffentlichen Erinnerung gilt als Kernmerkmal der Kiesinger-Jahre die herausragende Bedeutung informeller Koalitionsgremien. Dabei wird häufig übersehen, dass in der Anfangsphase der Regierungszeit der Großen Koalition, etwa ein halbes Jahr lang, das Kabinett das tatsächliche Entscheidungsgremium bildete. Die ausgesprochen starke Präsenz einflussreicher Führungspersönlich-

Die anfängliche Konzentration der Regierungsgeschäfte im Kabinett

keiten aus den Reihen der beiden Koalitionsparteien, die erhöhte Anzahl von Kabinettsausschüssen und nicht zuletzt die annähernd gleiche Stärke von CDU/CSU und SPD am Kabinettstisch begünstigten allesamt die Entstehung eines kabinettszentrierten Entscheidungssystems (Rudzio 1991: 130). Freilich blieb die Rolle des Kanzlers in diesem System eher die eines Moderators und Vermittlers. Während auf den Feldern der Wirtschafts- und Finanzpolitik die beiden verantwortlichen Ressortminister Strauß und Schiller den Ton angaben, entstammten die meisten wegweisenden Initiativen im außenpolitischen Bereich dem Auswärtigen Amt unter Führung Brandts. Wenn es richtig ist, dass die Außenpolitik Kiesingers „heimliche Leidenschaft" war (Kaiser 1982: 18), dann musste Brandts prominente Rolle auf diesem Gebiet den Kanzler noch mehr schmerzen als die exponierte Stellung Schillers, der als außergewöhnlich beliebter Wirtschaftsminister hinsichtlich der Gunst der öffentlichen Meinung rasch zu seinem Hauptkonkurrenten wurde (Niclauß 1988: 90). Die spätestens ab 1968 auffallend häufigen Irritationen im Verhältnis zwischen Kiesinger und Brandt waren gleichwohl mindestens so sehr symbolischer Ausdruck der wachsenden außenpolitischen Differenzen zwischen der Union und der SPD wie Ergebnis persönlicher Spannungen. Trotz der von Beginn an nicht geringen programmatischen Differenzen zwischen den Regierungsparteien blieb die Atmosphäre im Kabinett insgesamt kompromissorientiert und kollegial geprägt. Formale Abstimmungen als letztes Mittel der Entscheidungsfindung bildeten die große Ausnahme (Hildebrand 1984: 295).

Der „Kressbronner Kreis"

Ungeachtet dessen büßte das Kabinett bereits seit Mitte des Jahres 1967 seine Rolle als wichtigstes Entscheidungsgremium ein. Das Ende der Vorherrschaft kollegialer Kabinettsregierung fiel dabei im Wesentlichen mit dem Erreichen der parlamentarischen Verabschiedung der im Koalitionsvertrag genannten legislativen Kernprojekte zusammen (Schneider 1999: 18). In Abkehr von früheren Ankündigungen, dass es keine informellen Entscheidungsgremien neben dem Kabinett geben werde, wurden nun regelmäßige Treffen zwischen dem Kanzler, den Parteivorsitzenden der Koalitionsparteien (welche zugleich im Kabinett saßen), den Generalsekretären der Parteien sowie den Fraktionsvorsitzenden von CDU/CSU und SPD etabliert. Einzelne Kabinettsminister und ausgewählte Politikfeldspezialisten der Fraktionen wurden auf ad hoc-Basis hinzugezogen. Dieser so genannte „Kressbronner Kreis" – benannt nach dem „Sommersitz" des Kanzlers in der Nähe des Bodensees, wo das erste dieser Treffen standfand – traf sich anfangs einmal pro Woche, jeweils dienstags. Später wurden die Intervalle größer und die Treffen entsprechend seltener (Knorr 1975: 223-229).

In der Literatur besteht nach wie vor Uneinigkeit darüber, ob der „Kressbronner Kreis" zutreffend als „Ersatzregierung" beschrieben werden kann. Heribert Knorr (1975: 227) charakterisierte den „Kressbronner Kreis" pointiert als „kollektiven Inhaber der Richtlinienkompetenz". Den Ergebnissen einer jüngeren Studie zufolge war es um die tatsächliche Entscheidungsfunktion des Gremiums hingegen deutlich bescheidener bestellt, insbesondere was dessen Rolle bei der Herbeiführung endgültiger und verbindlicher politischer Entscheidungen betraf (Schneider 1999: 95-96). Während des letzten Jahres der Großen Koalition stiegen vielmehr die beiden Fraktionsvorsitzenden – Uwe Barzel (CDU/CSU) und Helmut Schmidt (SPD) – zu den eigentlich entscheidenden

Akteuren auf, die das ungewöhnliche Regierungsprojekt am laufen hielten (ebd.: 18). Unabhängig von solchen Detailunterschieden in der Bewertung der regierungsinternen Entscheidungsstrukturen lässt sich feststellen, dass das „Kanzlerprinzip" ab der zweiten Hälfte des Jahres 1967 noch weniger zur Entfaltung kam als während der ersten sechs Monate der Regierung Kiesinger. Da es sich bei der Kressbronner Runde vor allem um ein parteipolitisch geprägtes Entscheidungsgremium handelte, kam Kiesingers eher schwache Position innerhalb der CDU noch stärker zum Tragen als bei Entscheidungsprozessen innerhalb des Kabinetts.

Von der eigentümlichen Entscheidungspraxis während der Zeit der Großen Koalition darf indes nicht auf eine schwerfällige Regierungstätigkeit geschlossen werden. Der „Führungsschwäche" des Kanzlers entsprach keine „Entscheidungsschwäche" der Regierung insgesamt. Im Gegenteil gab es in der Geschichte der Bundesrepublik kaum eine Regierung, die in so kurzer Zeit so viele wichtige grundlegende und weit reichende Entscheidungen zustande brachte wie die Große Koalition (Schmoeckel/Kaiser 1991; Horner 1985). Hierzu gehörten etwa die Notstandsgesetze, das Stabilitätsgesetz, die Finanzreform einschließlich der Einführung der Gemeinschaftsaufgaben sowie grundlegende Reformmaßnahmen im Bereich der Bildungs- und Arbeitsmarktpolitik. Viele dieser Entscheidungen wurden auf der Grundlage von „Paketlösungen" erreicht, bei denen Materien aus vollständig unterschiedlichen Politikbereichen zusammengebunden wurden (Hildebrand 1984: 269).[11]

Eindrucksvolle „Policy-Bilanz"

5.3.2 Die Jahre der sozial-liberalen Koalition

5.3.2.1 Die Regierung Brandt (1969-1974)

Schon bald nachdem Willy Brandt Einzug in das Kanzleramt gehalten hatte, umgab ihn eine Aura öffentlichen Ansehens, die sich nicht allein aus seinen politischen Leistungen im engeren Sinne speiste, sondern zugleich Ergebnis seiner persönlichen Ausstrahlungswirkung auf weite Kreise der deutschen Bevölkerung war (Baring 1982: 600). Der Durchsetzungsstärke des Kanzlers bei Entscheidungsprozessen innerhalb des engeren Bereichs der Regierung kam dieses hohe gesellschaftliche Ansehen jedoch kaum in nennenswerter Weise zugute. Zumindest entsprach der exponierten Rolle Brands in der Öffentlichkeit kein System der „Kanzlerregierung" im Innern des Entscheidungssystems.

Auf den ersten Blick schienen die Umstände eher eine dominante Stellung des Kabinetts zu begünstigen. Wie in der Frühphase der Regierung Kiesinger ließ die Zugehörigkeit praktisch sämtlicher Spitzenrepräsentanten der beiden Koalitionsparteien zum Bundeskabinett ein Entscheidungsgremium außerhalb des Kabinetts überflüssig erscheinen (Wewer 1990: 147). Tatsächlich gab es zu

Große Bedeutung von Kabinettsausschüssen und interministeriellen Ausschüssen

---

11 Zu berücksichtigen bleibt freilich, dass die beeindruckende „Policy-Bilanz" der Regierung Kiesinger nicht ohne die günstigen Rahmenbedingungen auf der Ebene des politischen Systems erreichbar gewesen wäre. Von maßgeblicher Bedeutung war dabei insbesondere die Unterstützung der zahlreichen Reformmaßnahmen der Regierung durch einen gleichsam im Schatten der Großen Koalition agierenden Bundesrat.

Beginn der sozial-liberalen Koalition keine „Koalitionsgespräche" oder ähnliche Einrichtungen, durch die das Kabinettssystem politisch hätte geschwächt werden können. Gleichwohl stand selbst in der Frühphase der Regierung Brandt nicht das Gesamtkabinett im Zentrum des intra-gouvernementalen Entscheidungsprozesses. Auffallend einflussreich waren vielmehr die ungewöhnlich zahlreichen Kabinettsausschüsse und interministeriellen Ausschüsse, in denen viele Regierungsvorlagen entstanden, welche später vom Kabinett nur noch „abgesegnet" wurden (Brauswetter 1976: 152, 186-187).

Charakteristika und Grenzen der „Kabinettsregierung"

Die große Anzahl politischer „Stars" in den Reihen der Minister und die praktisch vollständige Abwesenheit irgendwelcher informeller Vorentscheidungsgremien trugen entscheidend dazu bei, dass das erste Kabinett Brandt zu einem der konfliktanfälligsten in der Geschichte der Bundesrepublik wurde. Bis 1972 waren scharfe Auseinandersetzungen zwischen Ministern derselben Partei – wie insbesondere zwischen Schiller und Schmidt – sogar häufiger als Streitigkeiten zwischen den Koalitionspartnern. Brandt passte seinen Führungsstil im Kabinett diesen Bedingungen eher an, als dass er sie erfolgreich zu beeinflussen versuchte. Obwohl Brandts Verhandlungsführung im Kabinett in den ersten Jahren seiner Kanzlerschaft verschiedentlich als „zügig, ja sogar straff" beschrieben wurde und er in die Kabinettssitzungen „stets gut präpariert" gegangen sei (Brauswetter 1976: 63), war seine Neigung, offenen Auseinandersetzungen im Kabinett nach Möglichkeit auszuweichen, von Beginn an erkennbar. Vor allem wirtschaftspolitische Probleme und Entscheidungen wurden nur selten im Kabinett debattiert, wofür man neben der „Konfliktbeladenheit" von Fragen aus diesem Bereich auch das allem Anschein nach sehr begrenzte Interesse Brandts verantwortlich machen kann. Standen entsprechende Themen auf der Tagesordnung, so trat Brandt die Leitung der Kabinettssitzung zuweilen gar vorübergehend an Wirtschaftsminister Schiller ab (ebd.: 77). Das Politikfeld, dessen Schlüsselentscheidungen am wenigsten im bzw. vom Kabinett getroffen wurden, war eindeutig die Außenpolitik. Die eigentlichen Entscheidungsträger in diesem Bereich waren Kanzler Brandt und sein Vertrauter Egon Bahr, wodurch es freilich zu einer faktischen Einschränkung nicht nur des Kabinettsprinzips, sondern auch des Ressortprinzips kam. Die teilweise politische Bevormundung des Auswärtigen Amtes erwies sich dabei als noch deutlich delikater als während der Kanzlerschaft Adenauers, da Außenminister Scheel – im Gegensatz zu seinen Amtsvorgängern in der Regierung Adenauer – ein führender Repräsentant nicht der Kanzlerpartei, sondern des kleineren Koalitionspartners war (Niclauß 1988: 117-118).

Schwächung Brandts nach 1972

Die Unterschiede zwischen der ersten und zweiten Regierung Brandt waren unübersehbar. Vor allem die persönliche Führungsleistung des Kanzlers wurde nach der Bundestagswahl 1972 deutlich schwächer als während der ersten Jahre der sozial-liberalen Koalition. Ein möglicher Grund hierfür ist in der schlechten Gesundheit Brandts zu sehen, welche schon die Regierungsbildung im Gefolge der Wahl von 1972 überschattet hatte. Hinzu kam eine gewisse „Regierungsmüdigkeit", die zweifelsohne etwas mit dem Erreichen der großen ost- und deutschlandpolitischen Ambitionen Brandts zu tun hatte. Der große Verlierer der zweiten Amtszeit Brandts war vor allem das Kabinett einschließlich seiner Ausschüsse. Entscheidungen wurden nun mehr und mehr in informellen Gremien getroffen, speziell im Rahmen von „Koalitionsgesprächen", zu denen die führenden Repräsentanten der beiden Regierungsparteien in wöchentlichem Abstand zusammenkamen (Brauswetter 1976: 147-148, FN 24; 171, FN 10).

Brandts Position im engeren Bereich der Regierung wurde zusätzlich durch wichtige personelle Veränderungen im Kanzleramt geschwächt. Obwohl Brandts erster Kanzleramtschef, Horst Ehmke, von vielen als „aktivistisch" und „planungsbesessen" kritisiert worden war, hatte dessen Amtsführung zumindest den Effekt gehabt, dass der Kanzler gezwungen war, sich drängenden Fragen zuzuwenden und Entscheidungen herbeizuführen. Das neue Team um Horst Grabert – darunter besonders hervorzuheben der Schriftsteller und Journalist Klaus Harpprecht als Leiter der „Schreibstube" im Kanzleramt und wichtigster interner Gesprächspartner Brandts während der Jahre 1972 bis 1974 – war weitaus eher bereit, den Launen des Kanzlers nachzugeben. Dies führte dazu, dass schlechte Nachrichten zum Teil erst gar nicht an den Kanzler herangetragen wurden, wodurch dessen Entscheidungsfähigkeit nur noch weiter abnahm (Marshall 1997: 85-86). Die „Gesamtstimmung" in der (informellen) Führungsmannschaft des Kanzleramts während der zweiten Amtszeit Brandts war gleichwohl bedeutend schlechter als zu Beginn der sozial-liberalen Epoche. „Die Mitglieder des ersten Küchenkabinetts empfanden so etwas wie Glück, Lust, Tatendrang, als sie in Gesprächsrunden und Morgenlagen zusammensaßen. Das zweite Küchenkabinett war dagegen gelähmt durch Rivalitäts- und Neidgefühle, durch Eitelkeiten und Intrigen, schließlich durch Besserwisserei, Sarkasmus und Resignation" (Müller/ Walter 2004: 112).

Veränderungen im Kanzleramt

Brandts Gesamtbilanz als „policy leader" blieb von Licht und Schatten geprägt. Im Gegensatz zu zeitgenössischen Bewertungen, in denen die scharfen parteipolitischen Auseinandersetzungen um die „Neue Ostpolitik" zum Teil deutlich anklingen, gilt die Neuordnung des Verhältnisses zu den mittel- und osteuropäischen Staaten heute als weithin unbestrittene Leistung der Regierung Brandt und dabei nicht zuletzt des Kanzlers selbst. Deutlich magerer blieben die Früchte der sozial-liberalen Reformpolitik im Innern. Dies gilt trotz der vollmundigen Ankündigungen zum Zeitpunkt des Regierungsantritts und den rückblickenden Beteuerungen Brandts, dass er den größten Teil seiner Zeit auf die Innenpolitik verwandt habe (Jäger 1986: 127). Maßgeblich verantwortlich hierfür war, neben dem abflauenden Reformeifer der Regierung selbst und der politischen Gegnerschaft der parlamentarischen Opposition im Bundestag, das oppositionelle Verhalten einiger der übrigen „Mitregenten" und „Vetospieler" der sozial-liberalen Koalition – wie Bundesrat und Bundesverfassungsgericht –, welche erstmals in der Geschichte der Bundesrepublik zu dauerhaften Gegnern des politischen Kurses einer Bundesregierung avancierten (vgl. Kap. 6).

Die „Policy-Bilanz" der Regierung Brandt

5.3.2.2 Die Regierung Schmidt (1974-1982)

Der Wechsel von Brandt zu Schmidt sollte sich, was den politischen Führungsstil betrifft, als nicht weniger folgenreich erweisen als der Wechsel von Adenauer zu Erhard. Verkörperte Brandt den Typus eines politischen Visionärs und überzeugten Parteivorsitzenden, so könnte man Schmidt eher als einen effektiven

Von Brandt zu Schmidt

119

Manager beschreiben, der einige der politischen Dimensionen des Amtes mehr hinnahm als genoss. Das ist jedenfalls der Eindruck, den die meisten außenstehenden Beobachter von Schmidt gewannen. Diesem stehen verstreute Hinweise gegenüber, denen gemäß sich Schmidt durch sein verbreitetes Image als „Krisenmanager" und „Mann der Tat" verletzt gefühlt haben soll (Ellwein 1989: 129).

„The great professional"

Vor allem von ausländischen Kommentatoren als „the great professional" unter den deutschen Nachkriegskanzlern gewürdigt (Carr 1985: 192), konnte Schmidt in der Tat auf den beeindruckendsten bundespolitischen Erfahrungsschatz aller bisherigen Inhaber der deutschen Kanzlerschaft nach 1949 zurückblicken. Gemeinsam mit seiner an Adenauer erinnernden eisernen Arbeitsdisziplin und der Neigung, keine potentiellen Rivalen ins Kabinett zu berufen, bildete dies die zentrale Grundlage für seine dominante Position im intra-gouvernementalen Entscheidungsprozess. Obwohl Schmidts eigentliche Expertise vor allem im Bereich der Wirtschaftspolitik lag, wurde die These vertreten, dass er in nicht geringerem Maße als Brandt darum bemüht war, seine Energien auf die Außenpolitik zu konzentrieren (Johnson 1983: 60). Darin muss man nicht zwingend einen Widerspruch erblicken, da die meisten der wirtschaftspolitischen Herausforderungen während der Kanzlerschaft Schmidts durch eine stark internationale Dimension geprägt waren. Auch auf das spezielle Verhältnis zwischen den Aktivitäten des Kanzlers auf internationalem Parkett und in der Innenpolitik wurde hingewiesen. So erfüllte Schmidts prominente Rolle in der internationalen Politik nach Einschätzung von Karlheinz Niclauß eine ähnliche Funktion wie zu Zeiten Adenauers und Brandts: Wie seine beiden Amtsvorgänger nutzte Schmidt das durch außen(wirtschafts)politische Erfolge angesammelte politische Kapital, um seine Rolle in der innenpolitischen Arena zu stärken (Niclauß 1988: 177, 217).

Anfänglicher Verzicht auf informelle Gremien

Während der ersten vier Jahre von Schmidts Kanzlerschaft scheint es keine informellen Entscheidungsgremien innerhalb der Kernexekutive gegeben zu haben. Praktisch sämtliche Entscheidungen wurden entweder im Kabinett oder innerhalb der SPD-Fraktion getroffen (Jäger 1987: 11). Das Bestreben Schmidts, den Entscheidungsprozess nach Kräften im Kabinett zu konzentrieren, entsprang dabei einer grundsätzlich anderen Motivation als bei Brandt. Hatte dieser die Etablierung informeller Entscheidungsgremien nicht zuletzt wegen der starken Präsenz mächtiger Führungspersönlichkeiten der Koalitionspartner am Kabinettstisch für verzichtbar gehalten, so brachte Schmidt wichtige Entscheidungen gerade deshalb ins Kabinett, weil dort ausgesprochen wenige Akteure saßen, die es mit ihm an politischem Gewicht aufnehmen konnten und es gewagt hätten, sich einer von ihm präferierten Lösung in den Weg zu stellen.

Grenzen der „Kanzlerregierung"

Jüngere Arbeiten haben das Bild Schmidts als eines geradezu „allmächtigen" Kabinettschefs jedoch modifiziert. Nach Auskunft früherer Regierungsmitglieder mussten einige Entscheidungen des Kabinetts gar durch formale Abstimmungen herbeigeführt werden (Merz 2001: 71). Dem Empfinden Hans-Dietrich Genschers (Außenminister unter den Kanzlern Schmidt und Kohl) zufolge, gestand Schmidt vor allem Ministern des kleineren Koalitionspartners insgesamt ein höheres Maß an Unabhängigkeit und einen größeren Entscheidungsspielraum zu, als dies später unter Kohl üblich werden sollte (ebd.: 68).

Die Installation eines stärker informellen Entscheidungssystems ab 1979 wurde gleichsam zum Symbol für den fortschreitenden Autoritätsverfall Schmidts. Entscheidungen wurden nun vor allem in einem Netzwerk getroffen, in dessen Zentrum wiederum „Koalitionsgespräche" standen, zu denen neben ausgewählten Ministern Spitzenvertreter der Fraktionen und der Parteiorganisationen der Koalitionspartner geladen wurden. Das Gewicht dieses Kreises wird schon daran ersichtlich, dass es sich bei seinen Mitgliedern im Wesentlichen um jene Personen handelte, die auch die Verhandlungen über die Koalitionsbildung 1980 und die Fortschreibung des Regierungsprogramms führten. Noch vielsagender war die auffallende Häufigkeit, mit der dieser Kreis regelmäßig just vor den Sitzungen des Kabinetts zusammentrat. Innerhalb dieser Runde befand sich Schmidt in einer deutlich schwächeren Position als der Parteivorsitzende der Kanzlerpartei, Brandt, worin der stark parteipolitisch geprägte Charakter des Gremiums greifbar wurde (Rudzio 1991: 132-133). Während des letzten Drittels von Schmidts Kanzlerschaft büßte schließlich auch das Kanzleramt seine bis dahin zentrale Bedeutung als institutionell-administrative Ressource des Kanzlers weitgehend ein. Versuche, das bereits 1979 zerfallene „Kleeblatt"-Modell wieder zu beleben, schlugen fehl. Die immer schwächer werdende Unterstützung Schmidts durch seine Partei und sein sich drastisch verschlechternder Gesundheitszustand taten ein Übriges, um seinen Führungsanspruch weiter auszuhöhlen.

<small>Entstehung und Etablierung informeller Entscheidungsgremien</small>

Eine Leistungsbilanz der Regierung Schmidt im Allgemeinen und der Führungsleistung des Kanzlers im Besonderen muss darum bemüht sein, die Maßstäbe für das zwischen 1974 und 1982 Mögliche im Blick zu behalten. Das gilt ganz besonders für die Innenpolitik: „Bundeskanzler Schmidt konnte sich nicht auf jenen innenpolitischen Feldern hervortun, wo sein Vorgänger Brandt 1969 den wesentlichen Reformbedarf entdeckt hatte", wie Wolfgang Jäger zu Recht hervorhebt. „Er musste sich darin bewähren, die damals so selbstverständliche finanzielle Grundlage der Reformpolitik zu retten" (Jäger 1987: 265). In diesem Sinne ist auch die These Arnulf Barings zu verstehen, der Übergang von Brandt zu Schmidt sei tendenziell „mindestens ein so tiefer Einschnitt wie der zu Kohl" gewesen (Baring 1989: 110). Die vergleichsweise bescheidenen innenpolitischen Errungenschaften der Regierung Schmidt, von der Bildungspolitik bis zur Rechtspolitik, besaßen allesamt eher den Charakter von im besten Falle konsolidierenden Maßnahmen, ohne dass man der Regierung daraus den Vorwurf der Leidenschaftslosigkeit oder Halbherzigkeit machen könnte. Vielleicht lag die Leistung Schmidts in der Tat gerade darin, wie wiederum Jäger festgestellt hat, „in den Jahren seiner Kanzlerschaft mit wenigen Ausnahmen – darunter wohl die Umweltpolitik – das sachlich Mögliche durchgesetzt und den mehrheitsfähigen, kleinsten gemeinsamen Nenner gefunden zu haben" (Jäger 1987: 270). Die unbestrittensten Erfolge Schmidts entstammten dem Gebiet der internationalen Wirtschaftspolitik. Geradezu zum Erfolgssymbol der Außenpolitik des Kanzlers wurde die Errichtung des Europäischen Währungssystems (EWS) 1978 (Link 1987: 425).

<small>Leistungsbilanz der Regierung Schmidt</small>

5.3.3 Die Ära Kohl (1982-1998)

Kontinuität und Rollenwandel

Mit einer Dauer von mehr als sechzehn Jahren war die Kanzlerschaft Kohls die längste der deutschen Nachkriegszeit, ja die längste des 20. Jahrhunderts in Deutschland überhaupt. In der politikwissenschaftlichen Literatur stößt man auf Versuche, die Amtszeit Kohls in unterschiedliche Phasen zu unterteilen. So sprach etwa der britische Politologe Gordon Smith (1994: 185-188) bereits Mitte der neunziger Jahre von den „drei Leben" Kanzler Kohls. Konzentriert man den Blick, wie in diesem Kapitel, zunächst ausschließlich auf die Performanz des Kanzlers im engeren Bereich der Regierung, ist man überrascht zu sehen, durch wie viel Kontinuität der Führungsstil Kohls zwischen 1982 und 1998 geprägt war (vgl. Korte 1998).

„Personalistische Führung" und Parteipolitik

Viele der Eigenheiten im Führungsverhalten, die Kohl als Kanzler auszeichneten, waren bereits für seine Zeit als Ministerpräsident von Rheinland-Pfalz (1963-1969) charakteristisch. Das gilt ganz besonders für das hohe Maß, in dem sich Kohl auf persönliche Beziehungen und Parteipolitik als Ressource der Machtausübung im Bereich der Regierung stützte (Clemens 1994, 1998). Beide Elemente begünstigten eine ausgesprochen starke Informalisierung des Regierungsprozesses. Andererseits bestand ein wesentliches Kennzeichen der Kanzlerschaft Kohls gerade darin, dass verfassungsrechtlich nicht vorgesehene, informale Entscheidungsgremien und -prozeduren in hohem Grade institutionalisiert wurden (Jäger 1994: 41, 57). Dazu gehörte etwa die Anerkennung des politischen „Selbstbestimmungsrechts" des kleineren Koalitionspartners bei der Auswahl von dessen Regierungspersonal. Noch ungleich wichtiger war die Etablierung der geradezu berüchtigten „Koalitionsrunden" und „Koalitionsgespräche", in denen das Gros wichtiger politischer Entscheidungen der Regierung Kohl getroffen wurde. Es wurde zu einem vielsagenden Merkmal der Ära Kohl, dass sich die Medienberichterstattung rasch daran gewöhnte, der Veröffentlichung von Ergebnissen dieser informellen Entscheidungsrunden ein deutlich größeres Gewicht beizumessen als dem einige Zeit später folgenden formalen Kabinettsbeschluss über die betreffende Materie.

Entscheidungsprozesse im Kabinett

Gleichwohl verdienen auch einige Aspekte von Kohls Führungsstil innerhalb des Kabinetts Beachtung. Nach Einschätzung Werner Masers (1990: 211-212) neigte Kohl dazu, seinen Ministern im Rahmen von Kabinettsberatungen einen angemessenen Spielraum zu belassen und nur dann zu intervenieren, wenn Auseinandersetzungen auszuarten drohten. Das Klima bei entsprechenden Beratungen wurde als offen und im Durchschnitt besser als unter Schmidt beschrieben. Diese „Beratungskultur" hatte jedoch ihre Grenzen. So soll Kohl dazu geneigt haben, Minister mit unversöhnlichen Standpunkten vor die Tür geschickt zu haben, um sie solange disputieren zu lassen, bis der Streitpunkt beigelegt war. Sofern andere Berichte aus der Zeit Kohls als Ministerpräsident von Rheinland-Pfalz zutreffend sind, konnte sein Führungsstil zeitweilig noch deutlich unangenehmere Formen annehmen. So wird berichtet, dass Kohl einmal eine Kabinettssitzung unterbrochen habe, weil ihm die Friseur eines Ministers nicht gefallen habe, und die Beratungen so lange ausgesetzt habe, bis der Betreffende vom Frisör zurückgekehrt sei (Dreher 1998: 122).

Stärker strukturprägend wurden freilich andere Komponenten von Kohls Regierungsstil. Von weitreichender Bedeutung war die Entscheidung des Kanzlers, von der bis dahin üblichen Praxis, das Kabinett an einem bestimmten Termin einmal pro Woche einzuberufen, abzugehen. Stattdessen rief er das Kabinett unregelmäßig und häufig spontan zusammen, wodurch seine Position gegenüber den übrigen Mitgliedern des Kabinetts entscheidend gestärkt wurde, da diese oftmals unzureichend vorbereitet waren, um Vorstößen des Kanzlers wirksam entgegenzutreten. Allem Anschein nach wurde nicht zuletzt die wachsende interne Opposition gegen diese Praxis zu einer entscheidenden Triebfeder für die Etablierung der „Koalitionsrunde" (Dreher 1998: 327). Wie frühere Kanzler in entsprechenden Gremien, agierte auch Kohl im Rahmen der „Koalitionsrunde" primär in seiner Rolle als Vorsitzender der größten Regierungspartei. Der parteipolitische Charakter entsprechender Veranstaltungen nahm mit zunehmender Dauer dieser Regierungspraxis sogar noch weiter zu. Während die Partei- und Fraktionsvorsitzenden der Koalitionspartner stets zum engsten Beratungszirkel gehörten, war die Teilnahme von Ressortministern durch ein hohes Maß an Unstetigkeit gekennzeichnet. Bereits in der zweiten Hälfte der achtziger Jahre bildete die Anwesenheit von Ministern in der Koalitionsrunde eher eine Ausnahme als die Regel. Während der 13. Legislaturperiode des Bundestages war Außenminister Kinkel als einziger führender Bundesminister dauerhaft in der Koalitionsrunde vertreten (Ismayr 2001: 380; Schreckenberger 1994).

Die Macht der „Koalitionsrunde"

Wie Wolfgang Rudzio (1991: 135-136) betont, arbeitete Kohl sogar, nachdem er das faktische Entscheidungszentrum der Regierung vom Kabinett auf die „Koalitionsrunde" hin verlagert hatte, weiter auf den Ausbau seiner strategischen Vormachtstellung hin, indem er die Zusammensetzung der Runde offen hielt und weiterhin eine flexible Terminpolitik betrieb. Beratungen in größerer Runde wurden außerdem ergänzt durch bilaterale Kontakte zwischen dem Kanzler und einzelnen Ministern, in denen wichtige Vorentscheidungen getroffen wurden. Die Existenz von zusätzlichen interparteilichen „Elefantenrunden", Treffen der Parteivorsitzenden der Koalitionspartner, gilt hingegen nur für die Periode bis zum Tode des CSU-Vorsitzenden Strauß 1988 als gesichert (Rudzio 2002: 60).

Das unmittelbare zeitliche Umfeld der deutschen Vereinigung, 1989/1990, war durch die vorübergehende Dominanz einer anderen Variante von Kohls Führungsstil gekennzeichnet. Niemand anders als Wolfgang Jäger, der Ende der achtziger Jahre die energischste Absage an die „Kanzlerdemokratie"-These formuliert hatte (Jäger 1988), beschrieb die „heiße Phase" der Vereinigungspolitik als klassisches Beispiel von „Kanzlerdemokratie", während derer die wichtigsten Fragen tatsächlich weder in der „Koalitionsrunde" noch in kleineren informellen Zirkeln, geschweige denn im Kabinett, sondern im Kanzleramt entschieden wurden (Jäger 1998: 19). Hinzuweisen ist aber ausdrücklich auf den engen zeitlichen Rahmen, für den das Etikett „Kanzlerdemokratie" in Jägers Studie verwendet wird. Im Unterschied hierzu neigten andere Beobachter, wie Werner Kaltefleiter, dazu, die gesamte Ära Kohl als eine „Kanzlerdemokratie wie zu Adenauers Zeiten" (Kaltefleiter 1996: 37) zu klassifizieren.

Vorübergehende Wiederbelebung der „Kanzlerdemokratie"

Im Gegensatz zu dem signifikant vergrößerten öffentlichen Ansehen, das Kohl als „Kanzler der Einheit" nach 1990 besaß, lassen sich eindeutig „einigungsbedingte" Effekte auf der Ebene von Kohls Führungsstil im engeren Be-

„Kanzler der Einheit"

123

reich der Regierung kaum nachweisen. Einige Beobachter, wie Clay Clemens (1998: 108), haben zwar argumentiert, dass Kohl nach der Vereinigung „präsidialer" wurde. Was immer exakt damit beschrieben sein soll – zu denken wäre an ein selbstbewussteres Auftreten, eine geringere Aufmerksamkeit gegenüber den spezifischen Parametern politischer Herrschaft in der parlamentarischen Demokratie –, so scheint zumindest festzustehen, dass überwiegend andere Entwicklungen als die deutsche Einheit dafür verantwortlich waren. Hierzu zählte vor allem die bis zum Vorabend der Vereinigung im Wesentlichen abgeschlossene Festigung der Machtbasis Kohls durch das Ausscheiden (potentiell) mächtiger innerparteilicher Widersacher aus CDU und CSU. Besonders zu erwähnen sind dabei der Tod des langjährigen CSU-Vorsitzenden und bayerischen Ministerpräsidenten Strauß im Oktober 1988 und die Ablösung Heiner Geißlers als CDU-Generalsekretär Geißler im September 1989. Die schiere Dauer von Kohls Amtszeit als Parteivorsitzender (seit 1976) tat ein Übriges, um seine Rolle innerhalb der Partei und als Kanzler weiter zu befestigen. Das volle Ausmaß von Kohls Macht über seine Partei offenbarte sich erst im Zuge des CDU-Parteispendenskandals (Helms 2000b). Darin wurde Kohl als Akteur erkennbar, der es geschafft hatte, die üblichen innerparteilichen „checks and balances" in denkbar hohem Maße außer Kraft zu setzen und zugleich zur Inkarnation eines Führungsstils zu werden, der seitens der internationalen Parteienforschung als „noncharismatic personalism" (Ansell/Fish 1999) beschrieben wurde (vgl. Abschnitt 2.2.2.1).

Die „Policy-Bilanz" der Regierung Kohl

Die politische Bilanz der Kanzlerschaft Kohls bleibt umstritten. In detailreichen Studien über den Prozess der deutschen Vereinigung wurde von Autoren, denen ein spezieller Zugang zu unveröffentlichten Akten des Kanzleramts gewährt wurde, Kohls Einfluss übereinstimmend als signifikant bewertet (Grosser 1998; Jäger 1998; Weidenfeld 1999). Von Ausnahmen abgesehen wurde die zentrale Rolle Kohls als „policy leader" im Vereinigungsprozess auch von den meisten Autoren mit größerem Abstand zum Kanzleramt anerkannt. Soweit es eine überragende politische Vision Kohls gab, die sich als „roter Faden" durch seine gesamte Kanzlerschaft zog, war dies gleichwohl eher die europäische Integration als die deutsche Vereinigung. Trat der Kanzler hier tatsächlich als einer der „Baumeister Europas" (Kohler-Koch 1998) auf, so blieb sowohl sein persönlicher Einfluss als auch die Erfolgsbilanz seiner Regierung in den meisten übrigen Politikfeldern insgesamt deutlich bescheidener (Wewer 1998).

5.3.4 Gerhard Schröder und Rot-Grün (seit 1998)

Ziele und Ambitionen

War die Situation, in der sich Gerhard Schröder im Oktober 1998 befand, in mancher Hinsicht einmalig – noch niemals hatte ein neuer Kanzler sein Amt auf der Grundlage einer vollständigen Abwahl der alten Regierungskoalition erlangt –, so wenig schien sein Ehrgeiz auf einen radikalen Politikwechsel gerichtet zu sein. Zum Motto des Wahlkampfes 1998 wurde das vielzitierte Schlagwort der SPD-Wahlkampfzentrale, „wenig anders, aber vieles besser" machen zu wollen. Obwohl über-optimistische Zielsetzungen und Absichtserklärungen neuer politischer Mehrheiten in der Bundesrepublik schon angesichts der spezifischen institutionellen Parameter des deutschen Regierungssystems vergleichsweise seltener sind als in manchen anderen Ländern, fiel die „neue Bescheidenheit" der SPD und ihres grünen Juniorpartners auf. Besonders im Lager der Sozialdemokraten führte das Bekenntnis Schröders zu modifizierter Kontinuität durchaus auch zu Verdruss.

Im Gegensatz zu entsprechenden Ankündigungen in Bezug auf die materielle Dimension der Regierungspolitik – welche, wie Zwischenbilanzen der Jahre 1998-2002 zeigen, im Übrigen sehr wohl durch ein nicht unbeträchtliches Maß an Wandel gekennzeichnet war (Egle u.a. 2003; Reutter 2004) –, war die „Marschroute" der rot-grünen Koalition im Bereich der Regierungsorganisation durch den Anspruch gekennzeichnet, es bewusst anders zu machen als die Regierung Kohl. Die erste rot-grüne Koalitionsvereinbarung aus dem Oktober 1998 erwähnte zwar einen „Koalitionsausschuss", der aus jeweils acht Vertretern beider Seiten bestehen sollte. Gleichzeitig wurde aber klargestellt, dass das Gremium nicht als „Dauereinrichtung" konzipiert sei, sondern lediglich auf den ausdrücklichen Wunsch einer der beiden Partner zusammentreten sollte. Dessen ungeachtet dauerte es nur zwei Monate, bis erstmals eine Situation entstand, die sich nur durch ein Zusammenkommen mehrerer Spitzenpolitiker beider Seiten im Kanzleramt zufrieden stellend regeln ließ. Zu diesem Zeitpunkt war das Unbehagen an Einrichtungen wie dem „Koalitionsausschuss" indes noch so stark ausgeprägt, dass großer Wert auf den Hinweis gelegt wurde, dass es sich bei dem „Krisengipfel" vom 2. Dezember 1998 nicht um ein Treffen des offiziellen „Koalitionsausschusses" gehandelt habe (Helms 2001a: 1505)

Nichtsdestotrotz sollte sich dieses Treffen als Auftakt zu einem Entwicklungsprozess erweisen, an dessen Ende die Etablierung eines weit verzweigten informellen Entscheidungssystems innerhalb der Regierung stand. Und obwohl einige Entscheidungen in kleineren Runden getroffen wurden, an denen nur der Kanzler, der SPD-Fraktionsvorsitzende und der Chef des Kanzleramts teilnahmen (Frankfurter Allgemeine Zeitung, 21. September 2001), gingen zahlreiche wichtige Entscheidungen tatsächlich aus den Beratungen des „Koalitionsausschusses" hervor. Als die rot-grüne Koalition in ihre zweite Amtszeit eintrat, hatte sich diese Praxis bereits so weit verfestigt, dass der am 16. Oktober 2002 unterzeichnete Koalitionsvertrag ausdrücklich regelmäßige Treffen des „Koalitionsausschusses", mindestens einmal monatlich, postulierte. Eine Reihe von anderen Vorschlägen zur strukturellen Optimierung der koalitionsinternen Entscheidungsmaschinerie scheiterte am Einspruch des Kanzlers. Dazu zählte aus der Frühzeit der rot-grünen Zusammenarbeit vor allem die vom Juniorpartner vergeblich geforderte Besetzung einer Führungsposition im Kanzleramt mit einem Vertreter aus den Reihen der Grünen. Die ungleiche Repräsentation der beiden Koalitionsparteien in den informellen Kanälen des Kanzleramts blieb eine dauerhafte Erscheinung. Auch in dem unter Schröders zweitem Chef des Kanzleramts, Steinmeier, etablierten informellem Beratungs- und Planungsstab, dem so genannten „Steinmeier Kreis", waren die Grünen nicht vertreten. Anfang 2003 gehörten diesem Gremium, aus dem unter anderem die Initiative für eine „Strategie 2010" hervorgegangen war, neben Steinmeier selbst die folgenden Personen an: Steinmeiers Stabschef im Kanzleramt Stephan Steinlein, Schröders Büroleiterin Sigrid Krampitz, der Kommunikationsberater des Kanzlers, Reinhard

Bedeutung des „Koalitionsausschusses"

Hesse, und (als einziger Vertreter eines Bundesministeriums) der Planungschef aus dem Ministerium für Wirtschaft und Arbeit Henry Cordes (Frankfurter Allgemeine Zeitung, 4. Januar 2003).

Stellenwert des Ressortprinzips

Das Ressortprinzip blieb trotz der fortschreitenden Bedeutungszunahme von Koalitionsgremien insgesamt stark. Die einflussreichsten Minister der ersten Regierung Schröder (1998-2002) waren (bis zu dessen Rücktritt im Frühjahr 1999) Finanzminister Oskar Lafontaine, dessen Nachfolger im Finanzministerium Hans Eichel, Außenminister Joschka Fischer, Innenminister Otto Schily und – mit beträchtlichen Einschränkungen – Verteidigungsminister Rudolf Scharping und Wirtschaftsminister Werner Müller. Das Verhältnis zwischen Schröder und Lafontaine erreichte freilich zu keinem Zeitpunkt mehr als ein für die professionelle Regierungstätigkeit absolut notwendiges Mindestniveau. Die historisch ungewöhnliche Konstellation, dass der Parteivorsitzende als Minister dem Bundeskabinett angehörte, erklärte dies nur bedingt. Entscheidender waren persönliches Misstrauen auf beiden Seiten und beträchtliche Differenzen in politischen Grundsatzfragen. Die programmatisch-ideologische Distanz zwischen Schröder und Lafontaine war mindestens so weit wie zwischen Brandt und Schmidt und ungleich größer als zwischen Erhard und Adenauer. Das Verhältnis zwischen Schröder und den übrigen „Schwergewichten" seines Kabinetts war demgegenüber durch eine Kombination aus persönlicher Sympathie und professionellem Respekt gekennzeichnet. Die bereitwillige Anerkennung des Ressortprinzips konnte freilich gelegentlich strategisch motiviert sein. Sie erlaubte es dem Kanzler, sich bei Bedarf von unpopulären Entscheidungen, so vor allem im Bereich der Finanzpolitik, ein Stück weit von der Politik der Regierung zu distanzieren – ganz im Stile des in der internationalen „leadership"-Forschung beschriebenen Phänomens der „spatial leadership" (vgl. Abschnitt 3.1.3).

Veränderungen zu Beginn der zweiten Amtszeit bei den Sozialdemokraten, …

Zu Beginn der zweiten Amtszeit Schröders herrschte der verbreitete Eindruck vor, dass die Regierung an ähnlichen internen Koordinationsproblemen litt wie nach dem Regierungswechsel von 1998. Einige der greifbarsten Probleme betrafen die interne Abstimmung innerhalb der beiden „Lager". Die diesbezüglich wichtigste Veränderung bei den Sozialdemokraten markierte die Übernahme des Fraktionsvorsitzes durch den bisherigen Generalsekretär der Partei, Franz Müntefering. Dessen bisherige Position wurde Olaf Scholz übertragen, dem es kaum ansatzweise gelang, das Vertrauen der Parteibasis zu gewinnen. Das wichtigste Ergebnis dieser personellen Veränderung bildete das zunehmend gestörte Verhältnis zwischen der Regierungszentrale und der führenden Regierungspartei (Raschke 2004: 27).

… bei den Grünen …

Ähnlich dimensioniert waren die Veränderungen im Gefolge der Bundestagswahl 2002 bei den Grünen. Hierzu zählte zunächst die Neubesetzung der dualen Fraktionsspitze mit Krista Saga und Katrin Göring-Eckhart als Nachfolgerinnen von Rezzo Schlauch und Kerstin Müller. Anfang Dezember 2002 wurden auch Fritz Kuhn und Claudia Roth an der Parteispitze durch Angelika Beer und Reinhard Bütikofer abgelöst – Wechsel, die ohne Kenntnis des in der Satzung der Grünen festgeschriebenen Gebots der Trennung von Amt und Mandat kaum verständlich sind. Vor allem der von der Partei gleichsam erzwungene Rücktritt Kuhns, als dem bis dahin vielleicht wichtigsten „Agenten" des „heimlichen Parteivorsitzenden" Fischer, wurde – wie es rückblickend erscheint: vorzeitig – als Symbol des schleichenden innerparteilichen Machtverfalls Fischers gedeutet.

Die sichtbarsten Veränderungen in der Geographie der Macht im Gefolge der Bundestagswahl 2002 zeigten sich freilich auf Kabinettsebene. Sobald das umgebildete Kabinett seine Arbeit aufgenommen hatte, entstand der Eindruck, dass die neue „Machtachse" innerhalb der Regierung zwischen dem Kanzleramt und dem neugeschaffenen „Superministerium" für Wirtschaft und Arbeit verlief. Obwohl die Geschichte der persönlichen Beziehungen zwischen Schröder und Clement nicht frei von Irritationen war, beschrieben die meisten übrigen Kabinettsmitglieder das Verhältnis zwischen dem Kanzler und seinem „Superminister" als herzlich und überdurchschnittlich gut (Der Spiegel, 21. Dezember 2002: 21, 24). Die informelle Hierarchie der Kabinettsminister blieb unter Beobachtern des Berliner Regierungsalltags jedoch umstritten. Für viele verkörperte Finanzminister Eichel den Hauptverlierer der ersten Hälfte der zweiten Amtszeit von Rot-Grün, und selbst Außenminister Fischer und Innenminister Schily wurden im Vergleich zu der Rolle Clements gelegentlich als bessere Statisten porträtiert. Nach Einschätzung des politischen Chefkorrespondenten der Hamburger „Zeit", Gunter Hofmann, bildete hingegen auch in der zweiten Jahreshälfte 2003 Fischer unverändert die Nummer 1 unter den Ministern, gefolgt von Schily, Clement und Eichel.[12] Spätere Momentaufnahmen schienen den fortbestehenden großen Einfluss Fischers und Schilys im innersten Entscheidungssystem zu bestätigen: Im Frühjahr 2004 waren sie die beiden einzigen Minister, die – neben dem Kanzler und den Partei- und Fraktionsspitzen der Koalitionspartner – einer dem „Koalitionsausschuss" vorgeschalteten „Vorentscheider-Runde" im Kanzleramt angehörten (Frankfurter Allgemeine Zeitung, 8. Mai 2004). Unterhalb des auf Schröder, Schily und Fischer konzentrierten „Kabinettskerns" bewegten sich ab der Mitte der zweiten Amtszeit der rot-grünen Koalition die Minister Clement (Wirtschaft und Arbeit), Eichel (Finanzen), Struck (Verteidigung) und Ulla Schmidt (Gesundheit). Ihnen war bei aller Unterschiedlichkeit ihres individuellen Profils gemein, dass sie innerhalb der Regierung eine Rolle spielten, die (in freilich unterschiedlich starkem Maße) über ihre formalen Ressortgrenzen hinausging. Für alle übrigen Mitglieder der Kabinettsmannschaft war – unabhängig von ihrem zum Teil beachtlichen innerparteilichen Gewicht – eine deutlich stärkere Beschränkung auf deren Ressortzuständigkeit kennzeichnend (Bannas 2005a).

Die spektakulärste personelle Veränderung während der ersten zwei Jahre der zweiten Amtszeit von Rot-Grün bildete freilich der überraschend angekündigte Rücktritt Gerhard Schröders vom Amt des Parteivorsitzenden am 6. Februar 2004. Die offizielle Erklärung Schröders konzentrierte sich auf den Hinweis, dass er sich künftig ganz auf die Aufgaben des Regierungschefs konzentrieren wolle. Tatsächlich indizierte dieser Schritt vermutlich eher „das Eingeständnis seines Scheiterns bei der Integration der SPD" (Raschke 2004: 27). Die Entscheidung wurde in den Medien als Symbol einer „Kanzlerdämmerung" gedeu-

... und auf der Ebene des Kabinetts

„Kanzlerdämmerung"?

---

12 Der vergleichsweise geringeren Bewertung der Position Clements lag dabei die Einschätzung zugrunde, dass Schröder Wirtschaftsfragen insgesamt als „Chefsache" ansehe. Dem „Wirtschaftskabinett" gehörten, neben dem Kanzler selbst, Kanzleramtschef Steinmeier, der Staatssekretär im Wirtschaftsministerium Alfred und – als einzige Minister – Clement und Eichel an (Hofmann 2003).

tet, wobei vor allem von konservativer Seite weniger der Ansehensverlust Schröders, als vielmehr die vermeintliche Entwertung und Entwürdigung des Amtes des Bundeskanzlers beklagt wurde (Zastrow 2004). Schröders Nachfolger an der SPD-Spitze wurde Franz Müntefering, der damit zugleich zur ersten Person in der Geschichte der deutschen Sozialdemokratie wurde, der die Führung der Partei und der Fraktion anvertraut wurde. Die Veränderungen an der Parteispitze hatten unvermeidliche Rückwirkungen auf die Machtstruktur auf Kabinettsebene zur Folge. Das politische Gewicht und „Drohpotential" des stellvertretenden SPD-Parteivorsitzenden Clement wurde, wie etwa dessen Durchsetzung beim Streit um den „Emissionshandel" in der Klimaschutzpolitik zeigte, durch das Revirement an der Parteispitze offensichtlich gestärkt (Bannas 2004). Ungewisser blieb der Effekt, den Schröders Verzicht auf den Parteivorsitz auf seinen eigenen Handlungsspielraum haben würde. Erkennbar wurde ein gewisser Zugewinn an Kapazitäten, welche vor allem für verstärkte Aktivitäten in der Außenpolitik genutzt wurden. Ein „Modell" wurde aus der Arbeitsteilung zwischen Schröder und Müntefering freilich kaum. Mit wachsender Dauer seiner Amtszeit gelang es Müntefering immer weniger, die Realpolitik des Kanzlers mit den Visionen der sozialdemokratischen Parteibasis auszusöhnen, obwohl seine Kontrolle über die Partei insgesamt stärker blieb als über die Fraktion (Bannas 2005b).

Schröders Einfluss in der Innenpolitik

Welches Bild ergibt sich in Bezug auf die „policy-leadership"-Dimension der Kanzlerschaft Schröders? Vor allem gemessen an den Standards seines unmittelbaren sozialdemokratischen Amtsvorgängers, Helmut Schmidt, blieb Schröders Anteil an Entscheidungen über materielle Details politischer Programme insgesamt gering. Wie vor ihm Kohl, wurde auch Schröder attestiert, keine Scheu vor „unideologischen Lösungen" zu besitzen und im Zweifelsfall größeren Wert auf „political results" als auf „policy results" zu legen (Sturm 2003: 106). Selbst in der Innenpolitik wirkte Schröder – trotz gelegentlicher Machtdemonstrationen, wie beim Streit über den Atomausstieg Ende 1998 – vor allem während der Frühphase seiner Kanzlerschaft kaum als energischer Richtungsgeber. In zahlreichen Entscheidungssituationen innerhalb (wie außerhalb) des engeren Bereichs der Regierung trat der Kanzler häufig primär in der Rolle eines „Chef-Moderators" auf. Im Zusammenhang mit der Reform des Betriebsverfassungsgesetzes fungierte der Kanzler Anfang 2001 als „ehrlicher Makler" zwischen den Vorstellungen von Arbeitsminister Riester und Wirtschaftsminister Müller. In anderen Entscheidungskontexten, wie bei der koalitionsinternen Auseinandersetzung über den „Emmissionshandel" im Frühjahr 2004, wurde nach einer entsprechenden Schlichterfunktion des Kanzlers von den beteiligten Ministern selbst geradezu ausdrücklich verlangt (Frankfurter Allgemeine Zeitung, 24. März 2004). Allerdings verkörperte dieser Modus nicht die ganze Bandbreite Schröderscher Regierungstechnik.

Die dominante Devise „Führen durch geschicktes Verhandeln" wurde mehrfach durch tatsächliche oder vermeintliche „Machtworte" des Kanzlers modifiziert. Die Episode um die Einführung einer „Green Card"-Regelung für hochqualifizierte ausländische Arbeitskräfte Anfang 2000 kann als besonders typisches Beispiel dieser Variante der Regierungstechnik und Selbstdarstellung Schröders gelten. Hinzu kamen nach einer Schätzung der Frankfurter Allgemeinen Zeitung bis Anfang 2004 mindestens 30 weitere Anlässe – von der Sanierung der Philipp Holtzmann AG bis zur FIFA-Entscheidung über das Gastgeberland der Fußball-Weltmeisterschaft 2006 –, die von Schröder öffentlich zur „Chefsache" erklärt wurden, ohne dass die beanspruchte Führungsleistung stets unmittelbar greifbar gewesen wäre (Frankfurter Allgemeine Zeitung, 17. Januar 2004). Zur mit Abstand härtesten innenpolitischen Bewährungsprobe Schröders während der ersten sechs Jahre seiner Amtszeit wurde der Kampf um die Durchsetzung der „Agenda 2010". Im Gegensatz zu zahlreichen anderen Aktionen lässt sich dabei tatsächlich von einem maßgeblichen persönlichen Einfluss des Kanzlers sprechen. Allerdings lag dieser auch bei der „Agenda" mehr auf dem Feld der politischen Durchsetzung als im Bereich der Politikformulierung, welche vor allem im „Steinmeier Kreis" geleistet wurde.

Außenpolitisch blieb Schröders Profil, zumindest anfangs, eher noch ein wenig blasser als in der Innenpolitik. Während der Kosovo-Krise 1999 erschienen eher Außenminister Fischer und Verteidigungsminister Scharping als der Kanzler in der Rolle der maßgeblichen Entscheidungsträger. Die ersten Anzeichen einer verstärkten Hinwendung des Kanzlers zu außenpolitischen Fragen ließen sich seit Schröders Nahost-Reise im Oktober 2000 feststellen. Schröders „EU-Initiative" aus dem Mai 2001 – ein Strategieplan zur politischen und verfassungsrechtlichen Fortentwicklung der Europäischen Union – wurde weithin als „Startsignal" zu einer stärkeren Profilierung des Kanzlers im außenpolitischen Bereich wahrgenommen. Trotzdem blieb die Außenpolitik lange ein Bereich, in dem Entscheidungen mindestens so sehr im Auswärtigen Amt wie im Kanzleramt getroffen wurden. Die öffentliche Meinungsführerschaft Schröders im Wahlkampf 2002 – hinsichtlich der Frage einer militärischen Beteiligung der Bundesrepublik am Irak-Krieg – bildete diesbezüglich eher eine Ausnahme, die im Übrigen zu schweren Belastungen zwischen Kanzler und Außenminister führte. Das Auswärtige Amt behauptete auch nach der Bundestagswahl 2002 seine zentrale Stellung im regierungsinternen Entscheidungsprozess. Das zeigte sich auch bei der Aufteilung politisch-administrativer Ressourcen. So wurde der im Oktober 2002 ernannte Staatsminister für Europaangelegenheiten, Hans Martin Bury, im Auswärtigen Amt, nicht im Kanzleramt, positioniert.

Spätestens seit Beginn des Jahres 2003 schien das Kanzleramt jedoch ein ernsthaftes Interesse daran zu entwickeln, künftig vor allem Schröders Profil als Außenpolitiker zu stärken. Dabei ging es – wenn der Presseberichterstattung über ein „geheimes Strategiepapier" aus dem Kanzleramt geglaubt werden darf – offenbar nicht ausschließlich um die Befriedigung spezifischer politischer Gestaltungswünsche des Kanzlers, sondern (zumindest auch) um die Suche nach dem vielversprechendsten Weg zur Erlangung eines bedeutenden „historischen Erbes" der ersten deutschen Kanzlerschaft des 21. Jahrhunderts (Der Spiegel, 18. August 2003: 22-25). Die große Anzahl öffentlichkeitswirksamer außenpolitischer Aktionen seit dem Herbst 2003 – von den Berliner Dreier-Treffen des Kanzlers mit dem britischen Premierminister Tony Blair und dem französischen Präsidenten Jacques Chirac im September 2003 und Januar 2004 über Schröders Teilnahme an repräsentativen Gedenkfeiern in der Normandie und in Warschau im Sommer 2004, seinen Afghanistan- und Algerien-Besuchen im Oktober desselben Jahres bis zu seiner China-Reise 2005 – ließ die „neue Linie" des Kanzleramts rasch greifbar werden, ohne dass dabei zwingend von wirklich „historischen" Leistungen zu sprechen war. In außenpolitischen Zwischenbilanzen der rot-grünen Regierung sprachen Kommentatoren von einer oftmals populären, aber wenig substantiellen, gleichsam „gefühlten Außenpolitik", der keine konkreten Erfolge entsprächen (Ross 2005). Einige Autoren taten sich leichter und identifizierten als historisches Vermächtnis Schröders in der Außenpolitik – nicht ohne Ironie – dessen Rolle als „erster 'Kriegskanzler' der Bundesrepublik" (Korte/Fröhlich 2004: 255), in dessen Amtszeit sich erstmals nach 1945 deutsche Soldaten direkt im Kampfeinsatz befanden.

5.4 Bilanz: Kontinuität und Wandel

Regieren in Koalitionen

Regieren in der Bundesrepublik bedeutet in aller Regel Regieren in Koalitionen. Damit ist zunächst nicht mehr gemeint, als diese Aussage im strengen Wortsinne impliziert: An der Regierung sind üblicherweise mehrere Parteien beteiligt, das Kabinett setzt sich aus Vertretern unterschiedlicher politischer Parteien zusammen. Ferner gilt, dass es sich bei Bundesregierungen in aller Regel um Koalitionen handelt, die über eine Mehrheit von Mandaten im Bundestag verfügen. Sowohl Einparteienregierungen (worunter man in der Bundesrepublik auch Regierungen unter ausschließlicher Beteiligung von CDU und CSU fassen kann) als auch Minderheitsregierungen bildeten Ausnahmen. Kommt es zu diesen Ausnahmesituationen, dann treten Einparteienregierungen und parlamentarischer Minderheitsstatus der Regierung hierzulande zumeist gemeinsam auf – nach dem in der Bundesrepublik vorherrschenden Parlamentarismusverständnis ein untrüglicher Indikator für eine politische Krisensituation. Tatsächlich resultierten Einparteien-Minderheitsregierungen auf Bundesebene ausschließlich aus dem vorausgehenden Zusammenbruch der bisherigen Regierungskoalition (so im November/Dezember 1962, im Oktober/November 1966 und im September 1982). Die Kürze ihres Bestandes und ihre praktische Handlungsunfähigkeit unterstreichen ihren Ausnahmecharakter noch zusätzlich. Blickt man auf den gesamten Zeitraum seit 1949, so erkennt man, dass es sich bei den Koalitionen auf Bundesebene keineswegs immer um kleinstmögliche Gewinnerkoalitionen handelte. Gerade während der ersten eineinhalb Jahrzehnte der Bundesrepublik gab es mehrere Koalitionen mit „übergroßen" Mehrheiten. Den eigentlichen Ausnahmefall repräsentiert freilich die Große Koalition aus CDU/CSU und SPD zwischen Dezember 1966 und Oktober 1969, welche sich auf eine parlamentarische Mehrheit von rund 90 Prozent der Mandate im Bundestag stützen konnte.

Rückblick auf die Entwicklung der Regierungsorganisation

Hinsichtlich der Regierungsorganisation lassen sich – mit Ausnahme des Kanzleramts, dessen personelle und organisatorische Ressourcen in den vergangenen Jahrzehnten deutlich, wenngleich nicht kontinuierlich, ausgebaut wurden – wenige strikt linear verlaufende historische Entwicklungstrends erkennen. Das gilt etwa für die Ressortstruktur des Kabinetts und insbesondere für die Anzahl von Ressorts. Die Ausweitung der Staatsaufgaben spiegelte sich in der Ressortstruktur der Bundeskabinette eher qualitativ – in Form der Einrichtung neuer Ressorts, wie des Bundesumweltministeriums – wider, kaum hingegen in rein quantitativer Hinsicht. So gibt es insbesondere keinen Trend zu einem kontinuierlichen Anstieg der Zahl von Kabinettsressorts. In rein quantitativer Hinsicht ist mit Blick auf die gesamte Nachkriegsperiode vielmehr eine Rückkehr zum Ausgangsniveau der Anfangsjahre der Bundesrepublik zu konstatieren. Nicht wenige der neugeschaffenen Ressorts verdankten ihre Entstehung koalitionspolitischen Erwägungen; viele von ihnen erwiesen sich freilich als ähnlich kurzlebig wie die koalitionspolitischen Entscheidungskonstellationen selbst. In noch stärkerem Maße koalitionspolitisch motiviert war in der Regel die Ernennung von Bundesministern ohne Portefeuille. Auch in diesem Bereich gibt es jedoch keine linear verlaufende historische Entwicklungstendenz.

Einige eindeutigere Entwicklungstrends gab es unterhalb der Ebene des Kabinetts. Der wichtigste unter ihnen ist zweifelsohne die starke Vermehrung der parlamentarischen Staatssekretäre in den Bundesministerien und im Kanzleramt seit der Schaffung dieser Position im Jahre 1967, obwohl auch diese Entwicklung nicht streng linear verlief. Ohne die Existenz entsprechender Positionen unterhalb der Kabinettsebene, so lässt sich plausibel argumentieren, wäre es aller Wahrscheinlichkeit nach zu einem deutlich stärkeren Anstieg der Zahl von Kabinettsressorts gekommen. Unabhängig vom – phasenweise unterschiedlichen – funktionalen Charakter der Position des parlamentarischen Staatssekretärs als eines „Hilfsministers" oder eines „Ministeranwärters" gilt, dass der Kreis der Mitglieder der Exekutivelite mit attraktiven finanziellen Bezügen und beträchtlichem politischen Ansehen dadurch deutlich erweitert wurde. Seit den achtziger Jahren machen parlamentarische Staatssekretäre 50 bis 70 Prozent der gesamten Exekutivelite (Kanzler, Minister und Staatssekretäre) aus. Eine rein an der Logik und den Anreizstrukturen des „Berufspolitikertums" orientierte Sichtweise griffe gleichwohl zu kurz. Ohne entsprechende Positionen unterhalb der Ebene von Kabinettsministern, die es in der einen oder anderen Form in allen entwickelten Demokratien gibt, wäre die Exekutive schlicht überfordert. Parlamentarische Staatssekretäre übernehmen wichtige politische Aufgaben, die vom Ressortchef allein kaum zu leisten wären.

Zusätzlich zu den in Kapitel 4 behandelten Charakteristika der unterschiedlichen Personen im Amt des Bundeskanzlers lassen sich auf der Ebene der übrigen Mitglieder der Regierungselite schlagwortartig vier Merkmale bzw. Trends identifizieren: Von Beginn an stark ausgeprägt war die „Parteipolitisierung" der Exekutivelite auf Bundesebene – parteilose Minister bildeten stets die große Ausnahme. Bundeswirtschaftsminister Werner Müller (1998-2002) repräsentierte den ersten parteilosen Minister seit dem Ausscheiden Hans Leussinks als Minister für Bildung und Wissenschaft aus der Regierung Brandt im März 1972. Den Befunden einschlägiger Spezialuntersuchungen zufolge lässt sich, zweitens, ein Trend zur „Professionalisierung" der parlamentarischen Elite und damit letztlich auch der Exekutivelite feststellen (von Beyme 1993; Golsch 1998) – ein immer größerer Teil der politischen Elite in Parlament und Regierung verfügt über sehr bescheidene oder überhaupt keine Berufserfahrungen außerhalb der Politik. Hinsichtlich des Anteils weiblicher Mitglieder des Kabinetts lässt sich ferner von einer schrittweisen „Feminisierung" der Exekutivelite sprechen – ein Trend, der allerdings erst in den vergangenen zwei Jahrzehnten eine eindeutige Ausprägung erfahren hat. Mit Blick auf die Rekrutierungspolitik Bundeskanzler Schröders lässt sich, viertens, von einer schleichenden „Entparlamentarisierung" sprechen –

Rückblick auf die Kerncharakteristika der Exekutivelite

wobei offen bleiben muss, inwieweit es sich hierbei bereits um eine wirkliche, d.h. zumindest mittelfristig beobachtbare Entwicklungstendenz handelt.

Rückblick auf die politischen Führungsstile der bisherigen Kanzler

Die meisten stärker informellen Dimensionen der Regierungsorganisation lassen sich besser im Rahmen einer Zusammenschau der Regierungsstile von Adenauer bis Schröder bilanzieren: Deutlich unterschiedliche Stile kennzeichnen bereits das Stadium der Kabinettsbildung und der Personalrekrutierung für das Kanzleramt. Während Adenauer und Schmidt eine auffallende Neigung erkennen ließen, Persönlichkeiten mit eigenständiger politischer Machtbasis nach Möglichkeit aus dem Kabinett fernzuhalten, drängten sich in den Kabinetten Kiesingers und Brandts herausragende Repräsentanten der Koalitionsparteien (wobei dies vor allem in Kiesingers Fall weniger persönlichen Präferenzen als vielmehr den ungewöhnlichen parteipolitischen Vorzeichen der Regierungsbildung geschuldet war). Schröders Ministermannschaft der Jahre 1998 bis 2005 war vor allem durch die ungewöhnlich starke Repräsentation von Frauen, Nicht-Parlamentariern und ehemaligen Ministerpräsidenten gekennzeichnet. Wie nach dem Regierungswechsel von 1969 gehörte zu den Kennzeichen von Schröders Kabinetten des Weiteren die große Zahl von bekannten und innerparteilich einflussreichen Persönlichkeiten der Koalitionspartner. Schröders Stil bei der Rekrutierung des Spitzenpersonals im Kanzleramt erinnerte hingegen am ehesten an Erhard, der ebenfalls in hohem Maße auf langjährige Mitarbeiter seiner früheren Wirkungsstätte setzte.

Das Kabinett stellte selten das tatsächliche Entscheidungszentrum deutscher Bundesregierungen seit 1949 dar. Die wichtigsten Ausnahmen betrafen die Regierung Erhard, die Anfangsphase der Regierung Kiesinger, die erste Regierung Brandt und Teile der Regierungszeit Schmidts – eine Phase von zusammengerechnet rund 12 Jahren. Das Kanzleramt und informelle Einrichtungen wie „Koalitionsrunden" sind leicht als die wichtigsten „Konkurrenten" des Kabinetts zu identifizieren. Das Kanzleramt spielte, trotz seiner bis Ende der sechziger Jahre eher bescheidenen Ausstattung, in den meisten Regierungen seit 1949 eine wichtige Rolle. Besonders einflussreich war es unter Adenauer und Schmidt, während der ersten Amtszeit Willy Brandts und in der Regierung Schröder. Vergleichsweise schwach blieb sein Einfluss hingegen unter Kiesinger, während Teilen der Kanzlerschaft Erhards und in den beiden letzten Amtsjahren Brandts. Auch während der Kanzlerschaft Kohls gehörte das Kanzleramt – abgesehen von der Ausnahmephase 1989/90 – kaum zu den führenden Akteuren im intra-gouvernementalen Entscheidungsprozess. Die zentrale Entscheidungsarena der Kohl-Jahre wurde durch die unterschiedlich zusammengesetzten „Koalitionsrunden" konstituiert. Diese spielten jedoch in den meisten anderen Regierungen – nicht zuletzt während der Jahre der Großen Koalition – ebenfalls eine mehr oder minder zentrale Rolle. Ein wesentlicher Unterschied zwischen dem „System Kohl" und den informellen Entscheidungssystemen unter anderen Kanzlern muss darin gesehen werden, dass Kohl von der Existenz dieser Gremien machtpolitisch nachhaltig profitierte. In anderen Fällen, so vor allem im Rahmen der Kanzlerschaft Schmidts, symbolisierte die Etablierung entsprechender Einrichtungen eher einen schleichenden „Machtverfall" des Kanzlers. Für sämtliche der nach 1949 zu beobachtenden Konstellationen gilt, dass die Verwirklichung des „Kanzlerprinzips" im Rahmen von informellen Koalitionsgremien nur auf der Grundlage hinreichend großer parteipolitischer Ressourcen des Kanzlers funktionierte.

Die in diesem Kapitel präsentierten Befunde passen zu den Schlussfolgerungen, die Wolfgang Rudzio in einer jüngeren Studie über die Prägefaktoren des Koalitionsmanagements deutscher Bundesregierungen formuliert. Danach können insbesondere drei Faktoren als ausschlaggebend für die Entstehung und Entwicklung informeller Entscheidungsgremien gelten: „koalitionsinterne Machtverhältnisse zwischen den Parteien (alternative Koalitionsoptionen, Wahlchancen), parteiinterne Machtverhältnisse (innerparteiliche Stellung von Kanzler und führenden Kabinettsmitgliedern der kleineren Partner, Gewicht außenstehender Parteivorsitzender, Rolle innerparteilicher Machtgruppen) sowie Lernprozesse bei neuen Koalitionen (samt Abschwächungen persönlichen Einflusses von Regierungsmitgliedern im Zeitverlauf)" (Rudzio 2002: 67). Entsprechende „Lernprozesse" sind nach Rudzio „bei den 1949, 1961, 1966, 1969, 1982 und 1998 gebildeten Koalitionen zu beobachten – mit einem Trend hin zu Koalitionsgesprächen" (ebd.).

Auch die Frage nach dem politischen Durchsetzungsvermögen einzelner Kanzler lässt sich nur im Kontext der während ihrer Amtszeit existierenden Ressourcenstruktur beantworten. Insbesondere die gern gestellte Frage, welche „starken" und „schwachen" Kanzler es in der Geschichte der Bundesrepublik gab, kann nicht ausschließlich unter Berücksichtigung persönlicher Führungsqualitäten beantwortet werden. Zweifelsohne bestachen Adenauer und Schmidt mehr als die anderen bisherigen fünf Kanzler durch eine eiserne Arbeitsdisziplin und eine bemerkenswerte Sachkompetenz auf mehreren unterschiedlichen Politikfeldern. Im Rahmen einer großen Koalition hätte jedoch keiner von beiden eine vergleichbar dominante Stellung innerhalb der Regierung erlangen können wie während der Jahre 1949-1963 und 1974-1982. Für Adenauer kam noch die „Chance des Anfangs" hinzu, welche ihm Gelegenheit gab, die basalen Parameter der deutschen Nachkriegskanzlerschaft entscheidend mitzuprägen. Auf den großen Einfluss der politischen Rahmenbedingungen deutet auch die Kanzlerschaft Kiesingers hin. Gemeinhin zum schwächsten Kanzler in der Geschichte der Bundesrepublik erklärt, war seine Amtszeit als Ministerpräsident von Baden-Württemberg zwischen 1958 und 1966 keineswegs durch chronische „Führungsschwäche" gekennzeichnet (Jäger 1994: 27).

„Starke" und „schwache" Kanzler

Das oftmals entscheidende Gewicht der politischen Rahmenbedingungen lässt sich auch anhand spezieller Aspekte des politischen Führungsprozesses im Exekutivbereich, etwa dem Koalitionsmanagement, demonstrieren. Richtig ist, dass Adenauer und Schröder den kleineren Koalitionspartner in höherem Maße beherrschen als die meisten übrigen Kanzler nach 1949. Richtig ist aber ebenfalls, dass sie dabei auf alles in allem günstigere Rahmenbedingungen stießen als ihre Amtsnachfolger bzw. -vorgänger. Adenauer profitierte maßgeblich von der Mandatsstärke der Kanzlerpartei im Deutschen Bundestag, auf die kein anderer Kanzler in gleichem Maße bauen konnte; für Schröder wirkte sich insbesondere die günstige strategische Position der SPD im Parteiensystem aus, die den Juniorpartner vor allem während der ersten Jahre des rot-grünen Projekts als potentiell „austauschbare Größe" erscheinen ließ.

133

| Notwendigkeit zur Erweiterung der Betrachterperspektive | Die meisten Versuche, das in der Bundesrepublik verwirklichte Modell politischer Führung auf den Begriff zu bringen – von der „Kanzlerdemokratie" über die „Koordinationsdemokratie" bis zur „präsidialen Kanzlerschaft" – nehmen Bezug auf Merkmale des Führungs- und Entscheidungsprozesses sowohl im engeren Bereich der Regierung als auch im weiteren politischen Prozess. In diesem Kapitel wurden ausschließlich die wichtigsten Aspekte im Bereich der Kernexekutive beleuchtet. Die Behandlung der übrigen Aspekte, ohne die eine Bewertung der konkurrierenden Interpretationen des Regierungsprozesses in der Bundesrepublik nicht möglich ist, steht im Zentrum des nächsten Kapitels. |

6 Politische Führung auf der Ebene des politischen Systems

Ziel dieses Kapitels ist es, das weitere politische Umfeld auszuleuchten, in dem Kanzler und Regierungen in der Bundesrepublik agieren. Wiederum geht es darum, die grundlegenden Konstellationen in den unterschiedlichen Bereichen in ihrer historischen Veränderungsdynamik zu erfassen. Am Beginn steht ein Blick auf die parlamentarische Arena. Dabei ist, ausgehend von einer kurzen Betrachtung der grundlegenden verfassungsrechtlichen und institutionellen Parameter des Verhältnisses von Regierung und Parlament in der Bundesrepublik, nach der Performanz der einzelnen Nachkriegskanzler und -regierungen zu fragen. Darauf folgt, in Ergänzung der in Kapitel 5 gemachten Beobachtungen, eine kurze historisch-vergleichende Bestandsaufnahme des Verhältnisses zwischen Kanzlern und ihren Parteien. Anschließend geht es um die öffentliche Dimension politischer Führung, die Popularitätswerte von Amtsinhabern und deren Stile auf der Ebene von „public leadership". In einem weiteren Schritt sind schließlich die großen potentiellen „Vetospieler" deutscher Bundesregierungen – vom Bundesrat über das Bundesverfassungsgericht bis zur Bundesbank und den Interessengruppen – und das Verhältnis zwischen ihnen und den unterschiedlichen Bundesregierungen seit 1949 zu beleuchten.

Gegenstände des Kapitels

6.1 Die parlamentarische Arena: Kanzler und der Bundestag

Die Bundesrepublik gehört zu jenen parlamentarischen Systemen, die in verfassungs- und geschäftsordnungsrechtlicher Hinsicht das Ziel einer größtmöglichen Stabilität der Regierung mit einem hohen Maß an Machtbeteiligung der parlamentarischen Opposition verbinden. Die wichtigste verfassungsrechtliche Absicherung der Regierung gegenüber rebellierenden, rein negativen parlamentarischen Mehrheiten im Deutschen Bundestag bildet das oben bereits mehrfach erwähnte konstruktive Misstrauensvotum. Zu den zahlreichen Elementen eines stark auf Machtteilung hin ausgerichteten Parlamentarismus der Bundesrepublik gehören insbesondere: die Beteiligung der Minderheitsfraktionen bei der Bestimmung der parlamentarischen Tagesordnung über den Ältestenrat; die proportional zu ihrer Stärke im Plenum bemessene Beteiligung der Opposition bei der Vergabe von Vorsitzendenstellen in den Ausschüssen; die Möglichkeit eines Viertels der Mitglieder des Bundestages, einen parlamentarischen Untersuchungsausschuss einzusetzen sowie das Erfordernis einer Zweidrittelmehrheit für die Verabschiedung verfassungsändernder Gesetze, welche in der Bundesrepublik vergleichsweise zahlreich sind. Eine Gesamtanalyse der „institutionellen Chancenstruktur" der parlamentarischen Opposition im Bundestag hätte freilich weitere Komponenten zu berücksichtigen, die zum Teil außerhalb der parlamentarischen Arena im engeren Sinne angesiedelt sind, aber – wie etwa das Recht

Stabilitätsorientierung und weit reichende Machtbeteiligung der parlamentarischen Opposition

zur Anrufung des Bundesverfassungsgerichts – zweifelsohne auf diese zurückstrahlen und der Bundestagsopposition ein beträchtliches zusätzliches Droh- bzw. Einflusspotential verschaffen (Helms 2002b: 42-55).

Starke Stellung der Fraktionen

Zu den zentralen Kennzeichen des parlamentarischen Willensbildungs- und Entscheidungsprozesses muss ferner die starke Stellung der Fraktionen gezählt werden (Schüttemeyer 1998). Für politische Aktionen einzelner Abgeordneter besteht im Bundestag – verglichen mit der Stellung einzelner Parlamentarier in einer Reihe anderer westeuropäischer Systeme – wenig Raum. Das Gros relevanter Aktivitäten, wie insbesondere die Einbringung von Gesetzesvorlagen, die Formulierung Großer Anfragen, die Beantragung Aktueller Stunden usw., ist formal als „Fraktionsrecht" ausgestaltet. Selbst in Bereichen, in denen formal keine Unterstützung durch eine Gruppe von Abgeordneten in Fraktionsstärke gefordert ist, muss von einem beträchtlichen faktischen Einfluss der Fraktionsführung auf das Verhalten einzelner Abgeordneter ausgegangen werden (Ismayr 2000: 343).

Mäßig exponierte Stellung des Kanzlers in der parlamentarischen Arena

Im Vergleich vor allem zum britischen Westminster-Modell kann man die Stellung des Kanzlers in der parlamentarischen Arena kaum als besonders exponiert bezeichnen. Insbesondere ein Äquivalent für die „Prime Minister's Question Time" im britischen House of Commons findet man im Deutschen Bundestag nicht. Es gibt gleichwohl eine Reihe von wiederkehrenden Gelegenheiten, bei denen der Kanzler im Zentrum des parlamentarischen Geschehens steht. Dazu gehören zuvörderst die großen Regierungserklärungen im Bundestag, in denen der Kanzler die wesentlichen politischen Vorhaben seiner Regierung umreißt, bevor diese ausführlich vom Bundestag debattiert werden (Korte 2002). In der Praxis haben sich die jährlichen Haushaltsdebatten zu einem ähnlichen Höhepunkt parlamentarischer Auseinandersetzung zwischen Regierung und Opposition bzw. zwischen Kanzler und Oppositionsführer entwickelt. Abgesehen von diesen speziellen Anlässen gibt es zahlreiche weitere Gelegenheiten, bei denen der Kanzler die Initiative ergreifen kann, um seinem Führungsanspruch in der parlamentarischen Arena Ausdruck bzw. Nachdruck zu verleihen. Unterschiedliche Möglichkeiten parlamentarischer Beteiligung besitzen selbstredend auch die anderen Mitglieder der Bundesregierung.

Die Rolle von Kabinettsministern und parlamentarischen Staatssekretären

Die Beteiligung von Kabinettsministern an parlamentarischen Debatten war besonders intensiv in Phasen, in denen es (wie während der beiden ersten Legislaturperioden, 1949-1957 und im 12. Bundestag, 1990-1994) einen erhöhten Bedarf an parlamentarischer Gesetzgebung gab. Die Beteiligung der parlamentarischen Staatssekretäre am parlamentarischen Geschehen war insgesamt eher moderat ausgeprägt. Sie war nur zwischen dem Ende der sechziger Jahre, als die Position des parlamentarischen Staatssekretärs geschaffen wurde, bis zum Beginn der achtziger Jahre einigermaßen intensiv. Für spätere Perioden wurde selbst der Einfluss von Mitgliedern der Landesregierungen, welche gemäß Art. 43 (2) GG das Recht besitzen, im Bundestag jederzeit gehört zu werden, als höher bewertet als derjenige der parlamentarischen Staatssekretäre (von Beyme 1997: 256, 258).

Starke Stellung Adenauers im Bundestag

Die nächsten Abschnitte bieten einen Überblick über das Verhältnis von Bundesregierung und Bundestag, der vor allem auf die Rolle der unterschiedlichen Kanzler von Adenauer bis Schröder konzentriert ist. Dabei wird erkennbar, dass die Unterschiede zwischen einzelnen Kanzlern bzw. Regierungen in der parlamentarischen Arena nicht geringer ausgeprägt waren als im engeren Bereich der Regierung: Konrad Adenauer gehörte zweifelsohne zu jenen Kanzlern, die während des größten Teils ihrer Amtszeit eine starke Stellung im Bundestag besaßen. Mit (zum Teil mehrfachen) Redebeiträgen in 133 von insgesamt 763 Plenardebatten des Bundestages, die während seiner vierzehnjährigen Amtszeit stattfanden (Morsey 1986: 16), investierte Adenauer deutlich mehr Zeit in das „Parlamentsmanagement" als in vielen Arbeiten über seine Kanzlerschaft zum Ausdruck kommt. Das hohe Maß an Autorität, das Adenauer im Bundestag genoss, war das Ergebnis sehr unterschiedlicher Faktoren. Zu ihnen zählte die Schwäche des noch jungen Bundestages als einer politischen Institution und – scheinbar paradox – der ausgesprochen kompetitive, „angriffslustige" Oppositionsstil der Sozialdemokraten unter ihrem ersten Vorsitzenden der Nachkriegszeit, Kurt Schumacher. Letzterer hatte vor allem den Effekt, die Reihen innerhalb der Regierungsfraktionen zu schließen; sie versorgte den Kanzler überdies mit willkommenen Gelegenheiten, die Radikalität der Opposition zu brandmarken (Wengst 1984: 292-294).

Das Verhältnis zwischen Adenauer und der CDU/CSU-Fraktion blieb für den größten Teil der beiden ersten Legislaturperioden (1949-1957) eher distanziert (Domes 1964). Dabei zeigte der Kanzler insbesondere wenig Interesse an den Auffassungen von Hinterbänklern seiner Partei. Im Kern vertraute Adenauer auf sein enges Verhältnis mit der Fraktionsspitze der Union. Viele größere Entscheidungen wurden informell zwischen dem Kanzler und einzelnen Mitgliedern der Fraktionsführung ausgehandelt, bevor sie dem Beratungsprozess in der Gesamtfraktion zugeführt wurden (Küpper 1985: 141). Von zentraler Bedeutung für die lange Zeit gut funktionierende Kooperation zwischen Kanzleramt und Unions-Fraktion, zwischen Bundesregierung und Bundestag überhaupt, war der enge persönliche Kontakt zwischen Kanzleramtschef Globke und dem Vorsitzenden der CDU/CSU-Fraktion Krone (Müller/Walter 2004: 37-38). Es gab jedoch nicht nur informelle Kooperationsbeziehungen auf ad hoc-Basis. Zu den teilweise institutionalisierten Formen der Zusammenarbeit zwischen der Regierung und den Mehrheitsfraktionen zählten Beratungen im „Koalitionsausschuss", die Teilnahme der Fraktionsvorsitzenden der Koalitionsparteien an Kabinettssitzungen und die Ernennung von „Sonderministern" ohne Portefeuille, denen die Rolle von „Vermittlern" zwischen beiden Seiten zugewiesen wurde (Rudzio 1970: 210). Obwohl es Adenauer gelang, bis zum Ende seiner Amtszeit ein beträchtliches Maß an Autorität innerhalb der parlamentarischen Arena zu bewahren, war der Zenit hier – parallel zur Entwicklungsdynamik innerhalb des Exekutivterrains – mit Ablauf des Jahres 1959 überschritten. Die Nachwirkungen der „Präsidentschaftskrise" (1959) und der „Spiegel-Affäre" (1962) waren auch im Bundestag spürbar. In der Rückschau erscheint es als eine „folgerichtige" Entwicklung, dass Adenauers lange hinausgezögerter Abschied aus dem Kanzleramt weder von der Parteiorganisation noch vom Wähler, sondern im Wesentlichen von der Fraktion und dem kleineren Koalitionspartner der Union, der FDP, erzwungen wurde.

Das Verhältnis zwischen Kanzleramt und Unions-Fraktion

Erhards Profil im Bundestag blieb blass. Sein mangelndes Interesse an der Mehrzahl spezieller Aspekte politischer Programme, das seine Auftritte im

Geringer Führungsanspruch Erhards

Kabinett charakterisierte, prägte auch sein Auftreten im Bundestag. Nicht einmal die großen Streitfragen im Bereich der Außenpolitik forderten ihn dazu heraus, eine klare Position zu beziehen und diese mit einem politischen Führungsanspruch zu verbinden (von Beyme 1997: 258). Sein Schweigen während der beiden großen Bundestagsdebatten über die Verjährungsfrist für nationalsozialistische Kriegsverbrechen 1964/65 – zweifelsohne eine der spektakulärsten politischen Streitfragen seiner Kanzlerschaft – verstörte viele Beobachter und nährte Spekulationen bezüglich seiner generellen Führungsfähigkeiten (Caro 1965: 334). Andere Beobachter bemerkten, dass Erhards Verhältnis zur Unions-Fraktion trotz regelmäßiger Kontakte und häufiger Teilnahme an Fraktionssitzungen nicht besonders warm war (Pridham 1977: 149). Es sollte jedoch nicht vergessen werden, dass Erhard seine Kanzlerschaft maßgeblich der Unterstützung der Fraktion verdankte. Gelegentlich wurde gar argumentiert, dass Erhard die große Bedeutung parteipolitischer Ressourcen gerade wegen seines guten Verhältnisses zur CDU/CSU-Fraktion nicht erkannt habe (Laitenberger 1986: 192). Erhards Position innerhalb bzw. gegenüber der Fraktion wurde deutlich geschwächt, nachdem der junge und ehrgeizige Rainer Barzel deren Führung übernommen hatte. Der Wechsel an der Fraktionsspitze drängte Erhard in eine Position wachsender Abhängigkeit von Barzel, der sich als mächtiger Vermittler zwischen Kanzleramt und Unions-Fraktion – mit eindeutig größerer Loyalität zu letzterer – in Stellung brachte.

Veränderungen auf der Ebene des Parteiensystems

Die kurze Kanzlerschaft Erhards erlebte auch die Kumulation einer Entwicklung im deutschen Parteiensystem, die den Weg zum Regierungswechsel von 1966 ebnete. Die SPD hatte sich seit Ende der fünfziger Jahre schrittweise in Richtung einer „Volkspartei" entwickelt und die innerparteiliche Programmreform mit einer gewandelten Oppositionsstrategie nach außen verknüpft. Während die späten fünfziger Jahre zutreffend als Phase „kooperativer Opposition" beschrieben wurden, betrieben die Sozialdemokraten ab Beginn der sechziger Jahre nun weitgehend eine „stille Opposition" (Heimann 1984: 2030). Damit verschwanden freilich auch die auf Seiten der christdemokratischen Parteiführung willkommenen internen Disziplinierungseffekte einer „harten" und „lauten" Opposition, wie sie das erste Jahrzehnt der Ära Adenauer gekennzeichnet hatten. In der Tat erwies sich der Kooperationskurs der SPD als deutlich destabilisierender für die Regierung, und somit aus Sicht der Opposition als effektiver, als es ein betont aggressiver Stil jemals hätte sein können. Am Ende war es, wie schon bei Adenauer, die Fraktion (und wiederum die bereits einige Wochen zuvor aus der Koalition ausgetretene FDP), die Erhards Ende im Kanzleramt besiegelte.

Sektorale Partizipation Kiesingers

Die Performanz Kanzler Kiesingers in der parlamentarischen Arena blieb in vergleichbar hohem Maße von den besonderen Bedingungen der Großen Koalition geprägt wie sein Handeln innerhalb der Regierung. Obwohl Kiesinger die Kunst der öffentlichen Rede beherrschte wie wenige seiner Zeitgenossen, kann man ihn kaum als die Verkörperung eines Regierungschefs bezeichnen, der die parlamentarische Arena dominiert. Seine direkte Beteiligung an parlamentarischen Debatten blieb im Wesentlichen auf den außenpolitischen Bereich beschränkt und traf dabei zudem auf potente „Nebenbuhler" aus den Reihen der Regierungsfraktionen. Die Zusammenarbeit zwischen dem Kanzler und der Fraktion profitierte maßgeblich von dem guten persönlichen Verhältnis zwischen

Kiesinger und dem Vorsitzenden der CDU/CSU-Fraktion, Barzel. Die Existenz einer großen Koalition bedeutete freilich mehr als im Falle jeder anderen Variante der Koalitionsregierung, dass auf der Grundlage einer engen Kooperation zwischen dem Kanzler und dem Fraktionschef der Kanzlerpartei allein nur begrenzt viel zu erreichen war.

Das eigentümliche Verhältnis zwischen Regierung und Parlament gehört zweifelsohne zu den faszinierendsten Aspekten der Jahre 1966-1969. Die meisten zeitgenössischen Beobachter fürchteten, dass die zahlenmäßige Schwäche der parlamentarischen Opposition – die Liberalen als einzige Oppositionspartei im Bundestag verfügten über weniger als zehn Prozent der Mandate – die Kontrolleistung des Bundestages insgesamt dramatisch herabsetzen würde. Stattdessen kam es in der Praxis weit eher zu einer vorübergehenden Transformation des Prinzips der parlamentarischen Kontrolle. Die „Parteigeschlossenheit" auf Seiten der CDU/CSU- und SPD-Fraktion fiel unter das in vorausgehenden Legislaturperioden erreichte Niveau (Saalfeld 1995: 129). Sowohl die „interne" Kontrolle der Regierung durch die Regierungsfraktionen, vor allem im Falle der SPD, als auch die organbezogene Kontrolle der Regierung durch den Bundestag insgesamt erreichten jedoch ein bis dahin unbekanntes Ausmaß. Den Koalitionsfraktionen kam nicht nur eine zentrale Rolle bei der Veränderung von Regierungsvorlagen in den Ausschüssen zu; beide machten zugleich großzügigen Gebrauch von klassischen parlamentarischen Kontrollrechten gegenüber der Regierung, wie dem Fragerecht (Schneider 1999: 58-60). Bei alledem blieb die hierarchische Funktionsstruktur der Fraktionen intakt. Niemals vorher oder später kam den Vorsitzenden der Koalitionsfraktionen ein annähernd vergleichbar großes Gewicht für den gesamten Regierungsprozess zu wie Rainer Barzel (CDU/CSU) und Helmut Schmidt (SPD) in den Jahren 1966-1969.

<small>Vorübergehende Transformation der Kontrollfunktion des Bundestages</small>

Die politische Handlungsfähigkeit der ersten Regierung Brandt war nicht zuletzt wegen der knappen parlamentarischen Mehrheitsverhältnisse zwischen Regierungsmehrheit und Opposition, welche die 6. Wahlperiode des Bundestages kennzeichnete, empfindlich eingeschränkt. Dabei gelang dem Kanzler mit seiner Antrittsregierungserklärung vom 28. Oktober 1969 ein verheißungsvoller Auftakt. Bis heute zählen einzelne Schlagworte aus der Regierungserklärung, wie insbesondere Brandts Bekenntnis, „mehr Demokratie wagen" zu wollen, zu den geflügelten Worten der politischen Rede in Deutschland. In gewisser Weise setzte Brandts effektvoller Auftritt zu Beginn seiner Amtszeit den Rahmen für ein, zumindest anfangs, bemerkenswert stark auf die parlamentarische Arena konzentrierten Konzepts politischer Führung. Von den 100 Plenardebatten des 6. Bundestages beteiligte sich Brandt beinahe an einem Drittel – die höchste Quote aller Kanzler von Adenauer bis Schröder.[13] Von Beginn an das stärkste Interesse zeigte Brandt an außenpolitischen Debatten, obwohl er substantielle Beiträge auch zu einer Reihe innenpolitischer Diskussionen im Bundestag leistete, sofern wichtige Teile des sozial-liberalen Reformprogramms (wie etwa die Mitbestimmung) verhandelt wurden (von Beyme 1997: 258).

<small>Verheißungsvoller Auftakt Brandts</small>

---

13   Die Werte für die übrigen Amtsinhaber schwankten nach Auszählung durch den Verfasser zwischen 16 Prozent (Erhard) und 25 Prozent (Schmidt); vgl. Helms (2001a: 1512).

Eigentümliche Oppositionspolitik als eigentliche Besonderheit des 6. Bundestages

Einige der eigentümlichsten Aspekte der Politik im 6. Bundestag betrafen das Verhalten der parlamentarischen Opposition. Einerseits versuchte die Union alles in ihrer Macht stehende, um sich der Brandtschen „Neuen Ostpolitik" in den Weg zu stellen. Diese kämpferisch-kompetitive Oppositionsstrategie – welche freilich nicht bis zur Schlussabstimmung über den Moskauer und Warschauer Vertrag, bei der sich die meisten Abgeordneten von CDU und CSU der Stimme enthielten, durchgehalten wurde – stand in beinahe diametralem Gegensatz zum sonstigen Verhalten der Union. In den meisten anderen Politikbereichen verhielten sich die Christdemokraten nämlich eher wie eine „verhinderte Regierungspartei", die weitaus „konstruktiver" zu Werke ging, als es mit dem Konzept der politischen Opposition selbst nach deutschem Verständnis vereinbar zu sein schien (Veen 1976; Helms 2000c: 525-529). Dies manifestierte sich inbesondere in einer für die damaligen Verhältnisse geradezu atemberaubenden Vielzahl von vollständig ausgearbeiteten Gesetzesinitiativen der Opposition.

Misstrauensvotum und Vertrauensfrage

Nach nicht einmal drei Jahren im Amt schien die Regierung Brandt – gerade was deren Stellung in der parlamentarischen Arena betraf – bereits an ihr Ende gelangt zu sein. Binnen weniger Monate des Jahres 1972 wurde Brandt sowohl zum ersten Kanzler der Bundesrepublik, gegen den ein parlamentarisches Misstrauensvotum angestrengt wurde (aus dem er mit denkbar knapper Mehrheit als Sieger hervorging), als auch zum ersten Amtsinhaber, der angesichts unsicherer Mehrheitsverhältnisse eine parlamentarische Vertrauensfrage gemäß Art. 68 GG stellen musste. Der negative Ausgang der Vertrauensabstimmung führte zur vorgezogenen Bundestagswahl im November 1972.

Schleichender parlamentarischer Machtverfall Brandts trotz Wahlsieg

Bis zur Bundestagswahl 1972 konnte Brandt bei der Mobilisierung parlamentarischer Mehrheiten für die Politik der Regierung ein Stück weit auf die Sekundäreffekte seiner öffentlichen Popularität und Ausstrahlung bauen. Das änderte sich nach der Wahl von 1972 spürbar. Obwohl die SPD aus dem elektoralen Duell mit der Union als deutlicher Sieger hervorging und die Sozialdemokraten erstmals in der Geschichte der Bundesrepublik die stärkste Fraktion des Bundestages stellten, nahm die politische Autorität Brandts in der eigenen Fraktion deutlich ab. Wie bei der Wahrnehmung der Führungsaufgaben im engeren Bereich der Regierung mochte dafür eine gewisse „Amtsmüdigkeit" ursächlich gewesen sein. Die nachlassende Fähigkeit des Kanzlers, die Zustimmung der Fraktion zu den politischen Zielen der Regierung zu erringen, gründete jedoch zweifelsohne auch in dem sich gegen Ende seiner Amtszeit drastisch verschlechternden Verhältnis zum Vorsitzenden der SPD-Fraktion, Herbert Wehner (Jäger 1986: 114). Erschwerend kam hinzu, dass sich Brandt nach 1972 nicht mehr auf die informellen Vermittlungsdienste des Kanzleramts verlassen konnte. Während seiner ersten Amtszeit funktionierte die informelle Kooperation zwischen dem Kanzleramt und der SPD-Fraktionsspitze maßgeblich auf der Grundlage des guten Verhältnisses zwischen Ehmke und Wehner (Müller/Walter 2004: 116). Von einer auch nur annähernd vergleichbar geschmeidigen Kooperation konnte nach dem Personalwechsel an der Spitze des Kanzleramts vom Dezember 1972 keine Rede mehr sein.

Schmidt – „ein Mann des Parlaments"

Helmut Schmidt war nicht nur ein brillanter öffentlicher Redner, er besaß zugleich die von allen Kanzlern beeindruckendsten Erfahrungen in der parlamentarischen Arena. Seitens der politischen Publizistik wurde er zu Recht als „ein

Mann des Parlaments" (Stephan 1988: 185) beschrieben. Schmidts Konzentration auf die parlamentarische Dimension des politischen Entscheidungsprozesses ist im Zusammenhang mit seiner Vorliebe für klar strukturierte Entscheidungssituationen und -prozesse zu sehen. Außerparlamentarischen Aktivitäten stand er reserviert bis misstrauisch gegenüber (Jäger 1987: 271). Zuweilen erlebte er jedoch selbst den parlamentarischen Prozess als schwerfällige und belastende Veranstaltung. Seine Beteiligung an parlamentarischen Debatten blieb, zumindest in quantitativer Hinsicht, moderat (von Beyme 1997: 258).

Während der ersten zwei Jahre der Kanzlerschaft Schmidts genoss die Koalition, und ganz besonders die SPD, noch die Früchte des Wahlsieges von 1972. Für den gesamten Rest der sozial-liberalen Regierungsperiode, von 1976 bis 1982, musste sich die Kanzlerpartei im Bundestag hingegen wieder mit dem Status der lediglich zweitgrößten Fraktion, hinter der Union, zufrieden geben. Auch die parlamentarische Mehrheitsbasis der sozial-liberalen Koalition als Ganzer erreichte nicht wieder das Niveau der Jahre 1972-1976. Dies fiel umso mehr ins Gewicht, als bereits bald nach der ersten elektoralen Bestätigung Schmidts im Amt des Kanzlers die programmbezogenen Grenzen des sozialliberalen Projekts zu Tage traten. Angesichts des wachsenden Anteils jüngerer Abgeordneter in den Reihen der Sozialdemokraten, die nicht mehr „gezwungen", sondern „überzeugt" werden wollten, im Parlament für die Regierung zu stimmen, wurde nicht zuletzt die Aufgabe des SPD-Fraktionsvorsitzenden, Wehner, zunehmend schwieriger. Hinzu kamen wachsende Abstimmungsprobleme auf der Führungsebene. Die berüchtigte „Troika" unter Einschluss Kanzler Schmidts, des SPD-Vorsitzenden Brandt und des SPD-Fraktionsvorsitzenden Wehner hörte ab dem Ende der siebziger Jahre faktisch auf zu funktionieren (Walter 1997: 1308-1309). Am problematischsten war dies zweifelsohne für Schmidt, der immer weniger auf die Gefolgschaft der SPD innerhalb und außerhalb des Bundestages setzen konnte.

Die Anfang Februar 1982 an den Bundestag gestellte Vertrauensfrage des Kanzlers wurde – trotz ihres positiven Ausgangs – eher zu einem Symbol für die desolate Situation, als dass sie zu einer wirklichen Klärung der Fronten, geschweige denn zu einer dauerhaften Festigung von Schmidts Machtbasis, hätte beitragen können. Obwohl die Regierung Schmidt ihren zentralen politischen Gegenspieler die meiste Zeit über in der Union fand, entsprang die spektakulärste Opposition gegen Teile des sozial-liberalen Regierungsprogramms (speziell gegen verteidigungspolitische Maßnahmen) dem außerparlamentarischen Raum. Die eigentliche Besonderheit bestand dabei darin, dass die außerparlamentarische Opposition gegen die Regierungspolitik ihre wichtigsten Fürsprecher und Verbündeten nicht in den Reihen der parlamentarischen Opposition, sondern in der Kanzlerpartei selbst (und dabei ganz besonders in der Person des Parteivorsitzenden Brandt) fand (Jäger 1987: 199).

Gemessen daran, dass Kohl dem angelsächsischen „Lehrbuchideal" des aus der Position des parlamentarischen Oppositionsführers zum Regierungschef aufgestiegenen Spitzenpolitikers näher kam als jeder andere der ersten sieben Kanzler der Nachkriegsperiode, blieben seine Auftritte in der parlamentarischen Arena auffallend spärlich und überwiegend glanzlos. Wie ein ausländischer Fachgelehrter treffend resümierte: „while his government could not survive

Die langsame Erosion der „Kanzlermehrheit"

Kaum parlamentarische Führung durch Kanzler Kohl

without the support of the Bundestag majority, Kohl delegated the management of the parliamentary party to others. His parliamentary appearances were few. As far as possible he faced the Bundestag with faits accomplis. [...] In so far as he had problems with parliament, these arose from the Bundesrat, especially from 1997 onwards" (Pulzer 1999: 134). Die insgesamt geschmeidige Zusammenarbeit zwischen der Regierung und den Koalitionsfraktionen wurde zum einen durch die hohe Vermittlungsleistung der unterschiedlichen Fraktionsvorsitzenden von CDU/CSU und FDP ermöglicht. Vorteilhaft wirkte sich daneben die große Homogenität der FDP-Fraktion und ihre Dominanz gegenüber der eigenen Parteiorganisation aus. Hinzu kamen die Effekte einer geschickten Personalpolitik Kohls, die (ab 1984) Persönlichkeiten seines Vertrauens aus der CDU/CSU-Fraktion in die Position des Kanzleramtschefs beförderte (Saalfeld 1999: 157, 166). Die mit Abstand wichtigste institutionelle bzw. institutionalisierte Vorkehrung für eine reibungslose Zusammenarbeit zwischen Regierung und Mehrheitsfraktionen bildete freilich die „Koalitionsrunde", in der die Spitzenvertreter der Fraktionen mit dem führenden Personal aus den Parteiorganisationen und ausgewählten Regierungsmitgliedern regelmäßig zusammentrafen (Schreckenberger 1994).

Regierung und Opposition in der Ära Kohl

Während eines Großteils der Jahre 1982 bis 1998 profitierte die Regierung nicht nur, aber vor allem in der parlamentarischen Arena von der Heterogenität der Opposition im Bundestag. Eine Teilung des Oppositionslagers in anfangs zwei, später sogar drei unterschiedliche politische Parteien hatte seit den fünfziger Jahren nicht mehr gegeben. Als wichtig in Bezug den legislativen Handlungsspielraum der Regierung, ganz besonders auf der Ebene verfassungsändernder Gesetze, erwies sich die prinzipielle Kooperationsbereitschaft der SPD als der mit Abstand stärksten Oppositionspartei. Erst nach dem 1995 vollzogenen Wechsel an der SPD-Parteispitze von Scharping zu Lafontaine und vor dem Hintergrund der wachsenden Stärke der Sozialdemokraten im Bundesrat, schlug die SPD einen mehr und mehr konfrontativ gestimmten Kurs ein (Braunthal 1998).

Die ungewisse Stellung des Parlaments während der Kanzlerschaft Schröder

Besonders im Vergleich zu der starken parlamentarischen Performanz seiner beiden sozialdemokratischen Amtsvorgänger, Brandt und Schmidt, gehörten Schröders Auftritte im Bundestag, von Ausnahmen abgesehen, kaum zu den Sternstunden seiner Kanzlerschaft. Enttäuschung machte sich schon nach der Antrittsregierungserklärung vom Oktober 1998 breit. Während seines ersten Amtsjahres hatte Schröder gegenüber seinem Hauptherausforderer, dem CDU-Vorsitzenden und Chef der CDU/CSU-Fraktion Schäuble, im Rahmen parlamentarischer Auseinandersetzungen häufiger das Nachsehen. Zwischenzeitlich profitierte Schröder maßgeblich von der Schwäche der durch den CDU-Spendenskandal beschädigten Reputation mehrerer Mitglieder der christdemokratischen Führungsriege. Hinsichtlich der Beteiligungsrate am parlamentarischen Geschehen blieb Schröder eher unauffällig. Gemessen an der Anzahl der Debattenbeiträge des Kanzlers zu den ersten 100 Plenumsdebatten des Bundestages nach der Antrittsregierungserklärung zeigte nur Erhard eine noch bescheidenere Beteiligung am parlamentarischen Prozess als Schröder (Helms 2001a: 1512). Die meisten Vorwürfe einer „Entparlamentarisierung" des politischen Entscheidungsprozesses während der Kanzlerschaft Schröders waren auf die prominente

Rolle von mit externen Spezialisten besetzten Regierungskommissionen konzentriert. Einige Beobachter sahen darin gar einen Kernindikator für eine Entwicklung zur „präsidialen Kanzlerschaft" (Lütjen/Walter 2000). In entscheidungspolitischer Hinsicht führte die öffentlichkeitswirksame Schaffung unterschiedlicher Kommissionen – wie dem „Nationalen Ethikrat" oder der „Kommission Corporate Governance" – aber kaum zu einer Umgehung oder Ausschaltung der parlamentarischen Dimension des Entscheidungsprozesses (Murswieck 2003: 121-126).

An den Versuchen der Regierung, das Kooperationsverhältnis zu den Koalitionsfraktionen zu optimieren, wurde insbesondere die mangelnde Einbindung der Politikfeldspezialisten der Fraktionen in informelle Gremien kritisiert. Während Kohls „Koalitionsrunden" aufgrund ihrer Zusammensetzung vor allem das Kabinett schwächten, resultierte aus der Zusammensetzung unterschiedlicher informeller Gremien unter Schröder eher eine Schwächung der Koalitionsfraktionen. Damit wurde freilich auf informeller Ebene nur fortgesetzt, was auch formal – in Gestalt des ungewöhnlich hohen Anteils von Kabinettsministern ohne Parlamentsmandat – zu den auffallenden Kennzeichen der Regierung Schröder gehörte.

Probleme rot-grünen „Parlamentsmanagements"

Die politischen Herausforderungen während der ersten Amtszeit Schröders – vor allem in der Außenpolitik – führten dazu, dass selbst die für sich betrachtet komfortable Mandatsmehrheit der rot-grünen Koalition kein unbeschwertes Agieren der Regierung im Parlament gestattete. Am sichtbarsten wurde dies im November 2001, als sich Schröder gezwungen sah, die parlamentarische Zustimmung zur Entsendung deutscher Truppen nach Afghanistan durch den Rückgriff auf die Vertrauensfrage gemäß Art. 68 GG zu gewährleisten (Frankfurter Allgemeine Zeitung, 17. November 2001). Eingebettet blieb das oftmals schwierige Verhältnis zwischen Regierung und Mehrheitsfraktionen in eine Konstellation, die durch ein überwiegend kompetitiv geprägtes Verhalten der Minderheitsfraktionen im Bundestag geprägt war. Dies schloss gelegentliche Abweichungen von der konfrontativen Oppositionsstrategie jedoch nicht aus. So zeigte sich die Union im 14. Bundestag vor allem auf außenpolitischem Feld kooperationsbereit. In außenpolitischen Krisensituationen erschienen die Christdemokraten dabei gelegentlich gar als ein zuverlässigerer Partner der SPD als deren grüner Juniorpartner. Durch vielfältige Kompromiss- und Kooperationsofferten geprägt blieb lange Zeit das Oppositionsverhalten der Liberalen, die zwischenzeitlich die Ablösung der Grünen als Juniorpartner einer SPD-geführten Bundesregierung unverhohlen als zentrales Wahlkampfziel 2002 ausgaben.

Regierung und Opposition nach 1998

Aus der Bundestagswahl 2002 ging die rot-grüne Koalition mit dem bescheidensten Mandatsvorsprung einer frisch gewählten Bundesregierung seit 1949 hervor. Nicht nur hatte sich der Mandatsanteil der Koalitionsfraktionen verringert; hinzu kam ein deutlich gestärktes parteipolitisches Profil des „Oppositionslagers". Begünstigt durch das schwache Abschneiden der PDS, deren parlamentarische Repräsentation von 36 Sitzen auf lediglich zwei Direktmandate absackte, vergrößerte sich der Mandatsanteil des „bürgerlichen Oppositionslagers" auf knapp 49 Prozent. Der SPD gelang die Behauptung ihres 1998 errungenen Status als größte Fraktion des Bundestages gegenüber der – hinsichtlich des Zweitstimmenanteils identisch starken – CDU/CSU nur aufgrund des Ge-

143

winns mehrerer Überhangmandate. Das gegenüber der 14. Wahlperiode deutlich verschärfte Klima im 15. Bundestag offenbarte sich schon während der ersten Wochen nach der Bundestagswahl vom September 2002. So kündigte die Union eine langjährige Vereinbarung auf, in der sie zugesagt hatte, aus Respekt vor der gewählten parlamentarischen Mehrheit im Falle zeitweiliger, etwa krankheitsbedingter Abwesenheit eines Mitglieds der Mehrheitsfraktionen bei parlamentarischen Abstimmungen ebenfalls einen Abgeordneten „herauszunehmen". Auch Schröders Regierungserklärung Anfang November 2002 – in der selbst unvoreingenommene Beobachter hämische Züge zu entdecken vermeinten – schien kaum dazu angetan, das Verhältnis zwischen Regierung und Opposition in andere Bahnen zu lenken.

Das Verhältnis zwischen Regierung und Opposition blieb freilich – wie stets – empfindlich für Veränderungen der machtpolitischen Rahmenbedingungen des Konfliktaustrags. So führte die dramatische Wahlniederlage der SPD bei der niedersächsischen Landtagswahl vom Februar 2003, aus der sich nicht zuletzt wichtige Machtverschiebungen im Bundesrat ergaben, zu einem zumindest vorübergehend deutlich bescheideneren Auftreten Schröders gegenüber der Opposition. Zu den sichtbarsten Effekten dieses neuen Kurses gehörten private Arbeitstreffen des Kanzlers mit der christdemokratischen „Oppositionsführerin" Angela Merkel. Daraus resultierte in Form der Verabschiedung der auch innerhalb der Koalitionsparteien heiß umstrittenen „Agenda 2010" im Dezember 2003 ein Kompromiss, den wenige für möglich gehalten hatten. Dieser hatte freilich seinen Preis, der vor allem aus einer auf die demokratische Qualität politischer Entscheidungen konzentrierten Perspektive ins Auge sticht: Kennzeichnend für den Entscheidungsprozess war aus dieser Warte besehen die „personalisierte Entscheidungszentralisierung der Politikwende auf eine exklusive Handvoll von Spitzenpolitikern", die Etablierung eines „reformerischen Elitenkartells" ohne klares demokratisches Mandat und Zustimmung der Wähler (Wiesendahl 2004: 24).

Der von großer öffentlicher Anteilnahme begleitete so genannte „Job-Gipfel" aus dem Frühjahr 2005 – einem Treffen Schröders mit den Parteivorsitzenden der Unionsparteien, Merkel und Stoiber, im Kanzleramt – führte zwar zu einer Reihe vor allem arbeitsmarkt- und steuerpolitischer Absichtserklärungen der Spitzenrepräsentanten von Regierung und Opposition (Frankfurter Allgemeine Zeitung, 18. März 2005). Zu einer parlamentarischen „Abarbeitung" der gemeinsam formulierten Agenda kam es angesichts der im Gefolge der nordrhein-westfälischen Landtagswahl Mitte Mai 2005 getroffenen Entscheidung von Kanzler und SPD-Spitze, vorgezogenen Bundestagswahlen für den Herbst desselben Jahres anzustreben[14], jedoch nicht mehr.

---

14 Der überwältigende Wahlsieg der Union bei der Landtagswahl in Nordrhein-Westfalen vom 22. Mai 2005 besiegelte das Ende der letzten rot-grünen Regierungskoalition auf Landesebene Noch vor der Feststellung des offiziellen Düsseldorfer Wahlergebnisses verkündeten SPD-Chef Müntefering und Kanzler Schröder ihren Entschluss, über den Weg der Vertrauensfrage gemäß Art. 68 GG eine vorzeitige Auflösung des Bundestages zu erreichen (Frankfurter Allgemeine Zeitung, 24. Mai 2005).

6.2 Die parteipolitische Arena: Kanzler und ihre Parteien

Das Verhältnis zur Partei gehört in allen parlamentarischen Demokratien zu den Kerndeterminanten des politischen Erfolgs von Regierungschefs. Dies gilt ohne Einschränkung auch für die Kanzler der Bundesrepublik (Helms 2002a). Einige der diesbezüglich relevanten Aspekte – von der Rolle der Parteien für die Elitenrekrutierung bis zu deren Bedeutung innerhalb der Kernexekutive – wurden bereits in den vorausgehenden Kapiteln behandelt. Im Rahmen dieses Abschnitts sollen der Fokus erweitert und die gemachten Beobachtungen stärker systematisiert werden.

Das Verhältnis zwischen Kanzler und Partei als Kerndeterminante politischen Erfolgs

Analytisch lässt sich das Verhältnis zwischen Regierungschefs und ihren Parteien differenzieren in den Bereich der internen Beziehungen einerseits und den Stellenwert der Partei in der öffentlichen Selbstdarstellung von Regierungschefs andererseits. In Bezug auf das interne Verhältnis zwischen Regierungschefs und Parteien lassen sich idealtypisch mindestens drei unterschiedliche Formen bzw. Kategorien unterscheiden: (1) eine weitgehend dominante bzw. autonome Position des Regierungschefs, in der die Partei primär als ein Machtinstrument in den Händen des zuletzt genannten fungiert, (2) eine im wesentlichen neutrale Position, bei der der Regierungschef weder der „Erfüllungsgehilfe" der Partei noch deren „Steuermann" ist, schließlich (3) eine weitgehend abhängige Position des Regierungschefs von seiner Partei. Hinsichtlich der Rolle des „Parteienfaktors" in der öffentlichen politischen Selbstdarstellung von Regierungschefs wurde von Arnold Heidenheimer (1961: 249) bereits zu Beginn der sechziger Jahre eine bis heute brauchbare Typologie vorgeschlagen. Er unterschied (1) *Regierungs-* und *Partei*-Führer, (2) *Regierungs-* und *Partei*-Führer, (3) *Regierungs-* (und *Partei-*)Führer sowie (4) *Regierungs-Partei*-Führer. Unter einem „*Regierungs-* und *Partei*-Führer" wird ein Akteur verstanden, der in der öffentlichen Selbstdarstellung ein vergleichbar großes Gewicht auf seine Rolle als Regierungschef wie auf seine Führungsposition als Parteipolitiker legt. Ein Akteur des Typs „*Regierungs-* und *Partei*-Führer" wird demgegenüber deutlich mehr auf seine Rolle als Exekutivpolitiker abheben. Ein „*Regierungs-* (und *Partei-*)Führer" tendiert dazu, beinahe ausschließlich seine Rolle als Regierungschef zu betonen (ohne dass deshalb zwingend auf den Besitz eines hochrangigen Parteiamtes verzichtet werden müsste). Ein „*Regierungs-Partei*-Führer" schließlich ist typischerweise darum bemüht, seine beiden Rollen in der öffentlichen Selbstdarstellung so eng wie möglich miteinander zu verschmelzen.

Unterschiedliche Dimensionen des Verhältnisses zwischen Regierungschefs und ihren Parteien

Grundsätzlich gilt, dass es sich bei empirischen Klassifikationen unterschiedlicher Amtsinhaber stets nur um die Erfassung der jeweils dominanten Muster handeln kann; zeitweilige Abweichungen vom vorherrschenden Typus lassen sich für jeden einzelnen Amtsinhaber finden. Ferner bleibt zu berücksichtigen, dass sich selbst unter dem Deckmantel ein und derselben Klassifikation noch sehr unterschiedliche Phänomene und Konstellationen verbergen können, die sich nur im Rahmen einer speziellen Untersuchung angemessen spezifizieren ließen.

Tabelle 7 verortet die bisherigen Kanzler der Bundesrepublik in den soeben umrissenen Kategorien. Bezüglich des internen Verhältnisses zwischen Kanzlern und Parteien überwiegen Kanzler, denen das Prädikat „dominant" gebührt. Zu

Unterschiede im internen Verhältnis zwischen Kanzlern und Parteien

dieser Gruppe gehörten – jedenfalls für den Großteil ihrer jeweiligen Amtszeit – Adenauer, Brandt, Kohl und Schröder. Deutlich schwächer war insbesondere das Verhältnis Kanzler Erhards zur CDU, das von einem Autor gar pointiert als ein „Nicht-Verhältnis" (Dedring 1989: 264) charakterisiert wurde. Selbst nach der späten Übernahme des CDU-Parteivorsitzes im letzten Viertel seiner Kanzlerschaft wurde er in weiten Teilen der Union eher geduldet, denn als Kopf der Partei akzeptiert. Aber auch Kiesinger war hinsichtlich seines Einflusses auf die CDU schwerlich mit den beiden übrigen christdemokratischen Kanzlern, Adenauer und Kohl, vergleichbar. Vielleicht am schwierigsten ist eine Verortung Helmut Schmidts. Er war als einziger Kanzler niemals Vorsitzender seiner Partei, kann aber gleichwohl kaum als ein eindeutig von seiner Partei abhängiger Regierungschef beschrieben werden. Sowohl seine starke Machtbasis innerhalb der sozialdemokratischen Bundestagsfraktion als auch die lange Zeit stabilisierenden Effekte der guten Zusammenarbeit mit Fraktionschef Wehner und dem SPD-Parteivorsitzenden Brandt (Walter 1997: 1307-1313) sowie schließlich seine beträchtliche öffentliche Popularität wirkten sich positiv auf seinen Handlungsspielraum gegenüber der Partei aus. In den letzten beiden Jahren seiner Kanzlerschaft geriet die innerparteiliche Position Schmidts jedoch mächtig unter Druck, so dass die Gesamtbewertung „neutral" in Bezug auf seine Stellung innerhalb bzw. gegenüber der Partei gerechtfertigt erscheint.

Tabelle 7: Kanzler und ihre Parteien

Kanzler	Verhältnis zwischen Kanzler und Partei	Vorherrschende Rolle in der öffentlichen Selbstpräsentation des Kanzlers
Adenauer	dominant	*Regierungs-* und *Partei*-Führer
Erhard	abhängig	*Regierungs-* (und Partei-)Führer
Kiesinger	neutral	*Regierungs-* und Partei-Führer
Brandt	dominant	*Regierungs-Partei*-Führer
Schmidt	neutral	*Regierungs-* und Partei-Führer
Kohl	dominant	*Regierungs-Partei*-Führer
Schröder	dominant	*Regierungs-* (und Partei-)Führer

Großes Veränderungspotential auch im Rahmen einer Kanzlerschaft

Durch die stärksten Veränderungen hinsichtlich der Rolle des Kanzlers innerhalb bzw. gegenüber seiner Partei war die Kanzlerschaft Gerhard Schröders gekennzeichnet. Vor allem in den Jahren 1999 bis 2001 gab Schröder entscheidungspolitisch eindeutig den Ton an. Im Urteil von Karlheinz Niclauß (2004: 365) wurde die SPD in dieser Phase „zum nahezu reibungslos funktionierenden Instrument des Kanzlers". Schröders Kontrolle über die SPD wurde von demselben Autor sogar als noch weit reichender bewertet als diejenige Kohls über die CDU, obwohl dieser im Vergleich mit vorausgehenden Kanzlern bereits ein weit überdurchschnittliches Maß an innerparteilichem Einfluss besessen hatte (ebd.: 295-297, 367). Mit Beginn der zweiten Amtszeit von Rot-Grün änderte sich dies jedoch. Vor allem der innerparteiliche Kampf um die „Agenda 2010" wurde aus Sicht des Kanzlers und SPD-Vorsitzenden zu einem permanenten „Krisenmanagement". Auf dem Höhepunkt dieser Auseinandersetzung entstammte der Großteil politischer Unterstützung für den Kanzler zweifelsohne eher der Fraktion als der Partei. Mit der von Schröder gleichsam erzwungenen Zustimmung des SPD-Sonderparteitages vom November 2003 zur „Agenda" war die Grenze der Belastbarkeit des Verhältnisses zwischen Kanzler und Partei endgültig erreicht und Schröders politisches Kapital gegenüber der SPD bis auf weiteres verbraucht. Insofern war der anschließende Rücktritt Schröders vom Amt des Parteivorsitzenden nur konsequent (Wiesendahl 2004: 24). Selbst nach dem Rückzug von der Parteispitze sicherte Schröders öffentliche Popularität, welche sich vor allem im direkten Vergleich mit der „Oppositionsführerin" der Union manifestierte, ihm ein Maß an Unabhängigkeit gegenüber seiner Partei, das für mehr als einen seiner Vorgänger im Kanzleramt unerreichbar blieb.

Eher noch schwieriger ist eine Bewertung der bisherigen Kanzler hinsichtlich der Rolle der Partei im Gesamtkonzept ihrer öffentlichen Selbstdarstellung. Das hat vor allem etwas mit dem außerordentlich hohen Maß an Veränderungsdynamik zu tun, durch das dieser Bereich gekennzeichnet ist. Maßgeblich verantwortlich dafür ist die starke Situationsabhängigkeit des öffentlichen Auftretens von Kanzlern und die große Bedeutung taktisch-strategischer Erwägungen auf Seiten der handelnden Akteure. Darauf wies bereits Heidenheimer hin, als er feststellte, dass es geradezu zu den zentralen Kennzeichen von Adenauers Strategie der politischen „Selbstvermarktung" gehörte, bei öffentlichen Auftritten – je nach Anlass – bewusst und mit taktischem Kalkül zwischen den Rollen des von der Union eher ein wenig abgehobenen Kanzlers einerseits und des CDU-Parteivorsitzenden andererseits hin und her zu schwingen (Heidenheimer 1961: 250-251). Entsprechendes gilt in unterschiedlichem Maße für allen bisherigen Kanzler. Ferner ist darauf hinzuweisen, dass sich diesbezüglich relevante Unterschiede zwischen einzelnen Kanzlern praktisch nur auf innenpolitische Auftritte der Betreffenden beziehen; bei internationalen Auftritten dominierte bei allen Amtsinhabern stets die Geste des „überparteilichen" Staatsmanns.

Trotz dieser Vorbehalte und Einschränkungen lassen sich Unterschiede nicht nur zwischen unterschiedlichen Gelegenheiten oder Phasen einer Kanzlerschaft, sondern auch zwischen unterschiedlichen Kanzlern erkennen: In eine gemeinsame Gruppe gehören – gemäß des hier gemachten Verortungsvorschlags – jewels Schmidt und Kiesinger als „*Regierungs-* und *Partei-*Führer", Erhard und Schröder als „*Regierungs-* (und *Partei-*)Führer", Brandt und Kohl als „*Regierungs-Partei-*Führer", während sich Adenauer vermutlich am treffendsten als „*Regierungs-* und *Partei-*Führer" klassifizieren lässt. Ohne Zweifel gibt es auch zwischen den Repräsentanten einer Kategorie erhebliche Unterschiede im persönlichen und politischen Naturell. Interessanter ist in unserem Kontext jedoch ein anderer Aspekt, nämlich der nicht eindeutige Zusammenhang zwischen der Machtposition eines Kanzlers innerhalb bzw. gegenüber seiner Partei einerseits und seiner bevorzugten Rolle in der öffentlichen Selbstdarstellung andererseits: Das „Volkskanzlertum" Erhards und Schröders basierte nicht nur auf grundverschiedenen persönlichen Voraussetzungen und politischen Ambitionen des zweiten und siebten Kanzlers, sondern war zugleich mit gravierend unterschiedlich großen Handlungsspielräumen der Betreffenden gegenüber ihrer Partei verknüpft. Im Hinblick darauf musste Erhards öffentliches Auftreten als „Volkskanzler" bei aller daran geübten Kritik letztlich authentischer wirken als dasjenige Schröders. Am vergleichsweise „konsistentesten" war das Verhältnis zwi-

Unterschiede bezüglich des „Parteienfaktors" in der öffentlichen Selbstdarstellung von Kanzlern

schen den inneren und äußeren Beziehungen zwischen Kanzler und Partei vermutlich während der Kanzlerschaften Willy Brandts und und Helmut Kohls. Brandt und Kohl entsprachen wie kein weiterer Kanzler der Bundesrepublik dem britischen Idealtypus eines Parteiführers im Amt des Regierungschefs. Nicht zufällig waren sie die einzigen, die bereits viele Jahre vor dem Gewinn der Kanzlerschaft den Vorsitz ihrer Partei anstrebten und übernahmen.

6.3 Die mediale Arena: Bedeutung und Wandel von „public leadership"

Zentrale Rolle des Kanzlers in der öffentlichen Wahrnehmung des Regierungsprozesses

In gewisser Weise bewegten sich die Kanzler der Bundesrepublik von Beginn an im Zentrum der öffentlichen Wahrnehmung des politischen Prozesses. Maßgeblich mitverantwortlich dafür waren spezifische Grundlagen der politischen Medienberichterstattung. Diese stand bis in die sechziger Jahre hinein stark im Zeichen eines verinnerlichten Respekts vor dem Amt des Regierungschefs, aus dem sich gleichsam selbstverständlich eine Konzentration auf den Amtsinhaber ergab. Der vorherrschende Fokus der Medien auf das politische Handeln des Kanzlers korrespondierte dabei eng mit der „paternalistischen Prägung" der frühen deutschen Nachkriegskultur. Solche Triebkräfte der Personalisierung wurden später zunehmend ersetzt durch grundlegend andere, funktional gleichwohl verwandte Faktoren wie insbesondere die fortschreitende Kommerzialisierung des Mediensystems. Sie machte potentiell alle Protagonisten der politischen Spitzenebene zu interessanten Objekten medialer Aufmerksamkeit und Berichterstattung. Gleichwohl hat sich ein spezieller „Kanzlerbonus" in der Medienberichterstattung – auch und besonders im Rahmen der Wahlkampfberichterstattung – erhalten, für den es trotz strukturell ähnlicher Entwicklungstendenzen hinsichtlich der institutionellen Dimension von Mediensystemen in den großen angelsächsischen Demokratien offenbar kein Äquivalent gibt (Schönbach/Semetko 1995). Gemeint ist ein struktureller Vorsprung des Kanzlers in der Wahlkampfberichterstattung gegenüber dem Kanzlerkandidaten der Opposition (im Sinne einer häufigeren Nennung des Amtsinhabers). Von den mehr als ein Dutzend Bundestagswahlen in der Geschichte der Bundesrepublik ließe sich allein die Bundestagswahl von 1980 – mit ihrer personellen Konfrontation zwischen Kanzler Schmidt und dem Kanzlerkandidaten der Union, Franz Josef Strauß – als ein Fall anführen, bei dem eindeutig zugunsten des Herausforderers vom vorherrschenden Muster abgewichen wurde (Wilke/Reinemann 2000: 101-107).

Kanzler sind zumeist populärer als ihre Parteien

Bekannter in der öffentlichen Diskussion über die deutsche „Kanzlerdemokratie" ist eine andere Form des „Kanzlerbonus" – ein auffallender Popularitätsvorsprung des Kanzlers gegenüber seiner Partei, der insbesondere im zeitlichen Umfeld von Wahlen zutage tritt. Vom Beginn der systematischen empirischen Erforschung dieses Bereichs in den späten sechziger Jahren bis Anfang der achtziger Jahre genossen Kanzler stets höhere Popularitäts- bzw. Unterstützungswerte als ihre jeweiligen Parteien. 1983 wurde Helmut Kohl zum ersten Kanzler, dem weniger öffentliche Unterstützung zu Teil wurde als seiner Partei. Von den fünf Bundestagswahlkämpfen, die Kohl als Kanzler bestritt, kam er nur ein einziges Mal – bei der Bundestagswahl des Jahres 1990 – in den Genuss eines signifikanten „Kanzlerbonus". Bei der Bundestagswahl 1998 fielen die Unterstützungswerte für Kanzler Kohl und die CDU/CSU nur minimal unterschiedlich aus (36 bzw. 35,1 Prozent). Bei derselben Gelegenheit wurde Gerhard Schröder zum ersten Herausforderer, der höhere Unterstützungswerte erzielte als seine Partei (Rudzio 2003: 228). Im Jahre 2002 kehrte der „Kanzlerbonus" in imposanter Form zurück: Zu keinem Zeitpunkt des Wahlkampfes 2002 war die öffentliche Unterstützung für Kanzler Schröder geringer als für die SPD.[15]

Wie aber war es – unabhängig von der spezielleren Frage nach der Rolle des Kanzlers in der elektoralen Arena – um das öffentliche Ansehen der bisherigen Amtsinhaber bestellt? Praktisch alle Kanzler der Bundesrepublik genossen längere Phasen hoher öffentlicher Popularität. Eine Ausnahme bildete Helmut Kohl, der den größten Teil seiner Amtszeit – abgesehen von einer vergleichsweise kurzen Phase im Gefolge der deutschen Vereinigung 1990 – über ein eher moderates öffentliches Ansehen verfügte, ganz besonders unter Journalisten und Intellektuellen (Werz 2000: 223-226). Das erfolglose Streben nach Verbesserung des öffentlichen „Images" des Kanzlers wurde im Rückblick als eine der augenfälligsten Schwächen des ansonsten lange Zeit relativ erfolgreich agierenden Kern-Beraterteams Kohls identifiziert. Weder Eduard Ackermann (als Leiter der Abteilung Kommunikation und Dokumentation im Kanzleramt) noch Wolfgang Bergsdorf (als Leiter der Abteilung „Inland" im Bundespresseamt) gelang es, das Bild des Kanzlers in der deutschen Öffentlichkeit nachhaltig zu verbessern – wobei einem durchschlagenden „Vermarktungserfolg" freilich auch durch das öffentliche Auftreten Kohls selbst erkennbare Grenzen gesteckt waren (Müller/ Walter 2004: 155-156).

Die besonderen „Imageprobleme" Kanzler Kohls

Die wenigsten der späteren Kanzler genossen jedoch bereits vor Übernahme des Amtes ein breites und überdurchschnittlich hohes öffentliches Ansehen. Die große Ausnahme in dieser Hinsicht bildete der selbst erklärte „Vater des deutschen Wirtschaftswunders" Ludwig Erhard. In deutlichem Gegensatz dazu blieb selbst ein späterhin so populärer Kanzler wie Konrad Adenauer bis zum Beginn seiner Amtszeit weit davon entfernt, eine landesweit bekannte Persönlichkeit zu sein. Ungeachtet seiner vielfältigen leitenden Tätigkeiten vor und während der Gründung der Bundesrepublik war Adenauer 1948/49 eine deutlich weniger prominente Persönlichkeit als sein sozialdemokratischer Herausforderer Kurt Schumacher (Rudolf Morsey in Buchheim 1986: 105). Auch Brandt und Schmidt erwarben – trotz langer und von großer öffentlicher Aufmerksamkeit begleiteter politischer Karrieren vor dem Sprung ins Kanzleramt – „charismatische" Ausstrahlung im Wesentlichen erst als Kanzler (Niclauß 1988: 90; Wildenmann 1986: 99). Schröder wurde bereits vor der Wahl zum Kanzler im Oktober 1998 verbreitet als „medienwirksamer" wahrgenommen als der damalige Amtsinhaber Kohl. Anders als diesem fehlte Schröder jedoch das Prestige der international erfahrenen politischen Führungspersönlichkeit, des Staatsmanns. Der Europa-

Der ungewöhnliche Popularitätsbonus Kanzler Erhards

---

15 Alle diese Beobachtungen sind jedoch nicht mit der – empirisch nicht haltbaren – Behauptung zu verwechseln, dass Kanzlerkandidaten das dominante Erklärungsmoment für die Wahlentscheidung bei und das Ergebnis von Bundestagswahlen bilden. Wie einschlägige Untersuchungen zeigen, gibt es in der Bundesrepublik (ebenso wenig wie in den meisten anderen westlichen Ländern auch) keinen generellen Trend in Richtung einer „Personalisierung" des Wahlverhaltens (Kaase 1994; Anderson/ Brettschneider 2003; Brettschneider/Gabriel 2002).

wahlkampf 1999 wurde zu ersten Gelegenheit, bei der die SPD-Wahlkampfzentrale versuchte, Schröder gezielt als Staatsmann zu „vermarkten" (Helms 1999b: 163).

Bekanntheit und Popularität sind nicht gleichbedeutend mit „historischem Gewicht"

Bekanntheit und Popularität eines Amtsinhabers sind jedoch nicht ohne weiteres mit weitergehenden Leistungsbewertungen gleichzusetzen. Obwohl Schröder die meiste Zeit über deutlich populärer war als seine Partei und bereits vor seiner Wahl zum Kanzler als „Medienstar" gehandelt wurde, betrachteten ihn gemäß einer Mitte 2002 durchgeführten Umfrage des Allensbacher Instituts für Demoskopie wenige als besonders wichtigen Kanzler der Bundesrepublik.[16] Freilich wird man einen Befund wie diesen – ermittelt und veröffentlicht im Vorfeld einer Bundestagswahl – mit Vorsicht genießen müssen. Zumindest an der methodischen Qualität eines Vergleichs der „historischen Leistungen" eines amtierenden Kanzlers mit denen früherer Amtsinhaber darf gezweifelt werden.

Die Notwendigkeit des „Medienmanagements" und die Struktur des Mediensystems

Alle Bundesregierungen seit den fünfziger Jahren erkannten die Notwendigkeit, sich um die „Pflege" der öffentlichen Meinung zu bemühen. Dabei bestand die Herausforderung stets darin, Strategien politischer Führung der Öffentlichkeit und des „Medienmanagements" an die vorherrschenden Rahmenbedingungen des Mediensystems anzupassen. Wie in allen hoch entwickelten westlichen Ländern hat sich das etablierte Mediensystem – Presse und staatlicher Rundfunk – in der jüngeren Vergangenheit durch die Entstehung privater Rundfunk- und Fernsehsender und die Verbreitung des Internets auch in der Bundesrepublik nachhaltig verändert. Zu den traditionellen Kerncharakteristika der deutschen Medienlandschaft gehörten insbesondere eine regional stark ausdifferenzierte „Printmedienlandschaft" trotz einer Reihe überregionaler Tages- und Wochenzeitungen und die vergleichsweise starke „Parteipolitisierung" des öffentlichen Rundfunks infolge eines hohen Durchdringungsgrades der Rundfunkräte durch Vertreter politischer Parteien (Kaase 2000; Schmitt Glaeser 2002). Im Vergleich zu einigen anderen Ländern zählte Deutschland insgesamt weder hinsichtlich der Entstehung des privaten Rundfunks noch hinsichtlich der „Nutzerdichte" des Internets zu den internationalen „Vorreitern" (Holtz-Bacha/Kaid 1995: 12-14; Wilke 1999). Aber bereits zu Beginn der neunziger Jahre wurden in Haushalten mit Kabelanschluss weniger Programme der öffentlich-rechtlichen als der privaten Anbieter geschaut (Kaase 2000: 383). „Amerikanische Verhältnisse" – die Gefahr, dass Kanzler angesichts der enormen Programmvielfalt selbst mit wohlpräparierten „Medienaktionen" nur noch einen kleinen Ausschnitt der Öffentlichkeit erreichen – sind in der Bundesrepublik gleichwohl nach wie vor nicht in Sicht.

Unterschiedliche Stile im Bereich von „public leadership"

Obwohl ein Vergleich der Führungsstile im Bereich der politischen Öffentlichkeitsarbeit und des „Medienmanagements" durch die sehr unterschiedlichen Rahmenbedingungen der einzelnen Kanzlerschaften erschwert wird und im Rahmen dieses knappen Überblicks nicht zu leisten ist, lassen sich zumindest einige der grundlegenden Charakteristika der Herangehensweise unterschiedli-

---

16 Von allen sechs Amtsvorgängern Schröders wurde nur Kiesinger als weniger bedeutend bewertet. Die aus den Nennungen auf die Frage nach dem bedeutendsten Kanzler der Bundesrepublik gebildete Rangfolge lautet wie folgt: Adenauer – 73 Prozent, Brandt – 52 Prozent, Kohl – 50 Prozent, Schmidt – 43 Prozent, Erhard – 24 Prozent, Schröder – 8 Prozent, Kiesinger – 3 Prozent (Frankfurter Allgemeine Zeitung, 21. August 2002).

cher Kanzler identifizieren. Im Vergleich zu vielen seiner Amtsnachfolger war Konrad Adenauer geradezu davon besessen, die Medienberichterstattung – und das bedeutete während seiner Amtszeit vor allem die Presseberichterstattung – über die Regierung so vollständig wie möglich zu verfolgen. Zu diesem Zwecke soll er nicht weniger als mindestens sieben unterschiedliche Tageszeitungen täglich gelesen haben. Zu einem gewissen Teil manifestierte sich darin ein tiefes Misstrauen gegenüber dem Journalistenstand seiner Zeit, den er für eindeutig „sozialdemokratisch eingefärbt" hielt (Küsters 1988: 17, 27-28). Obwohl Adenauer viel Zeit und Energie für öffentliche Auftritte investierte, mochte er offizielle und entsprechend formale Pressekonferenzen wenig. Deutlich wohler fühlte er sich in informelleren Runden. Nicht zufällig wurden deshalb die so genannten „Teegespräche" – informelle Treffen zwischen dem Kanzler und Medienvertretern – bald zum wichtigsten Moment in Adenauers Konzept der politischen Öffentlichkeitsarbeit. Die konkreten strategischen Zielsetzungen differierten je nach Zusammensetzung des Gremiums. Interviews und Gespräche mit ausländischen Journalisten hatten vor allem das Ziel, den Boden für bevorstehende Regierungsentscheidungen zu bereiten und Einfluss auf laufende Entscheidungsprozesse zu nehmen. Daneben gab es solche Treffen, in denen die Politik der Regierung ausführlich erklärt wurde, um damit größtmögliche Unterstützung unter der deutschen Bevölkerung zu mobilisieren (Hoffmann 1995: 131). Wenige andere Kanzler ließen ein vergleichbares Geschick im Umgang mit den Medien erkennen wie Adenauer. Vor allem Erhards „Kanzlertees", ursprünglich als direkte Nachfolgeveranstaltung zu Adenauers „Teegesprächen" konzipiert, erwiesen sich in der Praxis nach verbreiteter Auffassung rasch als desaströses Unternehmen, da Erhard sich praktisch außer Stande zeigte, aus Konversationen innerhalb dieses Gremiums auch nur das geringste politische Kapital für die Regierung zu schlagen (Hentschel 1996: 476).

Während Adenauers Souveränität im Verhältnis zu den Medien von kaum einem seiner Nachfolger erreicht wurde, war seine Skepsis gegenüber dem Journalistenstand auch unter seinen Amtsnachfolgern verbreitet. Das gilt gewiss für Adenauers selbst ernannten politischen „Enkel", Helmut Kohl, der die Mehrheit einflussreicher Medienvertreter in der Bundesrepublik ebenfalls als „links" brandmarkte und oft und gerne erklärte, dem „Spiegel" niemals ein Interview geben zu werden. Eher reserviert blieb aber auch das Verhältnis zwischen Helmut Schmidt und den Medien, obwohl er – gerade im Vergleich zu Kohl – die Kunst der öffentlichen Rede meisterhaft beherrschte und über ein deutlich höheres öffentliches Ansehen verfügte als der zuerst genannte. Dem Strom der Geschichte folgend, richteten sich zeitgenössische Vergleiche des Verhältnisses zwischen Schmidt und den Medien freilich vor allem an den Erfahrungen seines unmittelbaren Amtsvorgängers, Willy Brandt, aus. Im Gegensatz zu diesem musste sich Schmidt den Respekt der Medienvertreter hart erarbeiten. Brandt genoss hingegen praktisch von Beginn seiner Kanzlerschaft an bei vielen Journalisten des links-liberalen Spektrums eine geradezu schwärmerische Verehrung (Zons 1984), die in dieser Form in der Geschichte der Bundesrepublik unerreicht blieb.

Gerhard Schröder war der erste Kanzler, der seitens des politischen Journalismus weithin übereinstimmend zum „Medienkanzler" gekürt wurde. Wesent-

Schröder – ein „Medienkanzler"?

lich mitverantwortlich für die Zuerkennung dieses Status war Schröders „natürliche Begabung" im Umgang mit Medienvertretern. Strukturell begünstigt wurde seine Position zweifelsohne durch die eher moderaten Vergleichsstandards der Ära Kohl. Abgesehen davon waren Schröders Medienerfolge – vor allem in der Anfangsphase seiner Kanzlerschaft – jedoch zu einem nicht geringen Teil das Ergebnis harter und in hohem Maße professioneller Arbeit gelernter PR-Experten. Insbesondere zu Beginn seiner Amtszeit blieben Schröders Aktivitäten nicht auf detailliert inszenierte Auftritte bei politischen Veranstaltungen im engeren Sinne beschränkt, sondern erstreckten sich bis in den Bereich der Unterhaltungsindustrie. Dazu gehörte etwa Schröders Teilnahme an der ZDF-Spielshow „Wetten dass?". Nach der Einschätzung einiger Beobachter markierte bereits das Jahr 1999 einen Wendepunkt hinsichtlich des Ausmaßes an Beteiligung des Kanzlers an Veranstaltungen dieses Zuschnitts (Sturm 2003: 119). Im Vergleich zu vielen seiner Amtsvorgänger blieb Schröder gleichwohl weit über das erste Jahr seiner Kanzlerschaft hinaus ein „lebenszugewandter" Politikertyp. Die aus dem Kanzleramt bewusst betriebene Strategie einer Verwischung der Grenzen zwischen der Sphäre des Politischen und Privaten erwies sich freilich nicht als eine von der Regierung beliebig zu kontrollierende Einbahnstraße, wie der peinliche und mit handfesten Rechtsmitteln geführte Streit über die politisch belanglose Frage, ob der Kanzler seine Haare färbe, zeigte.

Organisatorische Innovationen

Die unmittelbar sichtbaren Komponenten des „Medienmanagements" unter Gerhard Schröder wurden ergänzt durch eine Reihe weniger auffälliger, aber gleichwohl wichtiger organisatorischer Innovationen. Während Kohl mit einem System experimentiert hatte, in dem sich der offizielle Regierungssprecher regelmäßig mit einem weiteren Sprecher aus dem Kanzleramt konfrontiert sah, der zudem häufig besser informiert zu sein schien als der erstere, konzentrierte Schröder von Beginn an alle einschlägigen Verantwortlichkeiten in den Händen des Regierungssprechers (zunächst Uwe-Karsten Heye, später Bela Anda). Der aus Hannoveraner Tagen langjährige Schröder-Vertraute Heye, war, wie später Anda, in praktisch sämtliche Prozesse der politischen Öffentlichkeitsarbeit der Regierung eingebunden und kam den internen und öffentlichen Erwartungen an sein Amt durch regelmäßige Verlautbarungen über die Regierungspolitik vollauf nach. Dass die Verbreitung strategisch wichtiger Informationen in aller Regel durch den Kanzler persönlich erfolgte, war weniger ein Versäumnis Heyes als vielmehr ein zentraler Bestandteil des ausgeklügelten „public leadership"-Konzepts des Kanzleramts.

Grenzen und Defizite von „public leadership" unter Schröder

Die beträchtlichen Investitionen in den Bereich von „public leadership" generierten gleichwohl keineswegs durchgehende Glanzleistungen in Bezug auf die Vermittlung von Regierungsentscheidungen. Sowohl die Koalitionsverhandlungen aus dem Herbst 2002 als auch, und insbesondere, die Vermittlung der politischen Zielsetzungen der „Agenda 2010" wurden verbreitet als „Kommunikationsdebakel erster Klasse" bewertet (Raschke 2004: 26). Noch mehr als ein halbes Jahr nach der Verabschiedung des Reformpakets durch Bundestag und Bundesrat kritisierten drei Viertel der Bürger, dass ihnen die Notwendigkeit der Reformen nicht hinreichend erklärt worden sei. „Das Fehlen einer kommunikativen Linienführung bewirkte, dass die Agenda von einer breiten Öffentlichkeit mit den Augen der schärfsten Kritiker wahrgenommen [wurde], definiert durch die zwei, drei 'schlimmsten' Punkte" (ebd.).

6.4 Regieren unter den Bedingungen innenpolitischer „Semi-Souveränität": die Rolle von „Vetospielern"

Die politische Kontrolle über Regierung und Parlament bedeutet in der Bundesrepublik, was die Chance zu politischer Gestaltung betrifft, viel – aber unter sonst gleichen Bedingungen nicht so viel wie in den meisten anderen parlamentarischen Demokratien. Damit aus einer Regierungsentscheidung eine gesamtgeschaftlich verbindliche Entscheidung werden kann, müssen Regierungen in der Bundesrepublik nicht nur das Kräftefeld der parlamentarischen Arena erfolgreich durchschreiten, sondern außerdem weitere tatsächliche oder zumindest mögliche Auseinandersetzungen auf zahlreichen anderen Feldern bestehen. Die unterschiedlichen Felder repräsentieren jeweils den Einflussbereich unterschiedlicher politischer Institutionen bzw. Akteure, die es in vergleichbarer Form keineswegs in allen liberalen Demokratien gibt. Dazu zählt zunächst der Bundesrat, welcher zwar formalrechtlich keine echte „zweite Kammer" darstellt, jedoch gleichwohl die meisten derer typischen Funktionen erfüllt und dabei sogar als mächtiger einzustufen ist als viele echte „zweite Kammern" (Lijphart 1999: 212, Tab. 11.2). Dazu gehören weiter das Bundesverfassungsgericht, (bis zur Einführung des Euro) die Bundesbank und schließlich die Interessenverbände und -gruppen, welche die Umsetzung einer parlamentarisch verabschiedeten und in rechtlicher Hinsicht einwandfreien politischen Maßnahme gleichwohl behindern oder gar verhindern können.

Die vielfältige Einhegung der Regierung in der Bundesrepublik

6.4.1 Der Bundesrat

Anders als in einigen Ländern, wie Großbritannien oder Italien, ist der Bikameralismus in Deutschland untrennbar mit dem Föderalismusprinzip verbunden. Letzteres bildet selbst ein zentrales Element der Gewaltenteilung, durch das die Reichweite der Entscheidungsmacht der zentralstaatlichen Regierung in einem System begrenzt wird. Je nach konkreter Beschaffenheit einer föderativen Ordnung befindet sich ein kleinerer oder größerer Teil von politischer Entscheidungsgewalt in den Händen sub-nationaler Gebietseinheiten. Im Vergleich mit den anderen föderativen Systemen innerhalb der Gruppe der westlichen Länder ist für die heutige föderale Ordnung der Bundesrepublik neben einem außergewöhnlich hohen Maß an Verflechtung eine eindeutige Vormachtstellung des Bundes in der großen Mehrzahl wichtiger Gesetzgebungsbereiche kennzeichnend (Watts 1999; Helms 2002c). Vor allem das System der Politikverflechtung gehörte nicht zu der 1949 geschaffenen „Grundausstattung" des deutschen Bundesstaates, sondern wurde nach jahrelanger informeller Praxis erst 1969 im Grundgesetz verankert. Auch die Vormachtstellung des Bundes in der Gesetzgebung war in den frühen Tagen der Bundesrepublik zunächst deutlich geringer ausgeprägt (Benz 1999). Diese Merkmale und Veränderungen der föderativen

Wandlungen des deutschen Bundesstaates nach 1949

Ordnung sollen hier nicht für sich, sondern lediglich in ihren Auswirkungen auf die Stellung des Bundesrates im politischen Entscheidungssystem der Bundesrepublik beleuchtet werden.

Zusammensetzung und Funktionsweise des Bundesrates

Die Zusammensetzung des Bundesrates wird bekanntlich nicht durch eigenständige „Bundesratswahlen" bestimmt, sondern wandelt sich in Abhängigkeit von Veränderungen in der parteipolitischen Zusammensetzung der Länderregierungen (welche verfassungsrechtlich dazu verpflichtet sind, ihr jeweiliges Stimmenkontingent im Bundesrat „en bloc" abzugeben). Nicht zu übersehen ist jedoch die große Bedeutung bundespolitischer Themen bei Wahlkampfauseinandersetzungen in den Ländern. Obwohl es unzutreffend wäre, Landtagswahlen schlicht als regional begrenzte „Quasi-Bundestagswahlen" zu bewerten, ist die „bundespolitische Durchdringung der Landtagswahlen" (Decker/von Blumenthal 2002) im Durchschnitt mehrerer Jahrzehnte doch beträchtlich.

Einspruchs- und Zustimmungsgesetze

Unabhängig von den jeweils vorherrschenden parteipolitischen Mehrheitsverhältnissen bemisst sich das Gewicht des Bundesrates als eines potentiellen „Vetospielers" von Bundesregierungen wesentlich nach dem proportionalen Anteil der als zustimmungspflichtig geltenden Gesetze auf der legislativen Agenda der Regierung. Im Gegensatz zu Einspruchsgesetzen können Zustimmungsgesetze nur dann in Kraft treten, wenn der Bundesrat seine ausdrückliche Zustimmung bekundet hat. Bei sehr großen Mehrheiten des Bundesrates gegen ein vom Bundestag beschlossenes Gesetz kann der Bundesrat jedoch auch bei einem Einspruchsgesetz ein beträchtliches Vetopotential entfalten, denn ein mit Zweidrittelmehrheit gefasster Einspruch des Bundesrates setzt einen erneuten Beschluss des Bundestages voraus, der von einer Mehrheit von zwei Dritteln, mindestens der Mehrheit der Mitglieder des Bundestages getragen sein muss.

Historische Entwicklung des Anteils von Zustimmungsgesetzen

Für den langfristigen Anstieg des Anteils von Zustimmungsgesetzen an der gesamten Bundesgesetzgebung waren neben dem beständigen Streben der Landesregierungen nach Kompensation für den fortschreitenden Verlust selbständiger legislativer Gestaltungsmacht nicht zuletzt Verfassungsreformen und eine „länderfreundliche" Rechtsprechung des Bundesverfassungsgerichts verantwortlich (Blair/Cullen 1999). Seit der großen Föderalismusreform von 1969 lag der Anteil an Zustimmungsgesetzen stets bei über 50 Prozent.

Als sehr hoch erscheint der heute übliche Anteil von Zustimmungsgesetzen – während der 14. Wahlperiode des Bundestages (1998-2002) waren dies 54,6 Prozent – vor allem gemessen an den Zahlen aus der Frühgeschichte der Bundesrepublik. Nach offiziellen Daten des Bundesrates lag der Anteil von Zustimmungsgesetzen an der Gesamtheit verabschiedeter Gesetze im Durchschnitt der 12., 13. und 14. Wahlperiode des Bundestages (1990-2002) bei knapp über 57 Prozent. Dies war der bislang höchste Durchschnittswert für einen Zeitraum von drei aufeinander folgenden Legislaturperioden. Das historische Hoch an Zustimmungsgesetzen fiel jedoch bereits in die 10. Wahlperiode (1983-87), als 60 Prozent aller verabschiedeten Gesetze dieser Kategorie entstammten.

Parteipolitische Kontrolle des Bundesrates

Die Entwicklung des Anteils von Zustimmungsgesetzen an der Gesamtheit von Bundesgesetzen beschreibt indes nur das theoretisch einsetzbare maximale Vetopotential des Bundesrates und sagt noch nichts über dessen tatsächliches Verhalten aus. Die zentrale politische Variable, auf die sich die Mehrzahl einschlägiger Untersuchungen zum Entscheidungsverhalten des Bundesrates konzentriert, ist die parteipolitische Machtverteilung zwischen Bundestags- und Bundesratsmehrheit. Für knapp zwei Drittel der gesamten Nachkriegszeit gab es (unterschiedlich große) gegenläufige Mehrheiten zwischen Bundesrat und Bundestag – der nach Australien zweithöchste Wert innerhalb der Gruppe der konsolidierten parlamentarischen Bundesstaaten (Wagschal/Grasl 2004: 752). Mit einem von gegnerischen Parteien kontrollierten Bundesrat hatten hierzulande vor allem sozialdemokratisch geführte Bundesregierungen zu tun; in weitaus geringerem Maße galt dies für christdemokratisch geführte Bundesregierungen. Während der rund 36 Jahre, in denen CDU-Kanzler zwischen Herbst 1949 und Sommer 2005 amtierten, sah sich die Bundesregierung nur für etwas mehr als drei Jahre (von Juni bis Oktober 1990 und von Januar 1996 bis September 1998) einer absoluten Mehrheit der Oppositionsparteien im Bundesrat gegenüber (Strohmeier 2004: 720). Für SPD-geführte Bundesregierungen bildete es hingegen eher eine Ausnahme, wenn die bürgerlichen Oppositionsparteien einmal *nicht* über eine absolute Mehrheit im Bundesrat verfügten. Während der knapp zwölf Jahre sozial-liberaler Regierung war dies insgesamt nur für eine Dauer von rund dreieinhalb Jahren der Fall (ebd.). Zwischen Herbst 1998 und Sommer 2005 sah sich auch die rot-grüne Koalition unter Gerhard Schröder für immerhin gut drei Jahre mit einer absoluten Mehrheit der Oppositionsparteien im Bundesrat konfrontiert.

Auch die Existenz gegensätzlicher parteipolitischer Mehrheiten in Bundestag und Bundesrat führte in der Geschichte der Bundesrepublik jedoch keineswegs zu einer dramatischen Handlungsunfähigkeit von Regierungsmehrheiten. Tatsächlich versagte der Bundesrat zwischen 1949 und Ende 2004 insgesamt nur etwas mehr als einem Prozent aller Gesetzesbeschlüsse und weniger als einem Prozent aller Rechtsverordnungen endgültig die Zustimmung.[17] Institutionell erleichtert wurde die Erzielung von Kompromissen zwischen Bundesregierung und Bundestag einerseits und Bundesrat andererseits durch eine spezielle Einrichtung: den Vermittlungsausschuss (Lhotta 2000). Dessen Aufgabe ist es, im Falle gravierender Auffassungsunterschiede und nach Anruf durch den Bundestag, den Bundesrat oder die Bundesregierung konsensfähige Lösungsvorschläge zu erarbeiten. Im Gegensatz etwa zu den amerikanischen „conference committees", deren personelle Zusammensetzung mit der Verhandlung jeder neuen Maßnahme wechselt, handelt es sich beim Vermittlungsausschuss um ein permanentes Gremium, dessen je zur Hälfte aus Vertretern des Bundestages und des Bundesrates bestehenden Mitglieder überdies frei sind, über jede aufkommende Detailfrage autonom zu entscheiden. Dieser „kontinuierliche Entscheidungskontext" (Sartori 1992: 223-224) begünstigt potentiell das Erreichen konsensfähiger Lösungen.

In Überblicksdarstellungen wurden im Wesentlichen fünf Gründe für den sehr geringen Anteil endgültig vom Bundesrat abgelehnter Gesetze identifiziert (Stüwe 2004: 29-30): ein Einlenken der Regierungsmehrheit gegenüber der Bundesratsmehrheit; das Bemühen der Regierung, bei der Gesetzesformulierung bzw. beim konkreten Zuschnitt einer Maßnahme eine Zustimmungspflichtigkeit

Keine dramatische Handlungsunfähigkeit von Regierungen durch den Bundesrat

---

17 Zahlen auf der Grundlage von Daten der Verwaltung des Bundesrates. Deutlich tiefenschärfere Einsichten als statistische Dokumentationen der Einspruchsfrequenz des Bundesrates eröffnen freilich Fallstudien zu Gesetzgebungsprozessen; vgl. etwa Leunig (2003).

nach Möglichkeit zu vermeiden; Zusagen der Bundesregierung an einzelne Länder des gegnerischen Lagers mit dem Ziel die Oppositionsfront aufzubrechen; die Verkettung von Gesetzesvorhaben, die keine große Aussicht auf Zustimmung des Bundesrates haben, mit anderen dringlichen oder populären Maßnahmen sowie schließlich die faktisch begrenzte Möglichkeit des Bundesrates, jede aus inhaltlichen oder gegebenenfalls auch taktischen Motiven heraus unliebsame Maßnahme abzulehnen.

Eine wichtige Erscheinung insbesondere der jüngeren Vergangenheit bleibt dabei allerdings vollständig unberücksichtigt: die „Lockangebote" der Bundesregierung an einzelne Akteure aus dem Lager parteipolitisch befreundeter Landesregierungen.[18] Der strukturelle Anreiz für entsprechende Vereinbarungen liegt in dem Umstand, dass die lange Zeit als gleichsam selbstverständlich erachtete Integration zwischen Landesparteien und der Bundespartei tendenziell abgenommen hat und stattdessen die regionale Dimension des politischen Wettbewerbs in der Bundesrepublik an Bedeutung gewonnen hat (Sturm 1999; Detterbeck/Renzsch 2002). Dies ist das Ergebnis vor allem zweier Entwicklungen: Die erste betrifft die tendenzielle Auseinanderentwicklung des nationalen und der regionalen Parteiensysteme, die sich insbesondere auf der Ebene der parteipolitischen Zusammensetzung von Landesregierungen manifestiert. Von einer auch nur annähernden Entsprechung der parteipolitischen Zusammensetzung von Regierung und Opposition auf Bundesebene und in den Ländern kann schon seit geraumer Zeit keine Rede mehr sein (vgl. Kap. 7). Das schon immer beträchtliche Eigengewicht der Ministerpräsidenten in der Bundespolitik hat auch aus diesem Grunde in der jüngeren Vergangenheit tendenziell weiter zugenommen. Hinzu kommt ein gewichtiger ökonomischer Faktor: Das als Folge der Vereinigung deutlich gestiegene Gefälle zwischen armen und reichen Ländern hat zu einer strukturellen Verschlechterung der Bedingungen einer parteipolitischen Instrumentalisierung des Bundesrates durch die jeweiligen Bundesparteien beigetragen. Für eine auch längerfristig primär an der (von der Bundespartei formulierten) „Parteiräson" ausgerichteten Positionsnahme im bundesstaatlichen Entscheidungsprozess fehlt es vielen ärmeren Ländern zunehmend an dem notwendigen Maß finanzieller Unabhängigkeit.

Historische Hochphasen der Bundesrats-Opposition

All dies bedeutet jedoch nicht, dass sich nicht auch wichtige Beispiele für den tatsächlichen Einsatz der signifikanten Vetomacht des Bundestages finden ließen. Die Hochphasen einer stärker konfliktorientierten Oppositionshaltung des Bundestages fallen dabei tatsächlich weitgehend mit den Phasen von „divided government" zusammen: Als hartnäckiger, aber gleichwohl verhandlungsbereiter „Vetospieler" trat der Bundesrat erstmals gegenüber dem Regierungsprojekt der „Inneren Reformen" in der Ära Brandt auf (Schmidt 1978: 217-219). In der Spätphase der Regierungszeit Kohls, welche – bei grundlegend veränderten Vor-

---

18 Aufsehen erregte diesbezüglich eine Episode, in der die Unterstützung Bremens für die Steuerreform 2000 durch großzügige finanzielle Zusagen Kanzler Schröders an den Regierenden Bürgermeister des Stadtstaates, Henning Scherf, gleichsam „erkauft" wurde. Das eigentlich Besondere daran war indes weniger die finanzielle Sondervereinbarung zwischen dem Bund und einem Land, als vielmehr die offensichtliche Weigerung der Bundesregierung die im „Kanzlerbrief" gemachten Zusagen auch einzuhalten (Frankfurter Allgemeine Zeitung, 31. Januar 2005).

aussetzungen des Parteienwettbewerbs – durch eine phasenweise „Blockadehaltung" des von den Oppositionsparteien dominierten Bundesrates gekennzeichnet war (Lehmbruch 1998: 165-175), wurde der Bundesrat geradezu zum Symbol einer verbreitet als solcher wahrgenommenen „Reformblockade". Vor dem Hintergrund gleichsam spiegelbildlich verkehrter Machtverhältnisse zwischen Bundestag und Bundesrat galt dies für die Zeit nach dem Regierungswechsel von 1998 sogar in noch verstärktem Maße (Lhotta 2003: 16-17). Gerade die Rolle des Bundesrates während der Regierungszeit der rot-grünen Koalition lässt sich jedoch insgesamt weniger als die eines „Vetospielers" als die eines mächtigen „Mitregenten" beschreiben. Die meisten Gesetzesvorhaben der Regierung Schröder erlangten – wenn auch als Ergebnis langwieriger Aushandlungsprozesse und oftmals in „verwässerter" Form – die Zustimmung des Bundesrates.

Schon während der ersten vier Jahre der rot-grünen Koalition, in der es nur für eine kurze Zeit (ab Frühjahr 2002) eine eindeutige Mehrheit der Oppositionsparteien im Bundesrat gab, wurden seitens der Regierung sämtliche denkbaren Formen der Mehrheitsbeschaffung aktiviert. Dazu zählte neben der gelegentlichen Suche nach tatsächlichen Kompromisslösungen mit der Opposition insbesondere die Herauslösung einzelner Länder aus der „Oppositions-Front" durch in finanzieller Hinsicht attraktive „Sondervereinbarungen". Eine nicht geringe Anzahl von Maßnahmen wurde „am Bundesrat vorbei" beschlossen. Zu diesem Zwecke wurden etwa Gesetze so aufgespalten, dass bestimmte Teile nach einhelliger Auffassung keiner expliziten Zustimmung des Bundesrates bedurften; in anderen Fällen wurde eine „Nicht-Zustimmungspflichtigkeit" trotz Widerspruch des Bundesrates deklariert und vom Bundespräsidenten bis zur Ausfertigung des Gesetzes mitgetragen (Zohlnhöfer 2003: 410-413). Das in materieller Hinsicht mit Abstand bedeutendste Beispiel für ein konstruktives Gebaren des von den Unionsparteien kontrollierten Bundesrates während der gesamten Regierungszeit der rot-grünen Koalition wurde die Verabschiedung der modifizierten „Agenda 2010" im Dezember 2003.

Reaktionsstrategien von Regierungen am Beispiel der rot-grünen Koalition

6.4.2 Das Bundesverfassungsgericht

In der jüngeren internationalen politikwissenschaftlichen Literatur stößt man häufig auf Klassifikationen von Verfassungsgerichten als potentielle politische „Vetospieler" von Regierungen bzw. regierenden Mehrheiten (Alivizatos 1995; Volkansek 2001). Ob und in welchem Grade eine solche Bewertung auf das Bundesverfassungsgericht zutrifft, soll in diesem Abschnitt erörtert werden. Zunächst ist jedoch zu klären, inwieweit Gerichte überhaupt als im engeren Sinne politische Institutionen bzw. Akteure klassifizieren werden können.

Eine Klassifikation von Verfassungsgerichten als im engeren Sinne politische Institutionen bzw. Akteure kann sich auf unterschiedliche Kriterien stützen. Genuin politisch ist zunächst das Verfahren der Richterbestellung. In den westlichen Demokratien finden sich sehr unterschiedliche Modelle der Rekrutierung von Verfassungsrichtern. Ihnen allen ist jedoch gemein, dass der Nominierungs- und Selektionsprozess von den zentralen Akteuren des politischen Entscheidungssystems bestimmt wird. In der Bundesrepublik wird seit den fünfziger

Verfassungsgerichte als politische „Vetospieler"?

Jahren die eine Hälfte der Richter vom Wahlmännerausschuss des Bundestages und die andere Hälfte vom Bundesrat jeweils mit Zweidrittelmehrheit gewählt. Die Praxis der Richterauswahl und -wahl ist durch ein parteipolitisches Proporzsystem gekennzeichnet, in dem CDU und SPD als die „Schleusenwärter" des Karlsruher Gerichts fungieren (Helms 1999c: 147-148). Der beträchtliche Aufwand der Parteien, ihre jeweiligen Einflusszonen zu sichern, deutet bereits darauf hin, dass dem Gericht ein großer politischer Einfluss zugetraut wird. Politischer Einfluss eines Gerichts setzt freilich entsprechend weit reichende formale Entscheidungskompetenzen voraus. Das 1951 vor dem Hintergrund der Erfahrungen mit dem nationalsozialistischen Unrechtsregime geschaffene Bundesverfassungsgericht gehört hinsichtlich der Breite seiner Kompetenzen nach allen gängigen Bewertungskriterien zu den mächtigsten Verfassungsgerichten der westlichen Welt (von Brünneck 1992).

Das Kompetenzprofil des Bundesverfassungsgerichts

Das Bundesverfassungsgericht kann grundsätzlich nur auf Initiative eines Akteurs aus dem Kreise der Antragsberechtigten tätig werden. Sofern eine Klage die formalen Voraussetzungen erfüllt, muss das Gericht jedoch entscheiden. Das gilt ausnahmslos auch für alle politisch brisanten Fälle. Anders als der amerikanische Supreme Court besitzt das Bundesverfassungsgericht nicht die Möglichkeit, die Behandlung einer Materie wegen besonders weit reichender politischer Implikationen abzulehnen und eine Streitfrage an die Akteure der kompetitiven Arena zurückzureichen.

Unter den vielfältigen Verfahrensformen kommt im Hinblick auf deren Stellenwert im politischen Entscheidungsprozess der abstrakten Normenkontrolle eine besondere Bedeutung zu. Sie wurde in Spezialuntersuchungen zu Recht als jene Verfahrensart herausgestellt, bei der das Gericht prinzipiell am stärksten gezwungen sei, sich politisch zu exponieren (Kommers 1997: 28). Das Recht, ein abstraktes Normenkontrollverfahren zu initiieren, steht neben der Bundesregierung einem Drittel der Abgeordneten des Bundestages oder einer Landesregierung zu. Statthaft ist dieses auf der Grundlage eines vermuteten Verstoßes einer Maßnahme gegen das Grundgesetz. Als „abstrakt" wird diese Form der Normenkontrolle bezeichnet, weil einer entsprechenden Klage keinerlei gerichtliche Auseinandersetzung über das betreffende Gesetz vorausgegangen sein muss.

Abstrakte Normenkontrolle als wichtiges Instrument der parlamentarischen Opposition

Wie die langjährige Praxis zeigt, wird die überwältigende Mehrheit von abstrakten Normenkontrollfragen von der parlamentarischen Opposition (oder von Akteuren, wie einzelnen Landesregierungen, die der Opposition auf Bundesebene politisch nahe stehen) initiiert (Stüwe 1997). Zumindest was die Initiierung von Verfahren betrifft, lässt sich deshalb eine starke Politisierung der Anrufungspraxis entlang der Linie Regierung vs. Opposition nicht übersehen. Obwohl der Ausgang des Verfahrens zum Zeitpunkt der Anrufung des Gerichts nicht absehbar ist, erwächst der Opposition allein schon aus der Möglichkeit, gegen ein Gesetz klagen zu können, ein beträchtliches „Drohpotential", welches sich bei geschicktem Einsatz in ein signifikantes „Mitregierungspotential" umwandeln lässt (Landfried 1984). Es gibt kaum ein anderes Element innerhalb der institutionellen Chancenstruktur der parlamentarischen Opposition der westeuropäischen Länder, das so häufig als Beispiel für das „Gesetz der Antizipation" (Carl-Joachim Friedrich) herangezogen wurde, demzufolge Regierungen angesichts potentieller Folgewirkungen umstrittener Entscheidungen zu politischer Selbstbeschränkung neigen (Stone Sweet 2000: 75-79).

Was die direkten Wirkungen der Verfassungsgerichtsbarkeit auf den Handlungsspielraum von Regierungen in der Bundesrepublik betrifft, ist zunächst ein Blick auf die unterschiedlichen Instrumente zu werfen, mit denen das Gericht auf politische Entscheidungen und Entscheidungsverfahren einwirken kann. In diesem Zusammenhang ist auch nach der quantitativen Dimension der Einbindung des Gerichts in den Entscheidungsprozess zu fragen.

Einwirkungsmöglichkeiten des Gerichts

Die schärfste Waffe des Gerichts gegenüber einer regierenden Mehrheit besteht in der Nichtigkeitserklärung eines Gesetzes aus Gründen mangelnder Verfassungskonformität. Vergleichbar weit reichend sind Entscheidungen, bei denen das Gericht die Unvereinbarkeit eines Gesetzes mit dem Grundgesetz feststellt. Während die für nichtig erklärte Norm revidiert werden muss, hat die Unvereinbarkeitserklärung eine Anwendungssperre des Gesetzes zur Folge. Daneben haben sich vor allem zwei weitere Entscheidungsvarianten des Gerichts als einflussreich erwiesen, bei denen jeweils von einer „Noch-Verfassungsmäßigkeit" eines Gesetzes ausgegangen wird. Nicht selten formuliert das Gericht im Anschluss an die rechtliche Prüfung eines Gesetzes eine „Appellentscheidung", durch die der parlamentarische Gesetzgeber explizit zu einer Gesetzeskorrektur aufgefordert wird, um dem „Umschlag" einer Maßnahme in die Verfassungswidrigkeit zuvorzukommen. Der dabei verbleibende eigenständige Gestaltungsspielraum des Parlaments ist minimal. Des Weiteren verfügt das Gericht über die Möglichkeit, eine verbindliche verfassungskonforme Interpretation gesetzesrechtlicher Bestimmungen festzuschreiben, durch die deren Wirkung in der Praxis nachhaltig bestimmt wird.

Das ausgesprochen großzügig bemessene Kompetenzprofil des Gerichts bildet die zentrale Grundlage von dessen bedeutender Stellung im politischen Prozess. Auch die tatsächliche Einbindung des Gerichts in den politischen Entscheidungsprozess weist dieses zweifelsfrei als wichtigen politischen Akteur aus. Dabei sind die Aktivitäten des Gerichts keineswegs auf den Bereich der „Alltagsgesetzgebung" beschränkt. Auffallend ist insbesondere die prominente Rolle des Gerichts im Umfeld von politischen Grundsatz- und Richtungsentscheidungen. Nach einer Auszählung Klaus von Beymes (1997: 302) war das Bundesverfassungsgericht in nicht weniger als 40 Prozent der wichtigsten 150 Schlüsselentscheidungen der Jahre 1949 bis 1994 auf die eine oder andere Weise involviert. In diesem Sinne lässt sich sicherlich von einer „Justizialisierung" der Politik in der Bundesrepublik sprechen (Landfried 1994).

Stellung des Gerichts im politischen Prozess

Allerdings ist damit noch nichts darüber ausgesagt, ob das Bundesverfassungsgericht während des vergangenen halben Jahrhunderts tatsächlich primär die Rolle eines „Vetoakteurs" bzw. einer „Gegenregierung" gegenüber regierenden Mehrheiten gespielt hat. Unbestritten ist, dass es immer wieder aufsehenerregende Einzelentscheidungen gegeben hat, mit denen Mehrheitsbeschlüsse des parlamentarischen Gesetzgebers angefochten wurden (Häußler 1994). Gerade in den neunziger Jahren gab es wiederholt Anzeichen einer „antizyklischen Urteilspolitik" (Guggenberger 1998: 208). Weiter ausgreifende historische Bestandsaufnahmen zeichnen jedoch insgesamt ein anderes Bild. Danach hat das Bundesverfassungsgericht in der Geschichte der Bundesrepublik eher dazu ten-

Das Bundesverfassungsgericht als „Gegenregierung"?

159

diert, die grundlegenden Weichenstellungen politischer Mehrheiten durch seine Spruchpraxis zu unterstützen, anstatt die Position einer „Gegenregierung" einzunehmen, ganz besonders im Rahmen der abstrakten Normenkontrolle (Stüwe 1997: 324-333). Dies wurde mit dem Bestreben des Gerichts erklärt, sein hohes öffentliches Ansehen durch eine möglichst geschmeidige Einfügung in das politisch-soziale Kräftefeld zu bewahren bzw. zu befördern (Wewer 1991). Die auffallend kritische Haltung des Gerichts gegenüber zahlreichen Reformmaßnahmen der sozial-liberalen Koalition (Biehler 1990) ließe sich demnach aus der relativen Stärke der Christdemokraten nicht nur im Bundestag, sondern insbesondere in den Ländern und im Bundesrat erklären. Auch in jüngeren Arbeiten wurde auf die Grenzen der These von der „Karlsruher Gegenregierung" hingewiesen. Nach Einschätzung von Reimut Zohlnhöfer (2003: 413) verkörperte das Gericht auch während der Regierungszeit der rot-grünen Koalition keinen expliziten „Vetospieler". Die von großer öffentlicher Aufmerksamkeit begleitete Entscheidung des Gerichts über das auf höchst eigentümliche Weise zustande gekommene „Zuwanderungsgesetz" (Starck 2003) – mit der die Maßnahme gekippt wurde – bildete in dieser Hinsicht eher eine Ausnahme.

6.4.3 Die Bundesbank

Zentralbankunabhängigkeit als Einschränkung des Handlungsspielraums von Regierungen

Zu den klassischen institutionellen Merkmalen der Bundesrepublik zählt nicht nur eine starke Verfassungsgerichtsbarkeit, sondern auch ein hohes Maß an Zentralbankunabhängigkeit, ab 1957 in Gestalt der Deutschen Bundesbank. Vom Bundesbankgesetz „in gewollter Einseitigkeit auf das Ziel der Sicherung der Währung verpflichtet" (Sturm 1990: 260), verfügte die Bundesbank nicht lediglich über das Monopol der Banknotenausgabe, sondern über vielfältige Instrumente zur Sicherung der Preisstabilität. Dazu gehörten die Mindestreservepolitik, die Diskontpolitik, die Variation des Lombardsatzes, die Offenmarktpolitik sowie Interventionen an den Devisenmärkten.

In vergleichenden Arbeiten über das Ausmaß der politischen Unabhängigkeit von Zentralbanken der westlichen Länder wurde die Bundesbank zu Recht als eine der unabhängigsten Banken der westlichen Welt klassifiziert (Cuckierman 1992: 381, Tab. 19.3). Unabhängigkeit und Entscheidungsautonomie eines Akteurs sind zwar nicht gleichbedeutend mit weit reichendem Einfluss desselben auf das Handeln bzw. die Handlungsmöglichkeiten anderer Akteure; die indirekten Wirkungen ausgeprägter Entscheidungsautonomie eines Akteurs auf den effektiven Handlungsspielraum anderer Akteure können jedoch beträchtlich sein. Im Falle eines hohen Maßes an Zentralbankunabhängigkeit bedeutet dies konkret, dass insbesondere finanz- und wirtschaftspolitische Vorhaben der Regierung durch eine „antizyklische" Geldpolitik der Zentralbank nachhaltig beeinflusst werden können, sowohl im Hinblick auf ihre Realisierungschancen als auch auf ihre potentiellen Wirkungen. Die Unabhängigkeit der Zentralbank kann dann zu einer von Fall zu Fall unterschiedlich starken Einschränkung des politischen Handlungsspielraums von Regierungen führen.

Ausgeprägte „Konfliktfähigkeit" der Bundesbank

Wie für alle „Mitregenten" und „Vetospieler" gilt freilich auch für Zentralbanken, dass sie das ihnen zur Verfügung stehende Veto- bzw. Mitregierungspotential ausschöpfen können, aber nicht müssen. Ferner schließt formale Unabhängigkeit weitreichende informelle Beeinflussung keineswegs aus. Studien über das Verhältnis der politischen Exekutive und der Zentralbank in den USA (Präsident und Federal Reserve oder schlicht Fed) zeigen etwa, dass Präsidenten unterschiedlicher Parteizugehörigkeit insgesamt ein beträchtliches Maß an Einfluss auf das Entscheidungsverhalten des Board of Governors der Fed geltend machen konnten (Helms 2003b: 75). Ähnliches lässt sich für das Verhältnis zwischen der Bundesregierung und der Bundesbank kaum behaupten, obwohl die politische Unabhängigkeit der Bundesbank für einzelne Phasen – so speziell während der späten achtziger und frühen neunziger Jahre – gelegentlich bezweifelt wurde (Sturm 1995). Über die ausgeprägte „Konfliktfähigkeit" der Bundesbank bestanden unter Mitgliedern der politischen Elite schon zum Zeitpunkt von deren Errichtung in der zweiten Hälfte der fünfziger Jahre kaum Illusionen. Gern hätte Adenauer das noch vor Gründung der Bundesrepublik zunächst installierte Zentralbanksystem „Bank deutscher Länder" gegen eine Zentralbank eingetauscht, die in höherem Maße dem Einfluss der Bundesregierung ausgesetzt gewesen wäre als die schließlich 1957 geschaffene Bundesbank (Buchheim 2001).

Historisch ausgerichtete Bestandsaufnahmen zeichnen ein Bild, dass neben prinzipieller Kooperation zwischen Bundesregierung und Bundesbank auch signifikante Elemente der Konfrontation enthält. Der Ausgang entsprechender Konflikte war dabei kaum von der parteipolitischen Couleur der Bundesregierung und der parteipolitischen Einfärbung des Zentralbankrats beeinflusst. Insbesondere im Rahmen solcher Konflikte, in denen es konkret um die Sicherung der Geldwertstabilität ging, offenbarte die Bundesbank eine stark ausgeprägte Neigung und bemerkenswerte Fähigkeit, ihre Ziele unnachgiebig und letztlich erfolgreich zu verfolgen (Wagschal 2001: 597). Dabei ging es keineswegs nur um Entscheidungen mit lediglich politikfeldspezifischer Bedeutung. Nach Überzeugung des britischen Politologen David Marsh (1992: 170) hatte das unerbittliche Festhalten der Bundesbank an ihrer eigenen Linie vielmehr maßgeblichen Anteil am Scheitern von nicht weniger als drei Kanzlern (Erhard, Kiesinger und Schmidt). Auch der Rücktritt des „Superministers" Schiller Anfang Juli 1972 muss im Zusammenhang mit dem selbstbewussten Auftreten der Bundesbank – in diesem Fall bezüglich der Frage einer Genehmigungspflicht für den Erwerb inländischer Wechsel und Schuldverschreibungen – gesehen werden (Wagschal 2001: 592).

Die „Wachablösung" der Bundesbank durch die Europäische Zentralbank

Die meisten Funktionen der Bundesbank wurden mit der Einführung des Euro hinfällig; gemessen an ihrem früheren Stellenwert nehmen sich deren Aufgaben im Rahmen des Europäischen Systems der Zentralbanken als bescheiden aus (Geerlings 2003). Mit der Internationalisierung der Funktionen der Bundesbank ist für deutsche Bundesregierungen jedoch insgesamt schwerlich ein Zugewinn an politischer Gestaltungsmacht verbunden. Angesichts des nicht exklusiv am ökonomischen Wohlergehen der Bundesrepublik orientierten Handelns der Europäischen Zentralbank erweist sich diese, strukturell betrachtet, als potentiell noch unbequemere „Hüterin der Währung" als einst die Bundesbank. Anders als im Falle der Bundesbank gilt zudem, dass sowohl das Mandat der Preisstabilitätssicherung als auch die institutionell garantierte Unabhängigkeit der Europäischen Zentralbank nicht einmal theoretisch durch ein einfaches Gesetz des Bundestages, sondern ausschließlich durch einstimmige Änderung des Maastricht-Vertrages mit anschließender Ratifizierung in allen Mitgliedstaaten, geändert werden können.

6.4.4 Interessengruppen

Unterschiedliche theoretische Perspektiven auf Interessengruppen

Interessengruppen wurden von jeher zu jenen Akteuren gezählt, die Regierungen das Regieren schwer machen können. Über die Jahrzehnte wandelten sich jedoch sowohl die normativ-theoretischen als auch die empirischen Bewertungen der Rolle der Interessengruppen im politischen System der Bundesrepublik. Konservative staatszentrierte Interpretationen, die in den Interessengruppen jeglicher Spielart die Feinde des – vom Staat vorzugebenden – Gemeinwohls erblickten, spielten seit den sechziger Jahren selbst in Deutschland keine wesentliche Rolle mehr. Der hierzulande vor allem von Ernst Fraenkel proklamierte Neo-Pluralismus erkannte die legitime Mitwirkung der Interessengruppen bei der Herstellung politischer Entscheidungen an und etablierte die Vorstellung vom Gemeinwohl als einer aus dem offenen politischen Entscheidungsprozess resultierenden Größe. Viele der nachfolgenden Diskussionen drehten sich vor allem um das ungleiche Einfluss- und Vetopotential unterschiedlicher Interessen. Obwohl die Rolle von Interessengruppen, anders als jene der Parteien, stets in Beziehung zum Staat betrachtet wurde, erlangten Ansätze, in denen es um das politische Durchsetzungspotential des Staates gegenüber den Interessengruppen ging, erst seit dem Ende der siebziger Jahren breitere Bedeutung. Im Rahmen der von konservativer Seite angestoßenen „Unregierbarkeits"-Diskussion ging es noch um die normative Verteidigung der Vormachtstellung des Staates bzw. der Regierung gegenüber gesellschaftlichen „Sonderinteressen". Der Neo-Korporatismus erlaubte es dem Staat bzw. der Regierung dabei immerhin noch, im Rahmen tripartistischer Arrangements unter Einbindung der großen Interessenverbände aus den Bereichen „Arbeit" und „Kapital" steuernden Einfluss zu behalten. Spätere Ansätze standen stärker im Zeichen unterschiedlicher Spielarten der pluralistischen Verhandlungsdemokratie. In den Arbeiten anderer Autoren, vor allem aus dem soziologischen Metier, wurde die Vorstellung der Möglichkeit eines wie auch immer beschaffenen hierarchischen, staatszentrierten Regierens hingegen vollends aufgegeben und durch das Modell einer sich selbst steuernden Gesellschaft ersetzt (von Beyme/Helms 2004).

Historische Entwicklungstrends des Interessengruppeneinflusses in der Bundesrepublik

Keines dieser theoretischen Modelle beschreibt die Rolle der Interessengruppen in der Bundesrepublik empirisch erschöpfend. Eine gewisse Affinität zu den unterschiedlichen Entwicklungsstadien innerhalb der Welt der Interessengruppen bzw. ihrer Rolle gegenüber der Regierung ist jedoch unverkennbar. Aus heutiger Sicht erscheinen die sechziger und siebziger Jahre tatsächlich als Hochzeit der Organisationsmacht der großen Interessenverbände. Seit den späten sechziger Jahren manifestierte sich Verbändemacht in der Bundesrepublik, wie in vielen anderen westeuropäischen Ländern, zum Teil im Rahmen neokorporatistischer Entscheidungsforen. Zum deutschen Vorzeigeprojekt wurde die „Konzertierte Aktion" im Gesundheitswesen. Von einem Referenzmodell neokorporatistischer Interessenvermittlung blieb die Bundesrepublik jedoch selbst während der Blütephase entsprechender Arrangements in den späten sechziger und frühen siebziger Jahren weit entfernt (Weßels 1999: 96-103). Seit den späten siebziger Jahren wurden weniger die traditionellen Großverbände als vielmehr die nun zahlreich entstehenden neuen sozialen Bewegungen zu den Hauptprotagonisten des Interessengruppensystems. Dabei ging es keineswegs nur um den Wunsch nach Selbstregelung, sondern nicht zuletzt um die Artikulation von Protest gegen und die Ausübung von Druck und Einfluss auf die Regierungspolitik. Prominent wurde die gesellschaftliche Opposition gegenüber der Politik von Bundesregierungen insbesondere in der Verteidigungs- und der Umweltpolitik. Ihr war freilich ein recht unterschiedlicher Erfolg beschieden. Während der umweltpolitische Protest beträchtliche kurzfristige und bedeutende langfristige Ergebnisse, bis hin zum Aufstieg des parteipolitischen Arms der Bewegung in den Kreis der Regierungsparteien, zeitigte, zeigten sich die Regierungen Schmidt und Kohl in der Lage, ihren verteidigungspolitischen Kurs auch gegen ein hohes Maß an gesellschaftlicher Opposition im Wesentlichen durchzusetzen.

In der jüngeren Vergangenheit wurde das Verhältnis zwischen Verbänden und Staat in der Bundesrepublik durch unterschiedliche Entwicklungen geprägt. Die auffallendste Veränderung betrifft den graduellen Machtverlust der traditionellen Großverbände, insbesondere der Gewerkschaften. Sie wurden durch unterschiedliche strukturelle Entwicklungen (wie nicht zuletzt den anhaltenden Mitgliederschwund und nachlassende Loyalitäten) in den vergangenen Jahren empfindlich geschwächt (von Winter 2001). Wie in den meisten anderen entwickelten westlichen Demokratien kam es in der Bundesrepublik während der vergangenen Jahre jedoch nicht nur zu einer Schwächung der Gewerkschaften. Auch auf Arbeitgeberseite gab es wichtige strukturelle Veränderungen. In deren Zentrum stand ein relativer Bedeutungsverlust von Branchen- und anderen Dachverbänden und ein gleichzeitiger Bedeutungsgewinn einzelner Großunternehmen (Crouch 2003: 201-203; Leif/Speth 2003).

Machtverlust traditioneller Großverbände und Bedeutungsgewinn einzelner Großunternehmen

Wie insbesondere ein Vergleich des Verhältnisses zwischen dem Staat und Akteuren des privaten Sektors unter den Regierungen Kohl und Schröder zeigt, besitzen Regierungen trotz ähnlicher struktureller Bedingungen des Regierens die Möglichkeit, deutlich unterschiedliche Führungs- und Entscheidungsstrategien zu verfolgen. Kennzeichnend für die Regierung Kohl war das Bestreben, die Meinungsbildung und Entscheidungsfindung soweit wie möglich intern, ohne intensive Einbeziehung von Akteuren des gesellschaftlichen Bereichs, ablaufen zu lassen (Korte/Fröhlich 2004: 247). Demgegenüber wurde das Regieren in bzw. mit Kommissionen zu einem herausragenden und viel kritisierten Merkmal der Amtszeit Gerhard Schröders (von Blumenthal 2003; Patzelt 2004). Wie speziellere Untersuchungen, etwa über das „Bündnis für Arbeit", suggerieren, darf aus der demonstrativen Einbindung gesellschaftlicher Gruppen indes nicht ohne weiteres auf deren realen Einfluss auf das Regierungshandeln geschlossen werden. Die entscheidungspolitische Bilanz des „Bündnisses" fiel ausgesprochen mager aus (Heinze 2003: 147-152). Seine Hauptfunktion wurde nach Meinung einiger Beobachter schon lange vor dem endgültigen Scheitern des Projekts im Frühjahr 2003 die „eine[r] photo opportunity zur medienwirksamen Selbstprä-

Das Verhältnis der Regierungen Kohl und Schröder zu Akteuren des privaten Sektors

sentation eines um sein politisches Überleben kämpfenden Bundeskanzlers" (Streeck 2003: 9).

Traditionell enge Kooperation zwischen Interessengruppen und der Ministerialverwaltung

Unabhängig von solchen spezielleren Arrangements gehört zu den zentralen Charakteristika der Interessengruppenpolitik in der Bundesrepublik die enge Kooperation zwischen den Spitzenverbänden der unterschiedlichen Interessenbereiche einerseits und den Ministerien andererseits. Anders als in Österreich und der Schweiz existiert in der Bundesrepublik kein Rechtsanspruch der Spitzenverbände, im Vorfeld der Erarbeitung von Regierungsvorlagen von der zuständigen Ministerialverwaltung konsultiert zu werden. In § 47,3 der neuen Gemeinsamen Geschäftsordnung der Bundesministerien heißt es bezüglich der Beteiligung von Spitzenverbänden am internen Gesetzgebungsverfahren: „Zeitpunkt, Umfang und Auswahl bleiben, soweit keine Sondervorschriften bestehen, dem Ermessen des federführenden Bundesministeriums überlassen." Gleichwohl hat sich die Mitsprache der Spitzenverbände in der Verfassungspraxis faktisch zu einem Gewohnheitsrecht fortentwickelt. Schon vor mehr als einem Vierteljahrhundert wurde die Existenz von fest etablierten Austauschbeziehungen zwischen einzelnen Verbänden und Ministerien zu den Kernmerkmalen des Verhältnisses von Verbänden und Staat in der Bundesrepublik gezählt (Weber 1977: 259-261). In jüngeren Studien wurde die zentrale Bedeutung enger Kontakte zwischen Verbandsvertretern und der Ministerialbürokratie bestätigt. Entsprechende Kontakte rangieren nach Selbsteinschätzung der Verbände vor allen anderen Formen versuchter politischer Einflussnahme, etwa im Bundestag oder über die Parteien (Sebaldt 2000: 200, Tab. 10.5). Bezogen auf die Trias der Organisationsprinzipien der Kernexekutive (Kanzlerprinzip, Ressortprinzip und Kabinettsprinzip) die große Mehrzahl von Versuchen interessenpolitischer Einflussnahme am Ressortprinzip orientiert. Direkte Kontakte zwischen Interessenvertretern und dem Kanzler bilden eher die Ausnahme, obwohl sich für jede Kanzlerschaft eine Reihe von Beispielen finden lässt (Abromeit 1994).

6.4.5 Exkurs: Das Innenleben der „doppelköpfigen Exekutive" – zum Verhältnis zwischen Bundesregierung und Bundespräsident

Bundespräsident kein typischer „Vetospieler"

Im Gegensatz zu den soeben behandelten Akteuren wurde der Bundespräsident – mit guten Gründen – bislang nicht zu den klassischen „Vetospielern" oder „Mitregenten" im politischen System der Bundesrepublik gezählt. Unter den zahlreichen verfassungsrechtlichen Neuerungen der westdeutschen Staatsgründung nach 1945 stand die bewusste Schwächung des Staatsoberhaupts zugunsten eines „konsequent parlamentarischen" Systems mit an erster Stelle. In kaum einem anderen Bereich wird der Charakter des Grundgesetzes als eines ausdrücklichen Gegenentwurfs zur Weimarer Reichsverfassung ähnlich deutlich wie hinsichtlich der Ausgestaltung des Präsidentenamtes. Unabhängig von den veränderbaren politischen und personellen Konstellationen machen die verfassungsrechtlichen

Begrenzungen des Amtes (Schlaich 1987) jede Form präsidentiellen Regierens im engeren Sinne unmöglich.[19]

Gemäß Art. 54 GG wird der Bundespräsident durch die Bundesversammlung, ein Gremium aus sämtlichen Mitgliedern des Bundestages und einer gleich großen Anzahl von den Landesparlamenten bestimmter Vertreter, für die Dauer von fünf Jahren gewählt. Zulässig ist lediglich die einmalige Wiederwahl. Die von der ungewöhnlich großen Popularität des ersten Bundespräsidenten, Theodor Heuss (FDP), inspirierte Idee, die zulässige Amtszeit über die maximal mögliche Dauer von zehn Jahren hinaus zu verlängern, wurde bereits Ende der fünfziger Jahre fallen gelassen, nachdem sich die SPD für die Aufstellung eines eigenen Kandidaten für die Bundespräsidentenwahl 1959 entschieden hatte. Auch eine Amtszeit von zehn Jahren wurde nur von drei der acht bis 2004 ausgeschiedenen Präsidenten (Heuss, Lübke und von Weizsäcker) erreicht.

Das verfassungsrechtliche Profil des Amtes

Im Gegensatz zum Weimarer Reichspräsidenten besitzt der Bundespräsident keine speziellen Notstandsbefugnisse. Anders als viele andere Staatsoberhäupter verfügt er auch nicht über den militärischen Oberbefehl. Bemerkenswert ist dies insbesondere im Rahmen eines Vergleichs der Kompetenzen republikanischer Staatsoberhäupter. Aus der Gruppe der parlamentarischen Republiken Westeuropas verwehrt außer der Bundesrepublik nur Irland dem Präsidenten den militärischen Oberbefehl. Weitere Beschränkungen des Amtes ergeben sich aus der „institutionelle[n] Einmauerung des Bundespräsidenten" (von Beyme 1999b: 24), zu deren Komponenten auch Einrichtungen wie das Bundesverfassungsgericht gehören. In Abkehr vom Weimarer Modell verkörpert nunmehr dieses, nicht mehr der Präsident, die „pouvoir neutre" im deutschen Regierungssystem.

Das größte politische Potential besitzen die verfassungsrechtlichen Kompetenzen des Präsidenten bezüglich der Regierungsbildung (Nominierung und Ernennung eines vom Bundestag gewählten Kandidaten für das Amt des Bundeskanzlers sowie die Ernennung von Bundesministern), das – an konkrete Bedingungen geknüpfte – Recht zur Parlamentsauflösung sowie das formale und (begrenzte) materielle Prüfungsrecht in der Bundesgesetzgebung.

Mindestens zwei historisch-politische Faktoren sind dafür verantwortlich, dass die bisherigen Bundespräsidenten ihre ohnehin mäßigen Amtsvollmachten in aller Regel nicht voll ausschöpften. Von Bedeutung war zunächst, dass der erste Amtsinhaber, Theodor Heuss, das neu geschaffene Amt in seinen Möglichkeiten machtpolitisch eher defensiv interpretierte und damit – gleichsam spiegelbildlich zur umgekehrten Ausdeutung des Handlungsspielraums des Kanzlers durch Konrad Adenauer – die grundsätzlichen Parameter des Amtes für alle seine Nachfolger festlegte. Gesteigert wurde dieser Effekt durch den Umstand, dass Heuss schon früh auch eine persönliche Vorbildfunktion im Amt des Bundespräsidenten zuerkannt wurde (Wengst 1999). Zweitens spielte eine Rolle, dass die stabilen und im allgemeinen durch klare Mehrheitsverhältnisse geprägten politischen Konstellationen der deutschen Nachkriegsgeschichte insgesamt

Gründe für die weitgehende „Selbstbeschränkung" der bisherigen Präsidenten

---

19 In Gegenüberstellung mit den Kompetenzen der Staatsoberhäupter anderer westlicher Länder erscheint das Kompetenzprofil des Bundespräsidenten jedoch gleichwohl nicht als politisch vollständig bedeutungslos. In einer vergleichenden Untersuchung von Paul Heywood und Vincent Wright (1997: 80) wird der Bundespräsident als Staatsoberhaupt mit nicht ausschließlich „symbolischen", sondern wichtigen „prozeduralen" Funktionen klassifiziert.

wenig Anlass und Gelegenheit boten, um ein „präsidentielles Zeichen" zu setzen. Dies gilt ganz besonders für den gesamten Bereich der Regierungsbildung (Rudzio 2000: 57-58).

<small>Unterschiedliche Persönlichkeiten und Führungsstile</small>

Aus den verfassungsrechtlichen und historisch-politischen Rahmenbedingungen resultierte gleichwohl keine vollständige Neutralisierung des personellen Faktors. Im Gegenteil. Die vergangenen Jahrzehnte lassen sehr wohl Unterschiede zwischen den Amtszeiten einzelner Bundespräsidenten erkennen, denen nicht zuletzt unterschiedlich beschaffene Persönlichkeitsprofile und politische Stile zugrunde lagen (Schwarz 1999). Interessant erscheinen im Kontext dieser Studie insbesondere die aus Sicht der Regierung bzw. des jeweiligen Kanzlers „problematischen" Amtsinhaber.

Tabelle 8: Präsidenten und Kanzler seit 1949

Präsident	Kanzler	Amtszeit
Theodor Heuss (FDP)	Konrad Adenauer (CDU)	1949-1959
Heinrich Lübke (CDU)	Konrad Adenauer (CDU)	1959-1963
	Ludwig Erhard (CDU)	1963-1966
	Kurt Georg Kiesinger (CDU)	1966-1969
Gustav Heinemann (SPD)	Willy Brandt (SPD)	1969-1974
Walter Scheel (FDP)	Helmut Schmidt (SPD)	1974-1979
Karl Carstens (CDU)	Helmut Schmidt (SPD)	1979-1982
	Helmut Kohl (CDU)	1982-1984
Richard von Weizsäcker (CDU)	Helmut Kohl (CDU)	1984-1994
Roman Herzog (CDU)	Helmut Kohl (CDU)	1994-1998
	Gerhard Schröder (SPD)	1998-1999
Johannes Rau (SPD)	Gerhard Schröder (SPD)	1999-2004
Horst Köhler (CDU)	Gerhard Schröder (SPD)	seit 2004

<small>Die Präsidentschaft Heinrich Lübkes</small>

Die vermutlich problematischste Präsidentschaft war diejenige des Christdemokraten Heinrich Lübke (1959-1969), welche drei christdemokratische Kanzlerschaften umspannte. Lübke spielte nicht nur eine zentrale Rolle hinsichtlich der Etablierung des materiellen Prüfungsrechtes des Präsidenten bei der Gesetzesausfertigung. Er nahm für sich auch in Anspruch, laut über die seiner Meinung nach wünschenswerteste parteipolitische Zusammensetzung der Regierung nachzudenken. Sein früher Enthusiasmus für eine große Koalition stieß auf den entschiedenen Widerspruch weiter Teile der CDU, welche sich vor der tatsächlichen Bildung einer CDU/CSU-SPD-Regierung Ende 1966 lange Zeit keine annähernd weit reichende Machtteilung vorzustellen gewillt war. Für Konfliktstoff sorgten ferner Lübkes Versuche, maßgeblichen Einfluss auf die personelle Zusammensetzung des Kabinetts zu nehmen, in dem er sich mehrfach (1961, 1963 und 1965) – jedoch zumeist erfolglos – darum bemühte, ihm nicht geeignet erscheinende Kandidaten für Ministerämter zu verhindern (Morsey 1996: 336-337, 345-346, 437-438).

<small>Die Präsidentschaft Richard von Weizsäckers</small>

Kaum weniger problematisch war aus Sicht der Regierung die Präsidentschaft des Christdemokraten Richard von Weizsäcker. Im Vergleich mit seinen fünf Amtsvorgängern galt von Weizsäcker Beobachtern als „der politischste aller Präsidenten der Bundesrepublik" (Padgett 1994b: 16). Angesichts seiner weit überdurchschnittlichen Popularität kam seinen öffentlichen Stellungnahmen zu den unterschiedlichsten Fragen der Zeit eine ungewöhnlich große Bedeutung zu. Daraus resultierten nicht zuletzt Kompetenzstreitigkeiten und inhaltliche Dissonanzen zwischen von Weizsäcker und Kanzler Kohl. Trotz der zahlreichen Gelegenheiten, bei denen von Weizsäcker die Regierung politisch herausforderte, erscheint die auf den ersten Blick paradox anmutende These, nach der der Präsident letztlich zu den Stabilisatoren der Regierung Kohl gehörte (Leicht 1993), keineswegs abwegig. In gewisser Weise kompensierten das ausgeprägte Gespür von Weizsäckers für gesellschaftliche Stimmungen und seine Bereitschaft zur verbalen „Einmischung" für die verbreitet als problematisch empfundene Neigung des Kanzlers, Probleme „auszusitzen" und so spät wie möglich öffentlich Position zu beziehen.

Die Amtsperiode des fünften Bundespräsidenten, des Christdemokraten Karl Carstens, war nicht zuletzt insoweit bemerkenswert als sie zeigte, dass eine unterschiedliche Parteizugehörigkeit von Präsident und Kanzler keineswegs „automatisch" zu mehr Konflikten führen muss als die Beziehung zwischen den Repräsentanten ein und derselben Partei. Die ersten drei Jahre der Präsidentschaft Carstens', welche mit der Spätphase der Kanzlerschaft Helmut Schmidts zusammenfielen, waren alles in allem nicht konfliktbeladener als die Phase des christdemokratischen Präsidenten-Kanzler-Tandems Carstens/Kohl. In beiden Fällen war die Rolle des Präsidenten durch bewußte Zurückhaltung und parteipolitische Neutralität geprägt. Carstens war der erste Präsident in der Geschichte der Bundesrepublik, der sämtliche ihm zur Ausfertigung vorgelegten Gesetze unterschrieb. Sein langes Zögern hinsichtlich der Entscheidung, den Bundestag nach der negativ beantworteten Vertrauensfrage Kanzler Kohls aufzulösen und vorgezogene Neuwahlen zuzulassen, untermauerte den Eindruck von einem Präsidenten, der um eine möglichst geschmeidige Einfügung in das mehrheitspolitische Kräftespiel bemüht war. Einige Beobachter gelangten gar zu dem Schluss, dass das Verhältnis zwischen dem Christdemokraten Carstens und dem Sozialdemokraten Schmidt insgesamt besser gewesen sei als dasjenige zwischen dem zuletzt genannten und Präsident Scheel (FDP), welcher immerhin aus den Reihen des kleineren Koalitionspartners stammte und ein Ministerkollege Schmidts im Kabinett Brandt gewesen war (Jäger 1994: 157).

Die Präsidentschaft Karl Carstens

Während das kurze Zwischenspiel eines christdemokratischen Präsidenten (Roman Herzog) und eines sozialdemokratischen Kanzlers (Gerhard Schröder) Ende der neunziger Jahre ein weiteres Beispiel für eine harmonische Beziehung zwischen Schloss Bellevue und dem Kanzleramt lieferte, gestaltete sich das Zusammenspiel zwischen der Regierung Schröder und dem zweiten Sozialdemokraten im Amt des Bundespräsidenten, Johannes Rau, konfliktfreier als während der meisten früheren Konstellationen, in denen Präsident und Kanzler aus derselben Partei stammten. Die Wünschbarkeit oder Nichtwünschbarkeit von Stammzellenforschung in Deutschland bildete eines der ganz wenigen politischen Themen, über die sich ein öffentlicher Dissens zwischen Präsident und Kanzler entspann.

Roman Herzog und Johannes Rau

Die durch die Wahl Horst Köhlers (CDU) zum Nachfolger Raus im Mai 2004 neuerlich entstandene Konstellation eines christdemokratischen Bundespräsidenten und eines sozialdemokratischen Kanzlers wurde in den Medien verein-

Die Präsidentschaft Horst Köhlers

zelt zu einem latenten Krisenszenario aufgebauscht. Köhler wurde als „hoch ambitionierter Konkurrent" des Kanzlers, als das erste Staatsoberhaupt der Bundesrepublik porträtiert, „das mehr Talente für die Exekutive mitbring[e] als für die Repräsentation" (Der Spiegel, 15. November 2004, 22-23). Im Zentrum des Konflikts stehe der Kampf um „die Deutungshoheit über den begonnenen Reformprozess" – wobei der Präsident als der entschieden ehrgeizigere Reformer agiere (ebd.). Gemessen an entsprechenden Bewertungen blieben die während des ersten Jahres der Amtszeit Köhlers tatsächlich greifbaren Konflikte zwischen Präsident und Regierung vergleichsweise unspektakulär. Zum Anlass der sichtbarsten Konfrontation zwischen Köhler und Schröder wurde der Vorschlag der Bundesregierung, den 3. Oktober als gesetzlichen Feiertag zu streichen. Dabei profilierte sich Köhler indes weniger als besonders energischer Reformer, sondern vielmehr als entschlossener Bewahrer der bestehenden Regelung. Als Köhler im Vorfeld der vom Bundeskanzler am 1. Juli 2005 gestellten Vertrauensfrage im Bundestag von einigen SPD-Abgeordneten wegen angeblicher „Indiskretionen" öffentlich attackiert wurde, bezog Schröder unmissverständlich Position, indem er die Kritiker in die Schranken wies und zugleich die „gute Zusammenarbeit" mit dem Bundespräsidenten unterstrich (Frankfurter Allgemeine Zeitung, 9. Juni 2005). Selbst die unter journalistischen Beobachtern nicht wenigen Anhänger der (schwach belegten) „Konflikttheorie" sahen die (vermeintlichen) Spannungen zwischen Kanzler und Präsident kaum in deren unterschiedlichen Partei- bzw. Lagerzugehörigkeit begründet. Als ausschlaggebender wurde das als „Machertyp" charakterisierte politische Naturell beider Akteure bewertet, die einander zu ähnlich seien, um miteinander harmonieren zu können.

Persönlichkeiten sind wichtiger als die jeweilige Parteibindung von Kanzler und Präsident

In diese Richtung weisen auch die Erfahrungen früherer Präsidentschaften. Vor allem die populäre These einer gleichsam „natürlich konfliktträchtigen" Beziehung zwischen Amtsinhabern unterschiedlicher Parteizugehörigkeit – welche durch den beträchtlichen Ehrgeiz der Parteien, bei der Wahl des Bundespräsidenten durch die Bundesversammlung ihren Kandidaten durchzusetzen (Helms 1998: 54-59; Oppelland 2001), scheinbar genährt wird – erweist sich bei genauerer Betrachtung als kaum haltbar. Blickt man auf die Präsidentschaften Lübkes und von Weizsäckers, scheint sich eher die entgegengesetzte These aufzudrängen, nach der sich Präsidenten aus den Reihen der Regierungsparteien um so freier fühlen, die Regierung vorbehaltlos zu kritisieren und zu attackieren, da ihnen nicht der Vorwurf droht, sich damit aus parteipolitischen Motiven heraus zum willfährigen „Handlanger" der parlamentarischen Opposition zu machen.

Keine Tendenz zur generellen Aufwertung des Präsidenten im politischen System

Die Erfahrungen des vergangenen Jahrzehnts zeigen überdies, dass es – anders, als auf dem Höhepunkt der von Weizsäcker-Ära vielfach vermutet (Padgett 1994b: 17-18) – nicht zu einer generellen politischen Aufwertung des Amtes des Bundespräsidenten im politischen System im Allgemeinen und gegenüber der Regierung im Besonderen gekommen ist. Vor allem Rau legte ein bemerkenswertes Maß an Zurückhaltung an den Tag – auch in einigen Situationen (wie der Bedrohung durch den Rechtsradikalismus, der CDU-Spendenaffäre oder der BSE-Krise), in denen sich viele eine stärkere Beteiligung des Präsidenten gewünscht hätten. Auch die Ausfertigung des auf eigentümliche Weise zustande gekommenen und später vom Bundesverfassungsgericht beanstandeten „Zuwanderungsgesetzes" 2002, war – trotz offizieller Präsidentenrüge an die Adresse der

Regierung – dem übergeordneten Amtsverständnis verpflichtet, das entscheidungspolitische Gewicht des Präsidentenamtes gering zu halten. Die – gemessen an den Erfahrungen bis Ende Juli 2005 – geringfügig stärkere „Einmischung" des Bundespräsidenten in die tagespolitische Auseinandersetzung lässt es bis auf weiteres nicht gerechtfertigt erscheinen, von einer grundlegenden Trendwende bezüglich der Rolle des Staatsoberhaupts im politischen System der Bundesrepublik zu sprechen. Auch, und insbesondere, die vorübergehende Aufwertung, die der Präsident im Zuge seiner Prüfung der verfassungsrechtlichen und politischen Voraussetzungen für eine vorzeitige Auflösung des Bundestages im Sommer 2005 zweifellos erfuhr, taugt kaum als seriöse Grundlage einer allgemeinen Theorie der Entfesselung präsidentieller Macht im deutschen Regierungssystem. Mit seiner Entscheidung, dem Ersuchen des Kanzlers nach Auflösung des 15. Bundestages nachzukommen (Frankfurter Allgemeine Zeitung, 23. Juli 2005), akzeptierte der Bundespräsident im Kern vielmehr das entscheidungspolitische Primat der Parteien in der Bundesrepublik.

6.5 Bilanz: Kontinuität und Wandel

Während sich auf der Ebene der in den vorausgehenden Kapiteln beleuchteten Prinzipien der internen Regierungsorganisation trotz der zahlreichen Regimewechsel seit dem 19. Jahrhundert beachtliche Elemente der Kontinuität finden, markierte die Verabschiedung des Grundgesetzes in anderen Bereichen einen echten Neubeginn. Die greifbarste Veränderung gegenüber der Weimarer Verfassungskonstruktion betraf das vollständig neu geregelte Verhältnis zwischen Präsident und Parlament, von dem die Position der Regierung im Gefüge der Staatsorgane nicht unberührt bleiben konnte. Die Kompetenzen des Staatsoberhaupts – von der Regierungsbildung bis zur Parlamentsauflösung und zum Notverordnungsrecht – wurden auf ganzer Linie geschwächt. Daraus resultierte ein relativer Macht- und Positionsgewinn des Parlaments, der zu Recht als konsequente Parlamentarisierung des Systems beschrieben wurde. Gleichwohl ist es wichtig zu sehen, dass die Macht des Bundestages gegenüber der Bundesregierung nicht in jeder Hinsicht weit reichender ist als die des Weimarer Reichstags gegenüber der Reichsregierung. Während das Grundgesetz die Mitwirkung des Parlaments bei der Regierungsbildung gleichermaßen symbolisch wie substantiell stärkte, blieben die verfassungsrechtlichen Spielräume des Bundestages im Hinblick auf seine „destruktiven" Handlungsoptionen, wie den Minister- und Regierungssturz, begrenzter als jene des Reichstags von Weimar.

Verfassungsrechtlicher Neubeginn

Trotz einzelner Elemente eines „rationalisierten Parlamentarismus" ist die parlamentarische Arena zweifellos auch in der Bundesrepublik ein Raum, in dem sich Regierungen zu bewähren haben. Die hierzulande bestehenden verfassungsrechtlichen Regeln parlamentarischer Regierung mögen den parlamentarischen Regierungssturz ein Stück weit unwahrscheinlicher machen als in einer Reihe anderer parlamentarischer Demokratien; die Unterstützung der von der Regierung gewünschten Politik durch eine parlamentarische Mehrheit bildet jedoch nichtsdestotrotz eine absolut unverzichtbare Voraussetzung effektiven Regierens. Angesichts des Charakters des Bundestages als eines „Fraktionenparlaments"

Rückblick auf die Bedeutung der parlamentarischen Arena als Ort politischer Führung

(Schüttemeyer 1992) standen im Zentrum entsprechender Aktivitäten seitens der Regierung vor allem Maßnahmen, die auf die Herstellung möglichst guter Arbeitsbeziehungen zu den Fraktionsspitzen der Koalitionsparteien im Bundestag gerichtet waren. Die meisten Regierungen kreierten früher oder später eigens spezielle Gremien, in denen Spitzenvertreter der Regierung und der Fraktionen zusammengeführt wurden, um die Formulierung konsensfähiger Lösungen strukturell zu erleichtern. Obwohl die meisten Kanzler bestrebt waren, ihren Teil zum parlamentarischen „Mehrheitsmanagement" beizutragen, bildeten sie kaum die eigentlichen „Beweger" des parlamentarischen Entscheidungsprozesses. Als entscheidend erwiesen sich vielmehr die Loyalität und das Geschick der Vorsitzenden der Koalitionsfraktionen sowie – im Rahmen dieses Kontexts – das Verhältnis zwischen Kanzler und Fraktionsspitze, oftmals vermittelt durch den Chef des Kanzleramts.

Ein zentrales Kennzeichen des parlamentarischen Entscheidungsprozesses in der Bundesrepublik bildet die – durch entsprechende verfassungsrechtliche Vorgaben zum Teil geforderte sowie durch weitere institutionelle und politisch-kulturelle Faktoren begünstigte – enge Kooperation zwischen Regierungsmehrheit und Opposition. Die parlamentarische Minderheit im Bundestag kann sich dabei auf eine institutionelle Chancenstruktur stützen, deren Komponenten zu einem beträchtlichen Teil außerhalb der parlamentarischen Arena im engeren Sinne angesiedelt sind, welche jedoch gleichwohl auf diese zurückstrahlen und dort der Opposition den Arm stärken. Diese den Konsens begünstigenden Rahmenbedingungen haben ausgeprägtere Konfliktphasen im Verhältnis zwischen parlamentarischer Mehrheit und Minderheit freilich nicht verhindert. Obwohl die Bundesrepublik insgesamt zweifelsohne starke Züge eines „grand coalition state" (Schmidt 2002b) aufweist, bleibt das parlamentarische Verfahren geprägt durch die Prinzipien Wettbewerb und Kooperation, deren jeweiliger Stellenwert im Rahmen politischer Entscheidungsprozesse durch überwiegend rational entscheidende Akteure bestimmt wird.

Detailliertere Untersuchungen zum Oppositionsverhalten in der Bundesrepublik (Helms 2002b: 40-69) konnten zeigen, dass die parteipolitische Couleur von Regierung und Opposition keinen nennenswerten eigenständigen Einfluss auf das Verhalten der Akteure besitzt. Christdemokratisch geführte Regierungen und Oppositionen agierten nicht grundsätzlich anders als sozialdemokratische Mehrheiten und Minderheiten. Von entscheidender Bedeutung war vielmehr die jeweilige „Großwetterlage" auf der Ebene des Parteiensystems. Solange die Struktur des Parteiensystems signifikante Veränderungen der parteipolitischen Zusammensetzung der Regierung lediglich im Rahmen eines teilweisen Austausches der Regierungsparteien gestattet, lässt sich selbst ein ausgesprochen kooperatives Oppositionsverhalten als Komponente einer rationalen politischen „Machterwerbsstrategie" bewerten. Das veranschaulicht vor allem die Oppositionsstrategie der SPD zwischen Ende der fünfziger und Mitte der sechziger Jahre, während derer die Struktur des Parteiensystems allenfalls einen „dosierten Machtwechsel" (die Auswechslung einer Regierungspartei) zuzulassen schien. Je stärker die Konstellation des Parteiensystems bipolare Züge trägt, umso wahrscheinlicher ist es, dass Akteure eine kompetitive Oppositionsstrategie verfolgen, die im Ergebnis auf einen vollständigen Machtwechsel, eine „wholesale alternation" der Parteien an der Regierung (Mair 2002: 94), gerichtet ist. Als Beispiel hierfür ließe sich das Verhalten der SPD-Opposition gegenüber der Regierung Kohl ab Mitte der neunziger Jahre anführen. Zu diesem Zeitpunkt hatte sich – ungeachtet der gewachsenen Fragmentierung des Parteiensystems – bereits eine klar erkennbar „Zwei-Block-Struktur" des Parteienwettbewerbs herausgebildet (Smith 1996: 64-68), auf deren Grundlage gezielt die Ablösung der christlich-liberalen Koalition durch ein rot-grünes Regierungsbündnis betrieben wurde.

Von den drei Verfassungsorganen – Bundesrat, Bundesverfassungsgericht und Bundesbank – welche hinsichtlich ihrer Kompetenzen die Qualitäten potentieller „Vetospieler" von Regierungen besitzen, hat keines sein theoretisch maximales Vetopotential auch nur annähernd ausgeschöpft. Am vergleichsweise kompromisslosesten zeigte sich, soweit Vergleiche zwischen so unterschiedlichen Institutionen wie gesetzgebenden Körperschaften, Gerichten und Zentralbanken Sinn machen, die Bundesbank. Sie machte wiederholte Male selbstbewusst von ihren geldpolitischen Entscheidungskompetenzen Gebrauch, ohne dabei die politische Interessenlage der Bundesregierung zu berücksichtigen, und scheute selbst vor Auseinandersetzungen nicht zurück, bei denen die politische Existenz von Kanzlern und Ministern auf dem Spiel stand.
Rückblick auf die Rolle der Bundesbank

Das Bundesverfassungsgericht verdient, ungeachtet seiner ungewöhnlich weitreichenden Kompetenzen und deren unbescheidener Inanspruchnahme, insgesamt keineswegs die Bezeichnung „Gegenregierung". Dies gilt nicht nur wegen der Neigung des Gerichts, im Zweifelsfall mit Augenmaß für die politisch-sozialen Kräfteverhältnisse zu entscheiden (woraus in der Verfassungspraxis heftiger Gegenwind aus Karlsruher Richtung vor allem für die sozial-liberalen Regierungen unter Brandt und Schmidt resultierte). Wie die intensiv geführte Debatte über die Gründe der „Justizialisierung" der Politik in der Bundesrepublik zutage gefördert hat, gab es in den vergangenen Jahrzehnten zudem zahlreiche Gelegenheiten, bei denen entscheidungsunfähige oder -unwillige Regierungen im Bundesverfassungsgericht eine willkommene „Ersatzentscheidungsinstanz" für unpopuläre Maßnahmen fanden (Helms 1999c: 154-155).
Rückblick auf die Rolle des Bundesverfassungsgerichts

Selbst der Bundesrat als ein mehr oder minder beständig mit dem Vorwurf der „Blockade" konfrontierter Akteur funktionierte während der vergangenen rund fünfeinhalb Jahrzehnte eher im Sinne einer einflussreichen „Mitregierung" als eines kompromisslosen „Vetospielers". Wenig überraschend kam es zu einer verstärkten Vetotätigkeit und hartnäckigem Ringen um Kompromisse in Einzelfragen vor allem während Phasen von „divided government". Spezifiziert man diese Phasen geteilter politischer Kontrolle von Bundesregierung und Bundestag einerseits und Bundesrat andererseits im Hinblick auf die parteipolitische Zusammensetzung der Regierung, so lässt sich feststellen, dass sozialdemokratisch geführte Bundesregierungen beim Streben nach Verwirklichung ihrer politischen Programme alles in allem auf deutlich ungünstigere Bedingungen stießen als christdemokratisch geführte Regierungen.
Rückblick auf die Rolle des Bundesrates

Die bisherigen Bundespräsidenten haben trotz gelegentlicher Versuche der politischen Einflussnahme nicht die Rolle eines ernsthaften „Vetospielers" der Regierung beansprucht. Angesichts der verfassungsrechtlichen Vorgaben und der vorherrschenden politischen Rahmenbedingungen hätte hierfür auch kaum Raum bestanden. Eine historische Gesamtschau zeigt überdies, dass parteipolitische
Rückblick auf die Rolle des Bundespräsidenten

Faktoren, d.h. die Parteizugehörigkeit des Amtsinhabers und die unterschiedlichen Konstellationen hinsichtlich der parteipolitischen Zusammensetzung der Regierung, für die Amtsführung und die Rolle des Staatsoberhaupts im politischen Prozess insgesamt von untergeordneter Bedeutung waren. Ein Denken in den Kategorien von „divided government" und „unified government", das viele Arbeiten über die V. Republik Frankreich und andere sogenannte „semipräsidentielle" Systeme kennzeichnet, ist für die Bundesrepublik gleichermaßen unergiebig wie überflüssig.

Rückblick auf die Rolle der Interessengruppen

Wie die potentiellen staatlichen „Vetospieler" besitzen auch viele Interessengruppen ein Drohpotential, das ihren Forderungen eine politische Hebelwirkung verleiht. Dieses betrifft vor allem die Implementationsphase von legislativen Entscheidungen. Obwohl Drohung, Opposition und Streik auch in der Bundesrepublik zum Strategiearsenal von Interessengruppen gehören, haben die großen Interessenverbände alles in allem friedliche und kooperative Formen der Konfliktregelung und Einflussnahme bevorzugt. Was die grundlegenden Komponenten des Verhältnisses zwischen Interessengruppen und Staat betrifft, fällt die Bundesrepublik insgesamt zwischen die Modelltypen Pluralismus und Neo-Korporatismus, wobei die jüngere Vergangenheit durch sektoralen Korporatismus und einen relativen Bedeutungsgewinn klassisch pluralistischer Formen des Verbandseinflusses gekennzeichnet war.

Die veränderte Rolle der Massenmedien

Wie in anderen westlichen Ländern sind schließlich auch die Massenmedien – insbesondere des privaten Sektors – immer mehr in die Rolle einer eigenständigen Gewalt und eines potentiellen Vetoakteurs von Regierungen hineingewachsen. Regieren bedeutet heute „Regieren unter den Bedingungen medialer Allgegenwart" (Pfetsch 1998). Die Macht der Medien ist bereits im Vorhof der Regierung, nämlich bei der Selektion des potentiellen Regierungspersonals, unbestreitbar groß. Die dramatisch intensivierte Durchdringung des politischen (und privaten) Raums durch die Medien erhöht nicht nur den Zeitdruck auf die politischen Entscheidungsträger, sondern verlangt auch gezieltes und hochgradig professionelles Medien- und Imagemanagement, insbesondere was die politische „Vermarktung" des Regierungschefs betrifft. In den klassischen Kategorien der politischen Theorie gesprochen, geht es bei allen diesen Bemühungen seitens der Regierung letztlich um die Umwandlung von „authority" (Amtsgewalt) in „power" (politische Macht; vgl. Seymour-Ure 2003: 51-65). Das Streben von Regierungen nach politischer Einflussnahme auf die Bevölkerung durch gezielte politische Öffentlichkeitsarbeit ist freilich älter als die moderne „Mediengesellschaft". Wie andere Dimensionen des Regierungsprozesses ist auch die Geschichte von „public leadership" in der Bundesrepublik seit 1949 geprägt durch das komplexe Zusammenspiel personeller Faktoren mit anderen Variablen. So überrascht es nicht, dass selbst Versuche einer gezielten Anknüpfung an das „Medienmanagement" der Vorgängerregierung, wie im Falle Erhard/Adenauer, zu signifikant anderen Ergebnissen führten.

Rückwirkungen der „Medialisierung" auf die Parteiendemokratie

Obwohl das Verhältnis zwischen den Medien und den anderen Akteuren des politischen Systems, und deren Einfluss auf die Regierung, kein Nullsummenspiel ist, haben sich angesichts der gewachsenen Rolle der Medien im politischen Prozess auch die Bedingungen des „Parteimanagements" und die Funktionsweise der Parteiendemokratie verändert. Bis auf weiteres bleibt es jedoch dabei, dass das Verhältnis zwischen Kanzler und Partei, wie zwischen Regierung und Regierungsparteien überhaupt, zu den unbestreitbaren Kerndeterminanten des Regierungsprozesses in der parlamentarischen Demokratie der Bundesrepublik gehört.

Zumindest der Tendenz nach gilt, dass das Regieren in der Bundesrepublik auf der Ebene des politischen Systems heute mehr denn je durch besondere Schwierigkeiten gekennzeichnet ist. Verantwortlich dafür sind neben einer weiteren Verengung der institutionellen Handlungskorridore vor allem die zunehmend bescheideneren finanziellen Ressourcen des Staates und eine immer stärkere gesellschaftliche Fragmentierung, die ihren Niederschlag in einer hochgradig fragmentierten Präferenzstruktur der Wähler findet (Walter/Dürr 2000: 13-14; Helms 2003a). Die Möglichkeit von Regierungen, größere Änderungen gegenüber dem eingeschlagenen politischen Kurs vorzunehmen und jedenfalls Teile ihrer politischen Agenda umzusetzen, setzt ein außerordentlich hohes Maß an Geduld und politischem Geschick voraus. Wie Manfred G. Schmidt (2002c: 33-36) für die Regierung Schröder gezeigt hat, ist effektives Regierungshandeln beinahe nur noch in Ausnahmesituationen oder auf der Grundlage strategisch besonders raffinierten Agierens möglich. Es ist zudem durch ein hohes Maß an unerwünschten Folgekosten gekennzeichnet.[20] Ob daraus gefolgert werden kann, dass es in der Politik überhaupt, und in der deutschen Politik im Besonderen, so etwas wie eine „Funktionalität der Ineffizienz" (Walter/Dürr 2000: 16) gibt, erscheint indes fraglich. Zumindest in entscheidungspolitischer Hinsicht zutreffender wäre vermutlich die Feststellung, dass im politischen System der Bundesrepublik hocheffiziente politische Führung erforderlich ist, um jedenfalls bescheidene Erfolge im Sinne einer hinreichenden Effektivität des Regierungshandelns zu erringen.

Tendenz zur weiteren Verengung der institutionellen Handlungskorridore von Regierungen

---

20   Zu diesen gehören gegebenenfalls ein übermäßiger Einfluss von nicht legitimierten Sonderinteressen (als Preis eines hochgradig informalisierten Entscheidungsprozesses) oder eine segmentierte Problembearbeitung und eine weitere Erhöhung der „Erblast" der Politik (als potentieller Negativeffekt einer stark klientelbezogenen Politik).

7 Exkurs: Regierungsorganisation und politische Führung in den Ländern

Gegenstände des Kapitels

Von der Landesebene der Politik in der Bundesrepublik war bislang nur am Rande, im Zusammenhang mit der politischen Herkunft einiger Kanzlerkandidaten und im Kontext der institutionellen Machthemmnisse gegenüber einer all umgreifenden Regierungsmacht aus der Bundeshauptstadt die Rede. Obwohl es richtig ist, dass die landespolitische Ebene für sich betrachtet in der Bundesrepublik kompetenzärmer und in diesem Sinne „unwichtiger" ist als die sub-nationale Ebene in einer Reihe anderer Bundesstaaten (Watts 1999; Helms 2002c), bliebe eine Abhandlung über Regierungsorganisation und politische Führung in Deutschland ohne eine jedenfalls (ex)kursorische Würdigung der wichtigsten einschlägigen Aspekte in den Ländern unvollständig. Die für das Thema dieser Studie relevanten Verbindungen zwischen Bundes- und Landesebene sind keineswegs auf bundes- und landespolitische Kreuzungen in den Karrierewegen einzelner Politiker beschränkt. Der Charakter des deutschen Bundesstaates als eine Spielart des „Exekutivföderalismus" macht insbesondere die Ministerpräsidenten der Länder zu wichtigen Akteuren des Gesamtsystems, denen bedeutende Entscheidungskompetenzen nicht ausschließlich auf Landesebene, sondern auch in der Bundespolitik zukommen.

In den einzelnen Abschnitten dieses Kapitels sollen die für die Bundesebene detaillierter beleuchteten Aspekte des Themas in komprimierter Form auch für die deutschen Länder behandelt werden. Entsprechend der bislang verfolgten Herangehensweise liegt der Fokus der nachfolgenden Bestandsaufnahme schwerpunktmäßig auf der Rolle des Regierungschefs, d.h. der Ministerpräsidenten. Im nächsten Abschnitt geht es zunächst um die personelle Dimension des Regierens auf Landesebene, d.h. um die Kerncharakteristika des landespolitischen Exekutivpersonals. Im Anschluss daran sind die wichtigsten Aspekte der Regierungsorganisation zu betrachten, dabei insbesondere die verfassungsrechtlichen Vorgaben und die grundlegenden institutionellen Merkmale des Regierungsapparates. Schließlich ist ein Blick auf die Verfassungspraxis des Regierens in den Ländern und am Schnittpunkt von Landes- und Bundespolitik zu werfen, wiederum vor allem aus der Perspektive der Ministerpräsidenten.

7.1 Grundmerkmale des landespolitischen Exekutivpersonals

Das soziale und politische Profil der landespolitischen Exekutivelite weist, im Vergleich mit den zentralen Merkmalen der Regierungselite auf Bundesebene, sowohl Gemeinsamkeiten als auch Unterschiede auf. Bei den Unterschieden handelt es sich dabei zumeist lediglich um solche graduellen Charakters.

Hinsichtlich der geschlechtsspezifischen Merkmale der Inhaber höchster politischer Führungsämter im Bereich der Regierung fällt zunächst auf, dass die Position des Ministerpräsidenten eine eindeutige Männerdomäne geblieben ist. In der beinahe sechzigjährigen der Geschichte der Länderpolitik in der Bundesrepublik gab es bislang lediglich eine Ministerpräsidentin (Heide Simonis in Schleswig-Holstein). In gewisser Weise spiegelt sich darin die – mit Ausnahme der Hansestädte Hamburg und Bremen – traditionell eher schwache Repräsentation von Frauen in den Landesparlamenten und -kabinetten wider (Holl 1990: 27-28). Was den parteipolitischen Hintergrund von Ministerpräsidenten betrifft, fällt auf, dass die überwältigend große Mehrzahl aus einer der beiden großen Parteien – SPD oder CDU bzw. CSU – stammte. Ausnahmen von dieser Regel blieben auf die unmittelbare Nachkriegszeit, d.h. die Phase vor Gründung der Bundesrepublik, beschränkt. Während dieser amtierten insgesamt fünf Ministerpräsidenten, die einer der kleineren Parteien (FDP, Zentrum, Christliche Volkspartei, DVP/FDP, DP) angehörten, sowie drei weitere, die parteilos waren. Ebenfalls eine Ausnahmeerscheinung der frühen Nachkriegszeit blieben die beiden Ministerpräsidenten (Rudolf Hieronymus Petersen, Hamburg und Fritz Schäffer, Bayern), die erst nach Übernahme ihres Amtes einer Partei (CDU bzw. CSU) beitraten. Wie in Bezug auf die bisherigen Kanzler der Bundesrepublik gilt auch für die Ministerpräsidenten der Länder, dass eine (überwiegend langjährige) Parteimitgliedschaft keineswegs gleichzusetzen ist mit dem Vorsitz in der eigenen Partei, obwohl diese Position von den betreffenden Akteuren häufig zumindest für einen Teil ihrer Amtszeit gehalten wurde. Von den zwischen 1946 und 2000 amtierenden Ministerpräsidenten waren 45 Prozent mindestens für die Hälfte ihrer Amtszeit auch Vorsitzende des Landesverbandes ihrer Partei (Schneider 2001: 74).

Das Amt des Ministerpräsidenten – eine Männerdomäne im Zugriff der Großparteien

Unter den Mitgliedern der Landeskabinette, den Landesministern, finden sich im langjährigen Durchschnitt insgesamt deutlich mehr Nicht-Parlamentarier und „Quereinsteiger" als in den unterschiedlichen Bundesregierungen seit 1949. Besonders ausgeprägt war die Rekrutierung von Persönlichkeiten von außerhalb der Regierungsfraktionen in einigen der Flächenstaaten mit komfortablen Mehrheiten einer Partei (Holl 1990: 30). Wie in der Bundespolitik kann die Ernennung von Nicht-Parlamentariern auch in der Landespolitik als Symbol einer Position der Stärke des Regierungschefs gegenüber der Mehrheitsfraktion gedeutet werden. Wie für die Bundesebene gilt auch für die Landesebene, dass sich einmal in den Kreis der Exekutivelite berufene Kandidaten in der Regel nachträglich um ein parlamentarisches Mandat bemühen, um damit ihre Position zu festigen.

Landesminister: mehr „Quereinsteiger" als auf Bundesebene

Das „Seiteneinsteigertum" gehört zu den zentralen Kennzeichen nicht nur von Ministern, sondern auch von Bewerbern um das Amt des Ministerpräsidenten. Die Herausforderung eines amtierenden Ministerpräsidenten durch einen prominenten Bundespolitiker der gegnerischen Partei bei Landtagswahlen stellt seit langem eine statistisch signifikante Alternative zur Wahlwerbung eines in der Landespolitik verwurzelten Spitzenkandidaten dar. Entsprechenden Versuchen war freilich ein wechselhafter Erfolg beschieden. Der Anteil der neu gewählten Ministerpräsidenten mit früheren Erfahrungen im Bundestag lässt kein eindeutiges historisches Muster erkennen: Er lag zwischen 1960-1969 und 1990-

„Seiteneinsteiger" auch in der Gruppe der Ministerpräsidenten

175

2000 bei unter 15 Prozent, in den fünfziger, siebziger und achtziger Jahren hingegen zwischen knapp 42 und 50 Prozent (Schneider 2001: 136).

Amtszeiten von Ministerpräsidenten im Regionalvergleich

Die durchschnittliche Amtszeit der in den alten Ländern wirkenden Ministerpräsidenten im Zeitraum 1945-2000 betrug rund sieben Jahre. Freilich gab es beträchtliche individuelle und regionale Ausschläge. Auffallend ist die geringe Anzahl von Ersten Bürgermeistern des Stadtstaates Bremen (als Pendant der Ministerpräsidenten in den Flächenstaaten), wo es zwischen 1945 und Mitte 2005 lediglich fünf unterschiedliche Amtsinhaber gab. Durch besonders zahlreiche unterschiedliche Amtsinhaber und damit überdurchschnittlich kurze Amtszeiten geprägt ist die Landesgeschichte von Schleswig-Holstein und Berlin. Die längsten Amtszeiten überhaupt – rund zwanzig Jahre – erreichten Peter Altmeier (1947-1969, Rheinland-Pfalz), Wilhelm Kaisen (1945-1965, Bremen), Franz Josef Röder (1959-1979, Saarland) und in der jüngeren Vergangenheit Johannes Rau (1978-1998, Nordrhein-Westfalen). Durch ungewöhnlich kurze Amtszeiten waren insbesondere viele Ministerpräsidentschaften der unmittelbaren Nachkriegszeit gekennzeichnet. Die kürzesten Amtszeiten in der späteren Geschichte der Bundesrepublik – jeweils weniger als ein Jahr – betrafen im Westen Heinrich Alberts (Berlin), Hans-Jochen Vogel (Berlin) und Henning Schwarz (Schleswig-Holstein). Unter den neuen Ländern im vereinigten Deutschland fällt Sachsen-Anhalt auf, wo es seit 1990 zwei Ministerpräsidenten (Gerd Gies und Christoph Bergner) mit einer Amtszeit von weniger als neun Monaten gab.

7.2 Kerncharakteristika der Regierungsorganisation in den Ländern

Flächendeckende Existenz eines parlamentarischen Regierungssystems

Die wichtigste institutionelle Rahmenbedingung politischer Führung in den Ländern ist die flächendeckende Existenz eines parlamentarischen Regierungssystems. Auch in den Ländern bedürfen Regierungen also des politischen Vertrauens einer parlamentarischen Mehrheit – zumindest, um politisch handlungsfähig zu sein, in aller Regel aber auch, um sich überhaupt im Amt halten zu können. Die jeweils verfassungsrechtlich verankerte Möglichkeit eines Misstrauensvotums durch das Landesparlament bezieht sich in der Mehrheit der Fälle auf den Ministerpräsidenten. Eine Ausnahme bildet Bayern, wo der Ministerpräsident fest für die Dauer der fünfjährigen Legislaturperiode gewählt wird. In einigen Ländern kann – bei im Detail jeweils unterschiedlichen Verfahrensregeln – auch einzelnen Ministern bzw. Senatoren oder der Regierung als Ganzer das Vertrauen entzogen und damit deren Rücktritt erzwungen werden. In zahlreichen Ländern wurde in Anlehnung an Art. 67 GG die „konstruktive" Variante des parlamentarischen Misstrauensantrags verwirklicht. Die Verfassungen Berlins, Hessens und Niedersachsens schreiben für den Fall, dass nicht innerhalb einer festgelegten Frist die Neubildung und Bestätigung einer Regierung erfolgt, eine automatische Auflösung der parlamentarischen Versammlung vor (Schneider 2001: 53-54).

„Geschlossene Exekutive"

Zumindest ein anderes Bestimmungskriterium des „typischen" parlamentarischen Regierungssystems ist in den Ländern jedoch durchwegs nicht verwirklicht: die „doppelköpfige Exekutive". Für alle Länder ist vielmehr die Existenz einer „geschlossenen Exekutive" kennzeichnend, in der die Funktionen des Regierungschefs und des Staatsoberhaupts im Amt des Ministerpräsidenten gebündelt sind. Gerade der Verknüpfung der unterschiedlichen damit verbundenen Aufgaben und Funktionen verdankt das Amt des Ministerpräsidenten einen maßgeblichen Teil seines spezifischen politischen Profils, in dem – in variablem Mischungsverhältnis – stets Komponenten des Parteipolitikers und des „Landesvaters" zum Tragen kommen.

Sowohl auf verfassungsrechtlicher als auch auf politischer Ebene lassen sich „staatsoberhauptliche", das „Außenverhältnis" des Landes betreffende Kompetenzen der Ministerpräsidenten von auf das „Innenverhältnis" bezogenen Kompetenzen unterscheiden (Schneider 2001: 49-50). Zu den „staatsoberhauptlichen" Kompetenzen bzw. Funktionen gehört der gesamte Bereich der Repräsentation. Eine Ausnahme konstituiert die nordrhein-westfälische Landesverfassung, nach der nicht der Ministerpräsident, sondern die Landesregierung als Ganze das Land nach außen vertritt. Ebenfalls als eine „staatsoberhauptliche" Funktion lässt sich das Recht des Ministerpräsidenten zur Ausfertigung von Gesetzen bezeichnen. Zum „Innenverhältnis" gehört hingegen der gesamte Bereich der sogleich zu beleuchtenden Regierungstätigkeit, wie insbesondere die Führung der Kabinettsgeschäfte.

Unterschiedliche Dimensionen des Kompetenzprofils der Ministerpräsidenten

Die Entscheidungsbefugnis über eine vorzeitige Auflösung des Parlaments besitzen weder die Ministerpräsidenten noch die Landesregierungen als Ganze. Stattdessen verfügen in der Regel die Landtage über ein Selbstauflösungsrecht, welches der Bundestag trotz entsprechender Reformvorschläge von verschiedener Seite bislang nicht besitzt. Ferner haben die Länder eines der in der internationalen Literatur als grundlegend erachteten Kernmerkmale des parlamentarischen Regierungssystems – nämlich die indirekte Wahl des Regierungschefs – trotz wiederkehrender Diskussionen über Sinn und Unsinn der Direktwahl des Ministerpräsidenten (Decker 2001) bislang flächendeckend beibehalten. Obwohl es in der Landespolitik, stärker als auf Bundesebene, eine nicht zuletzt strukturbedingte Tendenz zur „Personalisierung" von Landtagswahlen gibt, wählen jeweils die parlamentarischen Versammlungen den Regierungschef.

Kein Recht zur Parlamentsauflösung

Was die Amtsgewalt der Ministerpräsidenten im engeren Bereich der Regierung betrifft, ist zunächst ein Blick auf deren Organisationsgewalt zu werfen. Mit Ausnahme der Situation in den Hansestädten vor den Verfassungsrevisionen der neunziger Jahre, beruft und entlässt der jeweilige Regierungschef die Mitglieder des Kabinetts. Dabei gibt es allerdings regional stark unterschiedlich ausgestaltete Mitwirkungsrechte des Parlaments: Während etwa in Bremen die einzelnen Mitglieder der Regierung vom Senat gewählt werden und in Baden-Württemberg der Landtag die Ministermannschaft lediglich nachträglich und in ihrer Gesamtheit billigen muss, sind den Landtagen von Nordrhein-Westfalen oder Thüringen Ministerernennungen dem Parlament lediglich anzuzeigen. Entsprechende Unterschiede gibt es hinsichtlich des verfassungsrechtlichen Handlungsspielraums des Regierungschefs in der Frage der konkreten Ausgestaltung des Geschäftsbereichs der einzelnen Ressorts. Die alleinige Entscheidungsgewalt der Regierungsspitze über den Ressortzuschnitt, wie in Baden-Württemberg oder Schleswig-Holstein, bildet keineswegs die Regel. In den meisten Ländern sehen die Landesverfassungen eine Richtlinienkompetenz für den Ministerpräsidenten vor. Eine Ausnahme bilden lediglich Berlin und Bremen, bis 1996 auch Ham-

Zur Organisationsgewalt des Ministerpräsidenten

177

burg, wo der Regierungschef nicht nur in verfassungsrechtlicher Hinsicht, sondern zumeist auch in der politischen Praxis in deutlich höherem Maße der Figur eines „primus inter pares" entspricht (Schneider 2001: 53-56). Analog zu den Regeln des Grundgesetzes ist die Richtlinienkompetenz auf Landesebene, wo sie gewährt wird, grundsätzlich eingebettet in ein Konzept potentiell konkurrierender Organisationsprinzipien der Regierung. Dabei wird zumeist schlicht von Chefprinzip, Ressortprinzip und Kabinettsprinzip gesprochen (Häußer 1995: 40).

Die Staatskanzleien als Äquivalent des Kanzleramts

Wie auf Bundesebene gehört zu den Kennzeichen der Regierungsorganisation in den Ländern ferner die Existenz einer Regierungszentrale – der Staatskanzlei als Äquivalent des Bundeskanzleramts –, durch welche die in den meisten Ländern verfassungsrechtlich verankerte Richtlinienkompetenz organisatorisch untermauert wird (König 1993). Wie für das Bundeskanzleramt gilt mit Ausnahme Bayerns, wo die Existenz einer Staatskanzlei ausdrücklich verfassungsrechtlich normiert wird, auch für die Staatskanzleien der Länder, dass diese nicht in der Verfassung genannt werden. Im Gegensatz zu der in Kapitel 3 aufgezeigten langen Traditionslinie einer Regierungszentrale auf der zentralstaatlichen Ebene, kam es zur Einrichtung von Staatskanzleien in den meisten Ländern erst nach 1945. In den Jahrzehnten zuvor besaßen die Ministerpräsidenten der deutschen Staaten bzw. Länder in aller Regel kein eigenes Büro und konnten auf administrative Ressourcen nur im Falle einer – aus just diesem Grunde üblichen – zusätzlichen Übernahme eines Ministeramtes zurückgreifen.

Grundsätzlich gilt, dass die „Staatskanzleien als Spiegel des föderalen Systems ein buntes Spektrum an Organisationsstrukturen aufweisen" (Häußer 1995: 96), welches hier nicht in seinen Einzelheiten nachzuzeichnen ist. Aus vergleichender bundespolitischer Perspektive ist insbesondere auf die größere Funktionsbreite der Staatskanzleien der Länder hinzuweisen, welche sich aus der Verschmelzung der – auf Bundesebene getrennten – Aufgabenbereiche des Regierungschefs und des Staatsoberhaupts ergibt (ebd.: 40-44). Zu politischen Koordinationsagenturen der Regierungschefs entwickelten sich die Staatskanzleien erst im Gefolge der Bedeutungszunahme des Bundesrates in den sechziger Jahren. Für das im Vergleich mit dem Expansionstempo der Ressortministerien auf Landesebene bedeutend schnellere personelle Wachstum der Staatskanzleien war neben der Entstehung verschiedener neuer Aufgaben – von der politischen Planung bis zur Öffentlichkeitsarbeit – auch die intensiver werdende Kooperation zwischen den Staatskanzleien und den auf Bundesebene in Opposition stehenden Parteien von Bedeutung. Im Zuge derer erlangten die Regierungszentralen parteipolitisch befreundeter Landesregierungen nicht selten eine „bundespolitisch relevante Unterstützungsfunktion" (Schneider 2001: 61, 297). Die hinsichtlich ihrer Personalstärke mit Abstand größten Staatskanzleien unterhielten Ende der neunziger Jahre Bayern (400) und Nordrhein-Westfalen (375). Mindestens ebenso bemerkenswert wie die deutliche Differenz im Verhältnis zu den meisten übrigen Ländern war der vergleichsweise geringe Unterschied gegenüber der Personalstärke des Bundeskanzleramtes (496) zu Beginn der Amtszeit Schröders (ebd.: 297, Tab. 26).

Koalitionsregierungen als dominanter Regierungstyp

Zu den grundlegenden Merkmalen der Regierungsorganisation in den Ländern gehört zumeist auch die Existenz von Koalitionsregierungen (Kropp 2001). Die mit Abstand verbreitetste Form der Koalition ist die kleine Koalition. In fast

allen Ländern gab es aber zumindest vorübergehend auch Phasen, während derer
große Koalitionen oder sogar Allparteienkoalitionen regierten. Minderheitsregierungen bildeten hingegen die Ausnahme, obwohl bis Ende 2000 immerhin sieben
von 16 Ländern entsprechende Erfahrungen vorzuweisen hatten (Schneider
2001: 222, Tab. 22). Daneben gab es im Unterschied zu der Situation auf Bundesebene mehrere Fälle von Einparteienregierungen, bei denen es sich keineswegs lediglich um kurzlebige Minderheitsregierungen als Überbleibsel zerfalle-
ner Koalitionsregierungen, sondern vielmehr um stabile Mehrheitsregierungen
handelte. Den wichtigsten Fall aus dieser Gruppe verkörpert der Freistaat Bayern, der bereits seit Ende 1962 von einer CSU-Alleinregierung geführt wird und
wo der Regierungspartei gleichsam die Rolle einer „Staatspartei" zukommt. Aber
auch in einer Reihe anderer Länder gab es langjährige Phasen alleinregierender
Parteien. Hierzu gehören vor allem Baden-Württemberg (CDU, 1972-1992),
Bremen (SPD, 1971-1991), Hamburg (SPD, 1978-1987), Niedersachsen (CDU,
1976-1986), Nordrhein-Westfalen (SPD, 1980-1995), Rheinland-Pfalz (CDU,
1971-1987), Saarland (CDU, 1970-1977; SPD, 1985-1999) und Schleswig-
Holstein (CDU, 1971-1987).

Obwohl die Landespolitik hinsichtlich der Regierungsbildung bzw. -zusam- *Gewachsene Vielfalt*
mensetzung schon immer ihre eigenen Gesetze kannte (Jun 1994), gehörte zu *der Regierungszu-*
den Kennzeichen der „alten" Bundesrepublik doch ein relativ hohes Maß an *sammensetzungen*
Homogenität bezüglich der Koalitionsbildungspolitik der Parteien auf Bundes- *auf Landesebene*
und Landesebene. Signifikante Veränderungen der parteipolitischen Zusammensetzung von Landesregierungen gehören zu den greifbarsten Folgeerscheinungen
der deutschen Vereinigung (Jesse 1999), welche zu einer deutlichen Ausdifferenzierung der Parteiensysteme in den Ländern führte. Von einer auch nur annähernden Entsprechung der parteipolitischen Zusammensetzung von Regierung
und Opposition auf Bundesebene und in den Ländern kann seither keine Rede
mehr sein. Anfang 2003 etwa gab es nicht weniger als acht hinsichtlich ihrer
parteipolitischen Zusammensetzung unterschiedliche Typen von Landesregierungen.[21]

7.3 Kerncharakteristika politischer Führung in den Ländern

Angesichts der unterschiedlichen Rahmenbedingungen des Regierens in den *Flexiblere Parameter*
einzelnen Ländern gibt es einen einheitlichen politischen Führungsstil auf Lan- *des Regierens in den*
desebene noch weniger als auf Bundesebene. Andererseits gilt, dass die Gemein- *Ländern*
samkeiten in den Voraussetzungen des Regierens auf Landesebene – darunter
nicht zuletzt die Überschaubarkeit der Verhältnisse – durchaus auch zur Herausbildung struktureller Ähnlichkeiten zwischen unterschiedlichen Ländern beitragen. Dazu gehört etwa die Möglichkeit, die Grenzen zwischen dem staatlichen

---

21 Folgende Regierungszusammensetzungen waren zu unterscheiden: (1) CDU- bzw. CSU-
Alleinregierungen (Bayern, Sachsen, Saarland, Thüringen), (2) CDU/FDP-Koalitionen (Baden-
Württemberg, Hessen, Sachsen-Anhalt), (3) CDU/FDP/Schill (Hamburg), (4) SPD-Allein-
regierung (Niedersachsen), (5) SPD/Grüne-Koalition (Nordrhein-Westfalen, Schleswig-
Holstein), (6) SPD/CDU-Koalition (Bremen, Brandenburg), (7) SPD/FDP-Koalition (Rhein-
land-Pfalz), (8) SPD/PDS-Koalition (Mecklenburg-Vorpommern, Berlin).

Entscheidungsapparat und gesellschaftlichen Interessen im Einzelfall durchlässiger zu gestalten, als dies auf Bundesebene möglich oder politisch akzeptabel wäre. Ebenso dazu gehört die verbreitete Neigung auf Seiten von Ministerpräsidenten, je nach Konstellation zwischen den Rollen des vor allem parteipolitisch orientierten Regierungschefs und des gleichsam außerhalb des Parteienwettbewerbs stehenden „Landesvaters" hin- und herzupendeln.

Geringere Bedeutung
informeller
Koalitionsgremien

Obwohl Koalitionsregierungen auch in den Ländern den dominanten Regierungstyp bilden und sich eine Praxis der intra-koalitionären Kooperation herausgebildet hat, lässt sich feststellen, dass informelle Gremien im Stile von „Koalitionsrunden" und „Koalitionsausschüssen" auf Landesebene insgesamt nicht den gleichen Stellenwert erlangt haben wie zeitweilig in der Bundespolitik (Kropp/Sturm 1998: 113). In aller Regel handelt es sich bei den Koalitionsausschüssen in der Landespolitik nicht um die faktischen Inhaber der politischen Richtlinienkompetenz, sondern eher um Gremien, die ihre Aufgabe in der Interpretation der zuvor getroffenen Koalitionsvereinbarungen sehen. Verbreitet sind „weichere" Formen der institutionalisierten Kooperation zwischen der Regierung und der parlamentarischen Koalitionselite, etwa in Form einer Teilnahme der Fraktionsvorsitzenden der Koalitionsparteien an erweiterten Kabinettssitzungen. Zu den Gründen für den bescheideneren Stellenwert von Koalitionsausschüssen zählen der (auch wegen des Bundesratsprivilegs) insgesamt geringere politische Entscheidungsbedarf in der Landespolitik und der weniger stark polarisierende Charakter der meisten Entscheidungen (Schneider 2001: 208).

Berücksichtigungs-
würdige Akteure aus
Sicht der Minister-
präsidenten

Unabhängig davon geht es jedoch auch beim Regieren auf Landesebene letztlich stets um die Herstellung mehrheitsfähiger Entscheidungskoalitionen, welche in der Regel partei- oder koalitionspolitischen Prämissen folgen. Einer von Herbert Schneider durchgeführten schriftlichen Befragung der Ministerpräsidenten zufolge bildeten Ministerkollegen, die eigene Fraktion im Landtag, der Koalitionspartner und der Landesverband der eigenen Partei diejenigen Akteure, auf deren Positionen die Regierungschefs der Länder am stärksten Rücksicht nehmen mussten (Schneider 2001: 226, Tab. 23). Als in dieser Hinsicht schwächster Akteur wurde bemerkenswerter Weise die Opposition innerhalb des jeweiligen Landesparlaments bewertet. Ihre Position galt den Befragten als deutlich weniger berücksichtigungswürdig als jene der Kirchen, der Hochschulen oder selbst des Handwerks. Zu den – angesichts der verbreiteten und keineswegs abwegigen These von der Machtlosigkeit der Landesparlamente – erstaunlichen Befunden der Umfrage kann die Tatsache gezählt werden, dass ausgerechnet die eigene Fraktion im Landtag als jener Akteur bewertet wurde, auf den nach Einschätzung der Ministerpräsidenten am stärksten Rücksicht zu nehmen sei. Im Gegensatz dazu belegten die Bundesorganisation und die Bundestagsfraktion der eigenen Partei lediglich die Rangplätze 9 bzw. 15 (ebd.).

„Vetospieler"
auf der Ebene des
politischen Systems

Aus dieser Umfrage geht indes nur teilweise hervor, dass es – analog zu der Situation auf Bundesebene – auch in den Ländern potentielle institutionelle „Vetospieler" von Regierungen gibt, die auf der Ebene des politischen Systems angesiedelt sind. Dazu gehört zweifelsohne die in der jüngeren Vergangenheit gestärkte Landesverfassungsgerichtsbarkeit (Hesse 1995: 269; Heimann 2001). Zweite Kammern spielten dagegen in der Landespolitik keine annähernd vergleichbare Rolle wie der Bundesrat auf Bundesebene. Von den anfangs elf, seit der Vereinigung 16 Ländern kannte in Gestalt des Senats einzig Bayern eine solche Körperschaft; sie wurde im Übrigen nach erbitterten Auseinandersetzungen zum 1. Januar 2000 abgeschafft. Eine wichtige Einschränkung der Entscheidungsgewalt von Regierungen besteht jedoch in Form eines vielgestaltigen Katalogs unterschiedlicher Volksrechte auf Landesebene (Jung 2000), welche auf Bundesebene vollständig fehlen.

Das Interesse der deutschen Politikwissenschaft am Handeln der Landesexekutiven ist – von Ausnahmen abgesehen (Kropp 2001) – noch immer weitgehend auf deren Verhalten im Bundesrat beschränkt, welches in seinen bundespolitischen Implikationen in Kapitel 6 skizziert wurde. Den Ministerpräsidenten kommt in dieser Hinsicht nicht nur eine besonders zentrale Position innerhalb des regierungsinternen Entscheidungsprozesses über die offizielle Position eines Landes zu; aus ihrem Kreise wird im turnusmäßigen Rhythmus auch, jeweils für die Dauer eines Jahres, der Präsident des Bundesrates rekrutiert. Aus einer weiteren, wiederum von Schneider durchgeführten Befragung der Ministerpräsidenten geht hervor, dass diese übereinstimmend die Vertretung von Landesinteressen als die Hauptfunktion des Bundesrates betrachten (Schneider 2001: 243, Tab. 24). Wenig überraschend – aber vermutlich nicht unbeeinflusst von der öffentlichen Erwartung an ihr Amtsverständnis – gab nur eine kleine Minderheit der Befragten an, eine der Hauptfunktionen des Bundesrates in den erweiterten Möglichkeiten der politischen Opposition zu sehen (ebd.).

Die Rolle der Ministerpräsidenten im Bundesrat

Die Verfassungspraxis der Politik der Landesregierungen im Bundesrat wird seit den siebziger Jahren intern maßgeblich geprägt durch die Existenz so genannter „Bundesratsklauseln" als Bestandteil von Koalitionsverträgen – diese auferlegen den an der Regierung beteiligten Akteuren Stimmenthaltung in allen Fällen, in denen keine Einigung über ein Votum hergestellt werden kann (Lehmbruch 1998: 166-171). Angesichts der herrschenden Beschlussregeln des Bundesrates resultiert aus der Anwendung von „Bundesratsklauseln" bei Zustimmungsgesetzen keine Verschiebung des Vetopotentials der Ländermehrheit gegenüber der Bundesregierung, da Stimmenthaltung als ablehnendes Votum eines Landes gezählt wird. Bei Einspruchsgesetzen führt Stimmenthaltung hingegen dazu, dass eine für den Einspruch erforderliche absolute Mehrheit nicht zustande kommt.

Die interne Entscheidungspraxis im Bundesrat

Die Mitwirkung der Landesregierungen an der Bundespolitik erschöpft sich im Übrigen keineswegs in deren Tätigkeiten im Bundesrat. Die Politik der „Politikverflechtung" (Scharpf u.a. 1976; Wachendorfer-Schmidt 2003) hat mehrere strukturelle Kooperationsformen zwischen Bund und Ländern hervorgebracht. Dazu gehören Konferenzen der Regierungschefs (Kanzler und Ministerpräsidenten) und Ressortministerkonferenzen, ferner diverse Bund-Länder-Ausschüsse unterhalb der Ministerebene und schließlich im einzelnen sehr unterschiedlich beschaffene Planungsräte beider Ebenen.

Kooperationsformen im Kontext der „Politikverflechtung"

Zu den zentralen Tätigkeitsbereichen der Landesexekutiven in der Bundesrepublik zählt neben der „normalen" (auf die Landesgrenzen beschränkten) Landespolitik, der Beteiligung an der Bundesgesetzgebung sowie den vielfältigen weiteren Formen der Bund-Länder-Kooperation auch das außergewöhnlich hohe Maß an Kooperation zwischen den einzelnen Ländern, welches im Ergebnis beinahe an eine politische „Selbstgleichschaltung" grenzt. Zumindest auf zwei

Ministerpräsidentenkonferenz und Kultusministerkonferenz

besonders wichtige Kooperationsgremien – die Ministerpräsidentenkonferenz und die Kultusministerkonferenz – sei an dieser Stelle hingewiesen: Die erste Ministerpräsidentenkonferenz (MPK) fand bereits im Juni 1947, mehr als zwei Jahre vor Gründung der Bundesrepublik, statt. Sie Ausdruck des Bestrebens, die funktionale Lücke auszufüllen, die sich durch die Nichtexistenz einer Zentralregierung (bzw. zentralstaatlicher Institutionen überhaupt) im Nachkriegsdeutschland ergab. Nach der Gründung der Bundesrepublik stellte die MPK ihre Arbeit zunächst ein. Auf Initiative des bayerischen Ministerpräsidenten Ehard wurde die MPK Anfang 1954 jedoch revitalisiert und stellt seither eine ständige Einrichtung dar. Die MPK findet einmal pro Jahr, unter wechselndem Vorsitz, statt. An den Verhandlungen nehmen außer den Regierungschefs selbst in der Regel auch die Bevollmächtigten der Länder beim Bund, die Leiter der Staatskanzleien, der Präsident der Kultusministerkonferenz sowie zuweilen Vertreter der Fachministerkonferenzen teil. Die Federführung liegt in den Händen der Staatskanzlei des jeweiligen Vorsitzenden der Konferenz. Die jährlichen Vollkonferenzen werden ergänzt durch dreimal jährlich stattfindende Arbeitsbesprechungen; üblicherweise schließt sich an zwei dieser Besprechungen der Ministerpräsidenten eine Besprechung mit dem Bundeskanzler an. Zum „inoffiziellen" Teil der MPK gehören auch die vorbereitenden Treffen der nach Parteizugehörigkeit getrennten Ministerpräsidenten der SPD-geführten und CDU- bzw. CSU-geführten Länder. Die Bedeutung dieser Besprechungen und Konferenzen wird, spätestens seit Beginn der siebziger Jahre, zu Recht als hoch bewertet (Lehmbruch 1998: 102-103; Schneider 2001: 265-266). Die Kultusministerkonferenz (KMK) bildet die mit Abstand wichtigste und am stärksten institutionalisierte der unterschiedlichen Fachministerkonferenzen. Bei ihr handelt es sich – so auch ihr offizieller Titel – um eine „Ständige Konferenz" mit einem eigenen Sekretariat und mehreren ständigen Ausschüssen bzw. Unterausschüssen. Ihre Beschlüsse werden offiziell im Rahmen einer Loseblattsammlung veröffentlicht, wie dies für Gesetzessammlungen typisch ist. Das Ziel der KMK besteht darin, eine größtmögliche Abstimmung bildungspolitischer Maßnahmen zwischen den Ländern zu erreichen. Beschlüsse werden nach dem Einstimmigkeitsprinzip getroffen. Obwohl es sich bei den Beschlüssen der KMK streng genommen lediglich um Empfehlungen handelt, die von den Ländern durch entsprechende Gesetzgebungsakte jeweils einzeln umgesetzt werden müssen, hat die Arbeit der KMK unübersehbar zu einem, aus international vergleichender Perspektive betrachtet, hohen Maß an Harmonisierung der Bildungspolitik in den Ländern geführt (Thränhardt 1990; Fuchs/Reuter 2000).

7.4 Bilanz

Rückblick auf die soziale und verfassungsrechtliche Dimension des Regierungsmodells in den Ländern

Das Regierungsmodell in den Ländern variiert im Wesentlichen die Grundzüge des auf Bundesebene verwirklichten Systems. Dies gilt zunächst für die zentralen Charakteristika der politischen Führungselite, bei der es sich in aller Regel um parteipolitisch verankerte und in der großen Mehrheit männliche Berufspolitiker mit langjährigen Erfahrungen in der Landes- oder zuweilen Bundespolitik handelt. Ausnahmen im größeren Stil gibt es allein auf der Ebene von Ministern, nicht hingegen auf der Ebene der Regierungschefs der Länder. Entsprechende Ähnlichkeiten kennzeichnen auch die grundlegenden verfassungsrechtlichen und institutionellen Bedingungen des Regierens auf Länder- und Bundesebene, zu denen insbesondere die Existenz eines parlamentarischen Regierungssystems gehört. Die verfassungsrechtliche Stellung der Ministerpräsidenten ist im Durchschnitt ein wenig schwächer ausgestaltet als jene des Kanzlers, obwohl die Mehrzahl der Regierungschefs auf Länderebene, mit Ausnahme Bremens und Berlins, eine verfassungsrechtlich kodifizierte Richtlinienkompetenz besitzt.

Die auch in Bezug auf das Gebaren einiger der bisherigen Kanzler der Bundesrepublik beobachtete Tendenz, zeitweilig eine gleichsam über Regierung und Parteien angesiedelte Führungsrolle zu beanspruchen und wahrzunehmen, wird im Falle der Ministerpräsidenten der Länder durch die verfassungsrechtliche Kombination der Ämter des Regierungschefs und des Staatsoberhaupts institutionell befördert. Die Rolle des „Landesführers" oder „Landesvaters" nehmen die Ministerpräsidenten keineswegs nur symbolisch im Rahmen öffentlicher Repräsentationspflichten des Amtes in der Landesinnenpolitik wahr; sie kennzeichnet auch einen wichtigen Teil von deren Aktivitäten bei der Außenvertretung des Landes – sei es gegenüber anderen Ländern, dem Bund oder auf der europäischen Ebene. Im Zuge grundlegender struktureller Wandlungen des deutschen Bundesstaates und der fortschreitenden europäischen Integration hat nicht nur die Bundesebene, sondern auch die europäische Ebene in den vergangenen Jahrzehnten als Betätigungsfeld der Landesexekutiven deutlich an Gewicht hinzugewonnen. Die institutionellen Effekte der „Europäisierung" in den Ländern folgen dabei im Wesentlichen dem aus der traditionellen „Selbstkooperation" bekannten Muster. Zu erwähnen ist diesbezüglich insbesondere die Einrichtung einer „Ständigen Konferenz der Europaminister der Bundesrepublik Deutschland" (EMK). In einigen Ländern wurden überdies, zusätzlich zu der Schaffung von parlamentarischen Europaausschüssen, die Beteiligungsrechte der Länderparlamente in Europaangelegenheiten deutlich gestärkt (Sturm/Pehle 2001: 90-91). Auch die Mitwirkungsrechte des Bundesrates in der Europapolitik des Bundes gemäß des (neuen) Art. 23 GG entsprechen im Wesentlichen denen des innerstaatlichen „Beteiligungsföderalismus" – ein Umstand, der einige Autoren nicht daran gehindert hat, den Bundesrat zu „einem der Verlierer der Europäisierung des Regierungssystems" (ebd.: 85) zu erklären, da seine Beschäftigung mit europäischen Angelegenheiten im Kern reaktiv angelegt sei. Was das politische Handeln der Landesregierungen auf der europäischen Ebene betrifft, lässt sich hingegen vor allem ein Bedeutungsgewinn individueller, „länderegoistischer" Interessenpolitik erkennen (Fischer 2002: 380-382), im Rahmen derer jede Regierung darum bemüht ist, aus ihrer Sicht optimale Ergebnisse zu erzielen.

Rückblick und Ausblick auf den politischen Aufgabenbereich der Ministerpräsidenten

8 Schlussbetrachtung: Das Modell politischer Führung in der Bundesrepublik im internationalen Vergleich

Gegenstände des Kapitels

Bislang wurden die Gegenstände Regierungsorganisation und politische Führung in der Bundesrepublik vorwiegend aus einer Perspektive behandelt, die durch die Verbindung eines systematischen und eines historisch-prozessorientierten Zugangs geprägt war. Das Ziel dieser Schlussbetrachtung ist es, die Eigenheiten des deutschen Modells durch den internationalen Vergleich zu profilieren. Am Beginn steht eine breit angelegte „cross-country"-Perspektive, die auf die maßgeblichen Vergleichskriterien der internationalen Exekutivforschung Bezug nimmt. Dieser Zugang kann als der vielversprechendste gelten, wenn es darum geht, die zentralen Charakteristika und Besonderheiten des deutschen Modells im Kontext anderer konsolidierter liberaler Demokratien schlaglichtartig herauszustellen. Dabei entsteht jedoch kein wirklicher Eindruck von dem Zusammenwirken der zahlreichen für die Bundesrepublik im Detail beleuchteten Aspekte in anderen Ländern. Ergänzt werden soll der breite Querschnittsvergleich deshalb durch eine „country-by-country"-Perspektive: eine Reihe von Fallstudien zur Regierungsorganisation und politischen Führung in ausgewählten anderen Systemen, in denen – jeweils aus deutschem Blickwinkel – die grundlegenden Funktionszusammenhänge und Entwicklungstendenzen herauszuarbeiten sind. Für den ersten Teil des Vergleichs werden ausschließlich die aus Sicht der Bundesrepublik strukturell verwandten parlamentarischen Regierungssysteme Westeuropas berücksichtigt. Die Hinzuziehung der Vereinigten Staaten als eines eigenständigen Referenzmodels politischer Führung wäre wegen der zahlreichen grundlegenden Unterschiede zwischen der parlamentarischen und präsidentiellen Regierungsform mit einem typologisierenden Erklärungsaufwand verbunden, der dieser auf die Besonderheiten der Bundesrepublik fokussierten Schlussbetrachtung nicht angemessen wäre. Im zweiten Teil des Kapitels ist auf das Regierungssystem der USA jedoch einzugehen, ebenso wie auf dasjenige Großbritanniens und Frankreichs.

8.1 Das deutsche Modell politischer Führung im Vergleich I: eine „cross-country"-Perspektive

8.1.1 Elitenprofile im Bereich der Exekutive

Durchschnittliche Parteiverankerung der deutschen Exekutivelite

Alle parlamentarischen Demokratien Westeuropas sind, wenngleich in sehr unterschiedlichem Grade, Parteiendemokratien. Das bedeutet, dass Parteien in zahlreichen Bereichen öffentlicher Politik – von der Elitenrekrutierung über die politische Willensbildung bis hin zur Entscheidungsfindung – eine mehr oder minder zentrale Rolle spielen. Die Ernennung von Parteivertretern zu Inhabern von Regierungsämtern gilt dabei zu Recht als „probably the most visible aspect of party government“ (Blondel/Cotta 1996: 249). Hinsichtlich der parteipolitischen Verankerung der Regierungselite liegt die Bundesrepublik im „mainstream“ der meisten übrigen parlamentarischen Demokratien Westeuropas. Auch in den meisten anderen Ländern handelt sich bei den Mitgliedern der Regierung in der übergroßen Mehrheit um Mitglieder bzw. Vertreter der Regierungsparteien. Ausnahmen – wie die italienischen „Technokraten-Kabinette“ nach der schweren Systemkrise der neunziger Jahre – bestätigen die Regel. Auch bei einem spezielleren Vergleich des „party backgrounds“ von Ministern schneidet die Bundesrepublik insgesamt eher unauffällig ab. Im Vergleich zu Dänemark, Norwegen, Irland oder (bis zum Zusammenbruch des alten Systems ganz besonders) Italien war der Anteil von Spitzenfunktionären der Regierungsparteien („national party leaders“) in den Bundeskabinetten seit 1949 mäßig ausgeprägt. Allerdings lagen die ermittelten Werte deutlich über jenen für Frankreich, die Niederlande oder Österreich (de Winter 1991: 48, Tab. 5.1; Helms 1993: 639-641).

Durchschnittliche Parlamentsverankerung der deutschen Exekutivelite

Bei einem Vergleich der „Parlamentsverankerung“ von Ministern ist zu berücksichtigen, dass einige westeuropäische Systeme – wie Frankreich, Norwegen oder die Niederlande – ein verfassungsrechtlich verankertes Inkompatibilitätsgebot kennen. Die internationale Elitenforschung vergleicht deshalb in der Regel den Anteil der ehemaligen Parlamentarier unter den Kabinettsministern. Im Rahmen eines solchen Vergleichs schneidet die Bundesrepublik im langjährigen Mittel durchschnittlich ab (de Winter 1991: 48, Tab. 5.1). Allerdings hat der Anteil von Nicht-Parlamentariern an der Gesamtheit von Kabinettsmitgliedern in der Bundesrepublik seit Ende der neunziger Jahre weit überdurchschnittlich stark zugenommen.

Hohe Professionalisierung und auffallend lange Amtsverweildauer als weitere Kennzeichen der deutschen Exekutivelite

Zu den auffallenden Charakteristika der Elitenstruktur im Bereich der deutschen Exekutive gehört die politische „Langlebigkeit“ von Inhabern hoher Regierungsämter. Das gilt zunächst für die Ebene der Regierungschefs. In Westeuropa nach 1945 hatte nur Luxemburg eine ähnlich geringe Anzahl von unterschiedlichen Personen im Amt des Regierungschefs zu verzeichnen wie die Bundesrepublik. Überdurchschnittlich lange Amtszeiten kennzeichnen auch die deutschen Bundesminister; vor allem der Anteil von Ministern mit langjährigen Karrieren innerhalb eines bestimmten Ressorts ist im internationalen Vergleich betrachtet überdurchschnittlich hoch (Blondel 1980: 277; Bakema 1991: 75, Tab. 6.2; 90, Tab. 6.8). Da Minister in der Bundesrepublik in der Regel zudem schon zum Zeitpunkt ihrer Ernennung ein hohes Maß an Expertise in dem betreffenden Politikfeld vorzuweisen haben – eine im internationalen Vergleich nicht selbstverständliche Eigenschaft (Laver/Shepsle 1994) –, lässt sich von einer stark ausgeprägten Professionalisierung der politischen Exekutivelite sprechen, mit der ein potentiell hohes Maß an Einfluss gegenüber der administrativen Exekutivelite einhergeht. Zumindest der zunehmende Einfluss der Politik auf den administrativen Apparat, ist zu einer Erscheinung geworden, die auch die jüngere Entwicklung in den meisten übrigen parlamentarischen Demokratien Westeuropas kennzeichnet (Page/Wright 1999).

Fortschreitende „Feminisierung“ der bundespolitischen Exekutivelite

Zu den geschlechtsbezogenen Merkmalen der deutschen „Kanzlerdemokratie“ von Adenauer bis Schröder gehört die Tatsache, dass es bislang ausschließlich männliche Regierungschefs gab – ein Muster, das praktisch ohne Einschränkung auch für die personelle Besetzung der Exekutivspitze in den Ländern galt. In dieser Hinsicht unterscheidet sich die Bundesrepublik vor allem von den skandinavischen Demokratien, wobei letztere im weiteren westeuropäischen Vergleich eher die Ausnahme darstellen als die Bundesrepublik. Seit langem zum Bild der deutschen Exekutivelite gehören demgegenüber Ministerinnen und weibliche parlamentarische Staatssekretäre. Was die Repräsentation von Frauen in Ministerämtern betrifft, hat sich die Bundesrepublik nach bescheidenen Anfängen in den vergangenen Jahren sogar auf einen der vorderen Plätze in Westeuropa gespielt – weit vor den anderen großen westeuropäischen Demokratien wie Großbritannien, Frankreich und Italien (Siaroff 2000: 200, Tab. 1).

8.1.2 Regierungsbildung, Kabinettstypen und Kabinettsstabilität

Unauffällige Rolle des Staatsoberhaupts im Regierungsbildungsprozess

Anders als in einigen westeuropäischen Systemen wie Belgien, den Niederlanden oder Schweden gibt es in der Bundesrepublik kein formales „Auskundschaftungsverfahren", das dem Prozess der eigentlichen Regierungsbildung vorgeschaltet wäre. Der Einsatz von „Informateuren", denen die Aufgabe zukommt, die möglichen Alternativen der parteipolitischen Zusammensetzung der Regierung auszuloten, hat sich angesichts der vergleichsweise überschaubaren Anzahl relevanter Kräfte des Parteiensystems als entbehrlich erwiesen. Der verfassungsrechtlich definierte Handlungsspielraum des Staatsoberhaupts bei der Regierungsbildung ist in der Bundesrepublik etwas größer als in den kleineren parlamentarischen Monarchien Westeuropas, jedoch deutlich geringer als insbesondere in Frankreich und (bis vor kurzem) in Finnland, aber auch als in Österreich, Italien oder Portugal (Müller/Strøm 2000b: 566, Tab. 15.4). Den eigentlichen Sonderfall Westeuropas in dieser Hinsicht bildet Schweden, wo das Staatsoberhaupt seit den siebziger Jahren vollständig neutralisiert ist und sowohl die Nominierung als auch die Ernennung des Regierungschefs dem Parlamentspräsidenten vorbehalten ist.

Geheime Wahl des Regierungschefs durch das Parlament als Besonderheit

Als Besonderheit des Regierungsbildungsprozesses in der Bundesrepublik kann in struktureller Hinsicht eher die verfassungsrechtlich vorgeschriebene geheime Wahl des Kandidaten für das Amt des Kanzlers durch eine absolute Mehrheit der Mitglieder des Bundestages gelten. Zwar kennen eine Reihe anderer westeuropäischer Demokratien ebenfalls eine Investiturabstimmung über den Regierungschef oder die von ihm gebildete Regierung. In der Regel erfolgt diese jedoch weder geheim noch zwingend mit absoluter Mehrheit und überdies häufig eher nach erfolgter Ernennung statt im Vorfeld bzw. als Voraussetzung derselben. In zahlreichen anderen Ländern (von Großbritannien über die Niederlande und Österreich bis nach Dänemark oder Norwegen) gilt eine ernannte Regierung für so lange im Besitz des Vertrauens der parlamentarischen Mehrheit, solange nicht durch ein erfolgreiches Misstrauensvotum das Gegenteil bewiesen ist (Helms 1996: 699-700).

Auffallend weitreichende Organisationsgewalt des Kanzlers

Regierungsbildungen in der Bundesrepublik sind ansonsten durch eine im internationalen Vergleich sehr weit reichende Organisationsgewalt des Kanzlers und die Tendenz, Ergebnisse von Verhandlungen über die Regierungsbildung in Koalitionsverträgen zu fixieren, gekennzeichnet. Während in der Bundesrepublik gelegentlich die Machtlosigkeit des Kanzlers hinsichtlich der Auswahl bzw. Entlassung von Ministern aus den Reihen des kleineren Koalitionspartners oder beim Zuschnitt einzelner Ressorts beklagt wurde, errmangelt einigen Regierungschefs der liberalen Demokratien schon in formalrechtlicher Hinsicht das Recht der Ministerentlassung und zur Festlegung der Ressortzuständigkeiten (Helms 1996: 703-704). Die hierzulande (mit Unterbrechungen) seit den frühen sechziger Jahren üblichen schriftlichen Koalitionsabkommen gehören in einer Reihe anderer Länder noch stärker als in der Bundesrepublik zu den zentralen Kennzeichen des jeweiligen Regierungsmodells. In Finnland, Luxemburg, Norwegen, Portugal und Schweden arbeiteten sämtliche Koalitionsregierungen seit Beginn der Nachkriegszeit auf der Grundlage von schriftlichen Koalitionsabkommen. Die diesbezügliche Ausnahme in der Familie der westeuropäischen „Koalitionsdemokratien" verkörpert eher Italien, wo es nach 1945 kaum schriftliche Koalitionsverträge zwischen den an der Regierung beteiligten Parteien gab (Müller/Strøm 2000b: 574, Tab. 15.7).

Der durchschnittliche Zeitaufwand für Regierungsbildungen in der Bundesrepublik ist verhältnismäßig gering. In den meisten Ländern, in denen die Regierungsbildung im Durchschnitt deutlich schneller vor sich geht als hierzulande, gibt es einen ungleich höheren Teil von Einparteienregierungen, die hinsichtlich ihrer Entstehungsbedingungen kaum sinnvoll mit Koalitionsregierungen verglichen werden können. In den meisten Ländern, in denen – wie in der Bundesrepublik selbst – unterschiedliche Spielarten von Koalitionsregierungen die typische Regierungsform darstellen, zieht sich der Kabinettsbildungsprozess deutlich länger hin als hierzulande. Dies gilt vor allem für solche Länder, wie die Niederlande, Belgien oder Finnland, in denen allerdings zugleich die Anzahl beteiligter Regierungsparteien signifikant höher ist als in der Bundesrepublik (Müller/Strøm 2000b: 561, Tab. 15.1; 570, Tab. 15.6). Den eigentlichen Sonderfall Westeuropas bezüglich der Regierungsbildungsdauer innerhalb der Gruppe von Ländern mit vorherrschender Tendenz zu Koalitionsregierungen bildet jedoch nicht die Bundesrepublik, sondern die V. Republik Frankreich: Hier dauert die Regierungsbildung im Durchschnitt nicht einmal drei Tage, denn sowohl über die parteipolitische Zusammensetzung der Regierung als auch über den künftigen Premierminister wird (zumindest faktisch) direkt durch die Wahl zur französischen Nationalversammlung entschieden. Innerhalb der einzelnen „Lager" werden selbst die konkreten Inhalte des Regierungsprogramms *vor* der Wahl zur Nationalversammlung verbindlich geregelt (Thiébault 2000: 506-514).

Am Ende von Verhandlungen über die Regierungszusammensetzung stand in der Bundesrepublik seit 1949 ausnahmslos die Bildung von Koalitionsregierungen. Bei den zeitweilig amtierenden Einparteienregierungen handelte es sich ausschließlich um kurzlebige Produkte „nicht vorgesehener" Entwicklungen innerhalb der parlamentarischen bzw. parteipolitischen Arena. Angesichts der vorherrschenden Tendenz zur Ausblendung solcher kontextspezifischer Charakteristika in weiten Teilen der empirischen Forschung sind vergleichende Daten über den Anteil von Einparteien- und Koalitionskabinetten mit Vorsicht zu interpretieren. Entsprechendes gilt für Berechnungen des proportionalen Anteils von Minderheitskabinetten und der durchschnittlichen Kabinettsstabilität; umso mehr, wenn – wie in der großen Studie von Müller und Strøm – die Bezugsgröße

Geringer Zeitaufwand für Regierungsbildungen

Weit unterdurchschnittlicher Anteil von Einparteien- und Minderheitsregierungen

„Kabinett" einer rigorosen Definition unterworfen wird, die sich nicht unbedingt mit allgemeinsprachlichen Begriffsverständnissen deckt (Müller/Strøm 2000a: 12, vgl. Abschnitt 5.2.1). Auch nach den Berechnungen von Müller und Strøm (2000b: 561, Tab. 15.1; 585, Tab. 15.13) besetzt die Bundesrepublik in der Gruppe der parlamentarischen Demokratien Westeuropas jedoch, sowohl was die Anzahl und den prozentualen Anteil von Minderheitskabinetten als auch jenen von Einparteienkabinetten betrifft, einen der hinteren Plätze. Prozentual gerechnet war von den 13 bei Müller und Strøm berücksichtigten Ländern der Anteil von Minderheitskabinetten nur in Luxemburg, Österreich und Belgien geringer als in der Bundesrepublik. Ähnliches gilt für den prozentualen Anteil von Einparteienkabinetten: Dieser war nur in Luxemburg und den Niederlanden sowie in Finnland deutlich geringer als hierzulande; praktisch identisch hoch wie in der Bundesrepublik in Belgien. Was die Kabinettsstabilität betrifft – eine Kategorie, die wohlgemerkt von der vor allem im politischen Journalismus gebräuchlicheren Kategorie „Regierungsstabilität" (zumeist gemessen anhand der Kriterien „parteipolitische Zusammensetzung der Regierung" und/oder „Wechsel im Amt des Regierungschefs") zu unterscheiden ist –, besetzt die Bundesrepublik den Berechnungen von Müller und Strøm zufolge einen mittleren Platz, hinter Ländern wie Luxemburg, Irland, Österreich und den Niederlanden, aber deutlich vor Italien, Finnland oder Belgien.

8.1.3 Kernprinzipien der Regierungsorganisation

Starke Position des Regierungschefs und ressourcenstarke Regierungszentrale

Zu den wichtigsten Merkmalen der Regierungsorganisation und der Verfassungspraxis in der Bundesrepublik zählt die alles in allem starke Position des Kanzlers. Das bestätigt der internationale Vergleich. In einer vergleichenden Studie von Anthony King (1994: 153, Tab. 9.1) wird die Bundesrepublik als das einzige System mit praktisch permanenter Vorherrschaft von Koalitionsregierungen zu der Gruppe mit starken Regierungschefs gezählt (darin ebenfalls vertreten Großbritannien, Irland, Portugal, Spanien und Griechenland). In vielen der anderen westeuropäischen Demokratien ist die Rolle des Regierungschefs hingegen eine etwas bzw. deutlich schwächere als hierzulande. Dabei geht es nicht nur um die dem Regierungschef keineswegs immer zugestandene formale Richtlinienkompetenz; von Bedeutung ist auch der signifikant unterschiedlich ausgestaltete administrative „Unterbau" der Position des Regierungschefs. Das Bundeskanzleramt fällt im westeuropäischen Vergleich, auch mit den anderen großen Ländern, als eine in personeller Hinsicht besonders großzügig ausgestattete Institution auf; hinzu kommen der deutlich überdurchschnittlich breite Aufgabenbereich des Kanzleramts und sein weit reichender Einfluss innerhalb der Exekutive (Müller-Rommel 1993: 133, 135). Bei allen langfristig gewachsenen Unterschieden der Regierungsorganisation und der politischen Führung in den parlamentarischen Demokratien Westeuropas gibt es jedoch auch länderübergreifende Entwicklungstrends. Der vielleicht wichtigste von ihnen betrifft den deutlichen Zentralisierungsprozess innerhalb der Exekutive, durch den im Ergebnis vor allem die Position und Rolle des Regierungschefs aufgewertet wird (Peters u.a. 2000a: 21).

Wie in der Bundesrepublik, wird die Handlungsmächtigkeit des Regierungschefs auch in den anderen westeuropäischen Ländern potentiell durch die verfassungsrechtlichen und politischen Manifestationen des Kabinetts- und Ressortprinzips eingeschränkt. Bevor darauf einzugehen ist, sei zunächst ein Blick auf die durchschnittliche Größe des Kabinetts bzw. die diesbezügliche Entwicklungstendenz in den parlamentarischen Demokratien Westeuropas geworfen. In den meisten großen Ländern – vor allem Großbritannien, Frankreich und Italien – war und ist die Zahl der Kabinettsmitglieder deutlich höher als in der Bundesrepublik. In Frankreich gab es Anfang der achtziger Jahre bis zu 36 Kabinettsmitglieder, in Italien mehrfach 30. Frankreich war zudem das einzige der genannten Länder, in dem es – parallel zu der Entwicklung in der Bundesrepublik – in der jüngeren Vergangenheit zu einer deutlichen Verkleinerung des Kabinetts kam (Woldendorp u.a. 2000). Demgegenüber waren für Großbritannien und Italien auch zu Beginn des 21. Jahrhunderts große Kabinette – im Jahre 2002 jeweils 23 bzw. 24 Mitglieder – charakteristisch (Katz 2003: 875, Tab. 1). Bescheiden erscheint die Anzahl von Kabinettsministern in der Bundesrepublik auch im Vergleich mit einigen der kleineren westeuropäischen Länder. Dies gilt vor allem für die skandinavischen Staaten, die gemessen an ihrer geringen Bevölkerungszahl traditionell relativ personalstarke Kabinette aufweisen. Anders als in der Bundesrepublik kam es seit Beginn der neunziger Jahre in Norwegen, Finnland und Schweden auch keineswegs zu einer deutlichen Verkleinerung der Kabinette. Ende 2002 lag die Gesamtzahl von Kabinettsmitgliedern in den genannten Ländern, wie in einer Reihe anderer kleinerer Länder wie Belgien, Portugal und Griechenland, auch nach absoluten Zahlen deutlich über jener in der Bundesrepublik (ebd.).

Vergleichsweise bescheidene Kabinettsgröße

Weniger außergewöhnlich ist die Rolle des Bundeskabinetts im gouvernementalen Entscheidungsprozess. In Übereinstimmung mit den Befunden dieser Studie wurde die Bedeutung des Gesamtkabinetts in Deutschland, wie in der Mehrzahl der übrigen westeuropäischen Demokratien, insgesamt als mäßig stark bewertet – im Gegensatz vor allem zu den meisten skandinavischen Ländern mit Ausnahme Dänemarks, den Niederlanden, Irland und Österreich, wo das Gesamtkabinett als einflussreicher erachtet wurde als in der Bundesrepublik (Thiébault 1993: 84). Auch die für die Bundesrepublik charakteristische moderate Anzahl und Bedeutung von Kabinettsausschüssen ist gleichermaßen typisch für die Mehrzahl der anderen parlamentarischen Demokratien Westeuropas. Als abweichende Erscheinung kann eher die große Bedeutung entsprechender Ausschüsse in Großbritannien, Frankreich und Italien gelten (ebd.: 88). Obwohl dem Ressortprinzip bzw. der individuellen Ministerverantwortlichkeit in den meisten westeuropäischen Ländern eine beträchtliche Bedeutung zukommt, ist die Stellung der einzelnen Minister in der Bundesrepublik insgesamt auffallend stark. In keinem anderen Land gab ein annähernd gleich großer Anteil von Ministern an, auch in politisch brisanten Fällen im Zweifelsfalle individuell handeln zu können (ebd.: 93, Tab. 4.4). In der Gruppe der Länder mit großem Handlungsspielraum der Ressortminister verkörpert die Bundesrepublik, gemeinsam mit Österreich und den skandinavischen Staaten, einen Typus der parlamentarischen Demokratie, in dem ein hohes Maß individueller Ministerverantwortlichkeit und ein entsprechend großzügiger Handlungsspielraum vor allem Ergebnis einer entspre-

Mäßig starker Einfluss des Gesamtkabinetts bei hohem Stellenwert des Ressortprinzips

chenden Verwaltungstradition ist. Davon abzugrenzen sind Länder wie die Niederlande, Belgien oder Italien, in denen die beträchtliche Entscheidungsautonomie einzelner Minister primär politisch begründet ist, womit konkret die Effekte fragiler Koalitionskonstellationen gemeint sind (ebd.: 88-90).

8.1.4 Regierung und Parlament

Konstruktives Misstrauensvotum als Besonderheit

Eine vergleichende Betrachtung des Verhältnisses zwischen Regierung und Parlament bzw. der Bedingungen von politischer Führung in der parlamentarischen Arena kann nicht sinnvoll auf die Rolle des Parlaments bei der Bestellung und „Entlassung" der Regierung beschränkt werden. Beide Aspekte sind jedoch von zentraler Bedeutung und dürfen in einer komparativen Zusammenschau nicht fehlen. Von der Rolle der Parlamente bei der Regierungsbildung war bereits die Rede. Hinsichtlich der verfassungsrechtlichen Bedingungen des parlamentarischen Regierungssturzes gehört die Bundesrepublik zu jenen Ländern, in denen Regierungen nur um den Preis einer direkten Ersetzung des Regierungschefs parlamentarisch gestürzt werden können und somit vor den Angriffen rein negativer Mehrheiten verfassungsrechtlich geschützt sind. Entsprechendes gilt für Spanien und Belgien. In den übrigen parlamentarischen Demokratien Westeuropas genügt ein „einfaches" Misstrauensvotum des Parlaments, um die Regierung zum Rücktritt zu zwingen. Vergleichende Untersuchungen über die Ursachen für das Ende von Regierungen zeigen jedoch, dass parlamentarische Misstrauensvoten in keiner der parlamentarischen Demokratien von diesbezüglich herausragender Bedeutung sind; bedeutend häufiger sind Konflikte zwischen den Regierungsparteien (Koalitionszerfall) oder die Abwahl von Regierungen (von Beyme 1999: 504-514). Einen signifikanten Anteil an den Ursachen für die Beendigung von Kabinetten hatten parlamentarische Misstrauensvoten und Niederlagen nur in Dänemark und Italien (Müller/Strøm 2000b: 586, Tab. 15.14) – beides Länder, in denen es einen deutlich höheren Anteil an potentiell besonders gefährdeten Minderheitskabinetten gab als in der Bundesrepublik.

Mäßige Exekutivdominanz des legislativen Verfahrens

Die vergleichende Parlamentarismusforschung macht den strukturellen Handlungsspielraum von Regierungen in der legislativen Arena vor allem an drei institutionellen Kriterien fest: dem Einfluß der Regierung bzw. der regierenden Mehrheit auf die Bestimmung der parlamentarischen Tagesordnung, der Ausgestaltung des Verordnungs- und Gesetzesinitiativrechts sowie der Struktur und dem Kompetenzprofil der Gesetzgebungsausschüsse. In dieser Hinsicht agieren deutsche Regierungen unter insgesamt mäßigen Bedingungen (Döring 1995). Anders als in Großbritannien oder Irland ist die Bestimmung der parlamentarischen Tagesordnung in der Bundesrepublik keine reine Angelegenheit der Regierung. Immerhin weist die Geschäftsordnung des Bundestages dem Plenum das Recht zu, die Tagesordnung auf der Grundlage eines Mehrheitsbeschlusses zu verabschieden. Dem steht jedoch die institutionalisierte Konvention entgegen, die parlamentarische Tagesordnung im gegenseitigen Einvernehmen der Fraktionen vom Ältestenrat des Hauses beschließen zu lassen, so dass mit Blick auf die langjährige Praxis kaum von einem deutlich majoritär geprägten Ansatz des „agenda-setting" gesprochen werden kann. Auch in Bezug auf die bestehenden

Regeln auf dem Gebiet der Rechtsetzung kann in der Bundesrepublik kaum von einer eindeutigen Vormachtstellung der Regierung die Rede sein. Die Möglichkeit von Regierungen, auf der Grundlage von Verordnungen zu regieren, wird hierzulande nicht zuletzt durch die „Wesentlichkeitsdoktrin" des Bundesverfassungsgerichts stark eingeschränkt, nach der das Parlament jede „wesentliche Entscheidung" selbst zu treffen hat. Auffallend ist aus international vergleichender Perspektive ferner das – abgesehen vom „Fraktionsvorbehalt" – praktisch unkonditionierte Gesetzesinitiativrecht des Bundestages, über das kein anderes westeuropäisches Parlament in gleichem Umfang verfügt. Zu den im internationalen Vergleich zu Tage tretenden Stärken des Bundestags gegenüber der Bundesregierung zählt drittens die Struktur und das Kompetenzprofil der Gesetzgebungsausschüsse. Bedingt durch die geltenden Bestellungsmodalitäten bilden sich in den Ausschüssen des Bundestages vergleichsweise leicht Arbeitskoalitionen zwischen langjährig vertrauten Politikfeldspezialisten der Regierungs- und Oppositionsparteien, durch die etwaige „Alleinentscheidungsansprüche" regierender Mehrheiten potentiell zumindest aufgeweicht werden. Ebenfalls von großer Bedeutung ist die zeitliche Positionierung der Ausschussberatungen im Entscheidungsverfahren; wie in der Mehrzahl der übrigen westeuropäischen Länder – aber anders als in Großbritannien oder Spanien – werden die Ausschüsse des Bundestages mit einer Vorlage *vor* der ausführlichen Beratung derselben durch das Plenum befasst. Hervorhebenswert ist in diesem Kontext schließlich das weit definierte Selbstbefassungsrecht der Ausschüsse, welches es diesen gestattet, über jeden beliebigen Aspekt einer betreffenden Vorlage zu beraten und gegebenenfalls eine vollständig umgeschriebene Fassung eines Gesetzentwurfs zur Weiterberatung an das Plenum zurückzureichen.

Die anspruchsvollen institutionellen Bedingungen des Regierens in der parlamentarischen Arena, welche das deutsche System im internationalen Vergleich kennzeichnen, werden in der Verfassungspraxis jedoch durch ein weit überdurchschnittliches Maß an parlamentarischer Koalitionsdisziplin der Regierungsparteien modifiziert. Hierdurch wird der Regierung das Regieren im Parlament ein Stück weit erleichtert. In der Zusammenschau entsprechender Daten bei Müller und Strøm (2000b: 580, Tab. 15.10) schneiden nur Dänemark, Norwegen und Österreich vergleichbar gut ab wie die Bundesrepublik.

Weit überdurchschnittlich starke Koalitionsdisziplin

8.1.5 Die Bedeutung von „Vetospielern" und die Reichweite politischer Führung durch Regierung und Regierungschef auf der Ebene des politischen Systems

Die Bundesrepublik gehört zu jenen westeuropäischen Ländern, in denen die strukturelle Durchsetzungsfähigkeit und Reichweite der Regierung auf der Ebene des politischen Systems eher gering ist. Das ist keineswegs nur aufgrund der Existenz föderaler Strukturen des Systems der Fall. Tatsächlich sind die der Bundesgesetzgebung vollständig entzogenen Bereiche des öffentlichen Lebens in den Ländern hierzulande sogar ausgesprochen bescheiden dimensioniert. Zu den Kennzeichen der „semi-souveränen Demokratie" im eingangs umrissenen Sinne (vgl. Abschnitt 1.3.2) gehören zahlreiche weitere Komponenten der Einhegung

Die Bundesrepublik als eine der wenigen „semi-souveränen" Demokratien Westeuropas von Regierungsmacht, die es in vielen anderen westeuropäischen Ländern so nicht gibt. Bei Schmidt werden außer der Bundesrepublik selbst nur drei weitere der parlamentarischen Demokratien Westeuropas mit dem Prädikat „semisouverän" bedacht: Österreich, Belgien und Italien (Schmidt 2002a: 177-178, Tab. 8.2). Von den fünf größten Ländern Westeuropas kann außer der Bundesrepublik folglich nur Italien ebenfalls als „semi-souverän" klassifiziert werden. Bei genauerer Betrachtung läßt sich jedoch selbst Italien kaum als ein System beschreiben, in dem sich regierende Mehrheiten während der vergangenen Jahrzehnte mit vergleichbaren institutionellen Hürden konfrontiert sahen wie in der Bundesrepublik. Auf der Föderalismus/Unitarismus-Skala ist Italien für den größten Teil der Nachkriegsperiode eindeutig als zentralistisches, unitarisches System zu verorten. Auch die italienische Zentralbank war niemals auch nur annähernd so unabhängig wie die deutsche Bundesbank. Die „zweite Kammer" im italienischen Regierungssystem, der Senat, besitzt in formaler Hinsicht hingegen sogar bedeutend weiter reichendere Vetorechte als der deutsche Bundesrat. In der Praxis wurde davon jedoch kaum Gebrauch gemacht. Entscheidend dafür war zum einen die jahrzehntelange Vorherrschaft praktisch gleichgerichteter parteipolitischer Mehrheiten in beiden Kammern. Die politische Vormachtstellung der Abgeordnetenkammer gegenüber dem Senat wurde dadurch garantiert, dass seit Gründung der ersten Republik mit nur einer einzigen Ausnahme sämtliche Spitzenrepräsentanten der italienischen Parteien in der ersten Kammer saßen (Pasquino 2002). Trotzdem kann man Italien, sofern man auch die jenseits von Verfassungsstrukturen angesiedelten Bedingungsfaktoren des Regierens gebührend berücksichtigt, insgesamt zu jenen Ländern rechnen, in denen die Regierung ein eher beschränktes Handlungspotential besitzt. Die Schwierigkeiten, im italienischen Kontext weit reichende politische Reformen durchzusetzen, erreichten bereits vor Jahrzehnten ein geradezu sprichwörtliches Ausmaß. Wesentlich mitverantwortlich dafür waren die hochgradig klientelistischen Beziehungen zwischen den italienischen Parteieliten und den Akteuren des gesellschaftlichen Systems (Furlong 1994). Dies lenkt den Blick auf einen Vergleich der Interessengruppenstruktur bzw. des Verhältnisses zwischen Interessengruppen und Staat.

Gemäßigter Korporatismus und wenig entwickelte Protestkultur

Gemessen an der Häufigkeit und Intensität offener Auseinandersetzungen zwischen der Regierung und gesellschaftlichen Interessengruppen gehört die Bundesrepublik zweifelsfrei zu jenen Ländern, in denen Regierungen nicht dauerhaft gegen „die Politik der Straße" anregieren mussten. Protest- und Streikaktionen „französischen Stils" stellen hierzulande die große Ausnahme dar, wie international vergleichende Erhebungen etwa bezüglich des durchschnittlichen Verlusts von Arbeitstagen durch Arbeitskampf belegen (Lesch 2003). Andererseits gilt, dass deutsche Regierungen in deutlich geringerem Maße als die Regierungen einiger anderer Länder in den Hoheitsbereich gesellschaftlichen Interessenausgleichs hineinregieren können. Anstelle der aus der Bundesrepublik bekannten Tarifautonomie der Verbände stößt man in einigen Ländern auf deutlich stärker etatistisch geprägte Beziehungsmuster zwischen Verbänden und Staat. Neben der großen Bedeutung der Tarifautonomie gehört zu den zentralen Merkmalen des deutschen Systems dessen moderat korporatistischer Charakter. Korporatistische Strukturen waren hierzulande nie so stark wie in Österreich und

Schweden, aber stets von deutlich größerer Bedeutung als in Frankreich oder Großbritannien (Siaroff 1999: 190-194). Die Erfahrung eines relativen Bedeutungsverlustes korporatistischer Politik teilt die Bundesrepublik mit den meisten anderen westeuropäischen Demokratien (Eising/Cini 2002: 176-177).

Unter den parlamentarischen Demokratien Westeuropas bleibt, was die institutionellen Bedingungen des Regierens auf der Ebene des politischen Systems betrifft, Großbritannien das große Gegenmodell zum deutschen System. Ist letzteres durch ein kaum zu überbietendes Maß an institutioneller Einhegung von Regierungsmacht gekennzeichnet, wurden die Strukturen des britischen Regierungssystems treffend als „a set of arrangements facilitating governance" (Jordan 1994: 196) beschrieben. Die Verfassungsreformen der Regierung Blair – vom Devolution-Projekt bis zur Schaffung einer mehr oder minder unabhängigen Zentralbank – haben zwar Teile des klassischen Westminster-Modells nachhaltig modifiziert (King 2001). Ungeachtet dessen ist die Handlungsautonomie und -reichweite britischer Regierungen, nicht nur aus deutscher Perspektive betrachtet, weiterhin überdurchschnittlich groß (vgl. Abschnitt 8.2.1).

<small>Großbritannien als „Gegenmodell"</small>

So unterschiedlich es um die grundlegenden institutionellen Bedingungen des Regierens auf der Ebene des politischen Systems in den westeuropäischen Ländern bestellt ist, lässt sich doch zumindest in einem Bereich eine auffallende Konvergenz der Rahmenbedingungen politischer Führung erkennen: In praktisch allen Ländern Westeuropas haben „Medienmanagement" und „Imagemanagement" als Komponenten der politischen Führung über die vergangenen Jahrzehnte hinweg deutlich an Bedeutung hinzugewonnen (Mancini/Swanson 1996). Der Einsatz personeller, administrativer und politischer Ressourcen für den Bereich „public leadership" hat flächendeckend zugenommen. Seine wichtigste strukturelle Voraussetzung findet dieser gemeinsame Trend im grenzüberschreitenden Prozess der Kommerzialisierung der Mediensysteme (Hallin/Mancini 2004). Dieser führt nicht nur zu einer wachsenden „Personalisierung" der Medienberichterstattung und einer rasanten Beschleunigung des politischen Prozesses, sondern zwingt den Akteuren des politischen Systems zugleich in hohem Maße eine Ausrichtung ihres Handelns an der dominanten Logik der Medien auf (Kriesi 2003). Als „Präsidentialisierung" wurden der Trend zur „Personalisierung" und der Bedeutungsgewinn von „public leadership" freilich nicht zufällig in jenen Ländern gedeutet, in denen – wie in der Bundesrepublik, Großbritannien oder Spanien – die Struktur der Exekutive durch eine klar herausgehobene Stellung des Regierungschefs gekennzeichnet ist.[22]

<small>Bedeutungszunahme von „Medienmanagement" und „Imagemanagement"</small>

8.2 Das deutsche Modell politischer Führung im Vergleich II: eine „country-by-country"-Perspektive

Für alle Demokratien lässt sich die Frage stellen, inwiefern es überhaupt so einheitliche bzw. stabile Strukturmuster in den Bereichen Regierungsorganisation und politische Führung gibt, als dass diese tatsächlich Modellcharakter ausbil-

<small>Grenzen der Vergleichbarkeit unterschiedlicher Modelle politischer Führung</small>

---

22   Vgl. hierzu weit ausgreifend mit zahlreichen Länderstudien Peters u.a. (2000b) und besonders Poguntke/Webb (2005); in kritischer Auseinandersetzung mit der „Präsidentialisierungs"-These Helms (2005c).

den. Am ehesten ist dies zweifelsohne auf der Ebene von Verfassungsnormen der Fall. Ansonsten gilt, dass es in allen Ländern zwischen unterschiedlichen Regierungen und Amtsinhabern, zuweilen aber sogar unter weitgehend unveränderten Bedingungen der parteipolitischen und personellen Zusammensetzung der Regierung, zu sehr unterschiedlichen Manifestationen politischer Führung kommen kann. Verantwortlich dafür ist die Vielzahl möglicher Bestimmungsfaktoren, zu denen persönlichkeitsbezogene Aspekte individueller Akteure ebenso gehören wie die mannigfachen politischen, sozialen und ökonomischen Komponenten der Rahmenbedingungen politischer Führung. Eine weiter ausgreifende vergleichende Analyse der Zusammenhänge entsprechender Faktoren, in der gerade der Einfluss unterschiedlicher Amtsinhaber in unterschiedlichen Systemen gebührend zu berücksichtigen wäre, muss der bislang nur sporadisch entwickelten historisch und international vergleichend ausgerichteten „leadership"-Literatur vorbehalten bleiben (Helms 2005b). Hier kann es nur darum gehen, jedenfalls holzschnittartig – und jeweils speziell aus deutscher Perspektive – die Grundzüge der Bedingungen und Manifestationen der politischen Führung in drei anderen konsolidierten Demokratien zu skizzieren, denen seit langem sowohl in politikwissenschaftlicher als auch in verfassungspolitischer Hinsicht eine internationale Modellfunktion zukommt.

8.2.1 Großbritannien

Geringe Verrechtlichung des Exekutivbereichs

Eines der bemerkenswertesten Charakteristika des britischen Modells politischer Führung bildet – gerade aus deutscher Betrachterperspektive – das geringe Maß an Verrechtlichung des Exekutivbereichs. Obwohl die Nicht-Existenz eines einheitlichen geschriebenen Verfassungsdokuments zu den generellen Kennzeichen des britischen Systems gehört, ist die Abwesenheit geschriebener Regeln im Bereich der britischen Exekutive besonders markant. Tatsächlich findet sich im geschriebenen Gesetzesrecht Großbritanniens kaum ein Hinweis darauf, dass es überhaupt so etwas wie ein Kabinett oder einen Premierminister geben müsse (de Smith/Brazier 1994: 27). Folglich besitzen weder der Premierminister noch sein Kabinett irgendwelche gesetzesrechtlich fixierten Kompetenzen. Sowohl das Innenleben der Exekutive als auch deren Beziehungen zu den anderen Verfassungsorganen und -institutionen basieren in hohem Maße auf Verfassungskonventionen, die ohne formales Verfahren modifiziert oder gar außer Kraft gesetzt werden können. Dessen ungeachtet gehört zum Studium politischer Führung auch in Großbritannien der Versuch, die Amtszeiten einzelner Premierminister auf ihr jeweiliges institutionelles Erbe hin abzuklopfen, unter dem nachfolgende Amtsinhaber zu agieren haben. Das im internationalen Vergleich hohe Maß an Flexibilität der institutionellen Grundlagen des Regierungsprozesses schließt strukturverändernde Entscheidungen und längerfristig wirksame Weichenstellungen einzelner Regierungen keineswegs aus.

Starke Stellung des Premierministers

Diese sind sogleich zu beleuchten. Zuvor sei jedoch ein Blick auf die langfristig stabileren Strukturmerkmale der britischen Exekutive geworfen. Dazu gehört zunächst die aufgrund zahlreicher institutioneller Vorkehrungen und Verfassungskonventionen starke Stellung des Premierministers innerhalb der Kernexekutive, die selbst noch unter schwachen Premiers, wie Anthony Eden oder John Major, erkennbar blieb. Obwohl es im britischen Recht keine spezielle Richtlinienkompetenz des Regierungschefs gibt, verfügt dieser über praktisch sämtliche erdenklichen Entscheidungskompetenzen (von der Organisation der Exekutive bis zum faktischen Parlamentsauflösungsrecht). Die politische Macht britischer Premierminister bemisst sich maßgeblich nach deren Unterstützung innerhalb der eigenen Partei bzw. Fraktion. Dabei sorgt eine hinsichtlich ihrer Geltung unumstrittene Verfassungskonvention, nach der nur der offizielle Führer der stärksten Partei im Unterhaus zum Premierminister ernannt werden kann, dafür, dass keine Person ins Amt gelangt, die nicht zumindest über eine reelle Chance verfügt, für ihre Politik ein hinreichendes Maß an parteipolitischer Unterstützung zu finden. Im Prime Minister's Office und im Cabinet Office stehen dem Premier überdies beachtliche politisch-administrative Ressourcen zur Verfügung, die seiner Handlungsfähigkeit nachhaltig zugute kommen (können). Die personelle Patronagemacht des Premiers in diesem Bereich nimmt sich jedoch gerade im Verhältnis zu dessen sonstigen Gestaltungsmöglichkeiten als außerordentlich bescheiden aus. Ein Äquivalent des politischen Beamten nach deutschem Muster gibt es in Großbritannien nicht. Stattdessen wird erwartet, dass die Verwaltungselite mit der politischen Elite auf der Grundlage des Prinzips parteipolitischer Unabhängigkeit und Neutralität kooperiert.

Ungeachtet der verfassungsrechtlich und politisch exponierten Position des Premiers besitzen sowohl das Kabinettsprinzip als auch die individuelle Ministerverantwortlichkeit auch in Großbritannien einen hohen Stellenwert. Insbesondere die Stellung des Finanzministers, des Chancellors of the Exchequer, ist – unabhängig von veränderbaren personellen Konstellationen – strukturell betrachtet zweifelsohne eine noch deutlich stärkere als in der Bundesrepublik und den meisten anderen westeuropäischen Ländern (Zunker 1975: 61, 63). Das Treasury Department ist nicht nur Finanzministerium im kontinentaleuropäischen Stil, sondern zugleich eine der politisch-administrativen Schaltzentralen innerhalb der britischen Exekutive.

Hoher Stellenwert des Ressort- und Kabinettsprinzips

Zu den wesentlichen Merkmalen der britischen Exekutive zählt des Weiteren die Vorherrschaft von Einparteienregierungen, welche ihrerseits Ergebnis und Abbild spezifischer Strukturen des britischen Parteiensystems sind.[23] Die Existenz von Einparteienregierungen bedeutet jedoch weder, dass regierende Mehrheiten in Großbritannien aus diesem Grunde stets ein deutlich höheres Maß an interner Geschlossenheit besitzen würden als deutsche oder kontinentaleuropäische Regierungen noch, dass es keinen Bedarf nach Informalisierung innerhalb des Kabinettsystems gäbe. Die internen Zerwürfnisse britischer Regierungsparteien können sehr wohl ein Ausmaß erreichen, das den Auseinandersetzungen zwischen Koalitionsparteien in anderen Ländern nicht unähnlich ist. Anstelle von Koalitionsausschüssen haben sich in Großbritannien nach 1945 vor allem die Kabinettsausschüsse als wichtiges Strukturelement des intragouvernementalen Entscheidungssystems herausgebildet.

Vorherrschaft von Einparteienregierungen

---

23 Dabei herrschte im Zeitraum 1945 bis Mitte 2005 ein einigermaßen ausgeglichenes Machtverteilungsmuster zwischen der Conservative Party und der Labour Party vor, allerdings mit leichten Vorteilen für die Konservativen. Deutlicher ausgeprägt war die Vormachtstellung der Konservativen an der Regierung im Zeitraum 1970-2005.

Schleichender Bedeutungsverlust des „full cabinet", Raumgewinn der „cabinet commitees"

Damit ist bereits eine von zwei besonders auffälligen Entwicklungstendenzen der britischen Exekutive nach dem Zweiten Weltkrieg angesprochen: der schleichende Bedeutungsverlust des „full cabinet" und der gleichzeitige Bedeutungsgewinn der „cabinet committees". Diese Entwicklung verlief nicht streng linear, da es verschiedene Nachkriegs-Premiers gab – so insbesondere Winston Churchill, James Callaghan und John Major –, unter denen es zu einer vorübergehenden Revitalisierung des traditionellen „cabinet government" kam. Seinen Ausgangspunkt hatte diese Entwicklung gleichwohl in der ersten Nachkriegsadministration, einer von Clement Attlee geführten Labour-Regierung (1945-1951). Unter ihr kam es erstmals zum Aufbau eines vollständigen Systems von Kabinettsausschüssen. Bereits seit den späten vierziger Jahren galt, dass die Mehrheit relevanter Materien direkt von den Ausschüssen, und nicht vom Kabinett als Ganzem, behandelt wurde. Davon konnte die Arbeitsweise des „full cabinet" nicht unberührt bleiben. Dessen Zusammenkünfte wurden in den sechziger Jahren, während der Amtszeit Harold Wilsons, von zweimal wöchentlich auf einmal wöchentlich reduziert – eine Entscheidung, an der Wilsons Nachfolger trotz im Einzelnen sehr unterschiedlicher „Regierungsphilosophien" und Führungsstile festhielten. Die Kabinettsausschüsse wurden weiter dadurch aufgewertet, dass Materien seit Mitte der siebziger Jahre grundsätzlich nur noch dann dem Gesamtkabinett zur Beratung vorgelegt werden, wenn der Vorsitzende des mit dem betreffenden Gegenstand befassten Ausschusses (der Premierminister oder ein enger Vertrauter desselben) dies ausdrücklich genehmigt. Über Ausnahmerechte verfügen nur Mitglieder des „treasury teams", hochrangige Vertreter des Schatzministeriums. In allen übrigen Fällen besitzen die Kabinettsausschüsse nach vorherrschender Auffassung mittlerweile auch in verfassungsrechtlicher Hinsicht das Recht, Entscheidungen nicht nur vorzubereiten, sondern anstelle des Kabinetts selbständig zu treffen. Dieser Funktionswandel zeitigte bisweilen bizarre Erscheinungen. So kam es, wie Simon James (1999: 84) berichtet, in der Spätphase der Ära Thatcher bei der Verhandlung wichtiger Materien dazu, dass im Einzelfall nicht weniger als vier Fünftel der Mitglieder des Gesamtkabinetts an den Sitzungen eines Kabinettsausschusses teilnahmen. Als Ergebnis dieser Veränderungen geriet das „full cabinet" immer stärker in die Rolle einer mehr oder minder reaktiven „Appellationsinstanz".

Tendenz zum Ausbau der politisch-administrativen Ressourcen des Premierministers

Die zweite grundlegende Entwicklungstendenz innerhalb der britischen Exekutive betrifft den Ausbau der politisch-administrativen Ressourcen des Premierministers. Die Geschichte des modernen politischen Beratersystems britischer Premiers begann in den frühen sechziger Jahren unter Premierminister Wilson. Bis zu diesem Zeitpunkt gehörte es zu den praktisch nicht überwindbaren Verfassungsnormen, dass britische Regierungschefs politischen Rat von ihren Kabinettskollegen bzw. hochrangigen Ministerialbeamten zu beziehen hätten (Pryce 1997: 6-21). Wilson war der erste britische Premier, der das traditionelle System durch die Ernennung einer überschaubaren Zahl persönlicher Berater zu modifizieren versuchte. Dies führte zur Schaffung des Political Office innerhalb des Prime Minister's Office, mit dem sämtliche nachfolgende Premiers seither gearbeitet haben. Einige der anderen institutionellen Innovationen, wie das 1971 geschaffene „Central Policy Review Staff", erwiesen sich als weniger langlebig. Gleichwohl haben sich alle britischen Premierminister seit Wilson – in freilich sehr unterschiedlicher Intensität – auf die Expertise spezieller persönlicher Berater gestützt (Kavanagh/Seldon 2000).

Tony Blair gilt als der mit Abstand entschlossenste „Modernisierer" der britischen Exekutivstrukturen seit 1945. Zu den Wegmarken seiner Amtszeit gehörten neben Reformen auf der Ebene des ministeriellen Ressortzuschnitts vor allem innovative Maßnahmen bei der Ausgestaltung des Prime Minister's Office und des Cabinet Office. Die signifikante Erhöhung der Anzahl von „special advisers" in beiden Häusern und die Ernennung eines „chief of staff" im Prime Minister's Office wurden ergänzt durch die Schaffung zahlreicher Spezialeinheiten im Cabinet Office, deren Aufgabenbereich quer zu den jeweiligen Referenzbereichen der einzelnen Ministerien lag. Der ansonsten vor allem durch die zentrale Bedeutung von „media management" und „image management" gekennzeichnete Regierungsstil Blairs stützte sich im Inneren auf ein System, für das sich in Großbritannien die Bezeichnung „joined-up government" durchgesetzt hat (Kavanagh/Richards 2001). Es zielt letztlich darauf ab, die politische Kontrolle des Zentrums über die Regierungsgeschäfte systematisch zu erhöhen. Die meisten Zwischenbilanzen der Amtszeit Blairs zeichneten gleichwohl ein Bild, das durch eine – vor allem gemessen am betriebenen Aufwand – mäßige Kontrolle des Regierungsprozesses durch den Premierminister bestimmt ist (Riddell 2001). Dazu trug nicht zuletzt das unübersehbare Konkurrenzverhältnis zwischen Premierminister Blair und dessen Schatzkanzler Gordon Brown bei, welches seinen Niederschlag in einer faktischen Zweiteilung politischer Loyalitäten innerhalb der Kernexekutive fand, da sich beide auf treue politische Gefolgschaften innerhalb der Labour Party und der Regierung stützen konnten.

Die politische Macht und Handlungsfähigkeit britischer Regierungen basiert zunächst und vor allem auf der Unterstützung durch stabile parlamentarische Mehrheiten – eine Voraussetzung, die während des Großteils der Nachkriegsperiode gewährleistet war. Zu den institutionellen Auffälligkeiten des britischen Parlamentarismus gehört in diesem Zusammenhang insbesondere das vielfach kopierte System von „whips", speziellem Personal, dessen Aufgabe darin besteht, zwischen den Standpunkten der Fraktion und der Regierung zu vermitteln, aber im Zweifelsfall vor allem dafür Sorge zu tragen, dass die Regierung bei wichtigen Abstimmungen eine ausreichende parlamentarische Mehrheit erhält. Dem „chief whip" der Regierungspartei wird zum Teil sogar Kabinettsrang zuerkannt. Die grundlegenden strukturellen Parameter des Verhältnisses zwischen Regierung und Mehrheitsfraktion, und erst recht zwischen Regierung und Opposition, sind durch eine kaum zu überwindende Vormachtstellung der Regierung geprägt, wie gerade im Rahmen eines spezielleren deutsch-britischen Vergleichs deutlich wird (Helms 2001c). Trotzdem besteht auch in Großbritannien ein wichtiger Teil der politischen Führungsarbeit seitens der Regierung in der Mobilisierung von parlamentarischer Unterstützung. Dabei kommt dem Premierminister traditionell eine deutlich prominentere Rolle zu als dem deutschen Bundeskanzler.

_{Mehrheitsregierungen und Mehrheitsmanagement}

Im Gegensatz zu der Situation in der Bundesrepublik ist in Großbritannien eine Regierungsentscheidung, sofern sie einmal die endgültige Zustimmung des House of Commons erlangt hat, faktisch kaum mehr aufzuhalten. So gibt es zunächst einmal keine mächtige „zweite Kammer", die es hinsichtlich ihres Ein-

_{Weitreichender Verzicht auf institutionelle „checks and balances"}

flusses bzw. ihrer Vetomacht mit dem Bundesrat aufnehmen könnte. Das House of Lords besitzt seit 1911 grundsätzlich nur ein aufschiebendes Veto, welches vom House of Commons (seit 1949 bereits nach Ablauf eines Jahres) überstimmt werden kann; bei Finanzgesetzen fehlt dem Oberhaus (seit 1911) jegliche Vetomöglichkeit. Ein noch grundlegenderer deutsch-britischer Unterschied bezieht sich auf die verfassungsrechtliche Anfechtbarkeit parlamentarischer Entscheidungen. Während in der Bundesrepublik Regierungen fürchten müssen und Oppositionen hoffen können, dass eine Entscheidung des Bundestages einem Urteil des Bundesverfassungsgerichts zum Opfer fällt, gilt in Großbritannien das Prinzip der „Parlamentssouveränität". Danach besitzt kein Verfassungsorgan und kein Gericht des Landes das Recht, eine Entscheidung des Parlaments aufzuheben. Daran haben auch die vielfältigen Rückwirkungen der europäischen Integration auf das britische Verfassungssystem – darunter besonders die Inkorporierung der Europäischen Menschenrechtskonvention in britisches Recht Ende der neunziger Jahre (Schieren 1999) – wenig geändert. Britische Gerichte können nun zwar die Unvereinbarkeit einer Maßnahme mit Europäischem Recht feststellen, das betreffende Gesetz aber nach wie vor nicht formal außer Kraft setzen.

Auch andere institutionelle Begrenzungen exekutiver Macht, wie sie die Bundesrepublik kennzeichnen, waren bzw. sind dem britischen System weitgehend fremd. Das gilt zunächst für den Bereich der territorialen Staatsorganisation. Die Devolution von Entscheidungsmacht der zentralstaatlichen Ebene an regionale Gebietseinheiten zu Beginn der Amtszeit der Regierung Blair hatte zwar zur Folge, dass das britische Parlament in Westminster nicht länger uneingeschränkte Gesetzgebungsmacht für das gesamte Gebiet des Vereinigten Königreichs (England, Schottland, Wales und Nordirland) besitzt (Bogdanor 2003: 229). Vor allem innerhalb Englands bleibt die regionale Reichweite der Zentralregierung jedoch ungleich größer als in der Bundesrepublik. Auch das Prinzip der Zentralbankunabhängigkeit gehört nicht zu den klassischen Komponenten des britischen Westminster-Modells; es wurde in moderater Form erst Ende der neunziger Jahre verwirklicht. Die Machtposition der Exekutive in Großbritannien ist aber nicht nur gegenüber anderen Verfassungsorganen bzw. -institutionen ausgesprochen stark. Selbst die strukturelle Fähigkeit britischer Regierungen, widerstrebende Interessengruppen wirksam auf Distanz zu halten, wurde aus vergleichender Perspektive als weit überdurchschnittlich bewertet (Page 1992: 108-119).

Der Wandel von „public leadership"

In kaum einen anderen Bereich kam es in der jüngeren Vergangenheit zu vergleichbar dramatischen Veränderungen wie auf der Ebene von „public leadership". Die Entschlossenheit und Virtuosität, mit der die Regierung Blair bei der öffentlichen Vermarktung ihrer Ideen und ganz besonders der Person des Premierministers selbst zuwege ging, sucht – nicht nur in der Geschichte britischer Regierungen – ihresgleichen. Der unübersehbar hohe Stellenwert von „media management" und „image management" im Rahmen der Gesamtkonzeption politischer Führung der Regierung Blair ist umso bemerkenswerter, als zu den zentralen Eigenschaften des britischen Modells traditionell eher eine gewisse Reserviertheit auf Seiten der politischen Elite gegenüber den Medien gehörte und Politiker darum bemüht waren, einen Kommunikationsstil zu pflegen, der sich deutlich von jenem der Medien unterschied (Blumler u.a. 1996). Zumindest nach britischem Verständnis hatten einige Dimensionen des neuen Stils der Regierung Blair geradezu verfassungsändernden Charakter. Das gilt ganz besonders für die Einführung von regelmäßigen Pressekonferenzen des Premierministers, mit dem das Jahrhunderte lang gepflegte Recht des Parlaments auf politische „Erstinformation" faktisch ausgehebelt wurde. Konnte dies als „quasi-präsidentieller" Fremdkörper innerhalb des britischen Regierungsprozesses gedeutet werden, so wurde dieser Maßnahme mit der (historisch betrachtet nicht weniger bemerkenswerten) Bereitschaft Blairs, sich vom Liaison Committee des House of Commons „verhören" zu lassen, auf parlamentarischer Ebene immerhin ein Stück weit entgegengesteuert.

Ein mehr oder minder einheitlicher Führungsstil von Regierungschefs lässt sich für Großbritannien insgesamt ebenso wenig erkennen wie für die Bundesrepublik. Stattdessen bestimmt bunte Vielfalt das Bild (Hennessy 2000). Auch – man ist geneigt zu sagen: gerade – in Großbritannien lassen die institutionellen, politischen und historischen Rahmenbedingungen genügend Raum für die Entfaltung individueller Führungsstile. Die größere Flexibilität der institutionellen Rahmenbedingungen wird allerdings zum Teil ausgeglichen durch die große Bedeutung historischer und politisch-kultureller Begrenzungen des Amtes. Die politischen Ressourcen unterschiedlicher Regierungen und Regierungschefs sind ihrem Ursprung und Charakter nach hingegen jenen in der Bundesrepublik vergleichbar. In beiden Ländern kommt insbesondere parteipolitischen Faktoren eine herausragende Bedeutung zu. Handelt es sich dabei auf der Ebene der Regierung als Ganzer vor allem um die parteipolitisch definierte Unterstützung parlamentarischer Mehrheiten, so bemisst sich der individuelle Handlungsspielraum von Regierungschefs in aller Regel maßgeblich nach deren Stellung innerhalb der eigenen Partei.

Große Vielfalt von Führungsstilen

8.2.2 Frankreich

Die 1958 gegründete V. Republik Frankreich weist zahlreiche grundlegende Unterschiede gegenüber dem in der deutschen Nachkriegsdemokratie verwirklichten Modell politischer Führung auf. Vor allem, was die verfassungsrechtliche Stellung und politische Rolle des Staatsoberhaupts betrifft, könnte die Bundesrepublik kaum unterschiedlicher beschaffen sein als die V. Republik. Hinzu kommen zahlreiche weitere Unterschiede, sowohl auf der verfassungsrechtlichen Ebene als auch in Bezug auf die zentralen historischen, politischen und politisch-kulturellen Grundlagen und Determinanten politischer Führung dies- und jenseits des Rheins.

Die starke Stellung des Präsidenten – welche beinahe ebenso sehr auf den Nachwirkungen des historischen Präzedenzfalls im Präsidentenamt, Charles de Gaulle, wie auf konkreten verfassungsrechtlichen Kompetenzen des Amtes gründet – durchzieht das gesamte politische System Frankreichs. Sie hat insbesondere einen unübersehbaren Einfluss auf die Position und den Handlungsspielraum des Premierministers (Elgie 1993). Die klassische „Daumenregel", nach der in den parlamentarischen Demokratien Westeuropas der Regierungschef den wichtigsten „politischen Führer" darstellt, während dem Staatsoberhaupt vor

Die starke Stellung des Präsidenten

allem repräsentative Aufgaben zukommen, trifft für die V. Republik nicht zu. In Zeiten „normaler" parlamentarischer Mehrheitsverhältnisse – d.h. gleichgerichteter parteipolitischer Kontrolle der Nationalversammlung, der Regierung und des Präsidentenamtes – lässt sich eindeutig eher der Präsident als der Premierminister als der wichtigste „politische Führer" des Landes bezeichnen.

<small>Verfassungsrechtliche Ressourcen und politische Handlungsspielräume des Präsidenten</small>

Zu den verfassungsrechtlichen Besonderheiten des Präsidentenamtes gehört neben der Direktwahl des Amtsinhabers die Absenz einer wie auch immer beschaffenen parlamentarischen Verantwortlichkeit des Präsidenten. Handelt es sich dabei im Kern um Charakteristika des präsidentiellen Regierungssystems, so kommen dem französischen Präsidenten andererseits zahlreiche Prärogativrechte – etwa das Recht zur Parlamentsauflösung – zu, wie sie das Kompetenzprofil mächtiger Staatsoberhäupter parlamentarischer Demokratien kennzeichnen (Hayward 1993). Zu den Amtsvollmachten des französischen Präsidenten im Exekutivbereich gehört zunächst die Auswahl und Nominierung des Premierministers. Obwohl er in verfassungsrechtlicher Hinsicht nicht das Recht zur Entlassung des Premiers besitzt, hat sich unter den Bedingungen „einheitlicher" parteipolitischer Mehrheitsverhältnisse bislang kein Premierminister gegen den ausdrücklichen Willen des Präsidenten im Amt halten können. Der Präsident führt ferner den Vorsitz im Kabinett, dem Ministerrat. Der zentralen Position des Präsidenten im französischen Regierungssystem entspricht ein weit reichendes politisches Handlungspotential. Besonders groß ist der Handlungsspielraum des Präsidenten traditionell im Bereich der Außen- und Verteidigungspolitik – zwei Politikfelder, die in Frankreich verbreitet als die „domaine reservé" des Präsidenten bezeichnet werden, obwohl von einer verfassungsrechtlichen Prärogative des Staatsoberhaupts kaum die Rede sein kann und Premierminister auf diesen Feldern keineswegs bedeutungslos waren (Carcassone 1997). Die konkrete Ausgestaltung der Zusammenarbeit zwischen Präsident und Premier innerhalb der Exekutive ist durch ein weites Spektrum unterschiedlicher Entscheidungs- und Kooperationsmodi geprägt. Insgesamt scheint der Handlungsspielraum der unterschiedlichen Premierminister unter de Gaulle, Mitterrand und Chirac etwas größer gewesen zu sein als unter Pompidou oder Giscard d'Estaing (Kempf 1997: 60-61). In Phasen klarer parteipolitischer Mehrheitsverhältnisse lag die faktische politische Richtlinienkompetenz ungeachtet dessen aber letztlich stets beim Präsidenten.

<small>„Cohabitation"</small>

Eher das Gegenteil gilt für Phasen der „cohabitation", in denen Parlament und Regierung von anderen Parteien kontrolliert werden als das Präsidentenamt. Allerdings läßt ein Vergleich der bislang drei Konstellationen beträchtliche Unterschiede bezüglich des Verhältnisses zwischen Premier und Präsident erkennen. So ging der Präsident aus der ersten „cohabitation" (Mitterrand/Chirac, 1986-1988) nach weithin einhelliger Einschätzung als der politische Sieger hervor. Während der beiden nachfolgenden Kohabitationen (Mitterrand/Balladur, 1993-1995 und Chirac/Jospin, 1997-2002) gab demgegenüber eindeutig eher der Premierminister den Ton an. Ausschlaggebend hierfür waren sehr unterschiedliche Faktoren, welche von der öffentlichen Popularität und der Unterstützung der involvierten Akteure innerhalb ihrer Parteien bis zu den konkreten parlamentarischen Mehrheitsverhältnissen und den strategischen Erwägungen beider Seiten reichten (Helms 2002b: 119-122).

Sowohl der Präsident als auch der Premierminister verfügen über beachtliche politisch-administrative Ressourcen: Auf Seiten des Präsidenten handelt es sich dabei um dessen Generalsekretariat im Elysée-Palast und sein „cabinet". Das Generalsekretariat des Präsidenten bildet das eigentliche politisch-administrative Zentrum präsidialer Macht. Es besteht aus einer größeren Gruppe von Karrierebeamten, welche auf jeweils unterschiedliche Politikfelder spezialisiert sind und dem Präsidenten in den unterschiedlichen Phasen des Entscheidungsprozesses systematisch zuarbeiten. Die dabei berücksichtigten Politikbereiche entsprechen seit langem der Ressortstruktur der Regierung. Die Leitung des Generalsekretariats liegt in den Händen eines Generalsekretärs, der im Laufe der Geschichte der V. Republik zum engsten politischen Berater des Präsidenten aufgestiegen ist. Das „cabinet" des Präsidenten besteht aus einer kleineren Gruppe von Beratern, denen üblicherweise die Aufgabe zukommt, die Entwicklungen in ausgewählten Politikbereichen zu „überwachen". Freilich zeigen historische Bestandsaufnahmen, dass sich unterschiedliche Führungsstile von Präsidenten auch in der konkreten Ausgestaltung der politisch-administrativen Ressourcenstruktur des Amtes zu manifestieren pflegen (Stevens 1993).

<small>Politisch-administrative Ressourcen des Präsidenten</small>

Auf Seiten des Premierministers ist als politisch-administrative Ressource zunächst das Generalsekretariat der Regierung zu nennen. Ihm kommen vor allem administrative Koordinationsaufgaben zu. Dazu gehört insbesondere die Vorbereitung von Sitzungen des Ministerrates und der interministeriellen Zusammenkünfte im Hôtel Matignon, dem Dienstsitz des Premierministers. Dem Generalsekretariat gehören etwa 100 Karrierebeamte an. Es wird von einem Generalsekretär geleitet, der aus politischen Gründen ausgetauscht werden kann, jedoch üblicherweise für lange Zeit im Amt bleibt und unter mehreren unterschiedlichen Premiers dient. Im engeren Sinne politische Unterstützung erfährt der Premierminister durch sein persönliches „cabinet". Ihm gehören offiziell nicht mehr als zwei Dutzend Mitarbeiter an. Unter einzelnen Premierministern stieg die Gesamtzahl von Angehörigen dieses Kreises, unter Hinzurechnung spezieller Berater, jedoch vorübergehend auf bis zu 200 Personen an. Die Bedeutung des „cabinet" des Premierministers für den intra-gouvernementalen Entscheidungsprozess ist kaum zu überschätzen. Die auf bestimmte Politikfelder spezialisierten Mitglieder dieses Kreises unterhalten ständigen Kontakt zu den entsprechenden Abteilungen im Elysée-Palast und den jeweils relevanten Fachministerien. In den Ministerien werden kaum Entscheidungen getroffen, die nicht zuvor mit den jeweils verantwortlichen Mitgliedern des „cabinet" des Premiers abgestimmt wurden (Mény 2002: 124). Weitere Unterstützung erfährt der Premierminister durch eine kleine Anzahl ihm „beigeordneter" Minister oder Staatssekretäre, denen unterschiedliche Aufgabenbereiche (von der Beschäftigung mit einzelnen Politikfeldern bis zur Pflege der Beziehungen mit der Nationalversammlung) zugewiesen sind.

<small>Politisch-administrative Ressourcen des Premierministers</small>

Es gibt eine Reihe weiterer erwähnenswerter Charakteristika des französischen Exekutivterritoriums: Dazu gehört zunächst die selten unterbrochene Vorherrschaft von Koalitionsregierungen. Typisch sind Koalitionen entweder zwischen linken oder konservativen Parteien. Von 1958 bis 1981 blieb die Regierungsfunktion ausschließlich den bürgerlich-konservativen Parteien vorbehalten. Zwischen 1981 und Mitte 2005 regierten hingegen weit überdurchschnittlich

<small>Dominanz von Koalitionsregierungen</small>

häufig linke Parteien, insgesamt für rund 16 Jahre. Gleichsam überlagert wurden diese Phasen durch unterschiedliche Konstellationen parteipolitischer Kontrolle des Präsidentenamtes: Dabei dominierten wiederum Vertreter des konservativen Spektrums das Bild, welche das Amt zwischen 1958 und Mitte 2005 für rund 70 Prozent der Zeit besetzten.

Premierminister und Kabinett

Zu den Eigenheiten französischer Exekutivpolitik kann aus deutscher Sicht auch das vorherrschende strukturelle Kräfteverhältnis zwischen Regierungschef, Kabinett und Ministern gezählt werden. Die Stellung des Premierministers innerhalb des Kabinetts bzw. gegenüber den Fachministern ist stark, insgesamt mindestens so stark wie diejenige des Bundeskanzlers. Das zeigt sich am deutlichsten in den durchaus typischen Situationen, in denen der Premierminister als „Schiedsrichter" zwischen Ministern mit widerstreitenden Auffassungen auftritt – eine Funktion, die in der Bundesrepublik verfassungsrechtlich ausdrücklich dem Kabinett vorbehalten ist. Überhaupt ist die politische Entscheidungskompetenz des französischen Kabinetts als außerordentlich bescheiden zu bezeichnen. So werden im Ministerrat üblicherweise lediglich andernorts getroffene Entscheidungen ratifiziert. Abstimmungen finden nicht statt, und selbst ausführliche inhaltliche Diskussion bilden die Ausnahme. Orte der Entscheidung innerhalb der französischen Exekutive sind vor allem die zahlreichen interministeriellen Ausschüsse, die im Vorfeld von Zusammenkünften des Ministerrates über die anstehenden Materien beschließen. Koalitionsgremien deutschen Stils gibt es in Frankreich hingegen traditionell nicht; noch am ehesten in diese Richtung schlagen die wöchentlichen Treffen des Premierministers mit den Vorsitzenden der Mehrheitsparteien (Thiébault 2000: 505, 514).

Stellung und Handlungsspielräume von Ministern

Aber nicht nur das Kabinettsprinzip, sondern auch das Ressortprinzip ist in Frankreich auffallend bescheiden ausgeprägt. Die Minister der V. Republik gehören hinsichtlich ihrer individuellen Handlungsautonomie zu den schwächsten in Westeuropa (Thiébault 1994). Dafür sind nicht zuletzt genuin politische Faktoren verantwortlich: Obwohl der ursprüngliche Versuch, im Rahmen der V. Republik durch die Trennung von Amt und Mandat und die bevorzugte Rekrutierung von Experten eine „doppelte Depolitisierung" (Mény 2002: 125) des ministeriellen Sektors zu erreichen, als gescheitert gelten muss, fehlt vielen französischen Ministern bis heute der für ihre westeuropäischen Kollegen charakteristische politische Hintergrund. Dies gilt vor allem für die „Parteiverankerung" von Ministern. Obwohl der Anteil von Kandidaten mit Parteifunktionen im Laufe der Jahrzehnte deutlich anstiegen ist, handelte es sich bei den Ministern der V. Republik im langjährigen Durchschnitt selten um wirkliche Spitzenrepräsentanten der Regierungsparteien. Auch der Anteil ehemaliger Parlamentarier unter den Ministern seit 1958 ist tendenziell rückläufig. Die wichtigste politische Ressource französischer Kabinettsminister stellt im „Normalfall" das Vertrauen des Staatspräsidenten dar (Kempf 1997: 83-84, 91).

Vorrang der Exekutive in der parlamentrschen Arena

Was die strukturelle Handlungsfähigkeit von Präsident und Regierung auf der Ebene des politischen Systems betrifft, erinnern die Bedingungen politischer Führung in der V. Republik eindeutig eher an das britische als an das deutsche Modell. Das gilt zunächst für die parlamentarische Arena. Inspiriert vom britischen Westminster-Modell, wurde in Frankreich eine extreme Variante des „rationalisierten Parlamentarismus" installiert (Huber 1996). Zu deren Kennzeichen gehört nicht nur eine mehr als bescheidene institutionelle Chancenstruktur der parlamentarischen Opposition, sondern auch eine eindeutige Vormachtstellung der Exekutive gegenüber der parlamentarischen Mehrheit. Hinzu kommt der ausgesprochen großzügig beschaffene Handlungsspielraum der Regierung beim Erlass von Regierungsverordnungen.

Auch viele der übrigen institutionellen Bedingungen politischer Führung auf der Ebene des französischen Regierungssystems besitzen mehr Gemeinsamkeiten mit dem britischen als mit dem deutschen Modell. Hinzuweisen ist allem voran auf die unitarische Staatsstruktur mit den daraus resultierenden Struktureffekten auf die regionale Reichweite zentralstaatlicher Regierungsmacht, welche ungleich größer ist als hierzulande. Auch die geringe Unabhängigkeit der französischen Zentralbank und die relative Machtlosigkeit der zweiten Kammer des französischen Parlaments, des Senats, erinnern deutlich stärker an die institutionelle Grundausstattung des britischen als des deutschen Systems. Wenige deutsch-französische Gemeinsamkeiten auch jenseits der parlamentarischen Arena

Auf der Ebene der Verfassungsorgane ist als wichtiger potentieller „Vetospieler" regierender Mehrheiten jedoch der Conseil constitutionnel, der Verfassungsrat, zu nennen. Er lässt sich trotz wichtiger Unterschiede in der Ausgestaltung der Verfassungsgerichtsbarkeit in Deutschland und Frankreich (Mels 2003) weitgehend als funktionales Äquivalent des Bundesverfassungsgerichts bezeichnen. Grundsätzlich ähnlich sind insbesondere die Rückwirkungen der Verfassungsgerichtsbarkeit auf die parlamentarische Arena. Wie in der Bundesrepublik bildet das (1974 geschaffene) Recht einer parlamentarischen Minderheit, gegen ein Gesetz klagen zu können, auch in Frankreich einen zentralen Bestandteil der Chancenstruktur der parlamentarischen Opposition. Nach Meinung einiger Beobachter markiert es gar das einzige ernstzunehmende Oppositionsinstrument der parlamentarischen Minderheit im französischen Regierungssystem überhaupt (Vandendriessche 2001: 66). Von den 260 Normenkontrollverfahren, die zwischen 1974 und 2000 vom Parlament initiiert wurden, gingen nicht weniger als 96,2 Prozent auf die Opposition zurück. Die Bedeutung dieses Minderheitenrechts zeigt sich – zusätzlich zu den wichtigen „Antizipationseffekten" auf Seiten der Regierung – in der hohen Annullierungsquote von Maßnahmen, gegen die aus dem Parlament heraus eine abstrakte Normenkontrollklage erhoben wurde. Der Anteil teilweise oder vollständig anullierter Vorlagen lag im Zeitraum 1974-2000 bei durchschnittlich 49 Prozent (Vogel 2001: 169-175). In stärkerem Maße als das Bundesverfassungsgericht war der Verfassungsrat also nicht nur eine wichtige Anlaufstelle der parlamentarischen Opposition, sondern entschied zugleich häufig zugunsten der Antragstellerin. Der Verfassungsrat

Sowohl die im deutsch-französischen Vergleich sehr große Zahl von Normenkontrollverfahren als auch der hohe Anteil von als verfassungswidrig klassifizierten Entscheidungen in Frankreich kann maßgeblich auf signifikante institutionelle Unterschiede zurückgeführt werden: Während in Deutschland ein Drittel der Mitglieder des Bundestages ein abstraktes Normenkontrollverfahren initiieren kann, genügen dafür in Frankreich bereits ein Zehntel der Mitglieder der Nationalversammlung oder ein Fünftel der Mitglieder des Senats. Die im Vergleich mit der Spruchpraxis des Bundesverfassungsgerichts auffallende Häufigkeit, mit der der Conseil constitutionnel (geplante) Maßnahmen für verfassungswidrig erklärt, hat dagegen viel mit der unterschiedlichen Positionierung beider Verfassungsrat und Bundesverfassungsgericht im Vergleich

Gerichte im legislativen Verfahren zu tun. Da der Verfassungsrat über ein Gesetz entscheidet, *bevor* es vom Präsidenten unterzeichnet und in Kraft gesetzt wurde, ist mit einer Verfassungswidrigkeitserklärung keine vergleichbar weit reichende Revision des Verfahrens verbunden wie im Falle einer entsprechenden Entscheidung des Bundesverfassungsgerichts, welches grundsätzlich über bereits in Kraft getretene Gesetze zu befinden hat und schon deshalb häufiger lediglich eine verfassungskonforme Interpretation einer Maßnahme einfordern wird (Fromont 2003: 543-544).

„Etatismus"   Deutliche Unterschiede prägen auch das Verhältnis deutscher und französischer Regierungen gegenüber gesellschaftlichen Akteuren. Sowohl „Tarifautonomie" als auch „korporatistische Arrangements" sind dem französischen System des „Etatismus", von Ausnahmen (wie im Agrarsektor) abgesehen, fremd. Andererseits sehen sich französische Regierungen in deutlich stärkerem Maße als deutsche Bundesregierungen mit den Herausforderungen der „Politik der Straße" konfrontiert. Es gehört zu den zentralen Kennzeichen des französischen Politikverständnisses, dass „unkonventionelle" Formen des Konfliktaustrags wie Streik und Protest akzeptierte Formen der politischen Auseinandersetzung und Opposition darstellen (Leggewie 1993). Freilich wird dadurch die schon angesichts der verfassungsrechtlichen Vorgaben wenig zentrale Stellung des Parlaments im politischen Entscheidungsprozess zusätzlich geschwächt.

„Public leadership"   Wenig überraschend spielt die parlamentarische Arena in Frankreich schließlich auch, was „public leadership" betrifft, eine stark untergeordnete Rolle. Soweit es um den Präsidenten geht, kommt das Parlament als Aktionsraum ohnehin nicht in Betracht. Das offizielle Verhältnis zwischen Präsident und Nationalversammlung ist praktisch vollständig auf den Austausch schriftlicher Botschaften beschränkt. Auch der Premierminister und die übrigen Kabinettsmitglieder verfolgen Strategien der Mobilisierung von öffentlicher Unterstützung kaum über das Parlament. Dagegen spricht schon der geringe Stellenwert der Nationalversammlung im öffentlichen Bewusstsein des Landes. Hinzu kommen die Wirkungen der Inkompatibilitätsregel, welche – ungeachtet des Prinzips der parlamentarischen Verantwortlichkeit der Regierung – eher einen Keil zwischen die Mitglieder der Exekutive und jene der Mehrheitsfraktionen treibt.

Kontinuität und Wandel   Insgesamt gehört Frankreich zweifelsohne zu jenen westeuropäischen Ländern, die während der vergangenen Jahrzehnte besonders weit reichende Veränderungen hinsichtlich der Bedingungen und Manifestationen von politischer Führung erlebten. Den zentralen Grund hierfür bilden – neben den teils gravierenden Unterschieden im Führungsstil einzelner Amtsinhaber – die Veränderungen auf der Ebene der parteipolitischen Kontrolle von Parlament, Regierung und Präsidentenamt. Herrschten von 1958 bis 1986 praktisch uneingeschränkt Varianten „präsidentieller Führung" vor, so bestimmten seither unterschiedliche Konstellationen das Bild, in denen häufig der Premierminister als der eigentliche „Führer" des Landes in Erscheinung trat. Die Zukunft des französischen Modells bleibt ungewiss. Mit der im Jahre 2000 beschlossenen Verkürzung der Amtszeit des Präsidenten von sieben auf fünf Jahre – analog zur Dauer einer vollständigen Legislaturperiode der Nationalversammlung – war die Hoffnung verbunden, das Auseinanderfallen parlamentarischer und präsidentieller Mehrheiten in Zukunft strukturell unwahrscheinlicher zu machen. Eine Garantie hierfür gibt es freilich nicht, denn über die Verteilung politischer Macht entscheidet auch künftig der Wähler. Selbst die gleichzeitige Wahl von Nationalversammlung und Präsident führt keineswegs zwingend zur Entstehung gleichgerichteter Mehrheiten (Mény 2002: 131). Dies lehrt nicht zuletzt die Erfahrung der Vereinigten Staaten – ein weiterer Modelltyp politischer Führung in der Familie der liberalen Demokratien, dem der nächste Abschnitt gewidmet ist.

8.2.3 USA

Aus westeuropäischer Perspektive kann als das wichtigste Kennzeichen des amerikanischen Modells politischer Führung die Machtteilung zwischen Exekutive und Legislative gelten. Wie in Abschnitt 1.3.1 umrissen, werden die Vereinigten Staaten in politikwissenschaftlichen Lehrbüchern traditionell als Prototyp des präsidentiellen Systems behandelt. In Teilen der jüngeren amerikanischen Literatur wurde demgegenüber vorgeschlagen, das amerikanische Regierungssystem nicht als „presidential system", sondern als „separated system" zu bezeichnen (Jones 1994, 1995). Tatsächlich kommen die Eigenheiten der Verfassungsstruktur, aber auch der Verfassungspraxis des amerikanischen Systems in dieser Bezeichnung weniger missverständlich zum Ausdruck. Denn von einer eindeutigen Vormachtstellung des Präsidenten – eine Vorstellung, die durch die Bezeichnung „präsidentielles System" suggeriert wird – kann zumindest im Bereich der amerikanischen Innenpolitik insgesamt kaum die Rede sein. Der Kongress – traditionell zu Recht als „the second branch of government" bezeichnet – bildet einen oftmals mehr als ebenbürtigen Gegenspieler des Präsidenten.

„Presidential system" oder „separated system"?

Die Notwendigkeit, bei der Bestimmung der strukturellen Machtposition von Regierungschefs nach unterschiedlichen Ebenen zu unterscheiden, ist für das amerikanische System mindestens so offenkundig wie für das deutsche. Von den zum Teil signifikant unterschiedlich beschaffenen Kontextbedingungen einzelner Präsidentschaften einmal abgesehen, lässt sich feststellen, dass Präsidenten innerhalb des Exekutivbereichs in hohem Maße entscheidungsmächtig sind, auf der Ebene des politischen Systems hingegen üblicherweise gegen eine ganze Heerschar potentieller Gegenspieler agieren müssen und von daher zwangsläufig deutlich weniger tonangebend sind. Die diesbezüglichen Ähnlichkeiten zwischen dem deutschen und dem amerikanischen System wurden in der vergleichenden Literatur zu Recht herausgestellt (Elgie 1995: 106-107). Die nachstehende Kurzcharakterisierung des amerikanischen Modells ist von dem Bestreben geleitet, vor allem die zentralen deutsch-amerikanischen Unterschiede herauszuarbeiten.

Weitreichende Entscheidungsmacht des Präsidenten innerhalb des Exekutivbereichs

Der auf vier Jahre (faktisch) direkt gewählte Präsident steht streng verfassungsrechtlich betrachtet nicht nur im Zentrum der amerikanischen Exekutive, sondern ist der alleinige Inhaber der Exekutivgewalt. Obwohl alle Präsidenten seit George Washington ein Kabinett bildeten, existiert ein Kabinett im westeuropäischen Sinne, d.h. als kollektiv verantwortliches Entscheidungsgremium, in den USA nach der Verfassung überhaupt nicht. Der fehlende verfassungsrechtliche Status des Kabinetts führte dazu, dass dieses auch in der Verfassungspraxis eine „sekundäre Institution" blieb, die ganz auf den Präsidenten bezogen ist. Dabei kam dem Kabinett bzw. einzelnen seiner Mitglieder historisch durchaus

Das Kabinett

eine wichtige Beratungsfunktion für den Präsidenten zu. Diese verblasste angesichts grundlegender struktureller Wandlungen der organisatorischen Ausgestaltung des Präsidentenamtes allerdings spätestens ab der Mitte des 20. Jahrhunderts. Heute kommt dem Kabinett, wie gerade die Kabinettsbildungsprozesse unter den Präsidenten Bill Clinton und George W. Bush zeigen, vor allem eine wichtige Repräsentationsfunktion zu. Da Parteien innerhalb der amerikanischen Exekutive keine auch nur annähernd vergleichbar zentrale Rolle spielen wie in den parlamentarischen Demokratien Westeuropas, geht es bei der Bildung eines ausbalancierten Kabinetts keineswegs ausschließlich um eine ausgeglichene Repräsentation unterschiedlicher Flügel der Partei des Präsidenten, sondern zugleich um eine symbolische Abbildung der hochgradig fragmentierten amerikanischen Gesellschaft (Helms 1999d).

Grenzen autonomer Entscheidungsmacht des Präsidenten innerhalb der Exekutive

Eine wichtige Einschränkung der autonomen Entscheidungsmacht amerikanischer Präsidenten im Bereich der Exekutive betrifft die Schaffung von Kabinettsressorts. Nicht einmal die Entscheidungsgewalt über signifikante Veränderungen des Ressortzuschnitts und der Kompetenzabgrenzungen zwischen unterschiedlichen Ministerien ist Bestandteil der präsidentiellen Prärogative. Diesbezügliche Veränderungen setzen einen Beschluss beider Häuser des amerikanischen Kongresses voraus. Das anspruchsvolle Verfahren findet seinen Niederschlag in einem auffallend hohen Maß an historischer Kontinuität der Ressortstruktur. Vor allem vollständige Neuschaffungen von Kabinettsressorts bilden eine große Seltenheit (Rockman 2000: 251).

Die „institutional presidency"

Die in Bezug auf die Regierungsorganisation in den USA wichtigste Veränderung überhaupt bildete der in den dreißiger Jahren des 20. Jahrhunderts begonnene Aufbau des Executive Office of the President (EOP), eines gleichsam um das Präsidentenamt herum gelagerten Reservoirs politisch-administrativer Ressourcen des jeweiligen Amtsinhabers. Für die unter dem Dach des EOP versammelten Subeinheiten – von denen das White House Office die engsten Mitarbeiter des Präsidenten beherbergt und damit zugleich das politisch-administrative Zentrum der amerikanischen Kernexekutive verkörpert – hat sich im Amerikanischen die Bezeichnung „institutional presidency" bzw. „presidential branch" durchgesetzt (Burke 2000; Hart 1995). Viele der bis heute besonders wichtigen Einheiten innerhalb des EOP – so vor allem der National Security Council und der Council of Economic Advisers – entstanden bereits Mitte der vierziger Jahre. Funktional definierte Personaleinheiten wurden erstmals während der Amtszeit Präsident Dwight D. Eisenhowers (1953-1959) geschaffen. Für alle Abteilungen gilt, dass Präsidenten in Fragen der Personalrekrutierung vollständig freie Hand besitzen (Patterson 2000).

Ausgeprägte Effekte unterschiedlicher Führungsstile

Das hohe Maß an Entscheidungsfreiheit amerikanischer Präsidenten innerhalb der Exekutive ist dafür verantwortlich, dass sich unterschiedliche Präferenzen und Führungsstile von Amtsinhabern besonders deutlich in der internen Machtstruktur der amerikanischen Kernexekutive widerspiegeln. Das gilt sowohl für die formalen als auch für die stärker informalen Aspekte der Regierungsorganisation und -praxis. Kein Entscheidungssystem eines amerikanischen Präsidenten seit 1945 glich dem seiner Vorgänger oder Nachfolger auch nur ansatzweise (Hess 2002). Trotz der großen Bedeutung individueller Führungsstile lassen sich übergreifende strukturelle Entwicklungstrends erkennen. Dazu gehört insbesondere der schrittweise Bedeutungsgewinn des White House Office gegenüber dem Kabinett. Eisenhower gilt als der letzte Präsident, unter dem das Kabinett einen vergleichbar großen Einfluß genoss wie seine persönlichen Berater im Weißen Haus; seit Kennedy verließen sich sämtliche Präsidenten vor allem auf ihr Team im White House Office und ausgewählte Spitzenkräfte aus der „presidential branch". Zu den scheinbar paradoxen Phänomenen amerikanischer Politik gehört das von Bewerbern um das Präsidentenamt und frisch gewählten Präsidenten stets erneuerte Bekenntnis, einen Regierungsstil pflegen zu wollen, der dem Kabinett eine zentrale Rolle zuerkennt. Angesichts der oben erwähnten großen repräsentationspolitischen Bedeutung des Kabinetts kann dies jedoch nicht wirklich verwundern.

Ein wichtiges Kennzeichen der modernen amerikanischen Exekutive besteht darin, dass diese ungeachtet der verfassungsrechtlichen Konzentration auf den Präsidenten ein extrem hohes Maß an organisatorisch-funktionaler Fragmentierung aufweist. Eine tiefe Kluft kennzeichnet besonders das Verhältnis zwischen Mitgliedern des Kabinetts und Angehörigen des EOP (Bennett 1996: Kap. 8). Dafür gibt es eine Reihe struktureller Gründe: Mitglieder des White House Staff neigen dazu, die Ressortchefs in den Ministerien als illoyal gegenüber dem Präsidenten wahrzunehmen und verstehen es häufig als eine ihrer Kernaufgaben, diesen vom politischen Einfluss der Kabinettsmitglieder nach Kräften abzuschirmen. Umgekehrt betrachten viele Kabinettsmitglieder ihre Position innerhalb der amerikanischen Exekutive aufgrund des anspruchsvolleren Ernennungsverfahrens (Kabinettsmitglieder bedürfen zu ihrer Ernennung grundsätzlich der Zustimmung des Senats) und der spezifischen gesetzlichen Grundlage ihres Amtes als letztlich stärker legitimiert. Mitglieder des White House Staff erscheinen ihnen häufig als „Kofferträger" des Präsidenten, die ihr jeweiliges Amt praktisch ausschließlich ihrem Einsatz im vorausgegangenen Präsidentschaftswahlkampf verdanken.

Starke interne Fragmentierung der Exekutive

Unabhängig von den üblichen „Grabenkämpfen" zwischen Vertretern dieser beiden „Lager" ist jedoch auch die „presidential branch" selbst organisatorisch und funktional fragmentiert – in einem Maße, das viele Beobachter mittlerweile daran zweifeln lässt, ob der einzigartige politisch-administrative Ressourcenpool des Präsidenten diesem entscheidungspolitisch tatsächlich zum Vorteil gereicht. Hochgradig spezialisierte Untereinheiten innerhalb des White House Office tendieren dazu, eigenständige Identitäten und spezifische Perspektiven zu entwickeln, aus denen interne Konkurrenz und geteilte Loyalitäten unter den Mitarbeitern erwachsen können (Hart 1995: 131). Die Komplexität des EOP birgt zudem die Gefahr, Präsidenten über Gebühr in die Abhängigkeit von unterschiedlichen Beratern zu stürzen. Dabei kann gerade die bedingungslose persönliche Loyalität von Mitarbeitern den Blick auf „objektive" Notwendigkeiten verstellen. Tatsächliche bewertete einer der international angesehensten Kenner der amerikanischen Exekutive, Richard E. Neustadt, just die kontinuierliche Zunahme der in der „presidential branch" versammelten Mitarbeiter und Berater des Präsidenten als eine der zentralen Ursachen für den von ihm attestierten relativen Machtverfall des Weißen Hauses im amerikanischen Regierungssystem (Neustadt 2001: 8-9).

Kaum Gefahr an den Auswüchsen ihrer eigenen Übermacht zu scheitern, laufen Präsidenten in der legislativen Arena. Dafür sorgt zum einen die strikte

Der Präsident in der legislativen Arena

verfassungsrechtliche Gewaltenteilung zwischen Exekutive und Legislative. Besonders hinzuweisen ist diesbezüglich auf die weit reichenden Kontroll- und Mitwirkungsrechte des amerikanischen Senats, gegenüber dem sich das Vetopotential des deutschen Bundesrates als geradezu bescheiden ausnimmt. Eine wichtige Rolle für die Hemmung präsidentieller Macht in der legislativen Arena spielen aber auch die dispersiven Effekte des amerikanischen Parteiwesens. Sind die parlamentarischen Systeme wie die Bundesrepublik durch ein insgesamt hohes Maß an „Partei-„ bzw. „Fraktionsdisziplin" gekennzeichnet, so ist eine hinsichtlich ihrer Intensität vergleichbare Abstimmungsdisziplin unter den Abgeordneten ein und derselben Partei in den USA praktisch unbekannt. Dafür gibt es viele Gründe. Ein wenig überspitzt ausgedrückt ist die aus der Bundesrepublik und anderen westeuropäischen parlamentarischen Demokratien bekannte „Partei"- bzw. „Fraktionsdisziplin" unter Mitgliedern des Kongresses – insbesondere was Fragen der Regierungsstabilität betrifft – schlicht nicht erforderlich. Hinzu kommen spezifische institutionelle und politisch-kulturelle Bedingungen – von der Struktur des Wahlsystems für Kongresswahlen bis zu den Besonderheiten der amerikanischen Wahlkampffinanzierung und den traditionell hohen Erwartungen der regionalen Wahlkreisbevölkerung an ihren Repräsentanten in Washington –, die in ihrer Gesamtheit alle dazu führen, dass das Verhalten der Mitglieder der amerikanischen Legislative durch ein hohes Maß an Unabhängigkeit gegenüber ihrer jeweiligen Partei geprägt ist (Helms 1999e: 317-323).[24] Für die Handlungs- bzw. Durchsetzungsfähigkeit des Präsidenten bedeutet dies, dass er sich selbst in Phasen, in denen seine Partei den Kongress kontrolliert („unified government"), nicht auf feste Mehrheiten verlassen kann; andererseits ist er nicht zwangsläufig politisch „kaltgestellt", wenn die gegnerische Partei die Mehrheit in einer oder gar beiden Kammern des Kongresses hält („divided government").

„Unified government" und „divided government"

Trotzdem gilt die parteipolitische Machtverteilung zwischen Kongress und Präsident („unified government" vs. „divided government") als die wichtigste Variable zur Erklärung des Verhältnisses beider Akteure im politischen Entscheidungsverfahren (Davidson 1997: 339). So deuten die Ergebnisse aufwendiger empirischer Untersuchungen darauf hin, dass – unter sonst gleichen Bedingungen – in Phasen von „divided government" weniger besonders wichtige Maßnahmen verabschiedet werden als unter „unified government" und der politische Handlungs- und Gestaltungsspielraum von Präsidenten tendenziell geringer ist (Jones 1994; Edwards III u.a. 1997). Umso bemerkenswerter ist es, dass „divided government" seit dem Ende des Zweiten Weltkrieges das weitaus „üblichere" Machtverteilungsmuster zwischen Präsident und Kongress darstellt. Zwischen 1945 und Mitte 2005 herrschte für knapp zwei Drittel der Zeit eine gegensätzliche parteipolitische Kontrolle von Exekutive und Legislative vor. Dabei standen sich üblicherweise ein demokratisch kontrollierter Kongress und ein republikanischer Präsident gegenüber. Phasen des „unified government" gab es

---

24 Zu den auffallendsten jüngeren Entwicklungen im amerikanischen Regierungssystem gehört die deutlich gestiegene Parteipolitisierung des legislativen Verfahrens im Sinne einer gewachsenen „Parteidisziplin" im Abstimmungsverhalten von Kongressmitgliedern (vgl. die Zahlen in Congressional Quarterly Weekly Report vom 3. Januar 2004). Von dem für parlamentarische Demokratien typischen Grad an „Parteigeschlossenheit" ist das Abstimmungsverhalten im amerikanischen Kongress aber weiterhin deutlich entfernt.

hingegen fast nur im Zeichen einer Vormachtstellung der Demokraten. George W. Bush war der erste republikanische Präsident seit Mitte der fünfziger Jahre, der (für große Teile seiner Amtszeit) mit einem vollständig von seiner Partei kontrollierten Kongress zusammenarbeiten konnte.

Abgesehen von den beiden starken Kammern des Kongresses gibt es im amerikanischen Regierungssystem zahlreiche weitere institutionelle Barrieren gegen jegliche Form präsidialer Allmachtsansprüche. Wie in der Bundesrepublik sorgt die föderative Staatsstruktur dafür, dass die regionale Reichweite politischer Führung aus Washington strukturell begrenzt bleibt. Angesichts des deutlich großzügigeren legislativen Selbstbestimmungsrechts der amerikanischen Einzelstaaten ist der potentielle Gestaltungsspielraum der amerikanischen Bundesregierung sogar bedeutend bescheidener dimensioniert als derjenige deutscher Bundesregierungen. Zu den starken institutionellen Gegenmächten im amerikanischen Regierungssystem gehören ferner ein mächtiges Verfassungsgericht, der Supreme Court, und eine starke unabhängige Zentralbank, die Fed. Sie sind ihren beiden deutschen „Schwesterinstitutionen" hinsichtlich ihres Kompetenzprofils und politischen Einflusspotentials mehr oder minder ebenbürtig (Helms 2003b). Freilich gilt auch für sie, dass sie ihre Vetomacht gegenüber dem Präsidenten nur ausnahmsweise voll zum Einsatz brachten. An der ausgesprochen weit reichenden institutionellen Fesselung präsidentieller Macht, auch jenseits des Verhältnisses von Exekutive und Legislative, kann nicht gezweifelt werden (Cronin/ Genovese 2004). Zur Einengung des politischen Handlungsspielraums von Präsidenten tragen aber auch gesellschaftliche Akteure und dabei nicht zuletzt die mächtigen Interessenverbände des Landes entscheidend bei. In vielen Arbeiten, die nach den Ursachen der Einschnürung der strukturellen Handlungsfähigkeit des Präsidenten fragen, werden die Interessengruppen sogar an vorderster Stelle genannt (Seligman/Covington 1996: 67-73). Anders als in der Bundesrepublik mit ihrer Mischung aus pluralistischen und korporatistischen Elementen der Interessenvermittlung, herrscht in den Vereinigten Staaten traditionell ein ungezügelter Pluralismus vor. Selbst von einer potentiell auf Kooperation hin orientierten Strategie von Interessengruppen profitiert selten der Präsident. Typischer sind institutionell verfestigte Entscheidungskoalitionen zwischen Interessengruppen, einzelnen „cabinet departments" und „sub-committees" des Kongresses, zumeist erweitert um zusätzliche Akteure. Solche Arrangements schwächen den Präsidenten nicht nur gegenüber dem Kongress, sondern bilden zugleich eine der strukturellen Ursachen für die oft beobachtete Entfremdung zwischen dem Präsidenten und den Mitgliedern seines Kabinetts.

Ein genuin „präsidentielles" Merkmal des politischen Willensbildungs- und Entscheidungsprozesses in den USA könnte man darin erblicken, dass die Durchsetzungsfähigkeit von Präsidenten gegenüber anderen Akteuren bzw. die Kompromissbereitschaft anderer Akteure gegenüber der Exekutive (bis zu einem gewissen Grade) durch das jeweilige Ausmaß an öffentlicher Popularität eines Amtsinhabers bestimmt wird. Dies gilt nicht nur für die Verhandlungsbereitschaft des Kongresses, ganz besonders gegenüber neu gewählten Präsidenten, sondern konnte sogar für das Verhalten des Supreme Court nachgewiesen werden (Yates/Whitford 1998). Insofern entspringt das hohe Maß an Bedeutung, das amerikanische Präsidenten der Nachkriegsperiode dem Bereich „public leader-

Weitere „kontra-majoritäre Institutionen" und „Vetospieler"

Einfluss der Popularität des Präsidenten

ship" und „image management" zuerkannt haben – viele Beobachter sprechen von einer „permanenten Kampagne" (Ornstein/Mann 2000) –, keineswegs nur spezifischen kulturellen Vorlieben der Amerikaner, sondern zugleich einem nüchternen politischen Kalkül auf Seiten der unterschiedlichen Amtsinhaber.

„Going public"   Die Bedingungen öffentlicher politischer Führung in den USA sind freilich deutlich verschieden von jenen in der Bundesrepublik und den übrigen westeuropäischen Demokratien. Unterschiede betreffen nicht nur die ungleich größere administrative Ressourcenausstattung amerikanischer Präsidenten und den Vorsprung der Vereinigten Staaten in der Entwicklung der Kommunikationstechnologie, sondern auch die grundlegenden Struktur- und Funktionsbedingungen der dies- und jenseits des Atlantiks etablierten Systemtypen, des Parlamentarismus bzw. des Präsidentialismus. Das im Amerikanischen als „going public" bezeichnete Bestreben amerikanischer Präsidenten, die Öffentlichkeit für ihre politische Position zu mobilisieren, ist im spezifischen Kontext der institutionellen Eigenheiten des präsidentiellen Regierungssystems zu betrachten. Anders als den Regierungschefs der parlamentarischen Demokratien kann man amerikanischen Präsidenten schwerlich den Vorwurf machen, einer demokratietheoretisch bedenklichen „Entparlamentarisierung" des Entscheidungssystems Vorschub zu leisten. Auch der aus der deutschen Diskussion bekannte Vorwurf an den Kanzler, sich mit entsprechenden Aktionen „in systemwidriger Art" über seine Partei und das Kabinett erheben zu wollen, greift im amerikanischen Kontext angesichts der stark untergeordneten Bedeutung beider Akteure weitgehend ins Leere. Während der technologische Entwicklungsvorsprung der Medienkommunikation in den USA, wie insbesondere die aus europäischer Perspektive gigantische Anzahl von privaten Fernsehsendern, in ihren Rückwirkungen auf die öffentliche „Durchschlagskraft" von Präsidenten in der jüngeren Literatur durchaus skeptisch beurteilt wird (Baum/Kernell 1999), lässt sich zumindest ein struktureller Vorteil amerikanischer Präsidenten gegenüber den Regierungschefs der westeuropäischen Länder erkennen: So schlägt als nicht unwichtige Ressource amerikanischer Präsidenten im Bereich der politischen Öffentlichkeitsarbeit zweifelsohne positiv zu Buche, dass im politischen System der USA die Ämter des Regierungschefs und Staatsoberhaupts in den Händen eines Amtsinhabers vereint sind. Aus diesem Grunde entbehrt kaum eine öffentliche Aktion des Präsidenten – auch wenn sie funktional betrachtet eher dem Aufgabenbereich eines Regierungschefs entstammen mag – vollständig der amtsbezogenen Würde des Staatsoberhaupts.

8.3 Bilanz: Die Besonderheiten des deutschen Modells aus international vergleichender Perspektive

Ziel dieses Schlussabschnittes ist es, die zentralen Charakteristika der Regierungsorganisation und der politischen Führung in der Bundesrepublik aus international vergleichender Perspektive in wenigen Worten zu resümieren. Dabei erscheint es sinnvoll, nach den Bereichen (1) verfassungsrechtliches, politisches und personelles Profil der Exekutive, (2) Position der Exekutive im politischen

System sowie (3) verhaltensbezogene Aspekte politischer Führung zu differenzieren.

Zu den wichtigsten Merkmalen des verfassungsrechtlichen, politischen und personellen Profils der Exekutive in der Bundesrepublik gehören:

Verfassungsrechtliche, personelle und politische Struktur der Exekutive

- Ein vergleichsweise hohes Maß an Verrechtlichung des Exekutivbereichs. Die Vorgaben des Grundgesetzes bezüglich der grundlegenden Organisationsprinzipien der Regierung werden durch detaillierte Geschäftsordnungsregeln für die Bundesregierung als Ganze als auch auf der Ebene der Bundesministerien weiter spezifiziert.
- Eine verfassungsrechtlich und politisch exponierte Stellung des Regierungschefs, des Kanzlers, innerhalb der Exekutive. Die zentralen verfassungsrechtlichen Ressourcen des Kanzlers bilden dessen kaum eingeschränkte Organisationsgewalt und die Richtlinienkompetenz gemäß Art. 65 GG. Die verfassungsrechtlich herausgehobene Stellung des Kanzlers wird gestützt durch seine im internationalen Vergleich beachtlichen politisch-administrativen Ressourcen mit Sitz im Bundeskanzleramt.
- Die im Grundgesetz bzw. auf der Ebene von Geschäftsordnungen verankerte besondere Stellung einzelner Minister, wie insbesondere des Finanz-, Justiz- und Innenministers.
- Eine im langfristigen historischen Durchschnitt und internationalen Vergleich moderate Anzahl von Kabinettsressorts.
- Eine im Vergleich mit einigen anderen Ländern eher geringe Bedeutung von Kabinettsausschüssen als intra-gouvernementalen Entscheidungszentren.
- Die Existenz von Koalitionsregierungen, wobei als typische Regierungsform in der Bundesrepublik kleine Koalitionen gelten können.
- Die Existenz von informellen, zum Teil aber gleichwohl institutionalisierten Koalitionsgremien, denen in der Regel eine wichtige, oftmals maßgebliche Bedeutung innerhalb des gouvernementalen Entscheidungssystems zukommt.
- Ein im internationalen Vergleich hohes Maß an Regierungsstabilität. Dieses betrifft sowohl die Bestandsdauer von Koalitionsbündnissen als auch die Amtszeiten des Regierungspersonals, ganz besonders von Kanzlern.
- Ein politisches Profil der Regierungselite, das durch ein hohes Maß an Professionalität und Parteigebundenheit, von Ausnahmen abgesehen zusätzlich durch ein hohes Maß an parlamentarischer Verankerung von deren Mitgliedern gekennzeichnet ist.

Zu den Kennzeichen des deutschen Modells gehören, was die Position der Regierung im politischen System betrifft, insbesondere:

Die Position der Exekutive im politischen System

- Die eindeutige Vormachtstellung der politischen Exekutive, der Bundesregierung, gegenüber dem Staatsoberhaupt.
- Eine verfassungsrechtlich starke Position der Regierung gegenüber dem Parlament, sofern es um die Abwehr parlamentarischer Angriffe geht, und

eine mäßig starke Position der Exekutive im legislativen Entscheidungsverfahren.
- Eine klare Vorherrschaft von Mehrheitsregierungen, d.h. Regierungen, die auf die Existenz und Unterstützung stabiler parlamentarischer Mehrheiten bauen können.
- Ein hohes Maß an „Koalitionsdisziplin" im parlamentarischen Abstimmungsverhalten der Mehrheitsfraktionen, oftmals strukturell begünstigt durch die frühe Einbeziehung der Fraktionsspitzen in den gouvernementalen Entscheidungsprozess.
- Die Konfrontation der Regierung bzw. der Regierungsmehrheit mit einer starken parlamentarischen Opposition, woraus bei zahlreichen Entscheidungen ein faktischer Zwang zum Kompromiss erwächst, der zur Herausbildung einer generelleren Tendenz zum „Regieren in informellen großen Koalitionen" geführt hat.
- Eine in institutioneller Hinsicht – insbesondere durch ein kompetenzstarkes Verfassungsgericht, eine in hohem Maße unabhängige Zentralbank, eine starke „zweite Kammer" und die Existenz eines bundesstaatlichen Systems – vielfältig eingehegte bzw. in ihrer Reichweite beschränkte Exekutive.
- Eine politisch-kulturelle Konstellation, die dem politischen Konflikt traditionell eher skeptisch gegenübersteht und stattdessen vor allem Kooperationsbereitschaft und die Fähigkeit von Akteuren zum Kompromiss als politische Tugenden betrachtet. Im Unterschied zu den politisch-kulturellen Gegebenheiten der frühen Nachkriegszeit wird die gesellschaftliche Wertschätzung des Kompromisses und der Kooperation heute jedoch flankiert von einem starken Bedürfnis nach politischer Mitbestimmung, größtmöglicher Transparenz von Entscheidungsprozessen und weit reichender Responsivität der Akteure.

Grenzen der Generalisierbarkeit verhaltensbezogener Aspekte politischer Führung

Viele der genannten Komponenten konstituieren in ihrer Gesamtheit so etwas wie einen „Handlungskorridor" (Schmidt 1997: 214), in dessen Rahmen sich die Regierungstechniken und Führungsstile einzelner Amtsinhaber im Zusammenspiel mit rasch veränderlichen Faktoren zu bewähren haben. Anders als in Bezug auf die zentralen Charakteristika der beiden übrigen Ausschnitte (Regierungsorganisation und Systemstruktur), lassen sich die verhaltensbezogenen Aspekte politischer Führung in der Bundesrepublik nicht auf wenige griffige Punkte reduzieren. Das Bild ist vielmehr geprägt durch gravierend unterschiedliche Führungsstile und Regierungstechniken der einzelnen Amtsinhaber auf den unterschiedlichen Ebenen des politischen Entscheidungsprozesses, welche ihrerseits im Kontext spezifischer Rahmenbedingungen zu betrachten sind. Die Unmöglichkeit, das komplexe Zusammenspiel der dabei wirksamen Faktoren in wenige Sätze zu fassen, unterstreicht die Notwendigkeit einer Studie wie der vorliegenden, in der die einzelnen Kanzlerschaften in ihren jeweils spezifischen Voraussetzungen, Möglichkeiten und Begrenzungen beleuchtet wurden.

Kerncharakteristika politischer Führung

Fokussiert man hingegen stärker auf die übergreifend gültigen Bedingungen und Merkmale politischer Führung in der Bundesrepublik, so lassen sich auch für diesen Bereich eine Reihe von Aussagen treffen. Aus diesem Blickwinkel sind als wichtige Charakteristika zu nennen:

- Die zentrale Bedeutung parteipolitischer Ressourcen des Kanzlers, deren Qualität nicht unbedingt an Äußerlichkeiten, wie der verwirklichten oder nicht verwirklichten Personalunion mit dem Amt des Parteivorsitzenden, festzumachen ist. Zu den parteipolitischen Ressourcen im weiteren Sinne gehört auch die jeweilige Positionierung der Kanzlerpartei im Parteiensystem, aus der dem Kanzler wichtige koalitionspolitische Ressourcen erwachsen können.
- Die für die Position des Kanzlers im politischen Entscheidungsprozess im Allgemeinen große Bedeutung einer reibungslos funktionierenden „Regierungszentrale", des Kanzleramts, wobei vor allem den Fähigkeiten und dem Verhalten des jeweiligen Kanzleramtschefs ein großes Gewicht zukommt.
- Die zentrale Rolle der Fähigkeit von Akteuren zum politischen Kompromiss. Dies galt selbst für die Früh- bzw. Hochphase der „Kanzlerdemokratie" und gilt erst recht für die jüngeren Kapitel der Geschichte der Bundesrepublik, welche mit den Schlagworten „Koordinationsdemokratie" und „Verhandlungsdemokratie" belegt wurden. In den in Abschnitt 2.2.2.1 erwähnten Kategorien der vergleichenden „leadership"-Forschung gesprochen, waren – trotz Unterschieden im Detail – alle deutschen Kanzler der Nachkriegszeit in hohem Maße „co-ordinators" und „reconcilers", obwohl einzelnen Vertretern zumindest phasenweise das Prädikat „mobilisers" und/oder „protagonists" gebührt.
- Die Nicht-Existenz effektiver „Mindeststandards" bezüglich der Bereitschaft von Amtsinhabern zum Aktenstudium und des persönlichen Zugriffs auf politikfeldspezifisches Sachwissen. Dies gilt zumindest, aber vermutlich nicht nur, wenn man als Kriterium die Fähigkeit von Kanzlern zugrundelegt, sich über eine Bundestagswahl hinaus im Amt zu halten. Von den bisherigen Amtsinhabern könnte man nur Adenauer und Schmidt als Regierungschefs mit im internationalen Vergleich beachtlicher „Policy-Expertise" auf mehreren Politikfeldern bezeichnen.
- Die eher untergeordnete Bedeutung der persönlichen Performanz deutscher Kanzler in der parlamentarischen Arena; als entscheidender erwies sich in allen bisherigen Fällen die Loyalität der Fraktionsspitzen gegenüber Kanzler und Regierung.
- Die entgegen einer weit verbreiteten Überzeugung lediglich mäßige Bedeutung der Fähigkeit eines Kanzlers zur medialen Selbstdarstellung. Telegenität und hohe persönliche „Beliebtheitswerte" von Amtsinhabern schlagen sich kaum in einer erhöhten Durchsetzungsfähigkeit der Betroffenen innerhalb der Regierung oder gegenüber anderen Akteuren des politischen Systems nieder. Selbst der Zusammenhang zwischen diesen Faktoren und den (Wieder-)Wahlchancen eines Kandidaten bzw. der dadurch beeinflussten Länge seiner Amtszeit ist hierzulande schwach ausgeprägt, wie vor allem das Beispiel Helmut Kohls lehrt.
- Schließlich: ein – gemessen an den zentralen Strukturmerkmalen des „leadership"-Prozesses im Regierungssystem der USA – insgesamt geringes Maß an „Präsidentialisierung" und ein (in Abgrenzung zu den weit reichenden Effekten der europäischen Integration im Bereich der Verwaltung) ebenfalls bescheidener Grad an „Europäisierung" politischer Führung.

Ausblick Mit dieser schlaglichtartigen Zusammenfassung der wichtigsten Charakteristika des Untersuchungsgegenstandes ist diese Studie an ihr Ende gelangt. Zum Kernprogramm der künftigen Beschäftigung mit Aspekten der Regierungsorganisation und der politischen Führung in Deutschland und den anderen liberalen Demokratien dürfte vor allem die oft gestellte, indes bislang kaum ansatzweise beantwortete Frage nach der möglichen Konvergenz der Herausforderungen, Manifestationen und Ergebnisse politischer Führung im Zuge einer fortschreitenden Internationalisierung von Politik gehören. Angesichts ihrer spezifischen thematischen Fokussierung auf die zentralen Merkmale der Regierungsorganisation und politischen Führung in der Bundesrepublik konnten hier nur die wichtigsten Bausteine geliefert und vereinzelte Anregungen zu einer vertieften Beschäftigung mit dieser Frage gegeben werden. Die Antwort selbst muss weiter ausgreifenden Arbeiten aus dem Bereich der international vergleichenden Exekutivforschung vorbehalten bleiben.

Literaturverzeichnis

Abromeit, Heidrun, 1994: The Chancellor and Organised Interests, in: Stephen Padgett (Hrsg.), Adenauer to Kohl. The Development of the German Chancellorship, London, 157-177.
Achterberg, Norbert, 1987: Innere Ordnung der Bundesregierung, in: Josef Isensee/Paul Kirchhof (Hrsg.), Handbuch des Staatsrechts der Bundesrepublik Deutschland. Bd. II: Demokratische Willensbildung – Die Staatsorgane des Bundes, Heidelberg, 629-664.
Alivizatos, Nicos C., 1995: Judges as Veto Players, in: Herbert Döring (Hrsg.), Parliaments and Majority Rule in Western Europe, Frankfurt a.M., 566-589.
Allemann, Fritz René, 1956: Bonn ist nicht Weimar, Köln.
Almond, Gabriel A./Verba, Sidney (Hrsg.), 1980: The Civic Culture Revisited: An Analytic Study, Boston.
Andeweg, Rudy, 2003: On Studying Governments, in: Jack Hayward/Anand Menon (Hrsg.), Governing Europe, Oxford, 39-60.
Anderson, Christopher J./Brettschneider, Frank, 2003: The Likable Winner versus the Competent Loser. Candidate Images and the German Election of 2002, in: German Politics and Society 21, Nr. 1, 95-118.
Anderson, Perry, 1974: Lineages of the Absolutist State, London.
Ansell, Christopher K./Fish, Steven M., 1999: The Art of Being Indispensible. Noncharismatic Personalism in Contemporary Political Parties, in: Comparative Political Studies 32, 283-312.
Badura, Peter, 1996: Staatsrecht. Systematische Erläuterung des Grundgesetzes für die Bundesrepublik Deutschland, 2. Aufl., München.
Bakema, Wilma E., 1991: The Ministerial Career, in: Jean Blondel/Jean-Louis Thiébault (Hrsg.), The Profession of Government Minister in Western Europe, London, 70-98.
Bannas, Günter, 2004: Ein Eckpfeiler der Koalition, in: Frankfurter Allgemeine Zeitung, 31. März 2004, 3.
Bannas, Günther, 2005a: Der Kabinettskern, in: Frankfurter Allgemeine Zeitung, 12. Februar 2005, 10.
Bannas, Günter, 2005b: Von den Umständen verschlungen, in: Frankfurter Allgemeine Zeitung, 1. Juli 2005, 1.
Barber, James D., 1977: The Presidential Character: Predicting Performance in the White House, Englewood Cliffs, NJ.
Baum, Matthew A./Kernell, Samuel, 1999: Has Cable Ended the Golden Age of Presidential Television?, in: American Political Science Review 93, 99-114.
Baring, Arnulf, 1969a: Außenpolitik in Adenauers Kanzlerdemokratie. Bonns Beitrag zur Europäischen Verteidigungsgemeinschaft, München.
Baring, Arnulf, 1969b: Über deutsche Kanzler, in: Der Monat 21, Nr. 252, 12-22.
Baring, Arnulf, 1982: Machtwechsel. Die Ära Brandt-Scheel, Stuttgart.
Baring, Arnulf, 1989: Die „Wende": Rückblick und Ausblick, in: Hanns Maull/Wilhelm Bleek (Hrsg.), Ein ganz normaler Staat? Perspektiven nach 40 Jahren Bundesrepublik, München/Zürich, 103-116.
Barrilleaux, Ryan J., 1984: The Presidency: Levels of Analysis, in: Presidential Studies Quarterly 14, 73-77.
Beckmann, Ulrich, 1967: Die Rechtsstellung des Stellvertreters des Bundeskanzlers, Diss. Würzburg.

Bennett, Anthony, 1996: The American President's Cabinet. From Kennedy to Bush, London.
Benz, Arthur, 1999: Der deutsche Föderalismus, in: Thomas Ellwein/Everhard Holtmann (Hrsg.), 50 Jahre Bundesrepublik. Rahmenbedingungen – Entwicklungen – Perspektiven (Sonderheft 30/1999 der Politischen Vierteljahresschrift), Opladen, 135-153.
Benz, Arthur, 2003: Konstruktive Vetospieler in Mehrebenensystemen, in: Renate Mayntz/Wolfgang Streeck (Hrsg.), Die Reformierbarkeit der Demokratie. Innovationen und Blockaden, Frankfurt a.M./New York, 205-236.
Benz, Arthur, 2004: Einleitung: Governance – Modebegriff oder nützliches sozialwissenschaftliches Konzept?, in: Arthur Benz (Hrsg.), Governance – Regieren in komplexen Regelsystemen. Eine Einführung, Wiesbaden, 11-28.
Berg-Schlosser, Dirk, 2003: Politische Kultur, in: Eckhard Jesse/Roland Sturm (Hrsg.), Demokratien des 21. Jahrhunderts im Vergleich. Historische Zugänge, Gegenwartsprobleme, Reformperspektiven, Opladen, 175-202.
Berry, Phyllis, 1989: The Organization and Influence of the Chancellory during the Schmidt and Kohl Chancellorships, in: Governance 2, 339-355.
Berthold, Lutz, 1997: Das konstruktive Mißtrauensvotum und seine Ursprünge in der Weimarer Staatsrechtslehre, in: Der Staat 36, 81-94.
Beyme, Klaus von, 1984: Do Parties Matter? The Impact of Parties on the Key Decisions in the Political System, in: Government and Opposition 19, 5-29.
Beyme, Klaus von, 1993: Die politische Klasse im Parteienstaat, Frankfurt a.M.
Beyme, Klaus von, 1997: Der Gesetzgeber. Der Bundestag als Entscheidungszentrum, Opladen.
Beyme, Klaus von, 1999a: Die parlamentarische Demokratie. Entstehung und Funktionsweise 1789-1999, 3. Aufl., Opladen.
Beyme, Klaus von, 1999b: Institutionelle Grundlagen der deutschen Demokratie, in: Max Kaase/Günther Schmid (Hrsg.), Eine lernende Demokratie. 50 Jahre Bundesrepublik Deutschland, Berlin, 19-39.
Beyme, Klaus von/Helms, Ludger, 2004: Interessengruppen, in: Ludger Helms/Uwe Jun (Hrsg.), Politische Theorie und Regierungslehre. Eine Einführung in die politikwissenschaftliche Institutionenforschung, Frankfurt a.M., 194-218.
Biehler, Gerhard, 1990: Sozialliberale Reformgesetzgebung und Bundesverfassungsgericht. Der Einfluß des Bundesverfassungsgerichts auf die Reformpolitik – zugleich eine reformgesetzliche und -programmatische Bestandsaufnahme, Baden-Baden.
Blair, Philip/Cullen, Peter, 1999: Federalism, Legalism and Political Reality: The Record of the Federal Constitutional Court, in: Charlie Jeffery (Hrsg.), Recasting German Federalism. The Legacies of German Unification, London, 119-154.
Blondel, Jean, 1980: World Leaders. Heads of Government in the Postwar Period, London.
Blondel, Jean, 1982: The Organization of Government. A Comparative Analysis of Governmental Structures, London.
Blondel, Jean, 1987: Political Leadership. Towards a General Analysis, London.
Blondel, Jean/Cotta, Maurizio, 1996: Conclusion, in: Jean Blondel/Maurizio Cotta (Hrsg.), Party and Government. An Inquiry into the Relationship between Governments and Supporting Parties in Liberal Democracies, London, 249-262.
Blumenthal, Julia von, 2003: Auswanderung aus den Verfassungsinstitutionen. Kommissionen und Konsensrunden, in: Aus Politik und Zeitgeschichte B 43, 9-15.
Blumler, Jay G./Kavanagh, Dennis/Nossiter, T. J., 1996: Modern Communications versus Traditional Politics in Britain: Unstable Marriage of Convenience, in: David L. Swanson/Paolo Mancini (Hrsg.), Politics, Media, and Modern Democracy, Westport, CT, 49-72.

Böckenförde, Ernst-Wolfgang, 1992: Geschichtliche Entwicklung und Bedeutungswandel der Verfassung, in: Ernst-Wolfgang Böckenförde, Staat, Verfassung, Demokratie. Studien zur Verfassungstheorie und zum Verfassungsrecht, 2. Aufl., Frankfurt a.M., 29-52.

Böckenförde, Ernst-Wolfgang, 1998: Die Organisationsgewalt im Bereich der Regierung, 2. Aufl., Berlin.

Bogdanor, Vernon, 2003: Asymmetric Devolution: Toward a Quasi-Federal Constitution?, in: Patrick Dunleavy/Andrew Gamble (Hrsg.), Developments in British Politics 7, London, 222-241.

Bracher, Karl-Dietrich, 1974: Die Kanzlerdemokratie, in: Richard Löwenthal/Hans-Peter Schwarz (Hrsg.), 25 Jahre Bundesrepublik Deutschland – eine Bilanz, Stuttgart, 179-202.

Bracher, Karl-Dietrich (Hrsg.), 1981 f.: Geschichte der Bundesrepublik Deutschland. In fünf Bänden, Stuttgart.

Braunthal, Gerard, 1998: Opposition in the Kohl Era: The SPD and the Left, in: Clay Clemens/William E. Paterson (Hrsg.), The Kohl Chancellorship (Special Issue of German Politics), London, 143-162.

Brauswetter, Hartmut, 1976: Kanzlerprinzip, Ressortprinzip und Kabinettsprinzip in der ersten Regierung Brandt 1969-1972, Bonn.

Brettschneider, Frank/Gabriel Oscar W., 2002: The Nonpersonalisation of Voting Behavior in Germany, in: Anthony King (Hrsg.), Leaders' Personalities and the Outcomes of Democratic Elections, Oxford, 127-157.

Broszat, Martin, 1969: Der Staat Hitlers. Grundlegung und Entwicklung seiner inneren Verfassung, München.

Brünneck, Alexander von, 1992: Verfassungsgerichtsbarkeit in den westlichen Demokratien, Baden-Baden.

Buchheim, Christoph, 2001: Die Unabhängigkeit der Bundesbank. Folge eines amerikanischen Oktrois?, in: Vierteljahreshefte für Zeitgeschichte 49, 1-30.

Buchheim, Hans, 1976: Die Richtlinienkompetenz unter der Kanzlerschaft Konrad Adenauers, in: Dieter Blumenwitz et al. (Hrsg.), Konrad Adenauer und seine Zeit. Politik und Persönlichkeit des ersten Bundeskanzlers. Bd. 2: Beiträge aus der Wissenschaft, Stuttgart, 339-351.

Buchheim, Hans (Hrsg.), 1986: Konrad Adenauer und der Deutsche Bundestag (Rhöndorfer Gespräche, Bd. 8), Bonn.

Budge, Ian/Newton, Kenneth, 1997: The Politics of the New Europe, London.

Bullock, Alan, 1997: Have the Roles of Hitler and Stalin Been Exaggerated?, in: Government and Opposition 32, 65-83.

Bulmer, Simon/Burch, Martin, 2001: The 'Europeanisation' of Central Government: the UK and Germany in Historical Institutionalist Perspective, in: Gerald Schneider/Mark Aspinwall (Hrsg.), The Rules of Integration: Institutionalist Approaches to the Study of Europe, Manchester, 73-96.

Bulmer, Simon/Jeffery, Charlie/Paterson, William E., 1998: Deutschlands europäische Diplomatie: Die Entwicklung des regionalen Milieus, in: Werner Weidenfeld (Hrsg.), Deutsche Europapolitik: Optionen wirksamer Interessen-vertretung, Bonn, 11-102.

Bunce, Valerie, 1981: Do New Leaders Make a Difference? Executive Succession and Public Policy under Capitalism and Socialism, Princeton.

Burke, John P., 2000: The Institutional Presidency, 2. Aufl., Baltimore, MD.

Burns, James MacGregor, 2003: Transforming Leadership: The Pursuit of Happiness, New York.

Busch, Andreas, 1999: Das oft geänderte Grundgesetz, in: Wolfgang Merkel/Andreas Busch (Hrsg.), Demokratie in Ost und West. Für Klaus von Beyme, Frankfurt a.M., 549-574.

Busse, Volker, 1993: Die Kabinettsausschüsse der Bundesregierung, in: Deutsches Verwaltungsblatt 108, 413-17.

Campbell, Colin, 1993: Political Executives and their Officials, in: Ada W. Finifter (Hrsg.), Political Science: The State of the Discipline II, Washington, DC, 383-406.

Carcassonne, Guy, 1997: Le Premier ministre e le domaine dit réservé, in: Pouvoirs, No. 83, 65-74.

Carlyle, Thomas, 1840: On Heroes, Hero-Worship, and the Heroic in History, London.

Caro, Michael K., 1965: Der Volkskanzler Ludwig Erhard, Köln.

Carr, Jonathan, 1985: Helmut Schmidt. Helmsman of Germany, London.

Cavalli, Luciano, 1992: Governo del leader e regime dei partiti, Bologna.

Clemens, Clay, 1994: The Chancellor as Manager. Helmut Kohl, the CDU and Governance in Germany, in: West European Politics 17, No. 4, 28-51.

Clemens, Clay, 1998: Party Management as a Leadership Resource: Kohl and the CDU/CSU, in: Clay Clemens/William E. Paterson (Hrsg.), The Kohl Chancellorship (Special Issue of German Politics), London, 91-119.

Cole, Alistair, 1994: Studying Political Leadership: the Case of François Mitterrand, in: Political Studies 42, 453-468.

Conradt, David P., 1980: Changing German Political Culture, in: Gabriel A. Almond/ Sidney Verba (Hrsg.), The Civic Culture Revisited, Boston, 212-272.

Conradt, David P., 2002: Political Culture in Unified Germany. The First Ten Years, in: German Politics and Society 63, 43-74.

Cowley, Philip/Stuart, Mark, 2005: Parliament: Hunting for Votes, in: Parliamentary Affairs 58, 258-271.

Crawford, Beverly/Lijphart, Arend, 1995: Explaining Political and Economic Change in Post-Communist Eastern Europe: Old Cleavages, New Institutions, Hegemonic Norms, and International Pressures, in: Comparative Political Studies 28, 171-199.

Cronin, Thomas E./Genovese, Michael A., 2004: The Paradoxes of the American Presidency, 2. Aufl., Oxford.

Crouch, Colin, 2003: Comparing Economic Interest Organizations, in: Jack Hayward/ Anand Menon (Hrsg.), Governing Europe, Oxford, 192-207.

Cuckierman, Alex, 1992: Central Bank Strategy, Credibility, and Independence: Theory and Evidence, Cambridge, MA.

Dalton, Russell J., 1998: A Celebration of Democracy: The 1998 Bundestag Election, in: German Politics and Society 17, 1-6.

Davidson, Roger H., 1997: Presidential-Congressional Relations, in: James P. Pfiffner/ Roger H. Davidson (Hrsg.), Understanding the Presidency, New York, 336-348.

de Smith, Stanely/Brazier, Rodney, 1994: Constitutional and Administrative Law, 7. Aufl., London.

de Winter, Lieven, 1991: Parliamentary and Party Pathways to the Cabinet, in: Jean Blondel/Jean-Louis Thiébault (Hrsg.), The Profession of Government Minister in Western Europe, London, 44-69.

Decker, Frank, 2001: Direktwahl der Ministerpräsidenten?, in: Recht und Politik 37, 152-161.

Decker, Frank/von Blumenthal, Julia, 2002: Die bundespolitische Durchdringung der Landtagswahlen. Eine empirische Analyse von 1970 bis 2001, in: Zeitschrift für Parlamentsfragen 33, 144-165.

Dedring, Klaus-Heinrich, 1989: Adenauer – Erhard – Kiesinger. Die CDU als Regierungspartei 1961-1969, Pfaffenweiler.

Derlien, Hans-Ulrich, 1989: Die Regierungswechsel von 1969 und 1982 in ihren Auswirkungen auf die Beamtenelite, in: Heinrich Siedentopf (Hrsg.), Führungskräfte in der öffentlichen Verwaltung, Baden-Baden, 171-189.

Derlien, Hans-Ulrich, 1990: „Regieren" – Notizen zum Schlüsselbegriff der Regierungslehre, in: Hans-Hermann Hartwich/Göttrik Wewer (Hrsg.), Regieren in der Bundesrepublik 1: Konzeptionelle Grundlagen und Perspektiven der Forschung, Opladen, 77-88.

Derlien, Hans-Ulrich, 1991: Regierungsorganisation – institutionelle Restriktion des Regierens?, in: Hans-Hermann Hartwich/Göttrik Wewer (Hrsg.), Regieren in der Bundesrepublik 1: Konzeptionelle Grundlagen und Perspektiven der Forschung, Opladen, 91-104.

Derlien, Hans-Ulrich, 2000: Germany: Failing Successfully?, in: Hussein Kassim/B. Guy Peters/Vincent Wright (Hrsg.), The National Co-ordination of EU Policy. The Domestic Level, Oxford, 54-78.

Derlien, Hans-Ulrich, 2001: Personalpolitik nach Regierungswechseln, in: Hans-Ulrich Derlien/Axel Murswieck (Hrsg.), Regieren nach Wahlen, Opladen, 39-57.

Derlien, Hans-Ulrich/Murswieck, Axel (Hrsg.), 1999: Der Politikzyklus zwischen Bonn und Brüssel, Opladen.

Derlien, Hans-Ulrich/Murswieck, Axel (Hrsg.), 2001: Regieren nach Wahlen, Opladen.

Deth, Jan W. van, 2001: Wertewandel im internationalen Vergleich. Ein deutscher Sonderweg?, in: Aus Politik und Zeitgeschichte, B 29, 23-30.

Detterbeck, Klaus/Renzsch, Wolfgang, 2002: Politischer Wettbewerb im deutschen Föderalismus, in: Jahrbuch des Föderalismus 2002, Baden-Baden, 69-81.

Dittgen, Herbert, 1999: Politische Führung in Bonn und in Washington: Formelle und informelle Bedingungen des Regierens im parlamentarischen und präsidentiellen Regierungssystem, in: Tobias Dürr/Franz Walter (Hrsg.), Solidargemeinschaft und fragmentierte Gesellschaft. Parteien, Milieus und Verbände im Vergleich. Festschrift zum 60. Geburtstag von Peter Lösche, Opladen, 249-264.

Dolowitz, David/Marsh, David, 2000: Learning from Abroad: The Role Policy Transfer in Contemporary Policy Making, in: Governance 13, 5-24.

Domes, Jürgen, 1964: Mehrheitsfraktion und Bundesregierung. Aspekte des Verhältnisses der Fraktion der CDU/CSU im 2. und 3. Kabinett Adenauer, Köln.

Döring, Herbert (Hrsg.), 1995: Parliaments and Majority Rule in Western Europe, Frankfurt a.M.

Dreher, Klaus, 1998: Helmut Kohl. Leben mit Macht, Stuttgart.

Dunleavy, Patrick/Rhodes, R. A. W., 1990: Core Executive Studies in Britain, in: Public Administration 68, 3-28.

Duverger, Maurice, 1980: A New Political System Model: Semi-Presidential Government, in: European Journal of Political Research 8, 165-187.

Dyson, Kenneth, 1974: The German Federal Chancellor's Office, in: Political Quarterly 45, 364-371.

Dyson, Kenneth, 2003: The Europeanization of German Governance, in: Stephen Padgett/William E. Paterson/Gordon Smith (Hrsg.), Developments in German Politics 3, London, 161-183.

Eatwell, Roger (Hrsg.), 1997: European Political Cultures. Conflict or Convergence?, London.

Edwards III, George C./Kessel, John H./Rockman, Bert A. (Hrsg.), 1993: Researching the Presidency: Vital Questions, New Approaches, Pittsburgh, PA.

Edwards III, George C./Barrett, Andrew/Peake, Jeffrey, 1997: The Legislative Impact of Divided Government, in: American Journal of Political Science 41, 545-563.

Egle, Christoph/Ostheim, Tobias/Zohlnhöfer, Reimut (Hrsg.), 2003: Das rot-grüne Projekt. Eine Bilanz der Regierung Schröder 1998-2002, Wiesbaden.

Eising, Rainer/Cini, Michelle, 2002: Disintegration or Reconfiguration? Organized Interests in Western Europe, in: Paul Heywood/Erik Jones/Martin Rhodes (Hrsg.), Developments in West European Politics 2, London, 168-183.
Elgie, Robert, 1993: The Role of the Prime Minister in France, 1981-91, London.
Elgie, Robert, 1995: Political Leadership in Liberal Democracies, London.
Elgie, Robert, 1997: Models of Executive Politics: A Framework for the Study of Executive Power Relations in Parliamentary and Semi-Parliamentary Systems, in: Political Studies 45, 217-231.
Elgie, Robert, 1999: The Politics of Semi-Presidentialism, in: Robert Elgie (Hrsg.), Semi-Presidentialism in Europe, Oxford, 1-21.
Elgie, Robert, 2004: Semi-Presidentialism: Concepts, Consequences and Contesting Explanations, in: Political Studies Review 2, 314-330.
Elgie, Robert/Thompson, Helen, 1998: The Politics of Central Banks, London.
Ellwein, Thomas, 1976: Regieren und Verwalten. Eine kritische Einführung, Opladen.
Ellwein, Thomas, 1989: Krisen und Reformen. Die Bundesrepublik seit den sechziger Jahren, München.
Ellwein, Thomas/Hesse, Joachim Jens, 1992: Das Regierungssystem der Bundesrepublik Deutschland, 7. Aufl., Opladen.
Eyck, Erich, 1948: Das persönliche Regiment Wilhelms II: Politische Geschichte des deutschen Kaiserreiches 1890 bis 1914, Erlenbach-Zürich.
Fagagnini, Hans Peter, 2000: Was soll denn politische Führung?, in: Zeitschrift für Politik 47, 274-292.
Farrell, Henry/Héritier, Adrienne, 2003: Formal and Informal Institutions under Codecision: Continious Constitution-Buildung in Europe, in: Governance 16, 577-600.
Fenske, Hans, 1991: Deutsche Verfassungsgeschichte. Vom Norddeutschen Bund bis heute, 3. Aufl., Berlin.
Finer, Samuel E. 1997: The History of Government from the Earliest Times. Vol. III: Empires, Monarchies, and the Modern State, Oxford.
Fischer, Thomas, 2002: Die Außenbeziehungen der deutschen Länder als Ausdruck „perforierter" nationalstaatlicher Souveränität, in: Hans-Georg Wehling (Hrsg.), Die deutschen Länder. Geschichte, Politik, Wirtschaft, 2. Aufl., Opladen, 369-390.
Foley, Michael, 1993: The Rise of the British Presidency, Manchester.
Fromme, Friedrich Karl, 1999: Von der Weimarer Verfassung zum Bonner Grundgesetz. Die verfassungsrechtlichen Folgerungen des Parlamentarischen Rates aus Weimarer Republik und nationalsozialistischer Diktatur, 3. Aufl., Berlin.
Fromont, Michel, 2003: Die Verfassungsmäßigkeitskontrolle in Deutschland und Frankreich, in: Die Öffentliche Verwaltung 56, 542-545.
Fuchs, Hans-Werner/Reuter, Lutz R., 2000: Bildungspolitik in Deutschland: Entwicklungen, Probleme, Reformbedarf, Opladen.
Furlong, Paul, 1994: Modern Italy: Representation and Reform, London.
Geerlings, Jörg, 2003: Die neue Rolle der Bundesbank im Europäischen System der Zentralbanken, in: Die Öffentliche Verwaltung 56, 322-328.
Gibbs, Cecil, 1969: Leadership, in: Gardner Lindzey/Elliot Aronson (Hrsg.), Handbook of Social Sociology. Vol. 4, 2. Aufl., Reading, MA, 205-282.
Goetz, Klaus H., 2003a: The Federal Executive: Bureaucratic Fusion versus Governmental Bifurcation, in: Klaus H. Goetz/Kenneth Dyson (Hrsg.), Germany, Europe and the Politics of Constraint, Oxford, 57-72.
Goetz, Klaus H., 2003b: Government at the Centre, in: Stephen Padgett/William E. Paterson/Gordon Smith (Hrsg.), Developments in German Politics 3, London, 17-37.
Goetz, Klaus H., 2004: Regierung und Verwaltung, in: Ludger Helms/Uwe Jun (Hrsg.), Politische Theorie und Regierungslehre. Eine Einführung in die politikwissenschaftliche Institutionenforschung Frankfurt a.M., 74-96.

Golsch, Lutz, 1998: Die politische Klasse im Parlament. Politische Professionalisierung von Hinterbänklern im Deutschen Bundestag, Baden-Baden.

Greenstein, Fred I., 1992: Can Personality and Politics be Studied Systematically?, in: Political Psychology 13, 105-128.

Greenstein, Fred I., 2000: The Presidential Difference. Leadership Style from FDR to Clinton, New York.

Grosser, Dieter, 1975: Die Sehnsucht nach Harmonie: Historische und verfassungsstrukturelle Vorbelastungen der Opposition in Deutschland, in: Heinrich Oberreuter (Hrsg.), Parlamentarische Opposition. Ein internationaler Vergleich, Hamburg, 206-229.

Grosser, Dieter, 1998: Das Wagnis der Währungs-, Wirtschafts- und Sozialunion. Politische Zwänge im Konflikt mit ökonomischen Regeln, Stuttgart.

Guggenberger, Bernd, 1998: Die Rechtsprechung des Bundesverfassungsgerichts und die institutionelle Balance des demokratischen Verfassungsstaates, in: Bernd Guggenberger/Thomas Würtenberger (Hrsg.), Hüter der Verfassung oder Lenker der Politik? Das Bundesverfassungsgericht im Widerstreit, Baden-Baden, 202-232.

Hallin, Daniel C./Mancini, Paolo, 2004: Comparing Media Systems. Three Models of Media aand Politics, Cambridge.

Hanrieder, Wolfram F., 1967: West German Foreign Policy 1949-1963. International Pressure and Domestic Response, Stanford.

Hart, John, 1995: The Presidential Branch from Washington to Clinton, 2. Aufl., Chatham.

Hartwich, Hans-Hermann/Wewer, Göttrik (Hrsg.), 1990 f.: Regieren in der Bundesrepublik Deutschland. In fünf Bänden, Opladen.

Haungs, Peter, 1968: Reichspräsident und parlamentarische Kabinettsregierung. Eine Studie zum Regierungssystem der Weimarer Republik in den Jahren 1924 bis 1929, Köln.

Haungs, Peter, 1986: Kanzlerdemokratie in der Bundesrepublik Deutschland: Von Adenauer bis Kohl, in: Zeitschrift für Politik 33, 44-66.

Haungs, Peter, 1989: Kanzlerdemokratie in der Bundesrepublik Deutschland. Adenauers Nachfolger, in: Aus Politik und Zeitgeschichte B 1-2, 28-39.

Häußer, Otto, 1995: Die Staatskanzleien der Länder. Aufgabe, Funktionen, Personal und Organisation unter Berücksichtigung des Aufbaus in den neuen Ländern, Baden-Baden.

Häußler, Richard, 1994: Der Konflikt zwischen Bundesverfassungsgericht und politischer Führung. Ein Beitrag zur Geschichte der Rechtsstellung des Bundesverfassungsgerichts, Berlin.

Hayward, Jack, 1993: The President and the Constitution: Its Spirit, Articles and Practice, in: Jack Hayward (Hrsg.), De Gaulle to Mitterrand. Presidential Power in France, London, 36-75.

Heidenheimer, Arnold J., 1961: Der starke Regierungschef und das Parteien-System: Der „Kanzler-Effekt" in der Bundesrepublik, in: Politische Vierteljahresschrift 1, 241-262.

Heimann, Hans Markus, 2001: Die Entstehung der Verfassungsgerichtsbarkeit in den neuen Ländern und Berlin, München.

Heimann, Siegfried, 1984: Sozialdemokratische Partei Deutschlands, in: Richard Stöss (Hrsg.), Parteien-Handbuch, Bd. 2, Opladen, 2025-2216.

Heinze, Rolf G., 2003: Das „Bündnis für Arbeit" – Innovativer Konsens oder institutionelle Erstarrung?, in: Christoph Egle/Tobias Ostheim/Reimut Zohlnhöfer (Hrsg.), Das rot-grüne Projekt. Eine Bilanz der Regierung Schröder 1998-2002, Wiesbaden, 137-161.

Helmke, Gretchen/Levitzky, Steven, 2003: Informal Institutions and Comparative Politics: A Research Agenda, The Kellogg Institute, University of Notre Dame, Working Paper No. 307, September.

Helms, Ludger, 1993: Parteienregierung im Parteienstaat. Strukturelle Voraussetzungen und Charakteristika der Parteienregierung in der Bundesrepublik Deutschland und in Österreich (1949 bis 1992), in: Zeitschrift für Parlamentsfragen 24, 635-654.

Helms, Ludger, 1994: „Machtwechsel" in der Bundesrepublik Deutschland. Eine vergleichende empirische Analyse der Regierungswechsel von 1966, 1969 und 1982, in: Jahrbuch für Politik 4, 225-248.

Helms, Ludger, 1996: Das Amt des deutschen Bundeskanzlers in historisch und international vergleichender Perspektive, in: Zeitschrift für Parlamentsfragen 27, 697-711.

Helms, Ludger, 1998: Keeping Weimar at Bay: The German Federal Presidency since 1949, in: German Politics and Society 16, No. 3, 50-68.

Helms, Ludger, 1999a: Präsident und Kongress in der legislativen Arena. Wandlungstendenzen amerikanischer Gewaltenteilung am Ende des 20. Jahrhunderts, in: Zeitschrift für Parlamentsfragen 30, 841-864.

Helms, Ludger, 1999b: Turning Indifference into a Minor Landslide – The 1999 European Elections in Germany, in: German Politics 8, No. 3, 161-166.

Helms, Ludger, 1999c: Entwicklungslinien der Verfassungsgerichtsbarkeit in der parlamentarischen Demokratie der Bundesrepublik Deutschland, in: Eckhard Jesse/Konrad Löw (Hrsg.), 50 Jahre Bundesrepublik Deutschland, Berlin, 141-164.

Helms, Ludger, 1999d: Die historische Entwicklung und politische Bedeutung des Kabinetts im Regierungssystem der USA, in: Politische Vierteljahresschrift 40, 65-92.

Helms, Ludger, 1999e: Parteiorganisationen und parlamentarische Parteien in der amerikanischen Präsidialdemokratie, in: Ludger Helms (Hrsg.), Parteien und Fraktionen. Ein internationaler Vergleich, Opladen, 307-329.

Helms, Ludger, 2000a: „Politische Führung" als politikwissenschaftliches Problem, in: Politische Vierteljahresschrift 41, 411-434.

Helms, Ludger, 2000b: Is there Life after Kohl? The CDU Crisis and the Future of Party Democracy in Germany, in: Government and Opposition 35, 419-438.

Helms, Ludger, 2000c: Opposition nach dem Machtwechsel: Ein Vergleich der CDU/CSU-Opposition im 6. und 14. Deutschen Bundestag, in: Zeitschrift für Politikwissenschaft 10, 511-538.

Helms, Ludger, 2001a: Gerhard Schröder und die Entwicklung der deutschen Kanzlerschaft, in: Zeitschrift für Politikwissenschaft 11, 1497-1517.

Helms, Ludger, 2001b: Kabinettsminister und Kabinettsumbildungen in der Bundesrepublik Deutschland und in Großbritannien (1945/49-2000). Eine empirische Forschungsnotiz, in: Die Verwaltung 34, 561-571.

Helms, Ludger, 2001c: Der parlamentarische Gesetzgebungsprozess in Großbritannien – Ein Vergleich mit den Verfahrensregeln im Deutschen Bundestag und Bundesrat, in: Der Staat 40, 405-419.

Helms, Ludger, 2002a: „Chief Executives" and their Parties: The Case of Germany, in: German Politics 11, No. 3, 145-164.

Helms, Ludger, 2002b: Politische Opposition. Theorie und Praxis in westlichen Regierungssystemen, Opladen.

Helms, Ludger, 2002c: Strukturmerkmale und Entwicklungsdynamik des deutschen Bundesstaates im internationalen Vergleich, in: Zeitschrift für Politik 49, 125-148.

Helms, Ludger, 2002d: Parlamentarismus, Präsidentialismus und Elitenstruktur – ein empirischer Drei-Länder-Vergleich, in: Zeitschrift für Parlamentsfragen 33, 589-605.

Helms, Ludger, 2003a: Deutschlands „semi-souveräner Staat". Kontinuität und Wandel parlamentarischer Regierung in der Bundesrepublik, in: Aus Politik und Zeitgeschichte B 43, 3-8.
Helms, Ludger, 2003b: Regieren unter den Bedingungen des institutionellen Pluralismus: ein deutsch-amerikanischer Vergleich, in: Politische Vierteljahresschrift 44, 66-85.
Helms, Ludger, 2005a: Die Informalisierung des Regierungshandelns in der Bundesrepublik: Ein Vergleich der Regierungen Kohl und Schröder, in: Zeitschrift für Staats- und Europawissenschaften 3, 70-96.
Helms, Ludger, 2005b: Presidents, Prime Ministers and Chancellors: Executive Leadership in Western Democracies, London/New York.
Helms, Ludger, 2005c: The Presidentialisation of Political Leadership: British Notions and German Observations, in: The Political Quarterly 76, 430-438.
Hennessy, Peter, 2000: The Prime Minister. The Office and its Holders since 1945, London.
Hennis, Wilhelm, 1964: Richtlinienkompetenz und Regierungstechnik, Tübingen.
Hennis, Wilhelm, 1968: Zum Begriff und Problem des politischen Stils, in: Wilhelm Hennis, Politik als praktische Wissenschaft. Aufsätze zur politischen Theorie und Regierungslehre, München, 230-244.
Hennis, Wilhelm, 1974: Die Rolle des Parlaments und die Parteiendemokratie, in: Richard Löwenthal/Hans-Peter Schwarz (Hrsg.), Die zweite Republik. 25 Jahre Bundesrepublik Deutschland – eine Bilanz, Stuttgart, 203-243.
Hentschel, Volker, 1996: Ludwig Erhard. Ein Politikerleben, Lech.
Hess, Stephen, 2002: Organizing the Presidency, 3. Aufl., Washington, DC.
Hesse, Joachim Jens/Goetz, Klaus H., 1992: Early Administrative Adjustment to the European Communities: The Case of the Federal Republic of Germany, in: Jahrbuch der Europäischen Verwaltungsgeschichte 4, 181-205.
Hesse, Konrad, 1995: Verfassungsrechtsprechung im geschichtlichen Wandel, in: Juristen Zeitung 50, 265-273.
Heywood, Paul/Wright, Vincent, 1997: Executives, Bureaucracies and Decision-Making, in: Martin Rhodes/Paul Heywood/Vincent Wright (Hrsg.), Developments in West European Politics, London, 75-94.
Hildebrand, Klaus, 1984: Von Erhard zur Großen Koalition, 1963-1969, Stuttgart.
Hockerts, Hans Günter, 1980: Sozialpolitische Entscheidungen im Nachkriegsdeutschland. Alliierte und deutsche Sozialversicherungspolitik 1945 bis 1957, Stuttgart.
Hoffmann, Johannes J., 1995: Adenauer: „Vorsicht und keine Indiskretionen!" Zur Informationspolitik und Öffentlichkeitsarbeit der Bundesregierung, Aachen.
Hofmann, Gunter, 2003: Kabinett der Mittelstreckenläufer, in: Die Zeit, 14. August 2003, 3.
Holl, Stefan, 1990: Landespolitiker: eine weitgehend unbeachtete Elite, in: Der Bürger im Staat 40, 25-31.
Holtz-Bacha, Christine/Kaid, Lynda Lee, 1995: A Comparative Perspective on Political Advertising: Media and Political System Characteristics, in: Lynda Lee Kaid/Christina Holtz-Bacha (Hrsg.), Political Advertising in Western Democracies, Thousand Oakes, 8-18.
Horner, Franz, 1985: Die Große Koalition, in: Franz Schneider (Hrsg.), Der Weg der Bundesrepublik. Von 1945 bis zur Gegenwart, München, 77-101.
Huber, Ernst Rudolf, 1981: Deutsche Verfassungsgeschichte seit 1789. Bd. VI: Die Weimarer Reichsverfassung, Stuttgart.
Huber, Ernst Rudolf, 1994: Deutsche Verfassungsgeschichte seit 1789. Band IV: Struktur und Krisen des Kaiserreichs, revidierter Nachdruck der 2. verbesserten und ergänzten Aufl., Stuttgart.

Huber, John D., 1996: Rationalizing Parliament. Legislative Institutions and Party Politics in France, Cambridge.

Ismayr, Wolfgang, 2000: Der Deutsche Bundestag im politischen System der Bundesrepublik Deutschland, Opladen.

Ismayr, Wolfgang, 2001: Parteien in Bundestag und Bundesregierung, in: Oscar W. Gabriel/Oskar Niedermayer/Richard Stöss (Hrsg.), Parteiendemokratie in Deutschland, 2. Aufl., Opladen, 360-384.

Jachtenfuchs, Markus/Kohler-Koch, Beate, 2004: Governance in der Europäischen Union, in: Arthur Benz (Hrsg.), Governance – Regieren in komplexen Regelsystemen. Eine Einführung, Wiesbaden, 77-101.

Jäger, Wolfgang, 1986: Die Innenpolitik der sozial-liberalen Koalition 1969-1974, in: Karl Dietrich Bracher/Wolfgang Jäger/Werner Link, Republik im Wandel 1969-1974. Die Ära Brandt, Stuttgart, 15-160.

Jäger, Wolfgang, 1987: Die Innenpolitik der sozial-liberalen Koalition 1974-1982, in: Wolfgang Jäger/Werner Link, Republik im Wandel 1974-1982. Die Ära Schmidt, Stuttgart, 7-272.

Jäger, Wolfgang, 1988: Von der Kanzlerdemokratie zur Koordinationsdemokratie, in: Zeitschrift für Politik 35, 15-32.

Jäger, Wolfgang, 1994: Wer regiert die Deutschen? Innenansichten der Parteiendemokratie, Osnabrück.

Jäger, Wolfgang, 1998: Die Überwindung der Teilung. Der innerdeutsche Prozess der Vereinigung, Stuttgart.

James, Simon, 1999: British Cabinet Government, 2. Aufl., London.

Jesse, Eckhard, 1999: Koalitionen in den neuen Bundesländern: Varianten, Veränderungen, Versuchungen, in: Roland Sturm/Sabine Kropp (Hrsg.), Hinter den Kulissen von Regierungsbündnissen. Koalitionspolitik in Bund, Ländern und Gemeinden, Baden-Baden, 146-168.

Johnson, Nevil, 1983: State and Government in the Federal Republic of Germany. The Executive at Work, 2. Aufl., Oxford.

Jones, Charles O., 1994: The Presidency in a Separated System, Washington, DC.

Jones, Charles O., 1995: Separate But Equal Branches: Congress and the Presidency, Chatham, NJ.

Jordan, Grant, 1994: The British Administrative System. Principles versus Practice, London.

Jun, Uwe, 1994: Koalitionsbildung in den deutschen Bundesländern, Opladen.

Jung, Otmar, 2000: Abschluss und Bilanz der jüngsten plebiszitären Entwicklung in Deutschland auf Landesebene, in: Jahrbuch des öffentlichen Rechts der Gegenwart NF, Bd. 48, Berlin, 39-85.

Kaarbo, Juliet, 1997: Prime Minister Leadership Styles in Foreign Policy Decision/Making: A Framework for Research, in: Political Psychology 18, 553-581.

Kaase, Max, 1994: Is there a Personalization in Politics? Candidates and Voting Behavior in Germany, in: International Political Science Review 15, 211-230.

Kaase, Max, 2000: Germany: A Society and a Media System in Transition, in: Richard Gunther/Anthony Mughan (Hrsg.), Democracy and the Media. A Comparative Perspective, Cambridge, 375-401.

Kaiser, Bruno, 1982: Kurt Georg Kiesinger, in: Walther L. Bernecker/Volker Dotterweich (Hrsg.), Persönlichkeit und Politik in der Bundesrepublik Deutschland. Politische Portraits, Bd. 2, Göttingen, 14-25.

Kaltefleiter, Werner, 1996: Die Kanzlerdemokratie des Helmut Kohl, in: Zeitschrift für Parlamentsfragen 27, 27-37.

Kassop, Nancy, 2000: The Clinton Impeachment: Untangling the Web of Conflicting Considerations, in: Presidential Studies Quarterly 30, 359-373.

Katz, Richard S., 2003: Political Data in 2002, in: European Journal of Political Research 42, 873-879.
Katzenstein, Peter, 1987: Policy and Politics in West-Germany: The Growth of a Semisovereign State, Philadelphia.
Kavanagh, Dennis, 1990: British Politics. Continuity and Change, 2. Aufl., Oxford.
Kavanagh, Dennis/Richards, David, 2001: Departmentalism and Joined-Up Government: Back to the Future?, in: Parliamentary Affairs 54, 1-18.
Kavanagh, Dennis/Seldon, Anthony, 2000: The Powers Behind the Prime Minister. The Hidden Influence of Number Ten, 2. Aufl., London.
Kempf, Udo, 1997: Von de Gaulle bis Chirac. Das politische System Frankreichs, 3. Aufl., Wiesbaden.
Kempf, Udo, 2000: Die Regierungsmitglieder als soziale Gruppe, in: Udo Kempf/Hans-Georg Merz (Hrsg.), Kanzler und Minister 1949-1998. Bundesregierungen. Biographisches Lexikon der deutschen Bundesregierungen, Wiesbaden, 7-35.
Kempf, Udo/Merz, Hans-Georg (Hrsg.), 2000: Kanzler und Minister 1949-1998. Biographisches Lexikon der deutschen Bundesregierungen, Wiesbaden.
Kernell, Samuel, 1997: Going Public. New Strategies of Presidential Leadership, 3. Aufl., Washington, DC.
Kershaw, Ian, 1993: "Working Towards the Führer." Reflections on the Nature of the Hitler Dictatorship, in: Contemporary European History 2, 103-118.
King, Anthony, 1975: Executives, in: Fred I. Greenstein/Nelson W. Polsby (Hrsg.), Handbook of Political Science. Vol. 5: Governmental Institutions and Practices, Reading, MA, 173-256.
King, Anthony, 1994: "Chief Executives" in Western Europe, in: Ian Budge/David McKay (Hrsg.), Developing Democracy. Comparative Research in Honour of J.F.P. Blondel, London, 150-163.
King, Anthony, 2001: Does the United Kingdom Still Have A Constitution?, London.
Knorr, Heribert, 1975: Der parlamentarische Entscheidungsprozess während der Großen Koalition 1966 bis 1969, Meisenheim am Glan.
Koerfer, Daniel, 1987: Kampf ums Kanzleramt. Erhard und Adenauer, Stuttgart.
König, Klaus, 1991: Organisation: Voraussetzung und Folge des Regierens, in: Hans-Hermann Hartwich/Göttrik Wewer (Hrsg.), Regieren in der Bundesrepublik 1: Konzeptionelle Grundlagen und Perspektiven der Forschung, Opladen, 105-112.
König, Klaus, 1993: Staatskanzleien. Funktionen und Organisation, Opladen.
König, Thomas/Blume, Till/Luig, Bernd, 2003: Policy Change without Government Change? German Gridlock after the 2002 Election, in: German Politics 12, Nr. 2, 86-146.
König, Thomas/Volkens, Andrea/Bräuninger, Thomas, 1999: Regierungserklärungen von 1949 bis 1998. Eine vergleichende Untersuchung ihrer regierungsinternen und -externen Bestimmungsfaktoren, in: Zeitschrift für Parlamentsfragen 30, 641-659.
Kohler-Koch, Beate, 1998: Bundeskanzler Kohl – Baumeister Europas? Randbemerkungen zu einem zentralen Thema, in: Göttrik Wewer (Hrsg.), Bilanz der Ära Kohl, Opladen, 283-303.
Kolb, Eberhard, 1984: Die Weimarer Republik, München.
Kommers, Donald, 1997: The Constitutional Jurisprudence of the Federal Republic of Germany, 2. Aufl., Durham.
Korte, Karl-Rudolf, 1998: Kommt es auf die Person des Kanzlers an? Zum Regierungsstil von Helmut Kohl in der „Kanzlerdemokratie" des deutschen „Parteienstaates", in: Zeitschrift für Parlamentsfragen 29, 387-401.
Korte, Karl-Rudolf (Hrsg.), 2002: „Das Wort hat der Herr Bundeskanzler". Eine Analyse der Großen Regierungserklärungen von Adenauer bis Schröder, Wiesbaden.

Korte, Karl-Rudolf/Fröhlich, Manuel, 2004: Politik und Regieren in Deutschland, Paderborn.
Korte, Karl-Rudolf/Hirscher, Gerhard (Hrsg.), 2000: Darstellungspolitik oder Entscheidungspolitik? Über den Wandel von Politikstilen in westlichen Demokratien, München.
Kriesi, Hanspeter, 2003: Strategische politische Kommunikation: Bedingungen und Chancen der Mobilisierung öffentlicher Meinung im internationalen Vergleich, in: Frank Esser/Barbara Pfetsch (Hrsg.), Politische Kommunikation im internationalen Vergleich. Grundlagen, Anwendungen, Perspektiven, Wiesbaden, 208-239.
Kröger, Klaus, 1969: Aufgabe und Verantwortung des Bundeskanzlers nach dem Grundgesetz, in: Aus Politik und Zeitgeschichte B 34, 28-48.
Kropp, Sabine, 2001: Regieren in Koalitionen. Handlungsmuster und Entscheidungsbildung in deutschen Länderregierungen, Wiesbaden.
Kropp, Sabine/Sturm, Roland, 1998: Koalitionen und Koalitionsvereinbarungen. Theorie, Analyse und Dokumentation, Opladen.
Küpper, Jost, 1985: Die Kanzlerdemokratie: Voraussetzungen, Strukturen und Änderungen des Regierungsstils in der Ära Adenauer, Frankfurt a.M.
Küsters, Hanns Jürgen, 1988: Konrad Adenauer, die Presse, der Rundfunk und das Fernsehen, in: Karl-Günther von Hase (Hrsg.), Konrad Adenauer und die Presse (Rhöndorfer Gespräche, Bd. 9), Bonn, 13-31.
Laitenberger, Volkhard, 1986: Ludwig Erhard. Der Nationalökonom als Politiker, Göttingen.
Lammers, William/Genovese, Michael, 2000: The Presidency and Domestic Policy. Comparing Leadership Styles, FDR to Clinton, Washington, DC.
Landfried, Christine, 1984: Bundesverfassungsgericht und Gesetzgeber, Baden-Baden.
Landfried, Christine, 1994: The Judicialisation of Politics in Germany, in: International Political Science Review 15, 113-124.
Lane, Jan-Erik, 1996: Constitutions and Political Theory, Manchester.
Laski, Harold, 1925: A Grammar of Politics, London.
Lauvaux, Philippe, 1996: Les monarchies: inventaire des types, in: Pouvoirs 78, 23-41.
Laver, Michael/Hunt, W. Ben, 1992: Policy and Party Competition, New York.
Laver, Michael/Schofield, Norman, 1990: Multiparty Government, Cambridge.
Laver, Michael/Shepsle, Kenneth A. (Hrsg.), 1994: Cabinet Ministers and Parliamentary Government, Cambridge.
Lees, Charles, 2000: The Red-Green Coalition in Germany: Politics, Personality and Power, Manchester.
Leggewie, Claus, 1990: Bloß kein Streit. Über deutsche Sehnsucht nach Harmonie und die anhaltenden Schwierigkeiten demokratischer Streitkultur, in: Ulrich Sarcinelli (Hrsg.), Demokratische Streitkultur. Theoretische Grundpositionen und Handlungsalternativen in Politikfeldern, Bonn, 52-62.
Leggewie, Claus, 1993: Alles andere als (parlamentarische) Opposition. Über die Grenzen der Opposition im politischen System Frankreichs, in: Walter Euchner (Hrsg.), Politische Opposition in Deutschland und im internationalen Vergleich, Göttingen, 127-136.
Lehmbruch, Gerhard, 1998: Parteienwettbewerb im Bundesstaat. Regelsysteme und Spannungslagen im Institutionengefüge der Bundesrepublik Deutschland, 2. Aufl., Wiesbaden.
Leicht, Robert, 1993: Wenn der Beton sich lockert, in: Die Zeit, 18. Juni 1993, 1.
Leif, Thomas/Speth, Rudolf (Hrsg.), 2003: Die stille Macht. Lobbyismus in Deutschland, Wiesbaden.

Lepsius, Rainer M., 1990: Die Prägung der politischen Kultur der Bundesrepublik durch institutionelle Ordnungen, in: Rainer M. Lepsius, Interessen, Ideen und Institutionen, Opladen, 63-84.

Lesch, Hagen, 2003: Der Arbeitskampf als Instrument tarifpolitischer Konfliktbewältigung, in: Aus Politik und Zeitgeschichte B 47, 30-38.

Lhotta, Roland, 2000: Konsens und Konkurrenz in der konstitutionellen Ökonomie bikameraler Verhandlungsdemokratie. Der Vermittlungsausschuss als effiziente Institution politischer Deliberation, in: Everhard Holtmann/Helmut Voelzkow (Hrsg.), Zwischen Wettbewerbs- und Verhandlungsdemokratie. Analysen zum Regierungssystem der Bundesrepublik Deutschland, Wiesbaden, 79-103.

Lhotta, Roland, 2003: Zwischen Kontrolle und Mitregierung. Der Bundesrat als Oppositionskammer?, in: Aus Politik und Zeitgeschichte B 43, 16-22.

Lijphart, Arend (Hrsg.), 1992: Parliamentary versus Presidential Government, Oxford.

Lijphart, Arend, 1984: Democracies: Patterns of Majoritarian and Consensus Government in Twenty-One Countries, New Haven.

Lijphart, Arend, 1999: Patterns of Democracy. Government Forms and Performance in Thirty-Six Countries, New Haven.

Link, Werner, 1987: Die Außen- und Deutschlandpolitik in der Ära Schmidt 1974-1982, in: Wolfgang Jäger/Werner Link, Republik im Wandel 1974-1982. Die Ära Schmidt, Stuttgart, 273-432.

Linz, Juan/Valenzuela, Arturo (Hrsg.), 1994: The Failure of Presidential Democracy. Bd. 1: Comparative Perspectives, Baltimore, MD.

Leunig, Sven, 2003: „Öl" oder „Sand" im Getriebe? Der Einfluss der Parteipolitik auf den Bundesrat als Veto-Spieler im Gesetzgebungsprozess, in: Zeitschrift für Parlamentsfragen 34, 778-791.

Lösche, Peter, 1997: Parteienstaat Bonn – Parteienstaat Weimar? Über die Rolle von Parteien in der parlamentarischen Demokratie, in: Eberhard Kolb/Walter Mühlhausen (Hrsg.), Demokratie in der Krise. Parteien im Verfassungssystem der Weimarer Republik, München, 141-164.

Lütjen, Torben/Walter, Franz, 2000: Die präsidiale Kanzlerschaft, in: Blätter für deutsche und internationale Politik 45, 1308-1313.

März, Peter, 2002: An der Spitze der Macht. Kanzlerschaften und Wettbewerber in Deutschland, München.

Mair, Peter, 2002: Comparing Party Systems, in: Lawrence LeDuc/Richard G. Niemi/Pippa Norris (Hrsg.), Comparing Democracies 2. New Challenges in the Study of Elections and Voting, London, 88-107.

Mancini, Paolo/Swanson, David, 1996: Politics, Media, and Modern Democracy: Introduction, in: David Swanson/Paolo Mancini (Hrsg.), Politics, Media, and Modern Democracy, New York, 1-26.

Marsh, David, 1992: The Bundesbank: The Bank that Rules Europe, London.

Marshall, Barbara, 1997: Willy Brandt: A Political Biography, London.

Maser, Werner, 1990: Helmut Kohl. Der deutsche Kanzler, Berlin.

Maurer, Hartmut, 1993: Die Richtlinienkompetenz des Bundeskanzlers, in: Bernd Becker et al. (Hrsg.), Festschrift für Werner Thieme zum 70. Geburtstag, Köln, 123-140.

Mayntz, Renate, 1990: Föderalismus und die Gesellschaft der Gegenwart, in: Archiv des öffentlichen Rechts 115, 232-247.

Mayntz, Renate, 2004: Governance Theory als fortentwickelte Steuerungstheorie?, MPIfG Working Paper 04/1, März 2004.

Mayntz, Renate/Scharpf, Fritz W., 1975: Policy-making in the German Federal Bureaucracy, Amsterdam u.a.

Mayntz, Renate/Scharpf, Fritz W., 1995: Der Ansatz des akteurzentrierten Institutionalismus, in: Renate Mayntz/Fritz W. Scharpf (Hrsg.), Gesellschaftliche Selbstregelung und politische Steuerung, Frankfurt a.M., 39-72.

Mehde, Veith, 2001: Die Ministerverantwortlichkeit nach dem Grundgesetz, in: Deutsches Verwaltungsblatt, Nr. 1, 13-19.

Mels, Philipp, 2003: Bundesverfassungsgericht und Conseil constitutionnel. Ein Vergleich der Verfassungsgerichtsbarkeit in Deutschland und Frankreich im Spannungsfeld zwischen der Euphorie für die Krönung des Rechtsstaates und der Furcht vor einem „gouvernement des juges", München.

Menon, Anand, 2003: Conclusion: Governing Europe, in: Jack Hayward/Anand Menon (Hrsg.), Governing Europe, Oxford, 413-432.

Mény, Yves, 2002: The Institutionalization of Leadership, in: Josep M. Colomer (Hrsg.), Political Institutions in Europe, 2. Aufl., London, 95-132.

Menzel, Eberhard, 1965: Ermessensfreiheit des Bundespräsidenten bei der Ernennung der Bundesminister, in: Die öffentliche Verwaltung 18, 581-597.

Merkel, Wolfgang/Croissant, Aurel, 2000: Formale und informale Institutionen in defekten Demokratien, in: Politische Vierteljahresschrift 41, 3-30.

Merz, Hans-Georg, 2001: Regierungshandeln im Lichte einer Befragung deutscher Bundesminister, in: Udo Kempf/Hans-Georg Merz (Hrsg.), Kanzler und Minister 1949-1998. Biographisches Lexikon der deutschen Bundesregierungen, Wiesbaden, 36-81.

Moon, Jeremy, 1993: Innovative Leadership in Democracy: Policy Change under Thatcher, Aldershot.

Moravcsik, Andrew, 1997: Warum die Europäische Union die Exekutive stärkt: Innenpolitik und internationale Kooperation, in: Klaus Dieter Wolf (Hrsg.), Projekt Europa im Übergang, Baden-Baden, 211-269.

Morkel, Arnd, 1966: Über den politischen Stil, in: Politische Vierteljahresschrift 7, 119-137.

Morsey, Rudolf, 1986: Konrad Adenauer und der Deutsche Bundestag, in: Hans Buchheim (Hrsg.), Konrad Adenauer und der Deutsche Bundestag (Rhöndorfer Gespräche, Bd. 8), Bonn, 14-40.

Morsey, Rudolf, 1996: Heinrich Lübke. Eine politische Biographie, Paderborn.

Mühleisen, Hans-Otto/Stammen, Theo, 1997: Politische Ethik und politische Erziehung. Fürstenspiegel der Frühen Neuzeit, in: Hans-Otto Mühleisen/Theo Stammen/Michael Philipp (Hrsg.), Fürstenspiegel der Frühen Neuzeit, Frankfurt a.M., 9-21.

Müller, Kay/Walter, Franz, 2004: Graue Eminenzen der Macht: Küchenkabinette in der deutschen Kanzlerdemokratie. Von Adenauer bis Schröder, Wiesbaden.

Müller, Wolfgang C., 2004: Koalitionstheorien, in: Ludger Helms/Uwe Jun (Hrsg.), Politische Theorie und Regierungslehre. Eine Einführung in die politische Institutionenforschung, Frankfurt a.M., 267-301.

Müller, Wolfgang C./Philipp, Wilfried, 1987: Parteienregierung und Regierungsparteien in Österreich, in: Österreichische Zeitschrift für Politikwissenschaft 16, 277-302.

Müller, Wolfgang C./Strøm, Kaare, 2000a: Coalition Governance in Western Europe: An Introduction, in: Wolfgang C. Müller/Kaare Strøm (Hrsg.), Coalition Governments in Western Europe, Oxford, 1-31.

Müller, Wolfgang C./Strøm, Kaare, 2000b: Conclusion, in: Wolfgang C. Müller/Kaare Strøm (Hrsg.), Coalition Governments in Western Europe, Oxford, 559-592.

Müller-Rommel, Ferdinand, 1993: Ministers and the Role of the Prime Ministerial Staff, in: Jean Blondel/Ferdinand Müller-Rommel (Hrsg.), Governing Together. The Extent and Limits of Joint Decision-Making in Western European Cabinets, London, 131-152.

Müller-Rommel, Ferdinand, 1994: The Chancellor and his Staff, in: Stephen Padgett (Hrsg.), Adenauer to Kohl. The Development of the German Chancellorship, London, 106-126.

Müller-Rommel, Ferdinand, 2000: Management of Politics in the German Chancellor's Office, in: B. Guy Peters/R. A. W. Rhodes/Vincent Wright (Hrsg.), Administering the Summit. Administration of the Core Executive in Developed Countries, London, 81-100.

Münkler, Herfried, 1982: Machiavelli. Die Begründung des politischen Denkens der Neuzeit aus der Krise der Republik Florenz, Frankfurt a.M.

Munshi, Surendra/Abraham, Biju Paul (Hrsg.), 2004: Good Governance, Democratic Societies and Globalisation, New Delhi.

Murswieck, Axel (Hrsg.), 1996: Regieren in den neuen Bundesländern. Institutionen und Politik, Opladen.

Murswieck, Axel, 2003: Des Kanzlers Macht: Zum Regierungsstil Gerhard Schröders, in: Christoph Egle/Tobias Ostheim/Reimut Zohlnhöfer (Hrsg.), Das rot-grüne Projekt. Eine Bilanz der Regierung Schröder 1998-2002, Wiesbaden, 117-135.

Neustadt, Richard E., 2001: The Weakening White House, in: British Journal of Political Science 31, 1-11.

Niclauß, Karlheinz, 1988: Kanzlerdemokratie. Bonner Regierungspraxis von Konrad Adenauer bis Helmut Kohl, Stuttgart.

Niclauß, Karlheinz, 1995: Die Konkurrenz um die Kandidatur. Oppositions-probleme in der Kanzlerdemokratie, in: Frankfurter Allgemeine Zeitung, 2. Dezember 1995, 10.

Niclauß, Karlheinz, 1999: Bestätigung der Kanzlerdemokratie? Kanzler und Regierungen zwischen Verfassung und politischen Konventionen, in: Aus Politik und Zeitgeschichte B 20, 27-38.

Niclauß, Karlheinz, 2004: Kanzlerdemokratie. Regierungsführung von Konrad Adenauer bis Gerhard Schröder, 2. Aufl., Paderborn.

Nohlen, Dieter, 2000: Wahlrecht und Parteiensystem, 3. Aufl., Opladen.

Norris, Pippa, 2003: Globale politische Kommunikation: Freie Medien, Gutes Regieren und Wohlstandsentwicklung, in: Frank Esser/Barbara Pfetsch (Hrsg.), Politische Kommunikation im internationalen Vergleich. Grundlagen, Anwendungen, Perspektiven, Wiesbaden, 135-171.

Norton, Philip, 1987: Prime Ministerial Power: A Framework for Analysis, in: Teaching Politics 16, 325-345.

Nullmeier, Frank/Rüb, Friedbert W., 1993: Die Transformation der Sozialpolitik. Vom Sozialstaat zum Sicherungsstaat, Frankfurt a.M.

Nuscheler, Franz, 1970: Parlamentarische Staatssekretäre und Staatsminister – das britische Vorbild, in: Zeitschrift für Parlamentsfragen 1, 83-89.

Oberreuter, Heinrich, 1990: Führungsschwäche in der Kanzlerdemokratie: Ludwig Erhard, in: Manfred Mols/Hans-Otto Mühleisen/Theo Stammen/Bernhard Vogel (Hrsg.), Normative und institutionelle Ordnungsprobleme des modernen Staates. Festschrift zum 65. Geburtstag von Manfred Hättich am 12. Oktober 1990, Paderborn, 215-234.

Oberreuter, Heinrich, 1992: Politische Führung in der parlamentarischen Demokratie, in: Karl-Dietrich Bracher et al. (Hrsg.), Staat und Parteien. Festschrift für Rudolf Morsey zum 65. Geburtstag, Berlin, 159-174.

Offe, Claus, 2003: Einleitung. Reformbedarf und Reformoptionen der Demokratie, in: Claus Offe (Hrsg.), Demokratisierung der Demokratie, Frankfurt a. M., 9-23.

Oldiges, Martin, 1983: Die Bundesregierung als Kollegium. Eine Studie zur Regierungsorganisation nach dem Grundgesetz, Hamburg.

O'Neill, Patrick, 1993: Presidential Power in Post-Communist Europe: The Hungarian Case in Comparative Perspective, in: Journal of Communist Studies 9, No. 3, 177-201.

Oppelland, Torsten, 2001: (Über-)Parteilich? Parteipolitische Konstellationen bei der Wahl des Bundespräsidenten und ihr Einfluss auf die Amtsführung, in: Zeitschrift für Politikwissenschaft 11, 551-572.

Ornstein, Norman J./Mann, Thomas E. (Hrsg.), 2000: The Permanent Campaign and its Future, Washington, DC.

Padgett, Stephen (Hrsg.), 1994a: Adenauer to Kohl. The Development of the German Chancelorship, London.

Padgett, Stephen, 1994b: Introduction: Chancellors and the Chancellorship, in: Stephen Padgett (Hrsg.), Adenauer to Kohl. The Development of the German Chancellorship, London, 1-19.

Page, Edward C., 1992: Political Authority and Bureaucratic Power. A Comparative Analysis, 2. Aufl., New York.

Page, Edward C./Wright, Vincent (Hrsg.), 1999: Bureaucratic Elites in Western European States. A Comparative Analysis of Top Officials, Oxford.

Pasquino, Gianfranco, 2002: The Italian Senate, in: The Journal of Legislative Studies 8, No. 3, 67-78.

Patterson Jr., Bradley H., 2000: The White House Staff. Inside the West Wing and Beyond, Washington, DC.

Patzelt, Werner J., 2004: Chancellor Schröder's Approach to Political and Legislative Leadership, in: German Politics 13, 268-299.

Peters, B. Guy/Rhodes, R. A. W./Wright, Vincent, 2000a: Staffing the Summit – the Administration of the Core Executive: Convergent Trends and National Specifities, in: B. Guy Peters/R. A. W. Rhodes/Vincent Wright (Hrsg.), Administering the Summit. Administration of the Core Executive in Developed Countries, London, 3-22.

Peters, B. Guy/Rhodes, R. A. W./Wright, Vincent (Hrsg.), 2000b: Administering the Summit. Administration of the Core Executive in Developed Countries, London.

Pfetsch, Barbara, 1998: Regieren unter den Bedingungen medialer Allgegenwart, in: Ulrich Sarcinelli (Hrsg.), Politikvermittlung und Demokratie in der Mediengesellschaft, Bonn, 233-252.

Plaum, W., 1958: Inkompatibilitätsprobleme bei der Bildung bzw. Umbildung der Bundesregierung, in: Deutsches Verwaltungsblatt 73, 452-456.

Poguntke, Thomas/Webb, Paul (Hrsg.), 2005: The Presidentialization of Politics. A Comparative Study of Modern Democracies, Oxford.

Post, Jerrold M., 2003a: Assessing Leaders at a Distance: The Political Personality Profile, in: Jerrold M. Post (Hrsg.), Psychological Assessment of Political Leaders, Ann Arbor, MI, 69-104.

Post, Jerrold M. (Hrsg.), 2003b: Psychological Assessment of Political Leaders, Ann Arbor, MI.

Pridham, Geoffrey, 1977: Christian Democracy in Western Germany. The CDU/CSU in Government and Opposition, 1945-1976, London.

Prior, Harm, 1968: Die Interministeriellen Ausschüsse der Bundesministerien, Stuttgart.

Pryce, Sue, 1997: Presidentializing the Premiership, London.

Pulzer, Peter, 1999: Luck and Good Management: Helmut Kohl as Parliamentary and Electoral Strategist, in: Stephen Padgett/Thomas Saalfeld (Hrsg.), Bundestagswahl '98: The End of an Era? (Special Issue of German Politics), London, 126-140.

Raichur, Arvind/Waterman, Richard W., 1993: The Presidency, the Public, and the Expectations Gap, in: Richard W. Waterman (Hrsg.), The Presidency Reconsidered, Itasca, IL, 1-21.

Raschke, Joachim, 2004: Rot-grüne Zwischenbilanz, in: Aus Politik und Zeitgeschichte B40, 25-31.

Rebentisch, Dieter, 1989: Führerstaat und Verwaltung im Zweiten Weltkrieg. Verfassungsentwicklung und Verwaltungspolitik 1939-1945, Stuttgart.

Renshon, Stanley M., 2003: Psychoanalytic Assessments of Character in Presidents and Candidates: Some Observations on Theory and Method, in: Jerrold M. Post (Hrsg.), Psychological Assessment of Political Leaders, Ann Arbor, MI, 105-133.

Reutter, Werner (Hrsg.), 2004: Germany on the Road to 'Normalcy': Policies and Politics of the Red-Green Federal Government (1998-2002), London.

Rhodes, R. A. W., 2003: What is New about Governance and Why does it Matter?, in: Jack Hayward/Anand Menon (Hrsg.), Governing Europe, Oxford, 61-73.

Ribalta, Pere Molas, 1996: The Impact of Central Institutions, in: Wolfgang Reinhard (Hrsg.), Power Elites and State Building, Oxford, 19-39.

Riddell, Peter, 2001: Blair as Prime Minister, in: Anthony Seldon (Hrsg.), The Blair Effect, London, 21-40.

Riddell-Dixon, Elizabeth, 1997: Individual Leadership and Structural Power, in: Canadian Journal of Political Science 30, 257-283.

Riggs, Fred W., 1997: Presidentialism versus Parliamentarism: Implications for Representativeness and Legitimacy, in: International Political Science Review 18, 253-278.

Rinderle, Peter, 2003: Welche moralischen Tugenden braucht der Politiker in einer liberalen Demokratie?, in: Zeitschrift für Politik 50, 397-422.

Rockman, Bert A., 1984: The Leadership Question, New York.

Rockman, Bert A., 1997: The Performance of Presidents and Prime Ministers and of Presidential and Parliamentary Systems, in: Kurt Mettenheim (Hrsg.), Presidential Institutions and Democratic Politics. Comparing Regional and National Contexts, Baltimore, MD, 45-64.

Rockman, Bert A., 2000: Administering the Summit in the United States, in: B. Guy Peters/R. A. W. Rhodes/Vincent Wright (Hrsg.), Administering the Summit. Administration of the Core Executive in Developed Countries, London, 245-262.

Rose, Richard, 1968: Party Government vs. Administrative Government. A Theoretical and Empirical Critique, in: Otto Stammer (Hrsg.), Party Systems, Party Organisations, and the Politics of New Masses, Berlin, 209-233.

Rose, Richard, 1993: Lesson-Drawing in Public Policy, Chatham, NJ.

Rose, Richard, 2000: When and Why Does a Prime Minister Change?, in: R. A. W. Rhodes (Hrsg.), Transforming British Government, Vol. 2: Changing Roles and Relationships, London, 47-62.

Rose, Richard, 2001: The Prime Minister in a Shrinking World, Cambridge.

Ross, Jan, 2005: Im Namen der Pose, in: Die Zeit, 23. Juni 2005, 8.

Rudzio, Wolfgang, 1970: Mit Koalitionsausschüssen leben? Zum Unbehagen an einem Phänomen parteistaatlicher Demokratie, in: Zeitschrift für Parlamentsfragen 1, 206-222.

Rudzio, Wolfgang, 1991: Informelle Entscheidungsmuster in Bonner Koalitionsregierungen, in: Hans-Hermann Hartwich/Göttrik Wewer (Hrsg.), Regieren in der Bundesrepublik 2: Formale und informale Komponenten des Regierens in den Bereichen Führung, Entscheidung, Personal und Organisation, Opladen, 125-141.

Rudzio, Wolfgang, 2000: The Federal Presidency: Parameters of Presidential Power in a Parliamentary Democracy, in: Ludger Helms (Hrsg.), Institutions and Institutional Change in the Federal Republic of Germany, London, 48-64.

Rudzio, Wolfgang, 2002: Koalitionen in Deutschland: Flexibilität informellen Regierens, in: Sabine Kropp/Suzanne S. Schüttemeyer/Roland Sturm (Hrsg.), Koalitionen in West- und Osteuropa, Opladen, 43-67.

Rudzio, Wolfgang, 2003: Das politische System der Bundesrepublik Deutschland, 6. Aufl., Opladen.
Saalfeld, Thomas, 1995: Parteisoldaten und Rebellen. Eine Untersuchung zur Geschlossenheit der Fraktionen im Deutschen Bundestag (1949-1990), Opladen.
Saalfeld, Thomas, 1999: Coalition Politics and Management in the Kohl Era, 1982-98, in: Stephen Padgett/Thomas Saalfeld (Hrsg.), Bundestagswahl '98: The End of an Era? (Special Issue of German Politics), London, 141-173.
Saalfeld, Thomas, 2000: Germany: Stable Parties, Chancellor Democracy, and the Art of Informal Settlement, in: Wolfgang C. Müller/Kaare Strøm (Hrsg.), Coalitions Governments in Western Europe, Oxford, 32-85.
Sartori, Giovanni, 1992: Demokratietheorie, Darmstadt.
Scharpf, Fritz W., 1993: Versuch über Demokratie im verhandelnden Staat, in: Roland Czada/Manfred G. Schmidt (Hrsg.), Verhandlungsdemokratie, Interessenvermittlung, Regierbarkeit. Festschrift für Gerhard Lehmbruch, Opladen, 25-50.
Scharpf, Fritz W., 2000: Interaktionsformen. Akteurzentrierter Institutionalismus in der Politikforschung, Opladen.
Scharpf, Fritz W./Reissert, Bernd/Schnabel, Fritz, 1976: Politikverflechtung: Theorie und Empirie des kooperativen Föderalismus in der Bundesrepublik, Kronberg/Ts.
Schieren, Stefan, 1999: Der Human Rights Act 1998 und seine Bedeutung für Großbritanniens Verfassung, in: Zeitschrift für Parlamentsfragen 30, 999-1013.
Schindler, Peter, 1999: Datenhandbuch zur Geschichte des Deutschen Bundestages 1949 bis 1999, 3 Bände, Baden-Baden.
Schlaich, Klaus, 1978: Die Funktionen des Bundespräsidenten im Verfassungsgefüge, in: Josef Isensee/Paul Kirchhof (Hrsg.), Handbuch des Staatsrechts der Bundesrepublik Deutschland, Bd. II, Heidelberg, 541-584.
Schmidt, Manfred G., 1978: Die „Politik der Inneren Reformen" in der Bundesrepublik Deutschland, in: Politische Vierteljahresschrift 19, 201-253.
Schmidt, Manfred G., 1991: Machtwechsel in der Bundesrepublik (1949-1990). Ein Kommentar aus der Perspektive der vergleichenden Politikforschung, in: Bernhard Blanke/Hellmut Wollmann (Hrsg.), Die alte Bundesrepublik: Kontinuität und Wandel (Leviathan Sonderheft 12/1991), Opladen, 179-203.
Schmidt, Manfred G., 1992: Regieren in der Bundesrepublik Deutschland, Opladen.
Schmidt, Manfred G., 1996: When Parties Matter: A Review of the Possibilities and Limits of Partisan Influence on Public Policy, in: European Journal of Political Research 30, 155-183.
Schmidt, Manfred G., 1997: Vergleichende Policy-Forschung, in: Dirk Berg-Schlosser/Ferdinand Müller-Rommel (Hrsg.), Vergleichende Politikwissenschaft, 3. Aufl., Opladen, 207-221.
Schmidt, Manfred G., 1999: Ist die Demokratie wirklich die beste Staatsverfassung?, in: Österreichische Zeitschrift für Politikwissenschaft 28, 187-200.
Schmidt, Manfred G., 2000: Demokratietheorien. Eine Einführung, 3. Aufl., Opladen.
Schmidt, Manfred G., 2002a: The Impact of Political Parties, Constitutional Structures and Veto Players on Public Policy, in: Hans Keman (Hrsg.), Comparative Democratic Politics, London, 166-184.
Schmidt, Manfred G., 2002b: Germany: the Grand Coalition State, in: Josep M. Colomer (Hrsg.), Political Institutions in Europe, 2. Aufl., London, 57-93.
Schmidt, Manfred G., 2002c: Politiksteuerung in der Bundesrepublik Deutschland, in: Frank Nullmeier/Thomas Saretzki (Hrsg.), Jenseits des Regierungsalltags. Strategiefähigkeit politischer Parteien, Frankfurt a.M., 23-38.
Schmidt-Jortzig, Edzard, 1973: Die Pflicht zur Geschlossenheit der kollegialen Regierung (Regierungszwang), Stuttgart.

Schmidt-Preuß, Matthias, 1988: Das Bundeskabinett. Ein Bericht aus der Praxis, in: Die Verwaltung 21, 199-219.

Schmitt Glaeser, Walter, 2002: Die Macht der Medien in der Gewaltenteilung, in: Jahrbuch des öffentlichen Rechts der Gegenwart NF, Bd. 50, Tübingen, 169-190.

Schmoeckel, Reinhard/Kaiser, Bruno, 1991: Die vergessene Regierung. Die große Koalition 1966 bis 1969 und ihre langfristigen Wirkungen, Bonn.

Schnapp, Kai-Uwe, 2001: Politische Einflusspotenzial von Regierungsbürokratien in OECD-Ländern, in: Aus Politik und Zeitgeschichte B 5, 14-24.

Schneider, Andrea H., 1999: Die Kunst des Kompromisses: Helmut Schmidt und die Große Koalition 1966-1969, Paderborn.

Schneider, Hans-Peter, 1989: Art. 65, in: Rudolf Wassermann (Hrsg.), Kommentar zum Grundgesetz für die Bundesrepublik Deutschland. Bd. 2, Neuwied, 357-374.

Schneider, Hans-Peter/Zeh, Wolfgang, 1989: Koalitionen, Kanzlerwahl und Kabinettsbildung, in: Hans-Peter Schneider/Wolfgang Zeh (Hrsg.), Parlamentsrecht und Parlamentspraxis in der Bundesrepublik Deutschland, Berlin/New York, 1297-1324.

Schneider, Herbert, 2001: Ministerpräsidenten. Profil eines politischen Amtes im deutschen Föderalismus, Opladen.

Schönbach, Klaus/Semetko, Holli A., 1995: Journalistische „Professionalität" versus Chancengleichheit von Regierung und Opposition. Ein Dilemma der aktuellen Berichterstattung im Wahlkampf, in: Klaus Armingeon/Roger Blum (Hrsg.), Das öffentliche Theater: Politik und Medien in der Demokratie, Bern, 49-64.

Schöne, Siegfried, 1968: Von der Reichskanzlei zum Bundeskanzleramt. Eine Untersuchung zum Problem der Führung und Koordination in der jüngeren deutschen Geschichte, Berlin.

Schubert, Klaus, 2004: Politische Steuerung, in: Dieter Nohlen/Rainer-Olaf Schulze (Hrsg.), Lexikon der Politikwissenschaft, Bd. 2, 2. Aufl., München, 732-733.

Schüttemeyer, Suzanne S., 1992: Der Bundestag als Fraktionenparlament, in: Jürgen Hartmann/Uwe Thaysen (Hrsg.), Pluralismus und Parlamentarismus in Theorie und Praxis, Opladen, 113-136.

Schüttemeyer, Suzanne S., 1998: Fraktionen im Deutschen Bundestag. Empirische Befunde und theoretische Folgerungen, Opladen.

Schuett-Wetschky, Eberhard, 2003: Richtlinienkompetenz des Bundeskanzlers, demokratische Führung und Parteiendemokratie. Teil I: Richtlinienkompetenz als Fremdkörper in der Parteiendemokratie, in: Zeitschrift für Politikwissenschaft 13, 1897-1932.

Schuett-Wetschky, Eberhard, 2004: Richtlinienkompetenz des Bundeskanzlers, demokratische Führung und Parteiendemokratie, Teil II: Fehlinformationen des Publikums, in: Zeitschrift für Politikwissenschaft 14, 5-30.

Schwarz, Hans-Peter, 1981: Die Ära Adenauer. Gründerjahre der Republik, 1949-1957, Stuttgart.

Schwarz, Hans-Peter, 1983: Die Ära Adenauer. Epochenwechsel, 1957-1963, Stuttgart.

Schwarz, Hans-Peter, 1989: Adenauers Kanzlerdemokratie und Regierungstechnik, in: Aus Politik und Zeitgeschichte B 1-2, 15-27.

Schwarz, Hans-Peter, 1999: Von Heuss bis Herzog. Die Entwicklung des Amtes im Vergleich der Amtsinhaber, in: Aus Politik und Zeitgeschichte B 20, 3-13.

Schreckenberger, Waldemar, 1994: Informelle Verfahren der Entscheidungsvorbereitung zwischen der Bundesregierung und den Mehrheitsfraktionen. Koalitionsgespräche und Koalitionsrunden, in: Zeitschrift für Parlamentsfragen 25, 329-346.

Sebaldt, Martin, 2000: Interest Groups: Continuity and Change of German Lobbyism since 1974, in: Ludger Helms (Hrsg.), Institutions and Institutional Change in the Federal Republic of Germany, London, 188-204.

Seligman, Lester G./Covington, Cary R., 1996: Presidential Leadership with Congress: Change, Coalitions, and Crisis, in: James A. Thurber (Hrsg.), Rivals for Power. Presidential-Congressional Relations, Washington, DC, 64-85.

Seymour-Ure, Colin, 2003: Prime Ministers and the Media. Issues of Power and Control, Oxford.

Siaroff, Allan, 1999: Corporatism in 24 Industrial Democracies: Meaning and Measurement, in: European Journal of Political Research 36, 175-205.

Siaroff, Alan, 2000: Women's Representation in Legislatures and Cabinets in Industrial Democracies, in: International Political Science Review 21, 197-215.

Siaroff, Alan, 2003: Comparative Presidencies: The Inadequacy of the Presidential, Semi-presidential and Parliamentary Distinction, in: European Journal of Political Research 42, 287-312.

Siebert, Ferdinand, 1978: Von Frankfurt nach Bonn. Hundert Jahre deutsche Verfassungen 1848-1949. Einführung, Text, Kommentar, 12. Aufl., Kastellaun.

Sinclair, Barbara, 1993: Studying Presidential Leadership, in: George C. Edwards III/John H. Kessel/Bert A. Rockman (Hrsg.), Researching the Presidency: Vital Questions, New Approaches, Pittsburgh, PA, 203-231.

Smith, Gordon, 1994: The Changing Parameters of the Chancellorship, in: Stephen Padgett (Hrsg.), Adenauer to Kohl. The Development of the German Chancellorship, London, 178-197.

Smith, Gordon, 1996: The Party System at the Crossroads, in: Gordon Smith/William E. Paterson/Stephen Padgett (Hrsg.), Developments in German Politics 2, London, 55-75.

Starck, Christian, 2003: Legitimation politischer Entscheidungen durch Verfahren. Das Zuwanderungsgesetz im Bundesrat und vor dem Bundesverfassungsgericht, in: Zeitschrift für Gesetzgebung 18, 81-91.

Steffani, Winfried, 1983a: Zur Unterscheidung parlamentarischer und präsidentieller Regierungssysteme, in: Zeitschrift für Parlamentsfragen 14, 390-401.

Steffani, Winfried, 1983b: Die Republik der Landesfürsten, in: Gerhard A. Ritter (Hrsg.), Regierung, Bürokratie und Parlament in Preußen und Deutschland von 1848 bis zur Gegenwart, Düsseldorf, 181-214.

Stepan, Alfred/Skach, Cindy, 1993: Constitutional Frameworks and Democratic Consolidation: Parliamentarism versus Presidentialism, in: World Politics 46, No. 1, 1-22.

Stephan, Klaus, 1988: Gelernte Demokraten. Helmut Schmidt und Franz Josef Strauß, Hamburg.

Stern, Klaus, 1980: Das Staatsrecht der Bundesrepublik Deutschland. Bd. II: Staatsorgane, Staatsfunktionen, Finanz- und Haushaltsverfassung, Notstandsverfassung, München.

Stevens, Anne, 1993: The President and his Staff, in: Jack Hayward (Hrsg.), De Gaulle to Mitterrand. Presidential Power in France, London, 76-100.

Stone Sweet, Alec, 2000: Governing with Judges. Constitutional Politics in Europe, Oxford.

Streeck, Wolfgang, 2003: No Longer the Century of Corporatism. Das Ende des „Bündnisses für Arbeit", MPIfG Working Paper 03/04, Mai 2003.

Strohmeier, Gerd, 2004: Der Bundesrat: Vertretung der Länder oder Instrument der Parteien?, in: Zeitschrift für Parlamentsfragen 35, 717-731.

Strøm, Kaare, 1990: Minority Government and Majority Rule, Cambridge.

Sturm, Roland, 1990: Die Politik der Deutschen Bundesbank, in: Klaus von Beyme/Manfred G. Schmidt (Hrsg.), Politik in der Bundesrepublik Deutschland, Opladen, 255-282.

Sturm, Roland, 1995: How Independent is the Bundesbank?, in: German Politics 4, Nr. 1, 27-41.

Sturm, Roland, 1999: Party Competition and the Federal System: The Lehmbruch Hypothesis Revisited, in: Charlie Jeffery (Hrsg.), Recasting German Federalism. The Legacies of Unification, London, 197-215.
Sturm, Roland, 2003: Policy-Making in a New Political Landscape, in: Stephen Padgett/ William E. Paterson/Gordon Smith (Hrsg.), Developments in German Politics 3, London, 101-120.
Sturm, Roland/Pehle, Heinrich, 2001: Das neue deutsche Regierungssystem, Opladen.
Stürmer, Michael, 1974: Regierung und Reichstag im Bismarckstaat 1871-1880. Cäsarismus oder Parlamentarismus?, Düsseldorf.
Stüwe, Klaus, 1997: Die Opposition im Bundestag und das Bundesverfassungsgericht. Das verfassungsgerichtliche Verfahren als Kontrollinstrument der parlamentarischen Minderheit, Baden-Baden.
Stüwe, Klaus, 2004: Konflikt und Konsens im Bundesrat. Eine Bilanz (1949-2004), in: Aus Politik und Zeitgeschichte B 50-51, 25-32.
Thiébault, Jean-Louis, 1993: The Organisational Structure of Western European Cabinets and its Impact on Decision-Making, in: Jean Blondel/Ferdinand Müller-Rommel (Hrsg.), Governing Together. The Extent and Limits of Joint Decision-Making in Western European Cabinets, London, 77-98.
Thiébault, Jean-Louis, 1994: France: Cabinet Decision Making in the French Fifth Republic, in: Michael Laver/Kenneth Shepsle (Hrsg.), Cabinet Ministers and Parliamentary Government, Cambridge, 139-149.
Thiébault, Jean-Louis, 2000: France: Forming and Maintaining Government Coalitions in the Fifth Republic, in: Wolfgang C. Müller/Kaare Strøm (Hrsg.), Coalition Governments in Western Europe, Oxford, 498-528.
Thränhardt, Dietrich, 1990: Bildungspolitik, in: Klaus von Beyme/Manfred G. Schmidt (Hrsg.), Politik in der Bundesrepublik Deutschland, Opladen, 177-202.
Tilly, Charles, 1997: Parliamentarisation of Popular Contention in Great Britain, 1758-1834, in: Theory and Society 26, 245-73.
Tsebelis, George, 2002: Veto Players. How Political Institutions Work, Princeton.
Vandendriessche, Xavier, 2001: Le parlement entre déclin et modernité, in: Pouvoirs, Nr. 99, 59-70.
Veen, Hans-Joachim, 1976: Opposition im Bundestag. Ihre Funktionen, institutionellen Handlungsbedingungen und das Verhalten der CDU/CSU-Fraktion in der 6. Wahlperiode 1969-1972, Bonn.
Vogel, Wolfram, 2001: Demokratie und Verfassung in der V. Republik. Frankreichs Weg zur Verfassungsstaatlichkeit, Opladen.
Volkansek, Mary L., 2001: Constitutional Courts as Veto Players: Divorce and Decrees in Italy, in: European Journal of Political Research 39, 347-372.
Wachendorfer-Schmidt, Ute, 2003: Politikverflechtung im vereinigten Deuschland, Wiesbaden.
Wagschal, Uwe, 2001: Parteien, Wahlen und die Unabhängigkeit der Bundesbank, in: Zeitschrift für Politikwissenschaft 11, 573-600.
Wagschal, Uwe/Grasl, Maximilian, 2004: Die modifizierte Senatslösung. Ein Vorschlag zur Verringerung von Reformblockaden im deutschen Föderalismus, in: Zeitschrift für Parlamentsfragen 35, 732-752.
Walter, Franz, 1997: Führung in der Politik. Am Beispiel sozialdemokratischer Parteivorsitzender, in: Zeitschrift für Politikwissenschaft 7, 1287-1336.
Walter, Franz/Dürr, Tobias, 2000: Die Heimatlosigkeit der Macht: wie die Politik in Deutschland ihren Boden verlor, Berlin.
Walter, Franz/Müller, Kay, 2002: Die Chefs des Kanzleramtes: Stille Elite in der Schaltzentrale des parlamentarischen Systems, in: Zeitschrift für Parlamentsfragen 33, 474-501.

Watts, Ronald L., 1999: German Federalism in Comparative Perspective, in: Charlie Jeffery (Hrsg.), Recasting German Federalism. The Legacies of Unification, London, 265-284.
Weber, Jürgen, 1977: Die Interessengruppen im politischen System der Bundesrepublik Deutschland, Stuttgart.
Weber, Max, 1980: Wirtschaft und Gesellschaft. Grundriß der verstehenden Soziologie, 5. revidierte Auflage, besorgt von Johannes Winckelmann, Tübingen.
Weidenfeld, Werner, 1999: Außenpolitik für die deutsche Einheit. Die Entscheidungsjahre 1989-1990, Stuttgart.
Welch, David, 1993: The Third Reich. Politics and Propaganda, London.
Weller, Patrick, 1997: Political Parties and the Core Executive, in: Patrick Weller/Herman Bakvis/R. A. W. Rhodes (Hrsg.), The Hollow Crown. Countervailing Trends in Core Executives, London, 37-57.
Weymar, Paul, 1955: Konrad Adenauer. Die offizielle Biographie, München.
Wengst, Udo, 1984: Staatsaufbau und Regierungspraxis 1948 bis 1953. Zur Geschichte der Verfassungsorgane der Bundesrepublik Deutschland, Düsseldorf.
Wengst, Udo, 1999: Die Prägung des präsidialen Selbstverständnisses durch Theodor Heuss 1949-1959, in: Eberhard Jäckel/Horst Möller/Hermann Rudolph (Hrsg.), Von Herzog bis Heuss. Die Bundespräsidenten im politischen System der Bundesrepublik, Stuttgart, 65-76.
Werz, Nikolaus, 2000: Helmut Kohl: Auf dem Weg zum Mythos?, in: Yves Bizeul (Hrsg.), Politische Mythen und Rituale in Deutschland, Frankreich und Polen, Berlin, 219-234.
Weßels, Bernhard, 1999: Die deutsche Variante des Korporatismus, in: Max Kaase/ Günter Schmid (Hrsg.), Eine lernende Demokratie – 50 Jahre Bundesrepublik Deutschland, Berlin, 87-113.
Wewer, Göttrik, 1990: Richtlinienkompetenz und Koalitionsregierung: Wo wird die Politik definiert?, in: Hans-Hermann Hartwich/Göttrik Wewer (Hrsg.), Regieren in der Bundesrepublik 1: Konzeptionelle Grundlagen und Perspek-tiven der Forschung, Opladen, 145-150.
Wewer, Göttrik, 1991: Das Bundesverfassungsgericht – eine Gegenregierung? Argumente zur Revision einer überkommenen Denkfigur, in: Bernhard Blanke/Hellmut Wollmann (Hrsg.), Die alte Bundesrepublik. Kontinuität und Wandel (Leviathan Sonderheft 12/1991), Opladen, 310-335.
Wewer, Göttrick (Hrsg.), 1998: Bilanz der Ära Kohl. Christlich-liberale Politik in Deutschland 1982-1998, Opladen.
Wiesendahl, Elmar, 2004: Parteien und die Politik der Zumutungen, in: Aus Politik und Zeitgeschichte B 40, 19-24.
Wildenmann, Rudolf, 1986: Ludwig Erhard und Helmut Schmidt, die charismatischen Verlierer, in: Hans-Dieter Klingemann/Max Kaase (Hrsg.), Wahlen und politischer Prozess. Analysen aus Anlaß der Bundestagswahl 1983, Opladen, 87-107.
Willke, Helmut, 1991: Regieren als die Kunst systemischer Intervention, in: Hans-Hermann Hartwich/Göttrik Wewer (Hrsg.), Regieren in der Bundesrepublik 3: Systemsteuerung und „Staatskunst", Opladen, 35-51.
Wilke, Jürgen, 1999: Mediengeschichte der Bundesrepublik Deutschland, Köln.
Wilke, Jürgen/Reinemann, Carsten, 2000: Kanzlerkandidaten in der Wahlkampfberichterstattung. Eine vergleichende Studie zu den Bundestagswahlen 1949-1998, Köln.
Winter, Thomas von, 2001: Verbändemacht im kooperativen Staat, in: Andrea Gourd/Thomas Noetzel (Hrsg.), Zukunft der Demokratie in Deutschland, Opladen, 211-234.

Woldendorp, Jaap/Keman, Hans/Budge, Ian, 2000: Party Government in 48 Democracies (1945-1998). Composition – Duration – Personnel, Dordrecht.

Woshinsky, Oliver H., 1995: Culture and Politics. An Introduction to Mass and Elite Political Bevavior, Englewood Cliffs.

Yates, Jeff/Whitford, Andrew, 1998: Presidential Power and the United States Supreme Court, in: Political Research Quarterly 51, 539-550.

Zastrow, Volker, 2004: Wessen Opposition?, in: Frankfurter Allgemeine Zeitung, 10. Februar 2004, 1.

Zohlnhöfer, Reimut, 2003: Rot-grüne Regierungspolitik in Deutschland 1998-2002. Versuch einer Zwischenbilanz, in: Christoph Egle/Tobias Ostheim/Reimut Zohlnhöfer (Hrsg.), Das rot-grüne Projekt. Eine Bilanz der Regierung Schröder 1998-2002, 398-419.

Zons, Achim, 1984: Das Denkmal. Bundeskanzler Brandt und die linksliberale Presse, München.

Zuck, Rüdiger, 1998: Verfassungswandel durch Vertrag?, in: Zeitschrift für Rechtspolitik 31, 457-459.

Zunker, Albrecht, 1975: Institutionengeschichte und Regierungslehre, in: Deutsches Verwaltungsblatt 90, 57-64.

Neu im Programm Politikwissenschaft

Jürgen W. Falter / Harald Schoen (Hrsg.)
Handbuch Wahlforschung
2005. XXVI, 826 S. Geb. EUR 49,90
ISBN 3-531-13220-2

Die Bedeutung von Wahlen in einer Demokratie liegt auf der Hand. Deshalb ist die Wahlforschung einer der wichtigsten Forschungszweige in der Politikwissenschaft. In diesem Handbuch wird eine umfassende Darstellung der Wahlforschung, ihrer Grundlagen, Methoden, Fragestellungen und Gegenstände geboten.

Peter Becker / Olaf Leiße
Die Zukunft Europas
Der Konvent zur Zukunft der Europäischen Union
2005. 301 S. Br. EUR 26,90
ISBN 3-531-14100-7

Dieses Buch gibt auf knappem Raum einen Überblick zur Arbeit des „Konvents zur Zukunft der Europäischen Union", zu Anlass und Organisation des Konvents, zu seinen wichtigsten Themen und Ergebnissen. Ebenso werden die wichtigen Konferenzen und Entscheidungen nach Abschluss des Konvents in die Darstellung einbezogen.

Bernhard Schreyer / Manfred Schwarzmeier
Grundkurs Politikwissenschaft: Studium der Politischen Systeme
Eine studienorientierte Einführung
2. Aufl. 2005. 243 S. Br. EUR 17,90
ISBN 3-531-33481-6

Konzipiert als studienorientierte Einführung, richtet sich der „Grundkurs Politikwissenschaft: Studium der politischen Systeme" in erster Linie an die Zielgruppe der Studienanfänger. Auf der Grundlage eines politikwissenschaftlichen Systemmodells werden alle wichtigen Bereiche eines politischen Systems dargestellt.

Dabei orientiert sich die Gliederung der einzelnen Punkte an folgenden didaktisch aufbereiteten Kriterien: Definition der zentralen Begriffe, Funktionen der Strukturprinzipen und der Akteure, Variablen zu deren Typologisierung, Ausgewählte Problemfelder, Entwicklungstendenzen, Stellung im politischen System, Kontrollfragen, Informationshinweise zur Einführung (kurz kommentierte Einführungsliteratur, Fachzeitschriften, Internet-Adressen).

Im Anhang werden die wichtigsten Begriffe in einem Glossar zusammengestellt. Ein Sach- und Personenregister sowie ein ausführliches allgemeines Literaturverzeichnis runden das Werk ab.

Erhältlich im Buchhandel oder beim Verlag.
Änderungen vorbehalten. Stand: Juli 2005.

www.vs-verlag.de

VS VERLAG FÜR SOZIALWISSENSCHAFTEN

Abraham-Lincoln-Straße 46
65189 Wiesbaden
Tel. 0611.7878-722
Fax 0611.7878-400

Neu im Programm Politikwissenschaft

Ulrich von Alemann / Claudia Münch (Hrsg.)
Landespolitik im europäischen Haus
NRW und das dynamische Mehrebenensystem
2005. 358 S. Br. EUR 39,90
ISBN 3-531-14524-X

Karl Birkhölzer / Ansgar Klein / Eckhard Priller / Annette Zimmer (Hrsg.)
Dritter Sektor/Drittes System
Theorie, Funktionswandel und zivilgesellschaftliche Perspektiven
2005. 315 S. Bürgergesellschaft und Demokratie. Br. EUR 34,90
ISBN 3-8100-3994-2

Bernhard Blanke / Stephan von Bandemer / Frank Nullmeier / Göttrik Wewer (Hrsg.)
Handbuch zur Verwaltungsreform
3., völlig überarb. und erw. Aufl. 2005.
XIX, 526 S. Br. EUR 42,90
ISBN 3-8100-4082-7

Volker Kronenberg
Patriotismus in Deutschland
Perspektiven für eine weltoffene Nation
2005. 418 S. Geb. EUR 44,90
ISBN 3-531-14491-X

Achim Brunnengräber / Ansgar Klein / Heike Walk (Hrsg.)
NGOs im Prozess der Globalisierung
Mächtige Zwerge – umstrittene Riesen
2005. 448 S. Bürgergesellschaft und Demokratie. Br. EUR 29,90
ISBN 3-8100-4092-4

Anna Geis
Regieren mit Mediation
Das Beteiligungsverfahren zur zukünftigen Entwicklung des Frankfurter Flughafens
2005. 347 S. mit 1 Abb. und 8 Tab.
Studien zur politischen Gesellschaft.
Br. EUR 34,90
ISBN 3-8100-3988-8

Adolf Kimmel / Henrik Uterwedde (Hrsg.)
Länderbericht Frankreich
Geschichte, Politik, Wirtschaft, Gesellschaft
2., überarb. Aufl. 2005. 480 S.
Br. EUR 29,90
ISBN 3-531-14631-9

Niedersächsische Landeszentrale für politische Bildung, (Hrsg.)
Niedersachsen-Lexikon
2005. ca. 320 S. Br. EUR 24,90
ISBN 3-531-14403-0

Erhältlich im Buchhandel oder beim Verlag.
Änderungen vorbehalten. Stand: Juli 2005.

www.vs-verlag.de

VS VERLAG FÜR SOZIALWISSENSCHAFTEN

Abraham-Lincoln-Straße 46
65189 Wiesbaden
Tel. 0611.7878-722
Fax 0611.7878-400

MIX
Papier aus verantwortungsvollen Quellen
Paper from responsible sources
FSC® C105338

If you have any concerns about our products,
you can contact us on
ProductSafety@springernature.com

In case Publisher is established outside the EU,
the EU authorized representative is:
**Springer Nature Customer Service Center GmbH
Europaplatz 3, 69115 Heidelberg, Germany**

Printed by Libri Plureos GmbH
in Hamburg, Germany